FRANCIA
San Sebastián
Bilbao
País Vasco
Vitoria
Pamplona
Navarra
Pico Aneto
3404
Logroño
La Rioja
Huesca
Ebro
Zaragoza
Cataluña
Lérida
Gerona
Costa Brava
Barcelona
Aragón
Soria
Tarragona
Guadalajara
Teruel
Comunidad Valenciana
Cuenca
Castellón d.I.P.
Golfo de Valencia
Valencia
Islas Baleares
Menorca
Palma d.M.
Mallorca
Ibiza
Formentera
La Mancha
Albacete
Alicante
Costa Blanca
Murcia
Murcia
Mar Mediterráneo
Mulhacén
3478
Almería
Costa de Almería
Alborán (Esp.)
Melilla (Esp.)
ARGELIA
0 50 100 150 km

# ?ué pasa?

nnasien und Gesamtschulen

**tet von**
´nández Fernández, Buchenberg
Gerling-Halbach, Wuppertal
ıuf de Quintero, Mörfelden
ı Nilsson, Hamburg
Rohde, Hamburg
ne Weißert, Berlin

errat Solé Damberg, Bremen

**nde Mitwirkung:**
no Gómez, Bremen
chuckay, Hamburg

Fernández Fernández, Darmstadt
sa Martín Ruiz, Rüsselsheim
n Mencía Martínez, Frankfurt
ne Polster, Leipzig

**Zusatzmaterialien zum vorliegenden Schülerbuch (in Vorbereitung)**

**Schülermaterialien**
- Cuaderno de actividades 3 (978-3-425-16013-9)
- Multimedia-Sprachtrainer 3 (978-3-425-16818-0)
- Audio-CD 3 für Schüler (978-3-425-16808-1)

**Lehrermaterialien**
- Guía didáctica 3 (978-3-425-16903-3)
- Audio-CD 3 für Lehrer (978-3-425-16803-6)
- Lehrer-Software 3 (978-3-425-16913-2)
- Folien 3 (978-3-425-16923-1)

Werk folgt der reformierten Rechtschreibung und Zeichensetzung 2006.



A [1] / Jahr 2009
´ucke der Serie A sind im Unterricht parallel verwendbar.

tion: Antje Baumkamp, Kristina Hagen und Sandra Scotti-Rosin (verantwortliche Redakteurin)
tionelle Mitarbeit: Isabel Grasa Vilallonga und Kristina Kremer, Frankfurt
ellung: Harald Thumser, Frankfurt
ption und Realisation: RSRDesign Reckels & Schneider-Reckels, Wiesbaden
ationen: Andrea Naumann, Aachen
elanhang: Dr. Wißner Verlag, Augsburg
ction: Wolfgang Köhler, Satz: Andrea Ruf und Sabine Schalwig)
und Bindung: westermann druck GmbH, Braunschweig

978-3-425-16003-0

# ¿Qué pasa?

Für Gymnasien
und Gesamtschulen

Band 3

von
Ana Fernández Fernández
Renate Gerling-Halbach
Ines Hauf de Quintero
Torsten Nilsson
Dr. Ada Rohde
Christine Weißert
sowie
Montserrat Solé Damberg

Diesterweg

# Erläuterung der Symbole, Verweise und Rubriken

## Symbole

Diesen Text kannst du dir auf CD anhören.

Hier arbeitest du mit einem Mitschüler/einer Mitschülerin.

Hier arbeitest du in der Gruppe.

Diese Übung ist besonders anspruchsvoll (Differenzierung).

Diese Übung unterstützt dich bei deiner Arbeit mit dem *Europäischen Portfolio der Sprachen.* In deinem Portfolio-Ordner kannst du besonders gelungene Texte sammeln.

Das *Diploma de Español como Lengua Extranjera* (DELE) ist ein offizielles Zertifikat zum Nachweis spanischer Sprachkenntnisse. Diesen Übungstyp findest du bei den DELE-Prüfungen.

Die fakultativen Lesetexte sind Originaltexte, von denen einige gekürzt worden sind. Mit der richtigen Lesestrategie kannst du sie verstehen.

## Verweise

V 2, S. 118 — Auf dieser Seite der Verblisten kannst du nachschauen, wie das Verb konjugiert wird.

G 5.1, S. 130 — Auf dieser Seite der Grammatik kannst du die grammatikalischen Regeln nachschlagen, die für die Übung wichtig sind.

9, S. 162 — Bevor du die Übung machst, solltest du auf dieser Seite des Anhangs unter **Estrategias** nachlesen, welche Lern- oder Arbeitstechnik dir beim Lösen der Aufgabe hilft.

## Rubriken

**El país y la gente** — Unter dieser Überschrift findest du interessante Informationen zu Spanien und Lateinamerika.

**Así se dice** — Die Übersicht fasst wichtige sprachliche Mittel und Redewendungen zusammen.

**El idioma** — Hier werden wichtige grammatikalische Regeln des Spanischen verkürzt wiedergegeben.

**Ya sé ...** — Am Ende jeder Lektion wird zusammengefasst, was du schon alles auf Spanisch sagen kannst.

**Algo especial 1** — Nach jeder Lektion findest du eine fakultative Seite mit besonderen Textsorten, die du zusätzlich bearbeiten kannst.

# De Cádiz a Barcelona

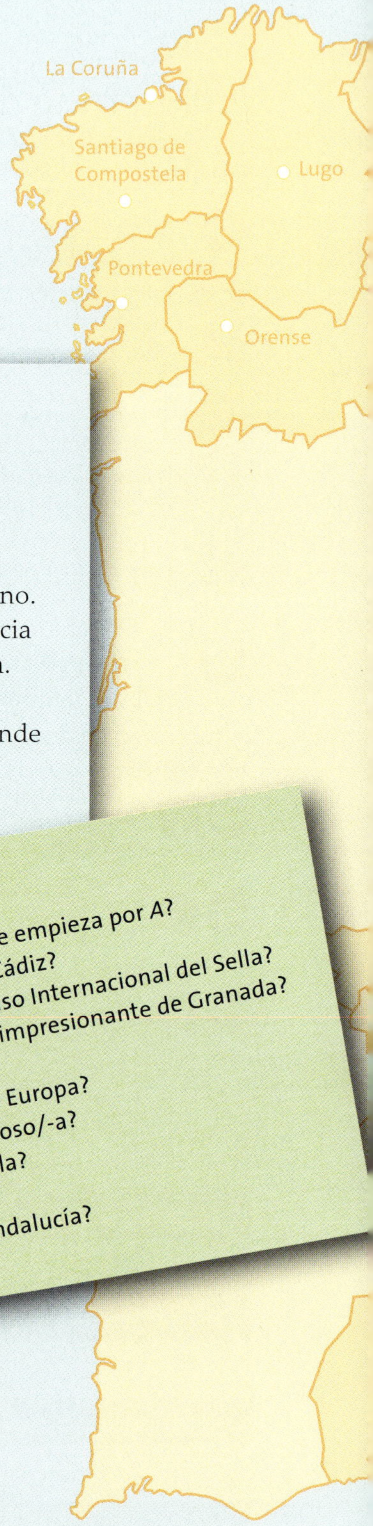


En **¿Qué pasa? 2** aprendisteis muchas cosas sobre España y Latinoamérica. ¡En este juego podéis comprobar vuestros conocimientos!

En la Unidad 1 de este libro, Clara va a visitar a la familia del primo de su madre que vive en Barcelona. Ahora vais a acompañar a Clara en su viaje.

### Jugadores
2-3

### Material
- el mapa del juego
- una ficha para cada jugador

### Meta del juego
llegar el primero a Barcelona

### Reglas
- Poned las fichas en la salida, Cádiz.
- El jugador de menor edad empieza.
- Así movéis las fichas: Un compañero elige una pregunta de los temas *conocimientos, gramática* o *vocabulario* para el jugador al que le toca el turno. Si contesta correctamente, avanza una casilla hacia Barcelona. Si no, tiene que retroceder una casilla. Las soluciones están en la página 143.
- ¡Ojo! No podéis poner la ficha en una casilla donde ya hay otro jugador. Tampoco podéis adelantar a otro jugador. Tenéis que tomar otro camino.

### Conocimientos
1. ¿Un país latinoamericano que empieza por A?
2. ¿En qué costa se encuentra Cádiz?
3. ¿Dónde se celebra el Descenso Internacional del Sella?
4. ¿El monumento árabe más impresionante de Granada?
5. ¿Un río largo de España?
6. ¿La ciudad más antigua de Europa?
7. ¿Un/a colombiano/-a famoso/-a?
8. ¿Un monumento de Sevilla?
9. ¿Un postre español?
10. ¿Un pintor famoso de Andalucía?

### Gramática
1. ¿El presente de la 3.ª pers. pl. de *pedir*?
2. ¿El imperativo de la 2.ª pers. sing. de *poner*?
3. *¿por o para?* Raúl va al estadio ~ jugar al fútbol.
4. ¿El presente de la 1.ª pers. sing. de *conocer*?
5. Traduce al español: Ado kann weder tanzen noch reiten.
6. ¿El pretérito indefinido de la 2.ª pers. sing. de *querer*?
7. ¿Cómo se dice en alemán: once mil cuatrocientos catorce?
8. *¿saber o poder?* Lucía y Miguel ~ preparar gazpacho.
9. ¿Qué forma verbal del pasado? Esta noche no ~ (poder) dormir.
10. *¿ir o venir?* ¿De dónde ~ (tú)? Del insti, ¿verdad?

**comprobar** überprüfen **los conocimientos** die Kenntnisse **el material** das Material **la ficha** der Spielstein **la edad** das Alter **tocarle a alguien el turno** an der Reihe sein **avanzar** vorrücken **la casilla** *hier:* das Feld **retroceder** zurückgehen **adelantar** *hier:* überholen **el camino** der Weg

## Vocabulario

1. ¿Una cosa que sirve para comer sopa?
2. ¿Una parte del cuerpo que necesitas para escuchar música?
3. ¿Una cosa que sirve para subir o bajar de un piso a otro?
4. ¿Una persona que visita una región para pasar las vacaciones allí?
5. ¿Un ordenador que puedes llevar fácilmente contigo?
6. ¿Una cosa que sirve para cruzar un río?
7. ¿Una parte del cuerpo que necesitas para escribir?
8. ¿Una cosa que sirve para lavar ropa?
9. ¿Una persona que escribe textos y hace entrevistas?
10. ¿Un lugar donde un turista puede informarse?

## 1 ¡Bienvenidos!

1 Las Ramblas

2 La Catedral

3 El Barrio Gótico

4 La Villa Olímpica

5 El Puerto (Port Vell)

6 El Monumento a Colón

7 El Palacio Güell

8 La Boquería

**En grupos mirad el mapa y las fotos de Barcelona. Cada uno elige una foto y la describe sin decir el nombre. Los otros tienen que adivinar de qué lugar se trata. El primero que lo adivine es el siguiente en describir un lugar.**

5, S. 150

## 2 Barcelona antes y hoy

Durante el Puente de la Constitución Clara pasa unos días en casa de la familia del primo de su madre, Manuel. Él vive en Barcelona desde niño. Tiene una hija, Natàlia, de 19 años. Clara y Manuel dan un paseo por la ciudad. Están en la Plaza de Cataluña y bajan por las famosísimas Ramblas.

Clara: Oye Manuel, ¡qué guay estar en Barcelona! ¡Qué ambiente!

Manuel: Ya lo creo, las calles de Barcelona están siempre llenas de gente. Ven, vamos a cruzar la calle y nos vamos a dar un paseo por las Ramblas. Ya estuviste aquí una vez, pero seguro que no te acuerdas.

Clara: Bueno, la verdad es que no mucho, pero sé que aquí en las Ramblas había puestos de animales y a mí me encantaba mirar los hámsteres.

Manuel: ¡Qué memoria! ¡Si sólo tenías cinco años!

Clara: ¿Y todavía hay estos puestos?

Manuel: Sí, claro, pero aquí no los llamamos puestos, se llaman paradas. Mira, esta parte de aquí se llama las Ramblas de las Flores.

Clara: Ya veo, está todo lleno de flores y de turistas. ¿Tú venías a ver los animales también de pequeño? ¿Bajabais tú y tus padres por las Ramblas como nosotros ahora?

Manuel: Sí, claro.

Clara: ¿Y también había tantos turistas cuando tú eras pequeño, Manuel?

Manuel: Pues sí, antes venían también turistas pero ahora vienen más. Ah, mira, Clara, aquí a la derecha está el Mercado de la Boquería, un edificio impresionante.

Clara: ¡Qué frutas tan bonitas! Por favor, hazme una foto delante de la entrada.

Manuel: Bueno, ahora vamos por aquí: esta misma calle de la Boquería va al Barrio Gótico, que es el más antiguo de la ciudad.

Clara: ¡Qué calles tan estrechas! Es como en Cádiz.

Manuel: Claro, es que antes las calles eran así. Aquí está el Ayuntamiento y muy cerca también la Catedral. Bueno, ahora volvemos a las Ramblas. Te quiero enseñar el Liceo, un gran teatro, y luego el Palacio Güell, del famoso arquitecto Antoni Gaudí.

Veinte minutos más tarde, al final de las Ramblas.

Manuel: Mira, ya estamos llegando al Monumento a Colón. Y ¿ves?, allí está el Maremagnum. Es un centro comercial construido en medio del puerto. Cuando era pequeño, todos los domingos mis padres iban a pasear conmigo por las Ramblas también. Veníamos hasta aquí. El paseo terminaba al lado de la estatua. Desde aquí se veían el puerto y los barcos. Ahora la gente termina su paseo en el Maremagnum.

Clara: Ah, claro, en esa época paseabas con tus padres.

Manuel: Claro, cuando veníamos aquí, siempre tomábamos un aperitivo y unas tapas en uno de los muchos chiringuitos que había al final de las Ramblas. Yo comía un helado y a veces me compraban pipas o caramelos. La gente no comía un bocadillo en plan rápido como ahora.

Clara: Es que teníais más tiempo. Pero, ¿de qué chiringuitos hablas? Yo no veo nada.

Manuel: No, claro, ya no están. Pero por aquel entonces todavía existían... ¡Ay, qué tiempos aquellos!

Clara: Pero Manuel, hoy en día se pueden tomar tapas riquísimas en todos lados.

Manuel: Sí, eso sí es verdad pero antes no estaba todo tan comercializado.

Clara: Oye ¿y esas torres que se ven al fondo?

Manuel: Son las Torres Olímpicas. Antes de los Juegos Olímpicos del 92 no estaban. Clara, ¿quieres tomar algo en la Villa Olímpica?

Clara: Sí, es una buena idea.

## 3 El paseo de Clara

**a)** **Busca en los mapas de las páginas 12 y 216/217 todos los lugares mencionados en el texto 2.**
**b)** **Describe por dónde pasan y qué le enseña Manuel a Clara. Usa palabras como *primero, después, luego, al final* y mira el vocabulario de la página 152.**

## 4 El pretérito imperfecto

**a)** **En el texto 2 hay un nuevo tiempo verbal que se llama pretérito imperfecto. Busca todas las formas verbales en el texto y escríbelas en tu cuaderno usando las tablas.**

| | formas regulares | | |
|---|---|---|---|
| | verbos en -ar | verbos en -er | verbos en -ir |
| yo | me encantaba | | |
| tú | | | venías |
| él, ella, usted | | comía,… | |
| nosotros/-as | tomábamos | | |
| vosotros/-as | | | |
| ellos/-as, ustedes | | | |

¡Ojo!: hay → había

| formas irregulares (¡no hay más!) | | |
|---|---|---|
| ver | ser | ir |
| veía | | iba |
| | | |
| | | |
| | éramos | íbamos |
| | | |

**b)** **Completa las tablas y subraya las terminaciones regulares. Ojo, escribe en la tabla de las formas regulares todas las formas de *pasear*, *volver* y *vivir*.**

**c)** **Busca en el texto palabras clave/marcadores que indican el uso del imperfecto y escríbelas con las reglas de "el idioma" en tu cuaderno.**

**El idioma** [i]

Das Imperfekt, **el pretérito imperfecto**, wird benutzt, um Situationen und Zustände in der Vergangenheit zu *beschreiben*. Mit dieser Zeit drückt man aus, *wie* etwas war oder was sich *regelmäßig, gewohnheitsmäßig* oder *immer wieder* ereignet hat.

## * 5 ¡Qué tiempos aquellos!

**a)** **Trabajad en grupos. Con los marcadores del imperfecto de 4c) y los elementos siguientes formad frases. ¿Quién puede escribir más frases en cinco minutos?**
Ejemplo: Antes tocaba la guitarra.

| | | |
|---|---|---|
| • (yo) • (tú)<br>• José • María<br>• Mi amiga y yo<br>• Tú y tus padres<br>• Juan y Maite | • (no) ser • (no) tocar • (no) bailar<br>• (no) comer • (no) interesarse por<br>• (no) salir con • (no) escribir<br>• (no) ver • (no) ir a • (no) leer<br>• (no) hablar | • alumno/s • turista/s • español<br>• salsa • ensalada • libros<br>• la guitarra • amigos • la playa<br>• película/s • e-mail/s<br>• monumentos |

**b)** **Comparad las frases en el grupo. Corregidlas y contad quién tiene más frases correctas y no repetidas.**

## 6 Cuando Manuel era pequeño

Clara tiene que exponer un trabajo en clase sobre la vida en la Barcelona de antes. Por eso le hace muchas preguntas a Manuel.
**¿Cómo era Barcelona y qué hacía Manuel cuando era pequeño? Busca la información en el texto 2 y apúntala en tu cuaderno.**

## 7 Clarita y Nati

Clara ya estuvo una vez en Barcelona con su madre. Sólo tenía cinco años, por eso no se acuerda de muchas cosas. Le pregunta a Natàlia, que es cuatro años mayor que ella, cómo era ella entonces y qué hacía.
**Leed el diálogo y completad las frases con las formas correctas del pretérito imperfecto.**

| Clara | Natàlia |
|---|---|
| ¿Nati, te acuerdas de cómo ~ (ser/yo) entonces? | La verdad es que no mucho. ~ (ser/tú) una niña bonita, pero muy curiosa. Siempre me ~ (hacer/tú) muchas preguntas. |
| ¿En serio? ¿Y qué ~ (preguntar)? | Pues no sé, de todo. ¿Qué estás haciendo? ¿Por qué lo haces así... Me ~ (agobiar/tú) bastante, ¿sabes? |
| Pues siempre dicen eso cuando hablan de como ~ (ser/yo) de pequeña. Pero creo que todos los niños son así. | Sí, es verdad, de mí dicen lo mismo. Pero me acuerdo también de que ~ (jugar/nosotras) en la pequeña plaza delante de casa y lo ~ (pasar/nosotras) muy bien. |
| Ah, sí, me acuerdo de la plaza. ~ (haber) un quiosco y me ~ (comprar/tú) caramelos y pipas allí. | Sí, mi padre me ~ (dar) todos los domingos mi paga. Sólo ~ (ser/ellas) unas pocas pesetas, pero ¡cuántas cosas se ~ (poder) comprar! |
| Es verdad, entonces todavía no ~ (haber) euros. Y todo ~ (ser) más barato. Seguro que ~ (comer/yo) muchos caramelos. | Sí, claro, te ~ (encantar) los caramelos, pero las pipas te ~ (gustar) todavía más. |
| Sí, ahora me acuerdo: las dos ~ (comer/nosotras) una bolsa de pipas entera todos los días y ... | ... cuando ~ (volver/nosotras) a casa para cenar ... |
| ... ya no ~ (tener/nosotras) hambre. ¿No ~ (tener/vosotros) un perro en esa época? | Sí, ~ (llamarse) Cuco, le ~ (dar/nosotras) la comida que no ~ (poder/nosotras) comer después de tantos caramelos. |
| Seguro que mi madre ~ (enfadarse) mucho. | Yo creo que en eso todas las madres son así. |

## 8 Recuerdos

**a)** **En parejas preparad diez preguntas sobre cómo erais o qué hacíais a los siete años. Usad los elementos de la casilla.**
Ejemplo: ¿Te gustaba ir al colegio?

**b)** **Luego buscad a otro/-a compañero/-a y hacedle una entrevista con la ayuda de esas ideas. Si no os acordáis muy bien, también podéis inventar las respuestas.**

**c)** **Exponed vuestros resultados a otra persona o al resto de la clase.**

gustar ir al colegio | tocar un instrumento | hacer deporte | gustar comer | ir en bici | pasar las vacaciones | ver mucho/poco la tele | ser curioso/divertido/tímido/... | jugar a ... | tener miedo de los perros | tener un animal | llevar el pelo largo/corto/... | ser tu color preferido

## 9 La Barcelona histórica

**Buscad los errores en la foto. ¿Qué no había antes? ¿Qué hacía la gente entonces? ¿Qué hay ahora? ¿Qué hace la gente ahora? Hablad en clase. Podéis usar los verbos siguientes: *tener, hablar por, comunicarse con, ir en, llevar, ... .***

Ejemplo: Antes la gente no tenía móviles. La gente escribía cartas o enviaba postales. Hoy ...

## 10 Hace 30 años

**Pregunta a tus padres, tíos o abuelos qué ha cambiado en los últimos años en tu pueblo/barrio/ciudad o en el lugar de origen de tu familia. Escribe un pequeño artículo. Puedes añadir fotos o dibujos para ilustrar los cambios.**

## 11 La Barcelona de Gaudí

La Casa Vicens

La Casa Milà (La Pedrera)

La Casa Battlò

La Sagrada Familia

El Parque Güell

**la fachada** die Fassade **el tejado** das Dach **la chimenea** der Kamin **el azulejo** die Kachel **la forma ondulada** die gewellte Form **la ola (del mar)** die Welle **el pájaro** der Vogel **la flor** die Blume **la hoja (de árbol)** das Blatt **el dragón** der Drache **la salamandra** der Salamander

### El país y la gente

**Antoni Gaudí** nace el 25 de junio de 1852 en Reus, una ciudad cerca de Tarragona. De pequeño está enfermo y no puede jugar mucho con otros niños, así que da largos paseos. Sus observaciones de la naturaleza influyen más tarde en su obra de arquitecto. A los 17 años empieza a estudiar arquitectura en la "Escuela de Arquitectura" de Barcelona. En la capital catalana construye muchas casas y también un parque famoso, el Parque Güell. El estilo que usan él y otros arquitectos se llama modernismo. Las formas onduladas y los elementos de la naturaleza son típicas del modernismo. Hay adornos en forma de pájaros, flores u hojas e incluso dragones. La obra más importante de Gaudí es la "Sagrada Familia". Este templo está en construcción desde el año 1881 y todavía no está terminado. Tiene muchos elementos sorprendentes en su fachada, por ejemplo plantas y animales, y también en su interior. Gaudí muere en 1926 en un accidente de tranvía.

**así que** so dass **la observación** die Beobachtung **la naturaleza** die Natur **influir** beeinflussen **la obra** das Werk **la arquitectura** die Architektur **catalán/-ana** katalanisch **construir** bauen **el estilo** der Stil **el modernismo** der Jugendstil **el elemento** das Element **el adorno** die Verzierung **el templo** der Tempel **en construcción** im Bau befindlich **sorprendente** überraschend **el interior** das Innere **morir** sterben **el tranvía** die Straßenbahn

**a) Mirad las fotos y describidlas. ¿Qué os llama la atención? ¿Qué os parece el estilo? ¿Os gusta o no? ¿Por qué (no)? Usad el vocabulario de arriba.**

**b) Leed el texto de "El país y la gente" sobre Gaudí. Relacionad las informaciones sobre el modernismo con lo que se ve en las fotos.**

## 12 Una visita guiada

**a)** Haces con tus padres una visita guiada en un autobús turístico por la Barcelona de Gaudí.
**Escucha lo que dice el guía y apunta en qué orden visitáis los diferentes lugares que están en las fotos del ejercicio 11.**

**b)** Tus padres no hablan castellano.
**Con la ayuda de las fotos y de "El país y la gente" resume para ellos en alemán lo que dice el guía sobre los diferentes lugares. Escucha otra vez y toma apuntes.**

## 13 Cataluña no es sólo Barcelona

**a) Relacionad los textos con las fotos.**

C

A

B

F

D

E

G

H

**b) ¿Cuál de las fotos os gusta más o cuál os parece más interesante y por qué? Intercambiad vuestras opiniones en el grupo. Elegid dos lugares o eventos que más os interesen y uno que no os guste nada. Exponed vuestros resultados en clase.**

Ejemplo: Queremos visitar Tarragona porque es un lugar con mucha historia y nos interesamos por los romanos.

**1. Festa de Sant Jordi – Fiesta de San Jorge**

Se celebra el 23 de abril. Tradicionalmente los chicos le regalan a su novia una rosa y las chicas le regalan a su novio un libro. San Jordi es el patrón de Cataluña. En todas las ciudades y pueblos hay puestos de libros y rosas. El ambiente es fenomenal y ese día mucha gente mira y compra libros.

**2. Pirineus – Pirineos**

Cada año el Rey viene a la estación de esquí de Baqueira Beret que está situada en el Valle de Arán, Pirineos. En los ríos de la región se puede hacer rafting. En el Valle de Boí hay iglesias románicas de los siglos XI y XII.

**3. Figueres – Figueras**

Es una pequeña ciudad que está muy cerca de las playas de la Costa Brava. Allí se encuentra el Teatro-Museo Dalí, uno de los museos más interesantes de todo el país. Salvador Dalí, un famoso artista surrealista, construyó él mismo su propio museo. Por eso todo el museo es muy original y tiene muchas cosas interesantes y divertidas.

**4. Castellers**

Son castillos de personas. Tienen de 12 a 14 metros de altura. Lo característico es que un niño de 6 a 8 años termina la construcción del castillo.

**5. Montserrat**

Cerca de Barcelona en las montañas de Montserrat se encuentran un monasterio y el santuario de la Virgen de Montserrat. La Virgen de Montserrat es la patrona de Cataluña y por eso muchas chicas se llaman así. Desde el siglo XIV hay en el monasterio un coro de niños muy famoso, la "Escolania de Montserrat". Los niños del coro tienen entre 9 y 14 años. Viven y estudian allí y hacen conciertos en todo el mundo.

**6. Tarragona**

Durante la época de los romanos fue la capital de Hispania (hoy España y Portugal). Todavía hoy existen importantes restos de los romanos, como por ejemplo el anfiteatro.

**7. Delta de l'Ebre – Delta del Ebro**

Es uno de los parques naturales más importantes de Europa. En primavera se pueden ver aquí sobre todo flamencos y además otros muchos pájaros.

**8. La costa**

Cataluña tiene una costa de 580 kilómetros. Muchos turistas de toda Europa vienen a pasar sus vacaciones, por ejemplo a la Costa Brava o la Costa Dorada.

## 14 Buscando en Internet

Quieres pasar con tu familia una semana en Cataluña.

**a) ¿Cómo vais a ir? ¿Dónde os podéis alojar? ¿Qué lugares vais a visitar en Cataluña y en Barcelona? Formad grupos y buscad la información en castellano en Internet (p. ej. *http://www.bcn.es; http://es.barcelona.com*; *http://www.gencat.net/turistex_nou/*).**
**b) Exponed vuestra información en clase.**
**c) ¿Cuál de los viajes te gusta más? Justifica tu respuesta.**

## 15 Patatas Bravas

El *Bar Tomás* se encuentra en el barrio de Sarrià y su plato especial son las patatas bravas. Ahí va mucha gente diferente a comer patatas bravas y tomar una caña o un refresco. Clara y Natàlia han quedado aquí con una amiga porque Clara quiere probar las mejores papas bravas de Barcelona.

Natàlia: Hola Montse. Mira, te presento a mi prima Clara. Es de Cádiz.

Montse: Hola, ¿qué tal? ¿Te gusta Barcelona?

Clara: Hola, claro que me gusta. Ayer Manuel y yo recorrimos la ciudad de arriba abajo: las Ramblas, el Barrio Gótico, el Maremagnum ... Me ha llamado la atención que en todos los lugares ponen las cosas en catalán o a veces en catalán y en castellano. Para mí es divertido porque así, cuando leo los letreros, aprendo un poco de catalán.

Montse: Nati, ¿en casa no habláis catalán?

Natàlia: Pues, con mis padres no, como no son de Cataluña hablo castellano con ellos, pero con mis amigos casi siempre hablo catalán porque estoy más acostumbrada. Como en el colegio y en la universidad todo es en catalán ...

Montse: Claro, es normal, en mi casa siempre se ha hablado catalán porque mi familia es de aquí.

Clara: ¿En serio que en la universidad las clases son en catalán?

Natàlia: Sí, la mayoría. Es la lengua de Cataluña y una de las lenguas oficiales de España. Tengo un amigo que estudia en Galicia y dice que allí pasa lo mismo con el gallego. A veces es difícil entender a los profes porque algunos dan la clase únicamente en gallego.

Clara: ¿Y en el País Vasco cómo lo hacen? Porque el vasco o euskera es mucho más difícil de entender que el catalán y el gallego, ¿verdad?

Montse: Allí también mucha gente habla su propio idioma, pero no tantos como en Galicia o en Cataluña. La verdad es que el euskera es totalmente diferente a las otras lenguas de España porque no viene del latín. En las universidades la mayoría de las clases son en castellano, pero también hay clases en euskera.

Camarero: Què voleu pendre?

Natàlia: Tres racions de patates, dues canyes i una llimonada. [...]

Camarero: Aquí teniu les begudes i les racions de patates. ¡Bon profit!

Clara: ¡Qué ricas están! ¿No me puede dar la receta? Así las puedo preparar en casa.

Camarero: Imposible, guapa. Eso es el secreto de la casa.

## 16 Lenguas diferentes

**a) Leed y escuchad el texto 15 y contestad a las preguntas.**

1. ¿Qué le llama la atención a Clara en las calles de Barcelona?
2. ¿En qué situaciones y lugares se usa el catalán?
3. ¿De qué idiomas oficiales de España hablan las chicas y dónde se hablan?

**b) En un mapa de España buscad las comunidades autónomas bilingües.**

**c) El camarero y Natàlia hablan catalán. ¿Sabes traducirlo al castellano?**

## 17 Idiomas de España

**Mira las fotos y adivina de qué idiomas se trata y qué significan.**

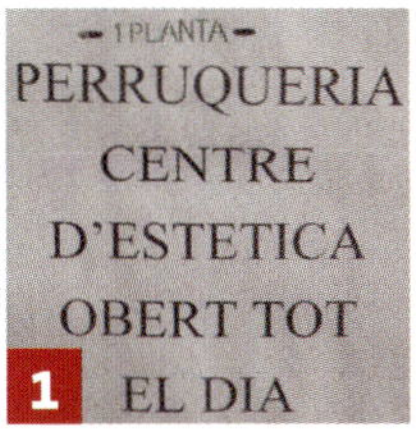

1

3

2

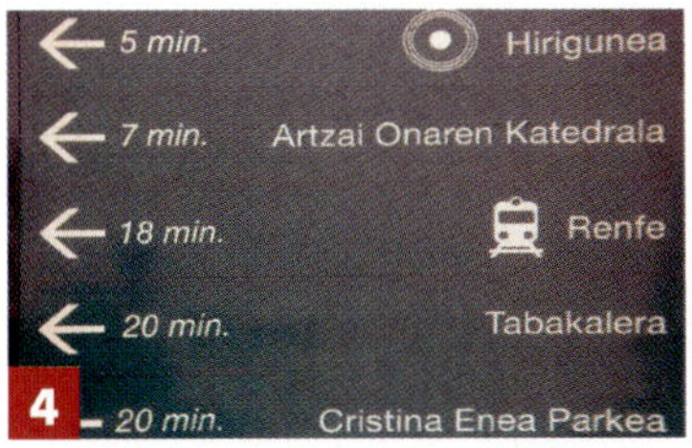

4

5

### El país y la gente

El 6 de diciembre (Día de la Constitución) es día festivo porque en esta fecha en el año 1978 se aprobó la primera constitución democrática después de casi 40 años de dictadura. La constitución reconoce el derecho de todos los españoles a hablar su propio idioma. Antes, durante la dictadura de Franco (de 1939 a 1975), sólo se podía hablar castellano. Los otros idiomas estaban prohibidos. No se enseñaban en los colegios y no se podían usar en público. Ahora las comunidades autónomas Galicia, el País Vasco y Cataluña tienen dos lenguas oficiales, son comunidades bilingües.

**aprobar** *hier*: verabschieden (Verfassung) **democrático/-a** demokratisch **la dictadura** die Diktatur **reconocer** *hier*: anerkennen **el derecho** das Recht **prohibir** verbieten **enseñar** unterrichten **en público** in der Öffentlichkeit **la lengua oficial** die Amtssprache **bilingüe** zweisprachig

## 18 Me presento

Estos chicos se presentan en castellano, vasco, catalán y gallego. **Escuchad y decidid en qué orden hablan, cómo se llaman y qué idioma habla cada uno.**

Carlos | Iñaki | Xavier | Ferran

1

2

3

4

1. Hola, ¿qué tal? Soy de Salamanca. Me llamo ... Tengo 15 años. Estudio en el instituto. Me gustan la música y las vacaciones. Y a ti, ¿qué te gusta?
2. Kaixo, zer moduz? Donostiakoa naiz ... Dut izera. Hamabost urte ditut. Institutoan ikasten dut. Musika eta oporrak gustatzen zaizkit. Eta zuri, zer gustatzen zaizu?
3. Hola! Què tal? Sóc de Reus. Em dic ... Tinc quinze anys. Vaig a l'institut. M'agraden la música i les vacances. I a tu, què t'agrada?
4. Ola, que tal? Son de Pontevedra. Chámome ... Teño 15 anos. Estudo no instituto. Gústanme a música e as vacacións. E a ti, que che gusta?

## 19 Desde el balcón

**a) ¿Qué puedes ver cuando miras desde el balcón de tu casa o desde la ventana de tu habitación? Describe lo que ves normalmente.**

**b) Describe el dibujo.** 5, S. 150

**c)** En el siguiente texto el narrador describe cómo su padre, su hermano y él observan desde el balcón a la gente antes de comer. **Lee el texto y contesta a las preguntas.**

**1.** ¿Qué ven padre e hijos desde el balcón?
**2.** ¿Por qué les gusta a los niños observar a la gente desde arriba?

Cuando volvía mi padre del trabajo a eso de la una, si hacía buen tiempo, nos asomábamos al balcón del comedor. Él se ponía de brazos sobre la baranda, y mi hermano y yo, a su lado, metíamos la cara entre los barrotes. [...] La gente que pasaba por la acera del sol, que caía debajo de nuestro balcón, no nos veía. Pero nosotros sí que les veíamos el cogote, o el pliegue del sombrero, o el pañuelo de la cabeza. [...] Daba gusto ver a los sujetos acercarse por la acera del sol hasta que se ponían bien debajo de nuestro balcón, y entonces mirarles a lo alto de sus cabezas. A lo mejor algunos se paraban a hablar allí debajo y los veíamos mover las manos. [...] Desde nuestro balcón, hacia la derecha, se veía la plaza como un escenario lleno de sol, moteado de figurillas, es decir, de hombres que parecían muy pequeños desde donde estábamos. Al fondo, la fachada del Ayuntamiento y la fuente de cemento [...]. Hacia esta hora salían los empleados del Banco Central, que estaba un poco más allá, en la acera de la sombra. Y se les notaban ganas de estirar las piernas y a lo mejor de tomar una caña. [...]

*Francisco García Pavón:*
*Desde el balcón. München: Primeras Lecturas 2006, pp. 76 – 82 (texto abreviado)*

### Ya sé ...

- einen Weg beschreiben
- über Zustände und gewohnheitsmäßige Handlungen in der Vergangenheit sprechen
- über die eigene Kindheit sprechen
- die Veränderung des Heimatortes im Laufe der Zeit beschreiben
- über Sehenswürdigkeiten, Orte und Gebäude sprechen
- mithilfe des Internets eine Reise vorbereiten
- unterschiedliche Sprachen Spaniens identifizieren

# El METRO de Barcelona

**a)** Estás con tus padres en Barcelona y os han dado este folleto con el plano del metro. Tus padres quieren saber qué significan los símbolos e instrucciones.
**Explícalo en alemán.**

**b) Contesta a las preguntas con una frase completa, dando una explicación.**

1. Te quieres mudar de casa y para ahorrar el camión de la mudanza haces el transporte de tus muebles en metro. ¿Es posible?
2. Tienes un perro muy simpático y para pasearlo quieres ir en metro a la playa. ¿Lo puedes hacer?
3. El fin de semana quieres hacer una excursión en bici. Coges el metro para salir de la ciudad y te llevas tu bici. ¿Está permitido?
4. Es sábado por la mañana y quieres informarte sobre los billetes para estudiantes. ¿Adónde tienes que ir?

## 1 Clases de antes

Oviedo (España), curso 1948–49

Argentina ~ 1930

Madrid (España)

Buenos Aires (Argentina)

Oviedo (España), curso 1955–56

**a) Mirad las fotos y describid las diferencias.**
**b) Comparad vuestra clase con las fotos antiguas.**

## 2 Otros tiempos

**a) Mira los dibujos. ¿De qué va a tratar el texto?**

**b) Lee el texto. Después apunta el tema.**

**c) En el texto hay vocabulario nuevo. Muchas veces es posible comprender la palabra por el contexto, por otras lenguas o porque ya conocéis palabras de la misma familia. Leed el texto y buscad el significado de las palabras siguientes. ¿Qué os ha ayudado a comprenderlas?**

• el viaje de estudios (l. 10) • el empollón (l. 12) • vigilar (l. 26) • la hoja (l. 27) • la dirección (l. 36) • enterarse (l. 44) • la experiencia (l. 59) • inolvidable (l. 59)

1.2, S. 145

Raúl está un poco nervioso porque mañana va a hacer un examen dificilísimo de matemáticas. Mientras está estudiando, entra su tío Juan.

Juan: ¡Hola, Raúl! ¿Qué estás haciendo? Te veo un poco preocupado.

Raúl: ¡Hola, tío Juan! Pues ya ves, estoy estudiando para el examen de mañana. Y lo llevo fatal. Y si no saco buenas notas esta vez, mamá no me va a dejar ir de viaje de estudios.

Juan: Tranquilo, Raúl, seguro que te va a salir bien.

Raúl: Oye, tú, en el insti, eras un empollón, ¿no? ¿Siempre sacabas buenas notas?

Juan: Hombre, generalmente sí era buen alumno. Pero una vez el profesor me puso un cero.

Raúl: Pero, ¡qué me estás contando! Anda ya, ¡eso no te lo crees ni tú! Pero, ¿por qué?

Juan: Que sí que es verdad. Mira, te cuento: eran los exámenes finales. Hacía muchísimo calor porque era junio, así que las ventanas estaban abiertas. Estábamos haciendo el examen de física. Nuestro profesor era un hombre muy serio y poco simpático. Yo estaba sentado al lado de mi mejor amigo, Guti. Mientras hacíamos los ejercicios, el profesor nos vigilaba y paseaba por la clase. De repente, vino un poco de viento y una de las hojas de mi examen voló y se cayó exactamente en la mesa de Guti. Entonces le pedí a Guti mi hoja del examen y cuando él me la estaba pasando, de pronto el profesor se giró, nos vio, y claro, pensó que estábamos copiando.

Raúl: ¡No me digas! Jo, vaya palo, ¿no? Y ¿qué hizo después?

Juan: Pues nos quitó el examen y nos puso un cero a cada uno. Luego nos llevó a la dirección y el director llamó a nuestros padres.

Raúl: ¡Qué fuerte! Estoy flipando con lo que me estás contando.

Juan: Es que los profesores de antes, Raulito, eran mucho más exigentes que los de ahora.

Raúl: Ya, eso siempre dice mamá. ¿Y qué pasó? ¿Qué te dijeron los abuelos?

Juan: Cuando se enteraron, se enfadaron muchísimo. Y no me dejaron ir a la excursión de fin de curso.

Raúl: ¿De verdad? ¿También hacíais excursiones en aquellos tiempos?

Juan: Hombre, no había muchas y tampoco viajábamos tan lejos como vosotros ahora. Por aquel entonces no teníamos tanto dinero. Siempre visitábamos pueblos o ciudades que estaban cerca, pero una vez fuimos a Barcelona. Ese fue nuestro viaje de estudios, lo hicimos en 1972.

Raúl: Pero ¡qué dices! ¡A Barcelona, vaya cosa!

Juan: Eran otros tiempos, Raúl. A nosotros nos gustaba mucho viajar y ese viaje fue una experiencia inolvidable para todos. Estuvimos cuatro días en la ciudad y visitamos los lugares típicos. Lo mejor fue la visita al estadio Camp Nou. Me gustó muchísimo. ¿Y tú? ¿Adónde vas de viaje de estudios este año?

Raúl: Pues a Italia.

Juan: Entonces, venga, estudia mucho y suerte para el examen de mañana.

Raúl: Gracias, tío.

## 3 Malditos exámenes

**Contesta a las preguntas.**

**1.** ¿Por qué está Raúl un poco nervioso?
**2.** ¿Cómo era el profesor del tío Juan?
**3.** ¿Qué hacía el profesor durante el examen?
**4.** ¿Por qué le puso un cero al tío Juan?
**5.** ¿Fue el tío Juan de viaje de estudios aquel año? ¿Por qué (no)?
**6.** ¿Qué ciudad visitaron Juan y su clase en 1972? ¿Qué hicieron allí?
**7.** ¿Adónde va a ir Raúl de viaje de estudios?

## 4 Colegio y más

**En grupos haced una red de vocabulario relacionada con los temas *colegio*, *exámenes* y *copiar*. Usad también el diccionario. Después exponedla y completadla en clase.**

## 5 Reacciones

2.1+2.2, S. 146

**Discutid en clase.**

**1.** ¿Es correcta la decisión del profesor de quitarles el examen a Juan y Guti?
**2.** Y la reacción de sus padres, ¿qué os parece? ¿Es justa o no?
**3.** ¿Vuestros profesores también os vigilan cuando estáis haciendo un examen?
**4.** ¿Habéis copiado también alguna vez con éxito?
**5.** ¿Os parece justo cuando algún compañero copia y saca mejores notas que los que no copian?

## 6 ¡Qué mala suerte!

**Completa las frases con los conectores según el texto 2.**

| | | |
|---|---|---|
| **1.** Raúl está un poco preocupado | | **A.** les quitó el examen. |
| **2.** No quiere sacar malas notas | | **B.** no viajaban tan lejos. |
| **3.** Raúl cree que el tío era un empollón | | **C.** no le dejaron ir a la excursión de fin de curso. |
| **4.** En general el tío era un buen alumno | • porque | **D.** ,de pronto, el profe se giró. |
| **5.** En un examen de física el tío necesitó la ayuda de Guti, su amigo, | • cuando | **E.** su madre no le va a dejar ir de viaje de estudios si no aprueba. |
| **6.** Guti le estaba pasando la hoja | | **F.** al día siguiente va a hacer un examen dificilísimo. |
| **7.** El profe pensó que estaban copiando | • pero | **G.** el viaje de estudios a Barcelona fue inolvidable. |
| **8.** Les puso un cero | | **H.** quiere ir de viaje de estudios a Italia. |
| **9.** Los padres de Juan se enfadaron muchísimo | • por eso | **I.** siempre sacaba buenas notas. |
| **10.** En aquellos tiempos también hacían excursiones | • y | **J.** una de sus hojas voló a la mesa de su amigo. |
| **11.** Normalmente sólo viajaban a lugares que estaban cerca | | **K.** una vez el profe le puso un cero. |
| **12.** Raúl tiene que estudiar mucho | | **L.** les llevó a la dirección. |

## 7 Tiempos pasados

**a) Leed otra vez el texto 2 desde "Oye, tú, en el insti ..." (línea 12) hasta "Me gustó muchísimo." (línea 62). Copiad la tabla en vuestro cuaderno. En parejas relacionad las frases de los tiempos del pasado con las descripciones a.-h. Apuntad las frases del texto debajo de la descripción correcta como en los ejemplos.**

**b) Comparad en clase vuestros resultados.**

### El idioma [i]

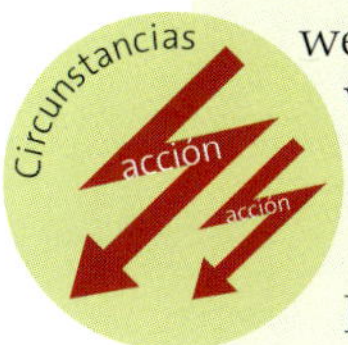


In dem Dialog zwischen Raúl und Juan werden zwei Vergangenheitszeiten verwendet, das **pretérito imperfecto** und das **pretérito indefinido**. Mit dem **pretérito imperfecto** werden Zustände und Gewohnheiten in der Vergangenheit beschrieben. Das **pretérito indefinido** verwendet man bei abgeschlossenen, aufeinanderfolgenden Handlungen, nach bestimmten Zeitangaben sowie bei historischen Ereignissen. In einem Satz können auch beide Zeiten gleichzeitig auftreten. Das **pretérito imperfecto** gibt vor allem Antwort auf die Frage: **¿Cómo era?**, das **pretérito indefinido** auf die Frage: **¿Qué pasó?**. Schau dir zur Verdeutlichung die Bilder auf S. 124 in der Grammatik an.

| | | | |
|---|---|---|---|
| **Imperfecto** | **a.** eine Gewohnheit / **una costumbre**<br>*¿Siempre sacabas buenas notas?*<br>... | **Indefinido** | **e.** aufeinanderfolgende Handlungen / **una acción tras otra**<br>*... el profesor se giró, nos vio, ...*<br>... |
| | **b.** Beschreibung einer Sache, einer Situation, der Umstände / **descripción de una cosa, de una situación, de las circunstancias** | | **f.** einmalige Handlungen / **acciones únicas** |
| | **c.** Beschreibung einer Person / **descripción de una persona** | | **g.** Ereignisse nach festen Daten / **acciones con fechas fijas** |
| | **d.** parallele Handlungen, bei denen Anfang, Ende und Dauer nicht interessieren / **dos acciones simultáneas** | **Imperfecto/ Indefinido** | **h.** Hintergrundhandlung oder Situation mit neu einsetzender Handlung / **descripción de un estado o una situación y empieza una nueva acción**<br>*... cuando él me la estaba pasando, de pronto el profesor se giró ...*<br>... |

**c) Éstos son algunos de los marcadores del texto que indican el pretérito imperfecto o el pretérito indefinido.**
**En parejas relacionad los marcadores con el caso correspondiente de vuestra tabla de a). ¡Ojo! Un marcador puede servir para más de un caso.**

generalmente · una vez · siempre · mientras · de repente · de pronto · cuando · en aquellos tiempos · por aquel entonces · en 1972

## 8 ¡Qué historias!

**En parejas formulad todas las frases posibles con sentido y con el tiempo correcto del pasado. ¿Quién ha hecho más frases correctas?**
Ejemplo: Era de noche y, de repente, Yolanda oyó un ruido extraño.

| | | |
|---|---|---|
| • Era de noche<br>• Raúl estudiaba matemáticas<br>• Lucía hablaba por teléfono en su habitación<br>• El tío Juan hablaba con Raúl<br>• Los abuelos de Clara pasaban siempre las vacaciones en el pueblo<br>• Tito ayudaba a su padre | • (y) de repente,<br>• mientras<br>• (y) de pronto<br>• (y) una vez | • su madre preparaba la cena.<br>• fueron a Málaga.<br>• Yolanda oyó un ruido extraño.<br>• sonó el móvil.<br>• los amigos estaban en la playa.<br>• su profe lo llamó.<br>• entró su madre.<br>• se apagó la luz. |

## 9 El viaje del tío Juan

Éstas son algunas de las cosas que pasaron en el viaje a Barcelona del tío Juan.
**Lee las frases y decide qué tiempo verbal es el correcto.**

Cuando los alumnos llegaban / llegaron a Barcelona, hacía / hizo frío. Mientras todos esperaban / esperaron el metro, el profesor les daba / dio planos de la ciudad. Cuando entraban / entraron en el hotel, Guti se caía / se cayó. Durante el desayuno el profesor siempre les contaba / contó cosas de la ciudad. Un día visitaban / visitaron el zoo y veían / vieron muchos animales. El zoo de Barcelona les gustaba / gustó mucho. Los chicos paseaban / pasearon por el parque Güell y, de pronto, un hombre les pedía / pidió dinero. Era / fue un pobre. Al día siguiente iban / fueron al Museo Picasso porque hubo / había una exposición muy interesante y al profesor le encantaba / encantó este pintor. El día después cuando todos paseaban / pasearon por el centro de Barcelona, Juan perdía / perdió su dinero. Guti le dejaba / dejó algo a Juan y Juan compraba / compró una postal, escribía / escribió algo a sus padres y luego la enviaba / envió. El último día todos probaban / probaron comida típica catalana en la Plaza Real.

### Así se dice

**So drückt man aus, dass man eine Erzählung für unglaublich oder übertrieben hält:**

• ¿De verdad? • No me digas. • Pero, ¡qué dices! • Pero, ¡qué me estás contando! • ¡Anda ya! • ¡Venga ya! • ¡Anda, hombre! • Eso no te lo crees ni tú. • Estoy flipando. • Tú flipas. • Flipo en colores.

**So kann man negative Erzählungen kommentieren:**

• Vaya palo, ¿no? • ¡Qué fuerte!

## 10 Increíble

**a) Mirad los dibujos. A describe la situación de los dibujos y usa el pretérito imperfecto o el pretérito indefinido y marcadores como por ejemplo *de repente, de pronto, cuando*. Los verbos os ayudan. B reacciona con el vocabulario de "Así se dice". Intercambiad los papeles.**

*pasear* *encontrar*

Ejemplo: A: Tito paseaba por la calle y, de repente, encontró un móvil en el suelo.
B: ¿De verdad?

*esperar el avión* *ver a Ronaldinho*

*hacer una fiesta* *llegar*

*chatear con Raúl* *colgarse*

*dormir afuera* *entrar*

*ir en piragua* *ver un cocodrilo*

*hacer un examen* *sonar*

**b) Inventa una situación similar.**

## 11 En Inglaterra

Clara hizo un intercambio escolar con un instituto inglés. Ahora les cuenta a sus amigas su primer día.
**Elige el tiempo del pasado correcto: pretérito imperfecto o pretérito indefinido.**

Por la mañana … (despertarse) muy temprano. … (estar) un poco nerviosa porque … (ser) el primer día en el instituto inglés. … (levantarse), … (ducharse) y … (ponerse) el unifome azul del instituto. Después … (entrar) en la cocina donde ya … (estar) desayunando "mi familia". En la mesa … (hay) de todo para desayunar: huevos, jamón, zumo de naranja, pan, queso, té, leche y muchas cosas más. … (empezar) a desayunar también pero no … (tener) mucha hambre. A las ocho el padre … (salir) de casa, y media hora después … (irse/yo) con Jayne a la estación de autobuses. Allí ya … (hay) muchos alumnos, que … (charlar) y … (esperar) el autobús. Todos … (llevar) el mismo uniforme azul. Jayne me … (presentar) a sus amigas, que … (ser) todas muy amables.

## 12 De viaje

**Mira los dibujos del viaje de fin de curso de Carolina, la hermana de Clara, y cuenta la historia.**
Ejemplo: El año pasado la clase de Carolina hizo una excursión a la montaña. ...

## 13 Miguel y la secretaria

**a) Escucha la conversación entre Yolanda y Lucía y di si las siguientes frases son correctas o falsas.**

1. Los padres de Lucía están hoy en el instituto para hablar con la profesora de inglés de Miguel.
2. Miguel tenía un examen de inglés el viernes.
3. No sabía muy bien el vocabulario de inglés.
4. Quería sacar una buena nota en el examen.
5. Tiene problemas con las notas de inglés.
6. No quería hacer el examen porque estaba enfermo.
7. Miguel habló por teléfono con el director del instituto con la voz de su padre.
8. La secretaria no le preguntó nada a Miguel.
9. El director llamó a los padres de Miguel.
10. Los padres están muy enfadados.

**b) Corrige las frases falsas.**

**c) ¿Has entendido la anécdota? Explícala.**

## 14 El primer día

4, S. 148

**¿Cómo fue tu primer día en el instituto? Escribe un pequeño texto.**

## 15 El sistema escolar de España

**Mira el sistema escolar de la página 31 y compáralo con tu país. Las preguntas te ayudan.**
1. ¿A qué edad empiezan los niños a ir al colegio? 2. ¿Qué niveles hay?

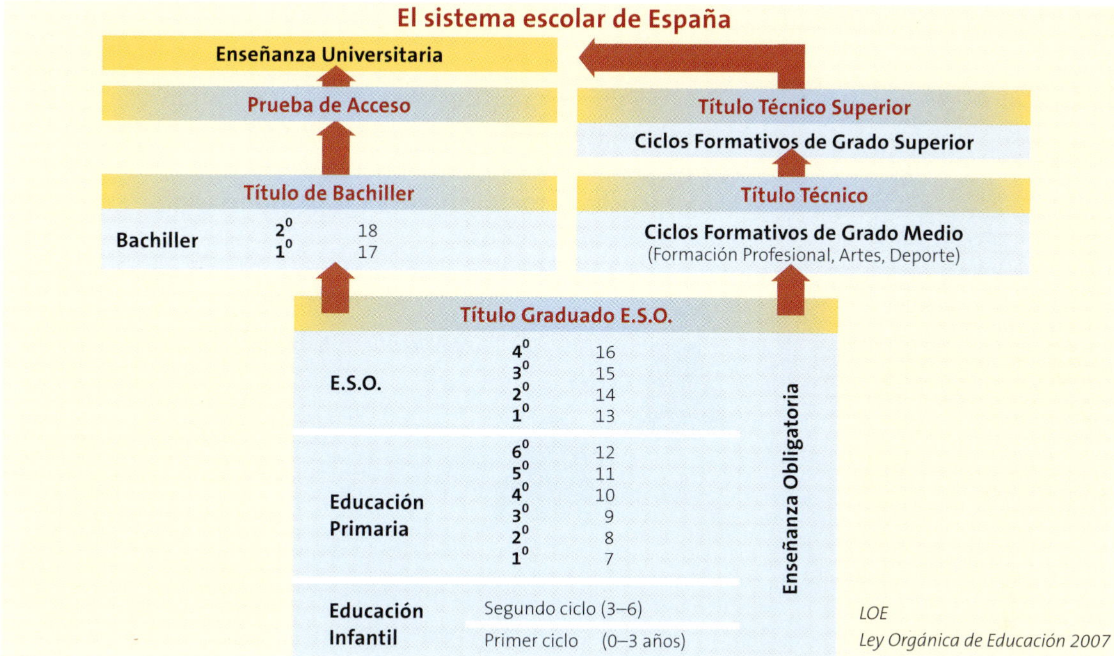


## 16 Carreras

**a) Lee los textos y contesta a las preguntas.**

*Ésta es la familia Pérez de Zamora. Tienen tres hijos: Elena de 3, María de 9 y Federico de 13 años.*

1. ¿En qué ciclo están?
2. En el futuro Federico quiere trabajar de mecánico de coches, ¿qué formación escolar tiene que hacer para esta profesión?

*Ésta es la familia Barbón de Oviedo. Tienen también tres hijos: Martín de 6, Marta de 15 y Lucila de 19 años.*

1. ¿En qué ciclo están Martín y Marta?
2. Lucila estudia informática, ¿qué formación escolar tuvo que hacer para estudiar esto?

**b) ¿Y en tu país? Contesta a las preguntas.**

1. ¿Qué necesitas en tu país para entrar en la universidad?
2. ¿Qué alternativas tienen los alumnos que no quieren sacar el título de bachiller?

## 17 Valeria, una alumna argentina

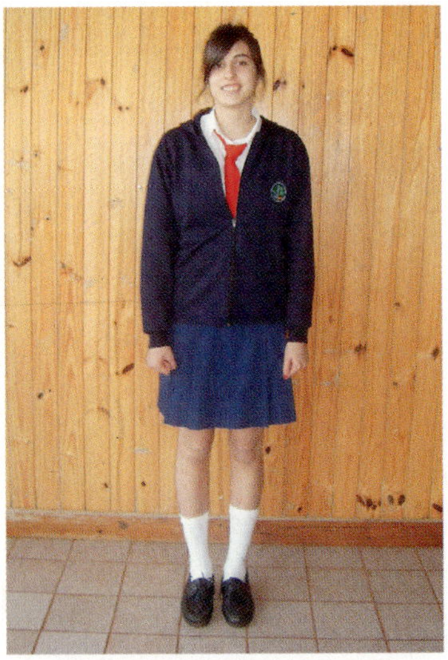

Valeria es una alumna argentina que va a hacer un intercambio con un instituto alemán. En un e-mail cuenta un poco de su colegio y la vida escolar en Argentina.

**Lee y escucha el texto y fíjate en la pronunciación. ¿Qué diferencias notas?**

**Palabras diferentes de ...**

**Argentina – España**

la pollera – la falda

la chomba – el polo

la campera – la chaqueta

el buzo – la sudadera

la remera – la camiseta o niki

**El cole en Argentina**

Para... **klasse8b@lessing-schule.de**

CC...

Asunto: **El cole en Argentina**

Hola a todos:

Mi nombre es Valeria Gridel, tengo dieciséis años y vivo en Ciudad Jardín, Buenos Aires, Argentina. Hace ya diez años que voy al colegio Gartenstadt. Es un colegio chico y nos conocemos entre todos porque los grados no tienen más de 20 alumnos. Yo voy a primero polimodal y en mi caso somos catorce.
Me llevo muy bien con mis compañeros y profesores, somos todos como una gran familia. Con los adultos nos tuteamos, siempre sin faltar el respeto. Este año tengo doce asignaturas: física, matemáticas, salud y adolescencia, lengua, cultura, historia, derechos humanos, tecnología, geografía, gimnasia, inglés y alemán. Estas últimas tres las tenemos durante el turno tarde. Todas son obligatorias.
Nos dan bastantes tareas y también tenemos que estudiar mucho. Trabajamos mucho en grupo y eso está muy bueno. Prefiero los trabajos prácticos a las pruebas porque me encanta reunirme con mis compañeros e intercambiar ideas.
Usamos uniforme, es azul y gris. Para mí es muy cómodo, no me molesta usarlo y está bien. Además tenés pantalón, pollera, short, medias, remera, chomba, campera, buzo, por lo que podés y te dejan elegir. Hay algunos colegios en los que tenés que usar pollera todos los días (también en invierno), en cambio, acá no.
Lo que más me gusta del colegio es el recreo, donde hablás con tus compañeros, vas un rato al patio, compartís lo que trajiste para comer, arreglás para hacer algo el fin de semana, charlás etc. El mejor es el recreo del mediodía, que dura una hora y diez minutos (los demás duran entre diez y quince minutos). En este recreo te podés quedar a comer en el colegio o te vas a tu casa. Hay días que me quedo en el colegio para estar con mis compañeros, otros me voy a casa y descanso un poco.
¿Y qué tal la vida en el instituto en Alemania? Espero sus noticias.

Cordiales saludos
Valeria

## 18 Un e-mail de Argentina

**a)** Tus padres no saben español. **Cuéntales lo más importante del e-mail de Valeria.**

**b) Formad grupos de 3 ó 4 alumnos y haced preguntas sobre el e-mail de Valeria. Después un grupo contesta a las preguntas de otro grupo.**

## 19 El voseo

En Argentina y en otros países de Latinoamérica no existe el pronombre personal "tú". En su lugar se usa la forma "vos", que tiene terminaciones verbales especiales, por ejemplo "vos hablás". Este fenómeno se llama voseo.

**a) Buscad en el e-mail algunas de estas formas.**

**b) ¿Cómo es la forma de "vos" de los siguientes verbos?**

• comprar • comer • venir

### El país y la gente

En muchos colegios privados de España los alumnos tienen que llevar uniforme. En Latinoamérica no sólo en la enseñanza privada, sino también en algunos países, como por ejemplo Venezuela, los alumnos de los colegios públicos llevan uniforme. En Argentina el delantal blanco es el símbolo de la escuela pública gratuita del nivel primario y el uniforme escolar se lleva en la escuela privada. Todos los jóvenes entre los 5 y los 18 años tienen que ir al colegio. El sistema educativo en Argentina tiene cuatro niveles: educación inicial, primaria, secundaria (con las escuelas técnicas) y superior. Muchos padres mandan a sus hijos a colegios privados porque éstos ofrecen a los alumnos muchas oportunidades de aprender más.

**privado/-a** privat **público/-a** öffentlich **el delantal** die Schürze **la escuela** die Schule **gratuito/-a** kostenlos **educativo/-a** Bildungs-, Erziehungs- **inicial** anfänglich, Anfangs- **la educación secundaria** die Sekundarstufe **mandar a alguien** jdn. schicken **ofrecer** (an)bieten **la oportunidad** die Gelegenheit

## 20 Uniforme sí, uniforme no

**Copia la tabla en tu cuaderno. Escucha las cinco entrevistas sobre "uniformes en el colegio" y apunta si las personas están a favor o en contra y los puntos a favor y en contra.**

| | ¿A favor o en contra? | Puntos a favor | Puntos en contra |
|---|---|---|---|
| Encuesta 1 | | | |
| Encuesta 2 | | | |
| Encuesta 3 | | | |
| Encuesta 4 | | | |
| Encuesta 5 | | | |

## 21 ¿Uniformes escolares para todos?

2.2, S. 146

**a) Trabajad en dos grupos. Un grupo está a favor de los uniformes escolares y busca las ventajas, el otro está en contra y busca las desventajas. Después elegid a un/a moderador/a imparcial. Usad el vocabulario de la página 146. Antes de la discusión formad una escala de 0 (estar en contra) a 10 (estar a favor) en clase. Cada uno se pone en la posición que corresponda con su opinión.**

**b) Después ponedos otra vez en la escala. ¿Habéis cambiado de posición? Escribid vuestra opinión en el cuaderno.**

## 22 Se vende

*Víctor y su familia se mudaron desde un pueblo de Palencia, Aguilar, a Madrid. Aquí Víctor describe su primer día en el nuevo instituto.*

El primer día de instituto todo fue distinto. Por la calle se veía un desfile de carpetas y mochilas siguiendo mi misma dirección. Casi todos iban en grupo. Me sorprendió ver tanta gente. En Aguilar no había ningún instituto tan grande. Atravesé el patio y me metí por la puerta principal. Al lado de la ventanilla de Secretaría había un panel lleno de listas. Dejé pasar el tiempo leyendo los nombres de mis compañeros, contando el número de chicas que había, imaginando quiénes podrían ser mis futuros amigos y quiénes mis futuros ligues. Cuando me cansé de darle vueltas a nombres sin rostro, vacíos, volví a salir al patio. En cuanto vi que los primeros empezaban a entrar, decidí hacer lo mismo. Subí hasta el segundo piso y me metí por un pasillo largo con ventanas a la izquierda y clases a la derecha. Fuera de la clase que me correspondía había tres grupos charlando desenfadadamente, nadie sin compañía salvo yo. Entré con algunas miradas en la espalda. Comprobé que dentro había más grupos sentados en distintas zonas de pupitres – eran mesas individuales – comentando cosas del verano o del fin de semana pasado. Me senté hacia la mitad de la clase para no parecer ni empollón ni pasota. Me fijaba más en las chicas, pero como las miradas que intercambié fueron intrascendentes, decidí dejar el hacer amigos para otro momento. De pronto, entró en clase la perla. Venía acompañada de cuatro chicos. Magnetizado, no podía dejar de mirarla. Su pelo variaba entre ondulado y rizado, y entre castaño y cobrizo. Lucía una sonrisa de las que halagan a quien la recibe, y unos ojos azules hipnóticos. Tenía poco pecho y un culo genéticamente perfecto. Nada más entrar, examinó la clase con una ojeada rápida y saludó a distintos grupos. Creo que por tres décimas de segundo me miró. Luego se sentó casi a mi altura pero a tres filas de pupitres de mí. Con el aula casi llena, entró la que sería este año nuestra tutora.

*Jorge Gómez Soto: Se vende. Madrid: Ed. SM 2004, pp. 54-56 (texto abreviado)*

1, S. 144

**a)** Unterschiedliche Lesestrategien helfen dir beim Verstehen eines unbekannten Textes. Sieh dir die Lesestrategie 1 auf S. 144 an, um erste wichtige Punkte wie Thema, Textsorte, etc. zu klären.

**b) Lee el texto y contesta a las preguntas de la página 144** (Lesestrategie 2).

**c) En parejas mirad las estrategias de la página 145** (1.2 Wörter). **Copiad la tabla del ejemplo de la página 146 en el cuaderno. Completad la tabla buscando el significado de las palabras.**

• atravesé el patio (l.6) • me metí por la puerta principal (l.6) • desenfadadamente (l.20) • sin compañía (l.20) • zonas de pupitres (l.23) • la perla (l.30) • magnetizado (l.31) • ondulado (l.33) • castaño (l.33) • hipnóticos (l.35) • una ojeada rápida (l.37) • mi altura (l.40) • tres filas de pupitres (l.40)

**d) Mira la página 145** (Lesestrategie 3) **y contesta a las preguntas.**

**1.** ¿A quiénes ve Víctor en su camino al instituto?
**2.** ¿Qué hace después de entrar?
**3.** ¿Dónde está su clase?
**4.** ¿Dónde se sienta Víctor y por qué?
**5.** ¿Qué hace después de haberse sentado?
**6.** ¿Quién le llama la atención y por qué?

### Ya sé ...

- über Unterschiede zwischen dem heutigen und früheren Schulalltag sprechen
- über Ungerechtigkeiten und Probleme im Schulalltag diskutieren
- ausdrücken, dass man etwas unglaublich oder übertrieben findet
- über Schulsysteme und Ausbildungswege sprechen
- Besonderheiten im Spanischen Argentiniens erkennen
- über Vor- und Nachteile von Schuluniformen sprechen
- die eigene Meinung mit Pro- und Kontra-Argumenten vertreten

## VOCABULARIO JOVEN PARA HABLAR SOBRE LA CLASE

| | ALEMANIA | ESPAÑA | ARGENTINA |
|---|---|---|---|
| 1. | pauken | empollar | tragar |
| 2. | ein sehr leichtes Fach | maría *f.* | papa *f.* |
| 3. | ein schwieriges Fach | hueso *m.* (asignatura + profesor) | filtro *m.* |
| 4. | eine sehr langweilige Sache | rollo *m.* | plomo *m.* |
| 5. | Klugscheißer, Besserwisser | listeras *m./f.* | piola *m./f.* (despectivo) |
| 6. | Streber | empollón *m.*/empollona *f.* | traga *m.* |
| 7. | Schleimer | pelota *m./f.* | chupamedias *m.* |
| 8. | einschleimen | hacer la pelota | chupar las medias |
| 9. | schwänzen | pirar clase, hacer novillas | hacerse la rata |
| 10. | jdn. erwischen | pillar a alguien: te pilló el profesor | pescar |
| 11. | sitzen/ kleben bleiben | repetir | repetir |
| 12. | Wiederholungsprüfung | repesca *f.* | recuperatorio *m.* |
| 13. | nicht bestehen, durchfallen, durchrasseln | catear, suspender | bochar |
| 14. | Spickzettel, Spicker | chuleta *f.* | machete *m.* |
| 15. | spicken | chuletear | machetear |
| 16. | Nervensäge | pesado/-a *m./f.*, brasas *m.* | pesado *m.* |

## 1 PALABRAS E IMÁGENES

**En alemán también se usan muchas veces expresiones figuradas como** Nervensäge **o** pauken**. Mira las palabras coloreadas y relaciónalas con las imágenes siguientes. Usa el diccionario.**

## 2 ¿QUÉ DICE TU PADRE?

**Padres e hijos no siempre se entienden, ¡ayúdalos! Escribe lo que dice el padre con las palabras que usan los jóvenes en España y Argentina.**

1. Antonio es un chico muy amable, siempre abre la puerta al profesor, le gusta charlar con él después de las clases y siempre dice que tiene razón.
2. Hoy he visto a tu amigo Pablo en el parque. Seguro que no ha ido a clase.
3. ¿Qué estás escribiendo en ese papelito? ¿Todo el nuevo vocabulario?
4. Las matemáticas no son una asignatura difícil.
5. Celia es muy trabajadora, siempre hace los deberes, estudia muchísimo y sólo saca muy buenas notas.
6. Si no estudias más, vas a suspender los exámenes.

## 1 La leyenda del dragón

Había una vez en la región de Tarragona, en el campo, un dragón horrible que podía caminar, volar y nadar. La gente que vivía cerca le tenía mucho miedo.

Cuando el dragón tenía hambre, se acercaba a los pueblos y se comía los animales de la gente.

Pero llegó el momento en el que ya no quedaban animales y el dragón no tenía nada más para comer. Entonces la gente decidió darle de comer al dragón una persona cada día, elegida por sorteo.

Así un día le tocó a la hija del rey, que era muy amable y guapa. La pobre princesa tuvo que dejar a su padre e irse a la cueva del dragón.

Mientras la princesa se acercaba a la cueva del dragón, llegó el caballero San Jorge montado en un caballo blanco.

La princesa creía que San Jorge y ella estaban en peligro porque el dragón podía comerse a los dos. Pero el caballero no tenía miedo. Él quería matar al dragón y salvar a la princesa.

De repente el dragón se acercó a San Jorge, pero el caballero luchó valientemente contra el animal y lo hirió gravemente.

En el lugar donde el dragón cayó al suelo nacieron rosas rojas de su sangre. Entonces el caballero le dio la más bonita de todas las rosas a la princesa.
Es por eso que el día de San Jorge los hombres regalan una rosa a la persona que quieren.

# Unidad facultativa F1

## El país y la gente

El 23 de abril se celebra en Cataluña el Día de San Jorge. Es una fiesta muy especial. Los chicos regalan una rosa roja a la persona que quieren (por ejemplo a su pareja, a su madre, a su hermana, ...).
Este día las chicas regalan un libro a su novio. Es también el día de la muerte de los famosos escritores
Miguel de Cervantes y William Shakespeare. Se venden libros por las calles en grandes puestos. Mucha gente aprovecha el día para comprar un libro. Desde 1995es el Día Internacional del Libro.

**la pareja** *hier:* der/die Partner/in **la muerte** der Tod **aprovechar** (aus)nutzen

## 2 San Jorge y el dragón

**Inventa un título para cada dibujo de la leyenda.**

## 3 Dibujos y más dibujos

**a) En parejas mirad los dos dibujos que también pertenecen a la leyenda. Buscad el lugar correcto y explicad vuestra decisión.**

entre el primer y el segundo dibujo

entre el segundo y el tercer dibujo

entre el tercer y el cuarto dibujo

...

**b) Escribid un breve texto para los dos dibujos.**

## 4 ¡Un dragón! ¡Socorro!

**a) Formad grupos. Cada grupo elige un dibujo diferente de los diez dibujos de la leyenda. Escribid un diálogo para vuestro dibujo. ¡Ojo, el dragón también sabe hablar!**

**b) Leed vuestros diálogos en clase siguiendo el orden correcto de la historia.**

## 5 Jorge llegó en bici

**Trabajad en grupos. Inventad una versión moderna de la leyenda. Haced muchos cambios. Si queréis podéis preparar una fotonovela.**

## 6 Érase una vez ...

**a) En parejas haced un resumen de una leyenda típica / un cuento típico de vuestro país. Si no conocéis ninguna leyenda o ningún cuento, podéis inventar una historia. Usad el pretérito imperfecto y el pretérito indefinido. Para escribir un cuento usad las siguientes palabras y expresiones.**

### Vocabulario de cuentos

**para empezar**
**Había una vez ... /**
**Érase una vez ...**
Es war einmal ...
**En un lejano país ...**
In einem fernen Land ...
...

**personajes** Figuren

**el rey, la reina**
**el príncipe, la princesa**
**la doncella** die Zofe
**el caballero**
**la madrastra** die Stiefmutter
**el/la hermanastro/-a**
der Stiefbruder/die Stiefschwester
**el malvado**
der Bösewicht
...

**seres sobrenaturales**
übernatürliche Wesen

**el/la mago/-a**
der/die Zauberer/in
**el hada** die Fee
**el/la enano/-a**
der/die Zwerg/in
**el/la brujo/-a**
der/die Hexe(r)
...

**lugares**
**el reino** das (König)reich
**el castillo**
die Burg,
das Schloss
**el bosque** der Wald
...

**objetos**

**la espada**
das Schwert
**la bola de cristal**
die Kristallkugel
**la pócima mágica**
der Zaubertrank
**la varita mágica**
der Zauberstab
**el veneno** das Gift
**el caldero**
der (Koch)kessel
...

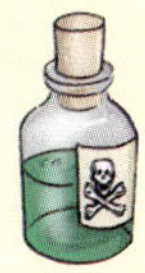

**para terminar**
**... y colorín colorado, este cuento se ha acabado. / ... vivieron felices y comieron perdices.**
... und wenn sie nicht gestorben sind, dann leben sie noch heute.

**b) Exponed vuestra leyenda o vuestro cuento al resto de la clase.**

## 1 La trampa

Estamos en el año 1532, en una ciudad inca que se llama Cajamarca.

Pizarro, un conquistador español, y sus soldados llegaron a la ciudad de Cajamarca donde vivían los incas con su jefe Atahualpa.

Pizarro envió un mensajero a Atahualpa, que acampaba con su ejército en las montañas detrás de la ciudad. Lo acompañaron algunos hombres montados a caballo y un intérprete que necesitaba para hablar con los incas.

Los españoles prepararon una trampa con la que querían engañar a los incas. La mayoría de los soldados españoles se escondieron en las casas de Cajamarca. Algunos iban a caballo y estaban preparados para el ataque.

Atahualpa llegó con su gran ejército a Cajamarca. Iban en son de paz y sin armas. Sólo querían hablar con Pizarro. Era impresionante porque llevaban ropa con mucho oro y plata, lo que fascinó a los españoles.

Algunos de los incas entraron en la plaza donde había sólo una entrada y muros muy altos alrededor. De repente, los españoles los atacaron con sus armas y caballos.

Los españoles mataron a casi todos los incas que estaban en la ciudad y capturaron a Atahualpa.

Fue Atahualpa el que cumplió su promesa. Llegaron sus soldados con oro y plata suficiente para llenar la habitación. A pesar de todo, Pizarro ordenó la ejecución de Atahualpa. La explicación de los españoles para la ejecución fue que éste no quería aceptar la religión católica ni al Rey de España.

## 2 Una historia en dibujos

**a)** **Inventa un título pará cada dibujo del texto 1 y escríbelos desordenadamente en papeles.**

**b)** **Intercambia tus papeles con los de tu compañero/-a. Busca el orden correcto de sus títulos.**

**c)** **En parejas elegid uno de los dibujos y describidlo detalladamente. La clase adivina qué dibujo es.**

5, S. 150

## 3 Un viaje al pasado

**a)** **Busca toda la información sobre la conquista del Perú que hay en el texto. Apúntala en tu cuaderno.**

**b)** **¿Qué más sabes sobre la conquista de América? Escríbelo en tu cuaderno.**

**c)** Habéis hecho un viaje al pasado. Ahora habláis con una de las siguientes personas sobre lo que pasó en Cajamarca.
**En parejas elegid con quién queréis hablar y haced una entrevista. A pregunta, B contesta.**

3.2, S. 147

## 4 Lo que pasó

**a)** **En el texto 1 hay varios pronombres relativos. Lee el punto 3.4 de la página 114.**

**b)** **Completa las frases con el pronombre relativo correcto.**

lo que | que | el que | la que | los que | las que

1. En 1532 llegó a Cajamarca Pizarro, ~ quería encontrar las riquezas de los incas.
2. Pizarro buscaba oro, con ~ quería volver a España.
3. Pizarro visitó a Atahualpa con su ejército y sus caballos, de ~ los incas tenían miedo.
4. Alrededor de la plaza había muchas casas en ~ se escondieron los soldados españoles.
5. La ropa de los incas era de oro y plata, ~ fascinó a los españoles.
6. Los españoles atacaron a los incas y mataron a casi todos ~ se encontraban en la plaza.
7. Al final Pizarro no cumplió su promesa, ~ sorprendió a los incas.
8. Atahualpa estaba en una habitación, de ~ no podía salir porque la puerta estaba cerrada.

## 5 Los incas

**Lee las definiciones y busca las fotos correspondientes. Apunta la letra de la primera definición en tu cuaderno, después apunta la letra de la foto correspondiente y sigue con la letra de la segunda definición, etc. La solución es una expresión del texto 1.**

S

O

A

1. *Manco Cápac:* Fue el primer gobernador del Imperio Inca. C
2. *Los incas:* Antes de la llegada de los españoles el Imperio Inca fue el imperio más grande en América, con el centro en el actual Perú. M
3. *El ayllu:* Es una comunidad familiar muy grande de la región de los Andes. Todos los que viven en un ayllu trabajan juntos, por ejemplo, en el campo. Reciben lo que necesitan de la cosecha, de los animales, etc. Es una forma de trabajo colectivo y de sistema social común. L
4. *Machu Picchu:* Machu Picchu (del quechua: machu = viejo y picchu = pico, es decir, "pico viejo") es una antigua ciudad inca del siglo XV. Está en las montañas de los Andes Centrales, al sur del Perú. R
5. *La chicha:* Es el nombre de una bebida alcohólica de maíz y de frutas como manzanas y uvas. U
6. *El chuño:* Es una patata conservada. Los incas sabían cómo conservar sus patatas durante años. R
7. *El tarwi:* Es un tipo de maíz y una verdura típica de los Andes de Bolivia, Ecuador y del Perú. M
8. *La vicuña:* Es un animal suramericano de la familia de las llamas. S

U

I

E

P

P

## 6 La vida de los incas

Cuando llegaron a Cuzco, en el año 1100, los incas decidieron quedarse a vivir allí. Encontraron buena tierra y, con montañas de más de 3.000 metros alrededor, se sentían muy seguros. Para quedarse en Cuzco, tuvieron que luchar y vencer al pueblo que vivía en la región. En las historias míticas se dice que Manco Cápac, que para los incas era un héroe y un dios, fundó Cuzco. Él fue el primer Inca y propuso las reglas de la organización social.

La mayor parte de los habitantes vivía en el campo, en su ayllu. Allí los días pasaban entre los trabajos en el campo para la comunidad, los trabajos para el estado y las fiestas religiosas. Pero también había mucha gente que vivía en la ciudad, sobre todo en la capital Cuzco. En las ciudades la gente vivía en casas de piedra con techos de paja u otras plantas. Eran muy pequeñas y no tenían ventanas.

Para los incas de Cuzco el día empezaba cuando las mujeres se levantaban media hora antes que los hombres para preparar el maíz. A las siete y media el hombre se ponía su ropa de lana de llama y después tomaba el desayuno. Entonces iba al trabajo, por ejemplo al campo, a cazar animales o a construir casas para la comunidad. Mientras tanto, las mujeres tenían muchas cosas que hacer: recoger leña, tejer, cocinar, cuidar a los niños y limpiar la casa. A las seis de la tarde terminaba el trabajo de los hombres, sin pausa desde la mañana. Para aprender, los niños ayudaban en los trabajos: los niños en la caza o el campo, las niñas en casa.

Una vez en casa, la familia compartía la comida del día. La gente del pueblo tomaba sólo dos comidas al día. El plato normal de los Andes era el chuño. Comían también mucha fruta y verdura, como, por ejemplo, el tarwi. Los nobles y la familia real comían mejor que el pueblo. En la mesa del Inca siempre había carne de llama, de vicuña y también pescado.

Las fiestas eran divertidas, con bailes e instrumentos típicos de los Andes. Los incas tomaban bebidas alcohólicas, como la chicha, después de comer o en las fiestas. Las fiestas oficiales siempre tenían una parte religiosa. Normalmente los incas celebraban tres fiestas por mes, pero en Cuzco había hasta 158 al año.

## 7 Informaciones

**a) En grupos elegid un aspecto especial de la vida de los incas de los textos 5 y 6. Copiad el mapa mental en vuestro cuaderno y completadlo.**

**b) Añadid más informaciones sobre los incas. El texto 1 y el ejercicio 5 os ayudan.**

**c) Exponed vuestros mapas mentales en clase formulando frases. Escribid un mapa mental en la pizarra en el que resumís la información de todos los grupos.**

## 8 Incas y españoles

**1.** Manco Cápac y sus soldados lucharon contra los pueblos que habían llegado mucho antes a la región de Cuzco. Después los incas fundaron su imperio y también la ciudad de Cuzco.

**2.** Pizarro había prometido la libertad a Atahualpa, pero al final puso una trampa a los incas y mató a Atahualpa. Los españoles habían venido con armas y caballos y, por eso, los incas no pudieron vencerlos.

**3.** Los españoles no encontraron tanto oro como habían deseado, por eso los incas tuvieron que trabajar duramente para ellos. Además habían traído su religión católica y después de un tiempo los incas ya no pudieron celebrar sus fiestas.

**a)** **En los textos hay un nuevo tiempo verbal. Conoces ya los dos componentes de este tiempo. Busca las cinco formas que hay en los textos y explica cómo se forma este tiempo verbal.**

**b)** **Elige uno de los verbos y completa las formas que faltan en tu cuaderno.**

**c)** **Lee otra vez los textos y di cómo se llama el nuevo tiempo verbal en alemán y cuándo se usa.**

## 9 ¿Qué habían hecho antes? ➔G 8.15, S. 125

**Forma frases en indefinido y pluscuamperfecto como en el ejemplo.**

Ejemplo: Los incas se durmieron en seguida porque habían tomado chicha.

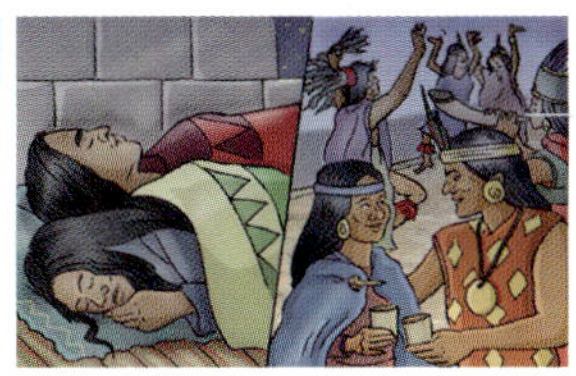

*dormirse* — *tomar chicha*

**1** *levantarse tarde* — *bailar*

**2** *bailar y beber* — *nacer un bebé*

**3** *descansar* — *subir a una montaña*

**4** *empezar a gritar (las mujeres incas)* — *atacar (los españoles)*

**5** *morir (los incas)* — *poner una trampa (los españoles)*

**6** *traer oro y plata (los incas)* — *prometerlo (Atahualpa)*

## 10 El Perú de hoy

**1. Extensión**
El Perú es más o menos cuatro veces más grande que Alemania.

**2. Situación geográfica**
Se encuentra en el oeste de la parte central de América del Sur. Limita con Ecuador, Colombia, Brasil, Bolivia y Chile. La primavera empieza en septiembre porque el Perú se encuentra en el hemisferio sur.

**3. Población**
Casi la mitad de los peruanos son de origen quechua o aymara.

**4. Idiomas**
En el Perú se hablan español, quechua y aymara.

**5. Animales**
Viven muchísimas especies diferentes de monos en la selva tropical. En la montaña hay vicuñas, llamas y alpacas y en la costa focas y pingüinos.

**6. Clima**
Los Andes dividen el país en tres zonas climáticas: la costa, la sierra (allí vive la mitad de la población) y la selva.

**7. Paisajes**
El río más largo de Latinoamérica y segundo más largo del mundo es el Amazonas, que nace en el Perú. El famoso lago Titicaca está en la frontera entre el Perú y Bolivia a una altura de 3.810 metros. La montaña más alta de los Andes del Perú es el Huascarán, que tiene 6.768 metros de altura.

**8. Productos**
Los principales productos de exportación son el oro y el cobre. También son importantes la caña de azúcar y el café. El Perú tiene más de 3.000 especies de patatas.

**9. Religión**
La mayoría es católica, pero también existen tradiciones religiosas indígenas.

**10. Capital**
La capital es Lima y tiene 7,4 millones de habitantes.

**11. Habitantes**
En el Perú viven unos 28 millones de habitantes.

## 11 Una competición

**a) Escribe cinco preguntas sobre los textos informativos del ejercicio 10 en papeles. Apunta las respuestas en el dorso.**

Ejemplo: • ¿Cómo se llama el lago que está en la frontera entre el Perú y Bolivia?
• Lago Titicaca.

**b) Tenéis cinco minutos para memorizar las informaciones de los textos. Después cerrad el libro.**

**c) Moveos con vuestros papeles por la clase. Si escucháis una señal de vuestro/-a profesor/a, leed una de las preguntas a la persona más cercana. Después él/ella continúa con otra pregunta. Si podéis contestar correctamente a la pregunta, os quedáis con el papel. Gana el/la que tiene más papeles al final.**

## 12 Una canción peruana

**a) Escuchad la canción del ejercicio 13 y tomad apuntes. ¿Cómo es? ¿Qué ideas e impresiones tenéis al escucharla? Cerrad el libro.**

**b) Leed el texto de la canción 13 y contestad a las preguntas.**

• ¿Quién habla? • ¿Cómo es su situación de vida? • ¿Qué meta tiene?

**c) Escuchad la canción otra vez. ¿Qué os parece la combinación entre la música y el tema de la canción? ¿Por qué es así?**

## 13 Chacalón: Soy provinciano

Soy muchacho provinciano
me levanto muy temprano
para ir con mis hermanos
ayayay a trabajar.

No tengo padre ni madre
ni perro que a mí me ladre
sólo tengo la esperanza
ayayay de progresar.

Busco una nueva vida en esta ciudad ah ah
donde todo es dinero y hay maldad ah ah.
Con la ayuda de Dios sé que triunfaré eh eh
y junto a ti, mi amor, feliz seré,
feliz seré oh oh
feliz seré oh oh.

Busco una nueva vida en esta ciudad
donde todo es dinero y hay maldad
con la ayuda de Dios sé que triunfaré
y junto a ti, mi amor, qué feliz seré.

**el/la provinciano/-a** der/die Provinzbewohner/in **el/la muchacho/-a** der Junge; das Mädchen **provinciano/-a** provinziell; aus der Provinz **ladre *(subjuntivo)*** anbellt **la esperanza** die Hoffnung **progresar** Fortschritte machen, vorankommen **la maldad** die Bosheit **triunfaré** ich werde triumphieren **mi amor** mein Liebling **seré** ich werde sein

## 14 Campo y ciudad

**Mira las fotos y compáralas. ¿Cuáles son las diferencias? ¿Cómo te imaginas la vida en el campo?**

## 15 Una chica quechua

Me llamo Flora Morales Izaga, soy quechua y tengo 16 años. Soy de un pueblo pequeño en la Provincia de Huánuco (Perú), donde vivíamos antes mi papá y mi mamá, mis cuatro hermanos y yo. Ahora sólo pasamos las vacaciones en este pueblo porque desde hace algunos años vivimos en una gran ciudad.

En el pueblo la gente se levanta muy temprano para ir al campo y trabajar allí hasta la noche. No hay electricidad ni agua corriente.

Nuestra vida en la gran ciudad es completamente diferente. Nos levantamos más tarde, desayunamos y mis hermanos y yo acompañamos a mi hermana al kínder. Después vamos al colegio, que es mucho mejor que en el pueblo. A pesar de eso me gusta más el pueblo que la ciudad porque aquí no hay naturaleza ni animales. Además, siempre hay mucha gente y se nota la contaminación del aire por el tráfico.

Hay otros problemas en la ciudad: mi lengua originaria es el quechua y en mi comunidad lo hablo, pero en la ciudad, en el colegio, hay que hablar en castellano porque los profesores no entienden el quechua.

Mi familia ha tenido muchísima suerte. Cuando llegamos a la ciudad, pudimos vivir en casa de mis tíos y mi padre encontró un trabajo. También mi madre empezó a ganar dinero con pequeños trabajos y por eso ahora podemos ir al colegio y mi hermanita al kínder.

Pero la mayoría de la gente que viene del campo vive en la miseria. Si vas a Lima, puedes ver todos los barrios pobres donde viven los campesinos. Vienen para encontrar trabajo y tener una vida mejor. El campo no les da lo suficiente para sobrevivir y mantener a sus familias. Además, en los pueblos muchos niños mueren cuando están enfermos porque no hay hospitales ni farmacias.

Aunque echo de menos a mis amigos quechuas y la vida en el pueblo, creo que la ciudad ofrece más posibilidades y un futuro mejor para mi familia.

## 16 Una entrevista

**a) Sois periodistas. En parejas escribid una entrevista usando la información del texto 15. Hacedle por lo menos 10 preguntas a Flora y contestadlas.**
**b) Exponed la entrevista en clase.**

## 17 Lo que piensa Flora

**a)** **Haz una tabla con las ventajas y desventajas de la vida en el campo y en la ciudad que menciona Flora en el texto 15.**

**b)** **Comparad vuestras tablas en clase y explicad cada aspecto. ¿Por qué es algo positivo o negativo para Flora?**

## 18 ¿Vivir en el campo o en la ciudad?

2.1+2.2, S. 146

Flora prefiere la vida en el campo. ¿Y vosotros?

**a)** **Dividid la clase en dos grupos. Un grupo prepara argumentos a favor de la vida en el pueblo, el otro grupo prepara argumentos a favor de la vida en la ciudad. Usad el vocabulario de la página 146.**

**b)** **Cada grupo envía a dos representantes para la discusión que se sientan en el centro de la clase. Una silla queda libre. Empieza la discusión entre los representantes de los dos grupos. Si alguien del grupo quiere añadir un argumento o expresar su opinión, puede sentarse en la silla libre.**

## 19 Un hombre de Lima

5, S. 150

**a)** **Describe los dibujos.**

**b)** **Escucha la entrevista con Inocente Cabello. Decide cuáles de los dibujos no describen su vida.**
**c)** **Ordena los dibujos correctos. ¿Cómo era y qué pasó? Cuenta la vida de Inocente.**

## 20 Las campeonas de los Andes

Son las seis de la mañana y un megáfono se escucha en el pueblo: "Señoras, ha llegado la avena desde la ciudad. Reunión en el campo de fútbol, después se va a jugar un partido". Benedicta Mamani recoge una pelota y sale. Es capitana del equipo de fútbol de su pueblo. La selección de fútbol femenino ha ganado cinco veces el campeonato de la provincia de Andahuaylillas.
Churubamba es un pueblo de los Andes. Aquí no hay tiendas, ni electricidad, ni transporte público, pero sí dos porterías de madera en el centro de la gran plaza. Alrededor hay 60 casas de barro con techos de paja y una escuela donde se aprende a contar y a leer en quechua. Cada 15 días, el alcalde de Andahuaylillas envía a Churubamba una camioneta llena de bolsas de avena. La llegada de la camioneta es una fecha muy importante: los hombres dejan de trabajar en el campo y todos se reúnen en la plaza para repartir el alimento. Después, las mujeres juegan un partido de fútbol.
El árbitro da un pitido, entran los dos equipos: nueve jugadoras en cada uno, con faldas de colores, chaquetas de lana de alpaca, un sombrero cuadrado con hilos de colores y sandalias de caucho, es la ropa de todos los días. Otro pitido del árbitro. Minutos después Benedicta Mamani sale del campo, está lesionada. Sin su capitana, su equipo pierde el partido. Premio para las ganadoras: panes con queso y algunas naranjas, regalos del alcalde. El alcalde de la ciudad de Andahuaylillas, Guillermo Chillihuane, también está organizando un partido entre el equipo de Churubamba y la selección de su ciudad, unas mujeres que venden artesanías a los turistas. En la ciudad viven en casas de adobe, hablan castellano, han ido a la escuela y usan zapatillas.
Guillermo Chillihuane nació en un pueblo de campesinos como Churubamba. Cuando era niño sus padres le enviaron a estudiar a la ciudad. Allí aprendió español, trabajó en lo que pudo, y estudió en la universidad. Muchos habitantes de Churubamba sueñan con algo parecido para sus hijos y los envían a estudiar en las escuelas de la ciudad.

*Marco Avilés: "Las campeonas de los Andes", www.elpais.com, 04.06.2006 (texto adaptado)*

**a) En parejas elegid uno de los tres temas:**
- el fútbol en Churubamba
- la vida en Churubamba
- la vida en la ciudad de Andahuaylillas

**Leed el texto otra vez y apuntad todas las informaciones sobre vuestro tema. Resumid la información.**

**b) Exponed vuestros resúmenes en clase.**

**c) ¿Cómo ven los habitantes de Churubamba la llegada de la avena?**

**d) Explicad con la ayuda de las informaciones de b) por qué las mujeres de Churubamba juegan al fútbol.**

### Ya sé ...
- über die spanische Eroberung Perus sprechen
- mich in einen Zeitzeugen hineinversetzen
- angeben, was vor einer Handlung in der Vergangenheit stattgefunden hat
- über Bräuche, Feste und alltägliches Leben der Inka sprechen
- über Vor- und Nachteile des Lebens auf dem Land und in der Stadt diskutieren
- ein Interview führen

# El chullo

## El país y la gente

El chullo es una gorra de lana de alpaca que ya existía antes de la llegada de los incas a la región de los Andes. Hasta hoy en día existen cientos de chullos diferentes en el Perú. Sus colores, tramas y dibujos son distintos en cada región. Además, en las alturas de los Andes del Perú y Bolivia el chullo que lleva una persona da informaciones sobre ella misma, por ejemplo, si está casada y sobre la historia de su familia. También hay chullos que se ponen en días especiales de fiesta. Hoy se pueden pedir chullos por Internet desde cualquier parte del mundo.

**la llegada** die Ankunft **hoy en día** heutzutage **cientos de** Hunderte von ... **la trama** *hier:* das Strickmuster **distinto/-a** unterschiedlich **ella misma** sie selbst **cualquier/a** irgendein(e, er, s)

"Hola, soy el chullo. Antes sólo era de lana, pero las tejedoras peruanas son tan creativas que me dieron vida y hoy conquisto el mundo. Primero me usaban para luchar contra el frío, pero yo estaba hecho para algo más. Dejé la sierra y me fui para la costa. Después recorrí el mundo y llegué a Japón. Luego tuvieron la buena idea de ponerme en la cabeza de los cantantes. Hoy mi éxito es tal que estoy en las pasarelas de moda más importantes."

**a)** **Mirad las imágenes de un spot publicitario. Ordenadlas según lo que dice el chullo. Escribid la solución.**
**b)** **¿Cómo te explicas el éxito del chullo? Discutid en clase.**
**c)** **¿Te gusta el chullo? ¿Por qué (no)?**

## 1 ¡Ordenamos las palabras!

**a)** **En parejas ordenad las palabras en cuatro categorías. Inventad un título para cada categoría.**

**b)** **Explicad por qué os habéis decidido así.**

**c)** **Elegid una categoría y escribid con todas las palabras de esta categoría un breve texto.**

el puesto · el agua corriente · el uniforme · el mensajero · el intercambio · el intérprete · el cero · acampar · el teatro · vigilar · el arquitecto · la electricidad · el tráfico · el oro · cazar · el puerto · exigente · la contaminación · la miseria · el centro comercial

## 2 Por aquel entonces

G 8.13, S. 122

Ángela y Fernando están viendo fotos antiguas con sus nietos. Les cuentan cómo era su vida. **Mira el dibujo y escribe lo que cuentan los abuelos. Usa el pretérito imperfecto y los marcadores del imperfecto. Tambíen puedes inventar cosas que no se ven. Las preguntas te ayudan.**

¿Cuántos años tenía? · ¿Dónde y con quién vivía? · ¿Qué hacía en su tiempo libre? · ¿Cómo pasaba los fines de semana? · ¿Cuál era su comida preferida? · ¿Cómo era la ciudad? · ...

Ejemplo: Ángela: Por aquel entonces yo era una chica de ocho años y vivía con mis ...
Fernando: Yo era un chico de nueve años y ...

## 3 Un viaje a Lima

**Elige el tiempo del pasado correcto: pretérito imperfecto o pretérito indefinido.**

César ~ (ser) un chico de trece años que ~ (vivir) en Madrid. No ~ (conocer) a sus abuelos porque ~ (vivir) muy lejos, en el Perú. Por eso César ~ (estar) triste y lo que ~ (querer) hacer, sobre todo, ~ (ser) viajar a Lima para visitar a sus abuelos.
Un día su padre le ~ (decir): "Mira, voy a ir al Perú para trabajar allí algunas semanas. ¿No quieres acompañarme?"
Dos meses más tarde César y su padre ~ (ir) en avión a Lima y ~ (pasar) allí tres semanas. Cada día César ~ (hacer) excursiones con sus abuelos. Por ejemplo, los tres ~ (visitar) diferentes monumentos y museos. Un día ~ (salir) al campo con toda la familia que ~ (vivir) cerca de la capital.
Cuando César y su padre ~ (volver) a España el primero de marzo, ~ (traer) muchos regalos para la madre y para Merche, la hermana mayor de César. Después de volver, César ~ (empezar) a escribir a sus abuelos de Lima. Cada mes les ~ (escribir) una carta de dos páginas y siempre ~ (acordarse) de los momentos felices vividos con ellos.

## 4 En Barcelona

**Forma frases. Usa el pronombre relativo correcto. ¡Ojo: *de* + *el* = *del*!**

| | | |
|---|---|---|
| **1.** Manuel le contó a Clara | • que | • es un problema para muchos turistas. |
| **2.** Manuel dice que todavía hay puestos a | • el que | • murió en 1926 en un accidente. |
| **3.** Las calles por | • la que | • muchos turistas sacan una foto, es un edificio impresionante. |
| **4.** Clara y Manuel hablaron del Palacio Güell del famoso arquitecto Antonio Gaudí, | • lo que | • hablaba el guía, se llama La Sagrada Familia. |
| **5.** Natàlia y sus amigas pidieron unas patatas bravas al camarero con | • los que | • se llama paradas en Barcelona. |
| **6.** El templo de | • las que | • Natàlia habló catalán. |
| **7.** En Barcelona se habla catalán, | | • él hacía en las Ramblas de pequeño. |
| **8.** La Boquería, de | | • pasean, siempre han sido estrechas. |

## 5 ¿Por qué?

**Contesta a las preguntas usando el pretérito pluscuamperfecto.**

Ejemplo: ¿Por qué suspendió Marta el examen de inglés? — no estudiar lo suficiente
→ Marta suspendió el examen de inglés porque no había estudiado lo suficiente.

**1.** ¿Por qué le puso el profesor un cero al alumno? — copiar en el último examen
**2.** ¿Por qué no dejaron ir a la excursión a Montse? — lesionarse la pierna derecha
**3.** ¿Por qué sacó María una buena nota en el examen final? — estudiar día y noche
**4.** ¿Por qué habló Gil con el director? — perder dinero en el instituto
**5.** ¿Por qué estaba Beatriz tan cansada en clase? — hacer una excursión el día anterior
**6.** ¿Por qué no tuvo tiempo Daniel de hacer los deberes? — quedar con su amiga para ir al cine

## 1 Medios de comunicación

**¿Cuál es el medio de comunicación que más usas? ¿Para qué lo usas? ¿Cuál es el medio que menos usas? ¿Por qué? Hablad en clase y formad frases como en el ejemplo.**

## 2 Un domingo con la familia

Es domingo, tres de la tarde, la hora de comer. En casa de los García Serrano los padres han preparado la comida juntos, han puesto la mesa y ahora están esperando a sus hijos.

Madre: Chicos, ¡venid a comer!
Miguel: Ya voy, esperad un momentito, es que estoy jugando en Internet.
Madre: Lucía, deja de chatear, que vamos a comer.
Lucía: Sí, un momento.

**Luci:** Bueno, nos vemos esta tarde. Ahora tengo que comer con toda la familia. Menos mal que mis padres no son pesados, sólo a veces un poco estrictos. ¿Los tuyos también son así?

**Patri:** **Pues los míos en general son majos, pero estos días están muy pesados porque he suspendido el último examen de matemáticas. ¡Qué rollo!**

Padre: Miguel, ... que se va a enfriar la comida.
Miguel: Ahora no puedo.
Madre: Bueno, ¡basta ya! Si no venís ahora mismo, voy a cortar la electricidad y se acabó con el Internet.
Miguel: Mamá, no te pongas así. Tú también usas el Internet para mandar e-mails, ¿o no?

Por fin, la familia está sentada en la mesa. Pero la señora Serrano no se tranquiliza.

Madre: ¡Madre mía, estos niños! Me da mucha rabia preparar la comida y después tener que esperar.
Miguel: Pues, no nos esperes.
Padre: Miguel, no contestes a tu madre de esa manera.
Miguel: ¿Pero por qué no comprendéis que no se puede dejar un juego de repente?
Madre: Ya, lo comprendo. Pero no empieces a jugar otro turno justo antes de la comida.
Lucía: Y no juegues con esos juegos tan idiotas.
Miguel: ¿Y tú? Siempre estás chateando en la red con gente rara.
Padre: ¿Es verdad que chateas con desconocidos, Lucía?
Lucía: Claro, todo el mundo lo hace. Y como siempre dices que tengo que practicar los idiomas chateo en inglés, en alemán, en francés, ...
Miguel: ¿Y en chino? ¡Ja, ja! Pues el tío con el que chateaste ayer seguro que era español y ...
Lucía: ¿Tú qué sabes? Déjame en paz.
Madre: ¡Por favor, no discutáis tanto! Miguel, no comas tanto pan y tú Lucía, no bebas tanto.
Lucía: No me tratéis como a una niña. No bebas tanto, no hables con la boca llena, no chatees con gente desconocida, no hagas eso ... Tengo catorce años y no cuatro.
Madre: Entonces no te comportes como una niña de cuatro.
Padre: Por favor, quiero comer con tranquilidad. La comida está riquísima, ¿verdad? Sabéis, en Internet he encontrado una página genial con recetas de cocina.
Miguel: Ya ves, tú también navegas por Internet.
Padre: Bueno, ¿qué os parece si después de la comida damos un paseo y tomamos el postre y el café en la heladería de la plaza?
Madre: Estupendo. Me parece muy buena idea. Chicos, no pongáis estas caras y no me vengáis con la excusa de que tenéis muchos deberes. Y tú Lucía, no me digas que has quedado con tus amigas.
Lucía: No seas tonta, mamá, yo no voy a la heladería con vosotros, ya no soy una chiquilla. He quedado para ir al cine. Y de todas formas no quiero comer helado.
Miguel: Entonces no vayas y yo me como el tuyo también.
Lucía: Vaya, ¡qué amable estás hoy conmigo!
Padre: Vamos todos y se acabó. Mañana puedes ver a tus amigas en el instituto.
Lucía: Pero papá ...

## 3 Personas

**a) En parejas elegid a una de las personas del texto 2 y buscad toda la información que encontréis sobre ella. Apuntad las informaciones más importantes en el cuaderno. Aseguraos en clase de que habéis elegido a todas las personas del texto.**

**b) Intercambiad la información en clase y tomad apuntes también sobre las otras personas.**
Ejemplo: Lucía chatea en Internet con su amiga.

## 4 En resumen

3.1, S. 147

**Escribe un resumen del texto incluyendo la información sobre los aspectos siguientes: lugar, tiempo, personas, actividades y temas de discusión. Los apuntes del ejercicio 3 te ayudan.**

## 5 Al final …

3.2, S. 147

**¿Cómo termina la discusión y cómo sigue el día de la familia García Serrano? Continúa el texto e inventa un final.**

## 6 El imperativo negativo

Ya conoces los imperativos afirmativos: alguien dice a una persona lo que tiene que hacer. También existen imperativos negativos: alguien dice a una persona lo que **no** tiene que hacer.

**a) Busca en el texto 2 las órdenes negativas para los verbos siguientes y completa la tabla en tu cuaderno.**

| infinitivo | hablar | comer | discutir | empezar | jugar | poner |
|---|---|---|---|---|---|---|
| tú | *no hables* | | | | | |
| vosotros/-as | | | | *no empecéis* | | |

| infinitivo | venir | decir | hacer | ser | ir |
|---|---|---|---|---|---|
| tú | | | | | |
| vosotros/-as | | | | | |

**b) Fíjate en las formas de los verbos. ¿Qué es diferente de las formas del presente que ya conoces? Formula una regla.**

## 7 Actividades

**Trabajad en grupos de cuatro. Formad frases como en el ejemplo con las actividades de la casilla. Empiezan A y B, después C sigue con otra frase.**

escribir un e-mail · levantarse temprano · jugar al fútbol · volver tarde a casa · beber agua · hacer la compra · pagar las entradas · ver la tele · ir al concierto · ducharse con agua fría

### El idioma [i]

G 8.6, S. 120

Pronomen stehen im negativen Imperativ immer vor dem konjugierten Verb.
- positiv: **¡Levánta*te*! ¡Levanta*os*!**
- negativ: **¡No *te* levantes! ¡No *os* levantéis!**

## 8 ¡Inténtalo! – ¡No lo intentes!

**En parejas transformad los infinitivos en órdenes positivas y sustituid el objeto por un pronombre. Después transformadlas en órdenes negativas. Usad las formas de tú y de vosotros/-as.**

Ejemplo: abrir el libro
- ¡Abre el libro! • ¡Ábrelo! • ¡No lo abras!
- ¡Abrid el libro! • ¡Abridlo! • ¡No lo abráis!

1. escuchar la música
2. escribir el mensaje
3. mirar la película
4. comer la manzana
5. repetir el ejercicio
6. poner la mesa
7. buscar el libro
8. hacer los deberes
9. tocar la guitarra
10. leer el cómic

## 9 Órdenes

**a) En grupos de cuatro dibujad en una hoja de papel cinco casillas. Cada uno escribe en su casilla ocho órdenes que escucha a menudo y que no quiere escuchar más. Comparad después las órdenes, elegid las más importantes y escribidlas en la casilla del medio.**

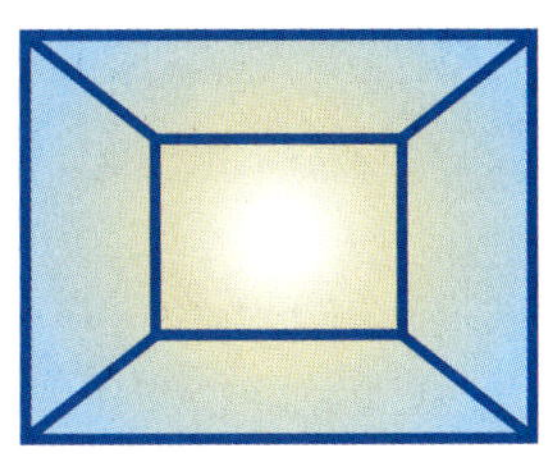

**b) Exponed vuestra lista en clase.**

**Así se dice**

| Das kann man sagen, wenn man sich in einem Konflikt zur Wehr setzen möchte: | Das kann man sagen, wenn man in einem Konflikt einlenken möchte: |
|---|---|
| • No me hables así.<br>• No me contestes de esta manera.<br>• Déjame en paz.<br>• ¿Por qué no comprendéis que ...?<br>• No seas tonto/-a. • Tú, ¿qué sabes?<br>• No me trates como a un/a niño/-a. | • No te pongas así.<br>• No te enfades.<br>• No es para tanto.<br>• Tranquilo/-a.<br>• Vale, de acuerdo.<br>• Ahora te comprendo. |

## 10 Conflictos

**a) En parejas inventad situaciones en la familia y haced minidiálogos usando las expresiones de "Así se dice".**
**b) Representad los diálogos en clase.**

## 11 ¿Adictos al móvil?

**a) ¿Hoy en día se puede vivir sin móvil? ¿Para qué lo necesitáis vosotros?**
**b) Leed lo que dicen los jóvenes sobre los móviles y discutid en clase.**

## 12 ¡Qué rollo con el móvil!

**a) Escucha la conversación entre Lucía y su amiga Maite y contesta a las preguntas.**

1. ¿Por qué no pueden ir al cine Lucía y Maite?
2. ¿Por qué se han enfadado los padres de Maite?
3. ¿Cuánto es la cuenta del móvil y cuánto dinero tiene Maite al mes?
4. ¿Por qué ha escrito tantos mensajes?
5. ¿Qué piensa Lucía de la situación?
6. ¿Quién le ha comprado el móvil a Maite y por qué?

**b) Maite tiene que pagar la cuenta del móvil. ¿Te parece justo? Discutid en clase. Para preparar la discusión apunta los posibles argumentos de Maite y de sus padres.**

2.1, S. 146

## 13 ¿El mío o el tuyo?

G 3.5, S. 116

**En parejas formad preguntas y respuestas como en los ejemplos.**

Ejemplos:
- ¿Éste es tu CD? • No, el mío está encima de la mesa.
- ¿Son éstas las revistas de Carlos? • No, las suyas están en el pasillo.

| | | | |
|---|---|---|---|
| • mi/s | • el CD | • mío/-a/-os/as | • encima de la mesa |
| • tu/s | • las revistas | • tuyo/-a/-os/-as | • en el pasillo |
| • de Carlos | • los libros | • suyo/-a/-os/-as | • en casa |
| • nuestro/-a/-os/-as | • la impresora | • nuestro/-a/-os/-as | • debajo de la silla |
| • vuestro/-a/-os/-as | • los periódicos | • vuestro/-a/-os/-as | • ahí |
| • de Miguel y Ana | • el móvil | • suyo/-a/-os/-as | • en la estantería |

## 14 ¿De quién es?

**Meted un objeto de cada alumno en una bolsa o una caja. Después sacad uno o dos objetos y haced minidiálogos como en el ejemplo. La persona que contesta correctamente hace la pregunta siguiente.**

## 15 Seguridad en Internet

1, S. 144

# Normas de seguridad en Internet

**Internet es genial, pero ojo, porque puede ser un arma de doble filo. Sigue estos consejos y protégete. En la red hay muchas cosas buenas, pero también te puedes llevar alguna sorpresa desagradable. Evítalo.**

**No reveles tus datos personales:** teléfono, dirección, etc.

**Cita segura.** Si quedas con alguien que has conocido en la red, díselo a un adulto y preséntate con alguno de tus amigos. ¡Nunca solo!

**Siéntete bien.** Si algo te hace sentir mal o incómodo, habla con tus padres.

**Sé respetuoso.** No envíes rumores de tus amigos o enemigos. ¡Es un delito!

**Fotos no.** Ni tuyas ni de tu grupo de la pandilla. Y menos a desconocidos.

**Cuidado con lo que descargas.** Puedes abrirle la puerta a un virus o a un programa espía.

*Bravo N°299 (texto abreviado)*

## 16 Consejos

**a) Leed el texto en clase y resumid entre todos en alemán de qué trata en general y qué consejos se dan.**

**b) En parejas buscad en el texto las palabras que corresponden a las expresiones siguientes.**

1. No digas el secreto: No … el secreto.
2. Un grupo de amigos es una … .
3. Una cosa ilegal es un … .
4. Quedar con una persona a una hora y un sitio es tener una … .
5. Sacar un programa o una canción del Internet para instalarlo en tu propio ordenador es … .
6. Un programa que saca informaciones de tu ordenador es un … .

**c) ¿Hay otros peligros en Internet? Buscad más ejemplos y apuntadlos. Después discutid en clase.**

## 17 Las Tecnologías de Información y Comunicación (TIC)

**Escucha el diálogo entre el profesor y los alumnos. Apunta por lo menos tres usos diferentes del Internet.**

## 18 Ventajas, peligros e inconvenientes

2, S. 146

**Formad dos grupos. Un grupo busca argumentos a favor del uso del Internet, el otro grupo busca argumentos en contra. Organizad una discusión en clase.**

### El idioma [i]

G 8.8, S. 120

Du weißt bereits, dass einige Adjektive mit **ser** (feste Eigenschaft), andere mit **estar** (Zustand) verwendet werden.
Manche Adjektive können mit beiden Verben vorkommen. Zusammen mit **ser** drückt man eine dauerhafte Eigenschaft aus, mit **estar** betont man einen momentanen und vorübergehenden Zustand.

**Los padres de Lucía no son pesados.** *Die Eltern von Lucía sind nicht "nervig".*
**Los míos son majos, pero estos días están muy pesados porque he suspendido el último examen de matemáticas.** *Meine sind nett, aber zurzeit sehr "nervig", da ich durch die letzte Matheprüfung gefallen bin.*

**Paula es guapa.** *Paula ist (immer) hübsch.*
**¡Qué guapa está Paula con el pelo corto!** *Paula sieht (gerade jetzt) mit dem kurzen Haar besonders hübsch aus!*

## 19 ¡Qué guapo estás!

**Completa las frases con las formas correctas de *ser* o *estar*.**

1. Jorge ~ muy amable hoy. Mira, ha preparado la cena para toda la familia.
2. El perro de nuestros vecinos ~ bastante pesado. Ladra mucho.
3. Lucía ~ muy guapa con sus pantalones nuevos.
4. Yolanda normalmente ~ bastante tranquila.
5. El profesor de matemáticas ~ muy amable. Siempre nos ayuda con los problemas.
6. ¡Qué pesado ~ tu hermano hoy, no nos deja en paz ni un minuto!
7. Clara no encuentra a su perro Listo, por eso ahora no ~ tranquila.
8. El novio de Isabel ~ muy guapo.

## 20 Navegando por aguas turbulentas

1, S. 144

**a) ¿De qué piensas que va a tratar el texto? Las preguntas de la página 144** (Lesestrategie 1) **te ayudan.**
*Noelia, una chica de 14 años, tiene varios problemas. No se gusta nada, tiene granos en la cara, usa gafas y además lleva un aparato corrector. Nadie le presta atención. Noelia está triste. Sólo tiene dos verdaderas amigas y ellas no tienen problemas para conocer chicos. Noelia también sueña con el amor de su vida y con un novio que la comprenda. Es una chica muy seria y poco superficial. Entra en un chat para hacer más fácilmente amigos, para hablar tranquilamente, sin prisas. Su nick es "roma" ("amor" leído al revés).*

—Eres italiana?
—No.
—X q ese nick?
—Me gusta.
—A mi tb. Cuántos años tienes? Yo 20.
*Demasiado mayor para ella. No quería hablar con chicos mayores. Pero, si lo pensaba bien, tampoco con los de su edad.*
—Wenas.
—Buenas *corrigió Noelia sin querer.*
—Quieres charlar un poco?
—Ok.
—De q hablamos
—De lo que quieras
—Te gusta el fútbol?
—No.
—Pues vaya. Yo soy del Real Madrid, Zidane es mi ídolo.
—No me gusta el fútbol.
—Yo soy delantero centro en el equipo de mi barrio.
*Noelia lo borró de su charla. Afortunadamente, otra persona quería conversar con ella.*
—¿Por qué te has puesto ese seudónimo?
*A Noelia le sorprendió la pregunta. Nadie hablaba en un chat de seudónimo, sino de nick.*
—Es bonito, no?
—¿Eres chico o chica?
—Chica.
—Muy bien.
—Y tú, q eres?
—Chico. ¿Cómo te llamas de verdad?
—Noe...
*Noelia se detuvo sin estar muy segura de si quería dar su verdadero nombre. Borró lo de Noe y puso en su lugar:*
—Es un misterio, por ahora.
—Lo que tú quieras.
—Tu nombre? O tb es un misterio?
*Noelia solo veía su nick o, como decía el interlocutor, su seudónimo: Digital. Y también su extraña forma de escribir correctamente, sin faltas de ortografía ni abreviaturas.*
—¿Te importa que yo también guarde mi secreto ... por ahora?
—Ok, Digital.
—Gracias, Roma. Estoy seguro de que eres una chica muy sensata.
—No tanto.
—No seas modesta. ¿Cuántos años tienes? *(...)*

*Carlos Puerto: Navegando por aguas turbulentas. Madrid: SM 2004, pp. 60-62 (texto abreviado)*

**b) Lee el texto y busca las informaciones importantes** (Lesestrategie 2, página 144)**.**

**c) Buscad todas las palabras nuevas en el texto. Intentad encontrar su significado usando la tabla de la página 146.**

**d) Mira la página 145** (Lesestrategie 3) **y contesta a las preguntas.**
1. ¿Con cuántas personas chatea Noelia?
2. ¿Qué sabes de esas personas?
3. ¿Por qué no continúa las primeras conversaciones?
4. ¿Qué le llama la atención a Noelia en el último chat?

3.2, S. 147

**e) ¿Cómo puede continuar el chat? En parejas escribid un final. Podéis usar también las abreviaturas de la página 63.**

### Ya sé ...

- über die Nutzung unterschiedlicher Medien sprechen
- jemanden auffordern, etwas (nicht) zu tun
- in Streitsituationen Protest oder Zustimmung ausdrücken
- Gesprächspartner in Konfliktsituationen beruhigen
- Erfahrungen in der Handynutzung schildern
- über Vor- und Nachteile des Internets diskutieren

# El lenguaje del móvil y del chat

## Diccionario de abreviaturas y símbolos

- **a**caba: **akba**
- además: **ad+**
- adiós: **a2**

- **b**astante: **bstnt**
- beso: **b**
- bien: **bn**

- **c**asa: **ksa**
- centro: **zntro**
- chat: **xat**
- chatea: **xata**
- cumpleaños: **qmple**

- **d**e: **d**
- decir: **dcir**
- días: **dd**
- domingo: **do**

- **e**jemplo: **ej**
- empezar: **mpzar**
- en: **n**
- encuentro: **nqntro**
- entrada: **ntrada**
- escribir: **skribr**
- esperar: **sprar**
- estoy: **stoy**
- examen: **exam**

- **f**avor: **fa**
- felicidades: **flidads**
- fiesta: **fsta**
- final: **fin**

- **g**ente: **gnt**
- gordo: **grdo**

- **h**acer: **hacr**
- hermano: **hno**
- hora: **hr**

- **i**gual: **=**
- información: **info**

- **j**untos: **jnts**

- **l**lámame: **yamm**
- lugar: **lgr**

- **m**añana: **mñna**
- más: **+**
- mejor: **mjr**
- mensaje: **msj**
- mucho: **mxo**

- **n**ada: **nd**

- **p**ara: **xa**
- pero: **xo**
- por: **x**
- porque: **xq**

- **q**ue: **q**
- quedar: **kdar**

- **s**aludos: **salu2**

- **t**ambién: **tb**
- tampoco: **tp**

**a) Traduce los mensajes siguientes al lenguaje "normal" o al lenguaje "xat".**

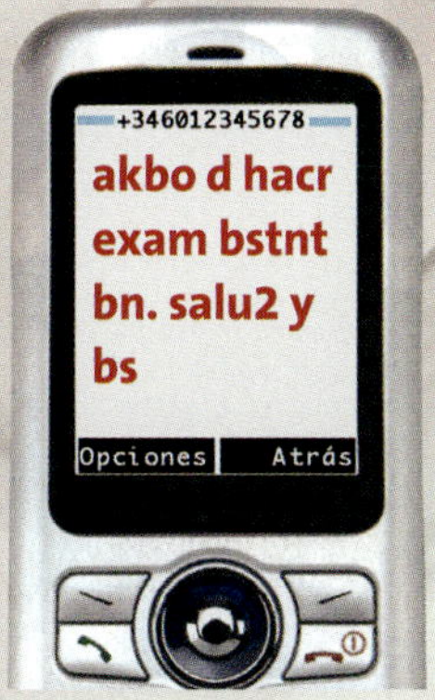

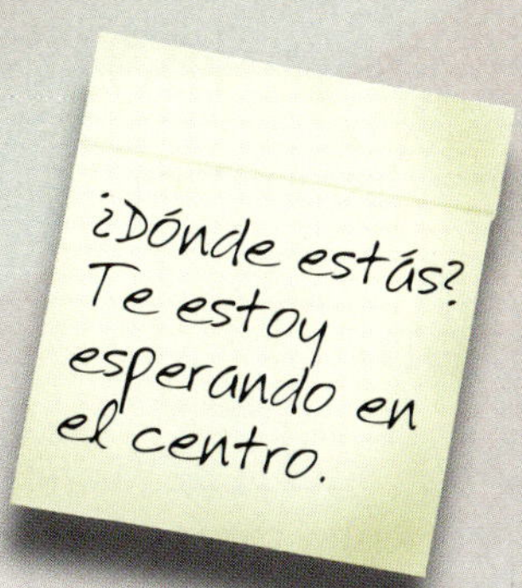

**b) Escribid en un papel mensajes en estilo "xat" a vuestros compañeros de clase.**

# Unidad 5 El amor y cosas así

## 1 Una chica y un chico

**a) Mirad los dibujos. Leed las expresiones y relacionadlas con los dibujos correspondientes.**

1

- tener mal de amores
- conocer a alguien
- ser un flechazo
- besar a alguien
- terminar con alguien
- querer a alguien
- enamorarse de alguien
- ser (in)feliz
- estar celoso/-a
- salir con alguien

2

3

**b) Contad la historia de la chica y del chico.**

## 2 Yolanda y Raúl

**a) ¿De qué os acordáis de la historia de Yolanda y Raúl? Tomad apuntes.**

**b) Escuchad lo que cuenta Raúl y contestad a las preguntas.**

**1.** ¿Qué le pasó en el hospital?
**2.** ¿Qué hicieron Yolanda y Lucía cuando Raúl volvió a casa?
**3.** ¿Qué hacían Yolanda y Raúl después del colegio y los fines de semana?
**4.** ¿Cómo terminó la historia de Yolanda y Raúl?

## 3 Dos cartas

Yolanda y Andrés han escrito una carta a una revista para jóvenes porque tienen problemas.

**Hola Olivia:**

Estoy saliendo con mi novio desde hace tres meses. Estamos muy enamorados y pasamos casi todos los días y los fines de semana juntos. Claro que ahora tengo menos tiempo para estar con mi familia, pero no me importa porque es el primer chico que amo de verdad. Todo empezó con un osito de peluche que le regalé cuando él estaba en el hospital. El problema son mis padres y, sobre todo, mi madre. No quieren que pasemos tanto tiempo juntos porque dicen que soy muy joven para tener novio. Quieren que llegue temprano a casa cuando salgo por la noche y me prohíben que él venga a verme ... todo un rollo. Me molesta que se metan en mi vida y que no entiendan que mi novio es muy importante para mí. Hemos hablado con mis padres y es siempre lo mismo: quieren que rompa con él y desean que pase más tiempo en casa y con la familia. Pero eso es imposible. Odio que me traten como a una niña y que discutan conmigo todo el tiempo. ¿Qué puedo hacer? ¿Me puedes dar un consejo?

**Yolanda, 15**

*Si tienes problemas, escribe a Olivia indicando tu edad:*
olivia@redaccion.revistajoven.com

**Hola Olivia:**

Terminé con mi novia hace dos semanas. Antes de salir juntos era mi mejor amiga de toda la vida, hablábamos de todo y también nos divertíamos un montón. Cuando era mi novia, estábamos muy enamorados, aunque también había celos. La verdad es que me gustaría tener la amiga de antes. Para ella fue muy difícil la separación (vaya para mí tampoco fue fácil, perdí a mi novia y a mi mejor amiga al mismo tiempo) y me molesta que ahora haya sólo problemas entre nosotros. Hoy nos hemos encontrado para hablar y es que ella no quiere que discutamos sobre lo que pasó. Tiene sólo un tema: quiere que nos veamos más y que seamos novios otra vez. Desea que piense sobre mi decisión de romper con ella y tiene miedo de que le diga que tengo otra novia. No quiero que ella esté triste y que tenga tantas dificultades para superar nuestra separación. Por eso a veces todavía dudo de mi decisión. Gracias por contestarme.

**Andrés, 17**

## 4 A elegir

**Leed los seis resúmenes y elegid los dos textos correctos.**

1. Desde que tiene novio, Yolanda pasa menos tiempo en su casa. En todo caso hay muchas reglas para ella en la casa de sus padres, por eso discute mucho con ellos.

2. Yolanda y su novio se conocieron en un hospital. Los padres de Yolanda no quieren que él venga a verla. Tienen muchas discusiones sobre el tema con su hija.

3. Yolanda quiere mucho a su novio. Sin embargo, a sus padres no les gusta la relación porque piensan que es demasiado joven, por eso, ella no puede ir a casa de Raúl.

4. Hace dos meses, Andrés terminó con su novia. Ahora quiere salir con la novia que tenía antes. Su ex-novia no quiere hablar de lo que pasó.

5. Antes de salir juntos, la ex-novia de Andrés era su mejor amiga. Sin embargo, cuando eran novios, tenían muchas discusiones. Ahora Andrés está enamorado de otra chica.

6. La separación de su ex-novia fue difícil para Andrés. Perdió a su mejor amiga y a su novia al mismo tiempo. Su ex-novia tiene miedo de que él esté saliendo con otra chica.

## 5 Una respuesta

**Hola Yolanda:**

Me alegro mucho de que tengas novio y de que seáis muy felices.

Tu problema lo tienen muchas chicas a la hora de tener novio por primera vez. Para muchos padres es un cambio total. Ya no eres una niña sino una joven que está empezando a vivir su vida y ellos ya no te pueden controlar. Sin embargo, estás viviendo con tus padres y tenéis que llegar a un acuerdo sobre la vida en familia. Por eso te aconsejo que no pierdas la paciencia y que les enseñes a tus padres que pueden confiar en ti, es decir, que les digas adónde vas y con quién y que llegues a casa puntualmente. Además te recomiendo que habléis de tu novio y del tiempo que pasas con él y que algunas veces salgáis y hagáis cosas juntos para desarrollar una buena relación con tus padres.

No te quedes todo el tiempo únicamente con tu novio, él es una parte importantísima de tu vida pero hay muchas cosas más como la familia, las amigas, el deporte ... Espero que mi respuesta te sirva.

¡Mucha suerte!

**Olivia**

## 6 Consejos

**a) En parejas leed otra vez la carta de Yolanda del ejercicio 3. En vuestra opinión, ¿qué tiene que hacer Yolanda? Apuntad palabras clave y discutid.**

**b) Leed el texto 5 y apuntad todos los consejos para Yolanda. Formad frases como en el ejemplo.**
Ejemplo: Yolanda tiene que decir a sus padres adónde va.

**c) Discutid en clase. ¿Es esta respuesta una ayuda para Yolanda?**

2.2, S. 146

**d) ¿Qué pensáis en general de este tipo de consejos en revistas?**

## 7 Todo es subjetivo

Die Texte der Lektion enthalten neue Verbformen, den ***subjuntivo***. Zwei Personalformen des ***subjuntivo*** kennst du bereits, da sie genauso wie diejenigen des verneinten Imperativs gebildet werden. Der ***subjuntivo*** steht z.B. nach bestimmten Verben und Ausdrücken, die vor allem eine persönliche und subjektive Sicht der Dinge beinhalten.

**a) En parejas leed las siguientes frases y mirad también las otras formas del subjuntivo en las tres cartas de la Unidad. ¿Cómo se forma el subjuntivo de los verbos en -ar, -er, -ir? ¿Qué verbos irregulares podéis encontrar? Formulad una regla y apuntadla en vuestro cuaderno.**

- Me prohíben que él venga a verme.
- Me molesta que se metan en mi vida.
- Mis padres quieren que yo rompa con él.
- Mis padres desean que yo pase más tiempo en casa ...
- Ella tiene miedo de que yo le diga que tengo otra novia.
- Mi ex-novia no quiere que discutamos de lo que pasó.
- Me alegro mucho de que tengas novio.
- Te aconsejo que enseñes a tus padres que pueden confiar ...
- Te recomiendo que habléis de tu novio.
- Espero que mi respuesta te sirva.

**b) En vuestro cuaderno haced una tabla con las formas del subjuntivo de los verbos *hablar*, *romper* y *discutir*. Aplicad vuestra regla de a).**

**c) Identificad en las frases de a) los verbos que necesitan el subjuntivo, por ejemplo, *prohibir que*. Relacionad estos verbos con una de las siguientes categorías:**
- **expresiones de deseos** (Willen/Wunsch)
- **expresiones de sentimientos** (Gefühle)

## 8 Quiero que lo hagas

8.17, S. 128

**Formulad deseos para vuestros compañeros de clase. Ellos tienen que hacer lo que digáis. Usad el subjuntivo.**
Ejemplos: Quiero que cantes "cumpleaños feliz".
Quiero que levantéis los brazos.

## 9 Deseos y sentimientos

**Completa las frases con las formas correctas del subjuntivo.**

**1.** Esperamos que en el futuro ~ (hay) menos problemas entre nosotros.

**2.** Queremos que ~ (ir) al restaurante con nosotros.

**3.** Te aconsejamos que no ~ (pasar) tanto tiempo con tus amigos.

**4.** No queremos que ~ (chatear) tanto.

**5.** Tenemos miedo de que ~ (beber) alcohol con tus amigos.

**6.** Te prohibimos que ~ (tener) novio.

**1.** Me molesta que me ~ (tratar) como a una niña.

**2.** Odio que me ~ (decir) lo que tengo que hacer.

**3.** Deseo que ~ (entenderse, nosotros) como antes.

**4.** Quiero que me ~ (escuchar).

**5.** Tengo miedo de que me ~ (prohibir) ir al concierto con mis amigos.

**6.** Espero que todo ~ (ser) más fácil en el futuro.

## 10 ¡Siempre los padres y los novios!

- Ihr benötigt einen Würfel und Karteikärtchen.
- Schreibt auf einen Teil Infinitive von Verben, die den **subjuntivo** auslösen, und auf die andere Hälfte Aktivitäten, bei denen es mit Eltern oder Freunden häufig zu Konflikten kommt.
- Deckt abwechselnd je ein Kärtchen auf und würfelt zwei Mal.
- Bildet nun korrekte, ggf. verneinte Sätze mit den Angaben auf den Kärtchen und den gewürfelten Augenzahlen. Die Zahl des ersten Wurfs gibt die Person des Subjekts des Hauptsatzes an, in dem der Auslöser steht. Beim zweiten Würfeln wird die Person des Subjekts des Nebensatzes ausgewählt. Wenn die Zahlen von erstem und zweitem Wurf identisch sind, muss nochmals gewürfelt werden.
- Für jeden richtigen Satz gibt es einen Punkt.
- Gewonnen hat, wer die meisten Punkte bekommt.

Ejemplo: No *queremos* que *salgáis* con amigos todos los días.

## 11 Una conversación entre novios

Después de recibir la respuesta de la revista, Yolanda habla con su novio.
**Completa las frases con las formas correctas del subjuntivo.**

| Yolanda | Raúl |
|---|---|
| Mi amor, ya sabes que mis padres no quieren que ~ (tener, yo) novio y desean que ~ (pasar, yo) más tiempo en casa. | Vaya, tienes quince años, no te pueden prohibir que ~ (quedar, tú) con tu novio. |
| Así es, me molesta que ~ (pensar, ellos) así. No soy una chiquilla, no me pueden prohibir hacer lo que es importante para mí. | Claro que no. No me parece normal. A mi madre no le molesta que ~ (quedar, nosotros) todos los días. |
| Resulta que he escrito un correo a una revista y en su número de ayer me han contestado. | ¿Y qué te recomiendan? Espero que ~ (entender, ellos) nuestra situación. |
| Me recomiendan que ~ (hablar, nosotros) sobre la situación y que ~ (pasar, nosotros) más tiempo con mis padres. | Vale, si quieres que ~ (verse, nosotros) más en tu casa o que ~ (salir, nosotros) una vez con tus padres no hay ningún problema. |
| A lo mejor podemos hablar con mi padre, él quiere que sus hijos ~ (ser) felices. Espero que juntos ~ (encontrar, nosotros) una solución. | Me molesta que tus padres ~ (ser) tan complicados. Pero bueno, yo también quiero que me ~ (conocer, ellos) un poco mejor. |

## 12 ¿Qué me aconsejas?

**a) Leed las descripciones de las situaciones siguientes. Trabajad en parejas. A tiene un problema y B le da varios consejos usando el subjuntivo. Después intercambiad los papeles.**

Ejemplo:
- Saco malas notas en inglés. ¿Qué puedo hacer? ¿Qué me aconsejas?
- Te aconsejo que estudies con compañeros./ Te aconsejo que hagas los deberes./...

**1.** Quiero comprar un CD, pero no tengo dinero.
**2.** Me ha tocado la lotería.
**3.** No puedo ir de vacaciones porque no tengo dinero.
**4.** Quiero tener un animal en casa.
**5.** Paso demasiado tiempo en Internet.
**6.** Mis padres no conocen Barcelona.
**7.** Me gusta un chico/una chica que veo en el autobús cada mañana.
**8.** Quiero pasar un año en el Perú.

**b) Inventad dos situaciones cada uno. El compañero/La compañera da consejos.**

## 13 Otra respuesta

3.3, S. 148

**Contesta a la carta de Andrés del ejercicio 3 y dale consejos para su problema. Usa los verbos que necesitan el subjuntivo.**

## 14 Los novios y su historia

**a)** **En parejas contad la historia de los novios con la ayuda de las fotos.**

**b)** **¿Cuál puede ser el malentendido del que está hablando la amiga de la chica? Imaginad lo que puede ser el problema entre la chica y su novio.**

### Así se dice

**So kann man ausdrücken, dass einem jemand gefällt:**
- Eres muy guapo/-a.
- Me gustas mucho.
- Me molas mogollón/un montón.
- Me importas mucho.
- Sólo pienso en ti.

**So kann mit seinem (zukünftigen) Freund/seiner (zukünftigen) Freundin sprechen:**
- ¿Quieres salir conmigo?
- Te quiero.
- Significas mucho para mí.
- Cariño.
- No quiero estar sin ti.
- Mi amor/mi cielo.

## 15 Los enamorados

**Inventad una pequeña escena y representadla en clase. Las expresiones de "Así se dice" os pueden ayudar. ¡Podéis exagerar!**

## 16 Borracho y solo

Yo te conocí una noche
justo antes de partir,
al principio no sabía
si era así o me parecía
que me mirabas a mí.
Y ahora yo vengo a enterarme
que te mueres por mí.
Quiero suspender el viaje,
quiero cambiar el pasaje
para quedarme aquí.

No me dejes así
tan borracho y solo,
tan lejos de tu mirada
tan cargado de palabras
que no te puedo decir.
No me dejes así
que me vuelvo loco
no quiero esperar ni un poco
quiero mirarme en tus ojos
y besarte así.

Yo que tanto había buscado
alejarme de aquí,
viajar para cualquier lado
para borrar el pasado
que tanto me hizo sufrir
y aquí estoy con mi equipaje
sin saber qué decir
sólo pensando en tu imagen
y que el verdadero viaje
está dentro de mí.

No me dejes así ...

### El país y la gente

El grupo argentino *Los Auténticos Decadentes* existe desde 1986. Tres amigos se encontraron para tocar en una fiesta de fin de curso. Su concierto tuvo tanto éxito que empezaron a hacer música de forma profesional. Poco después grabaron su primer disco *El Milagro Argentino* con las canciones que habían tocado en la fiesta escolar. Hoy en día hay 12 músicos en el grupo. Hasta ahora han sacado más de 10 discos y han tocado en varios países de Latinoamérica, en Estados Unidos y en España. *Los Auténticos Decadentes* es uno de los grupos más famosos e importantes de Argentina y su música es una mezcla entre rock, ska y cumbia (www.losautenticos decadentes.com).

**auténtico/-a** echt, wahr **decadente** dekadent **la fiesta de fin de curso** die Abschlussfeier **de forma profesional** beruflich **grabar** *hier:* aufnehmen **el disco** die Platte **el milagro** das Wunder **el/la músico/-a** der/die Musiker/in **sacar** *hier:* herausbringen **varios/-as** mehrere **los Estados Unidos** die Vereinigten Staaten von Amerika **la mezcla** die Mischung **el rock** der Rock (*Musik*) **el ska** der Ska (*Musik*) **la cumbia** *traditionelle kolumbianische Musik*

## 17 La canción

**a)** **Escucha la canción del grupo *Los Auténticos Decadentes*.**
**b)** **Inventa otro título para la canción y justifícalo.**
**c)** **En grupos preparad un videoclip para la canción. Dividid la canción en escenas. Después escribid una descripción para cada escena.**

## 18 ¿Amor?

3.2, S. 148

**a)** **Explica lo que quiere decir el poema para ti.**
**b)** **Escribe otro poema. Elige un tema, por ejemplo, beso, sueño ...**

AMOR
yo ella
ella yo
nosotros nosotros
nosotros
nosotros nosotros
ella yo
yo yo ella

## 19 Más cartas

4, S. 148

**a)** **Imagínate que tienes problemas. Escribe una carta a una revista para jóvenes y pide consejos.**
**b)** **Cambiad de papel. Ahora sois periodistas de una revista para jóvenes. Repartid las cartas en clase y escribid una respuesta a una carta. Tened en cuenta las reglas para escribir cartas.**

## 20 El chico, la amiga e Internet

**Escucha la entrevista entre Tania y el chico del periódico escolar y apunta la letra de la solución.**

**1.** Tania le presentó a Carmela a un chico que había conocido
- **a.** en Internet.
- **b.** en el instituto.
- **c.** en la fiesta de una amiga.

**2.** Carmela
- **a.** estaba todo el tiempo en contra de la relación de Tania y Dani.
- **b.** ya no es la mejor amiga de Tania.
- **c.** estaba celosa de Tania y no le habló durante algún tiempo.

**3.** Dani
- **a.** llamaba todos los días al móvil de Carmela.
- **b.** invitó a Tania a tomar algo en la ciudad para preguntarle si quería salir con él.
- **c.** se interesó al principio por Carmela.

**4.** Tania
- **a.** pensaba que salir con Dani era más importante que la amistad con su mejor amiga Carmela.
- **b.** habló con Carmela para poder salir con Dani.
- **c.** estaba buscando novio en Internet.

## 21 El tren de medianoche

Juan vivía en la casa de al lado. Habíamos sido vecinos toda la vida. Éramos como hermanos. De chicos construíamos castillos de arena y jugábamos a la guerra de las galaxias disfrazados de robots. Yo le enseñé a hacer piruetas con la bicicleta, a buscar malas palabras en el diccionario y a construir modelos de aviones. Él me enseñó a jugar al ajedrez, a chatear por Internet y a rezar cuando estaba triste.

Siempre nos contábamos todo. La primera vez que le oculté algo fue cuando me enamoré de Carolina. Creí que él no me entendería porque, a pesar de que teníamos la misma edad, yo me la pasaba pensando en chicas, mientras a Juan ellas le parecían todavía tan atractivas como los monstruos de las películas de ciencia ficción. Decía que eran tontas, que hablaban todo el día de peinados, vestidos y actores de telenovelas. Parece que mucho de mujeres no entendía porque no todas eran así. Carolina no tenía ni un pelo de tonta, por lo menos eso es lo que pensé al principio, antes de que ella me traicionara de esa forma imperdonable. Pero eso ocurrió dos meses después de aquella vez en la que apareció en mi habitación del hospital con un ramo de flores.

Siempre la consideré una de las chicas más lindas del grupo. Pero aquel día me pareció más que bonita. Nunca antes pude mirarla de cerca. En el colegio siempre cuchicheaba con sus amigas o se sentaba con el "simpático" de su novio en el mismo banco. Yo no me acercaba a este pibe y menos a su novia. Por eso, aquel día fue de algún modo como verla por primera vez. Su cabello era castaño claro, largo. Tenía unos ojos gigantes de color miel, nariz pequeña y caminaba con gracia. Cuando entró en mi habitación con el ramo en la mano no pude decir nada ...

*Mariela Chenú Melchior: El tren de medianoche. Madrid: Anaya 2008, pp. 25–26 (texto abreviado)*

**a)** **Leed el texto e identificad a la persona que habla. ¿Qué sabéis del narrador?**
**b)** **Describid la amistad del narrador con Juan.**
**c)** **¿Cómo es la relación del narrador con Carolina? Fijaos en las distintas fases.**
**d)** **Imaginad: ¿Por qué está el narrador en el hospital y por qué lo visita Carolina? ¿Cuál puede ser la traición? Usad el presente.**

**Ya sé ...**
- über Gefühle sprechen
- Ratschläge geben
- Kritik äußern
- Erwartungen, Hoffnungen, Wünsche formulieren
- einen Leserbrief verfassen und beantworten
- über Probleme und Missverständnisse sprechen
- ausdrücken, dass mir jemand gefällt
- ein Gedicht schreiben

# La Fiesta de los 15

Finalmente se bailó todo tipo de música. Muchas fiestas de este tipo terminan alrededor de las tres de la mañana, pero la mía fue única y terminó a las diez de la mañana del día siguiente. **1**

## El país y la gente

En muchos países de Latinoamérica el quince cumpleaños de una chica es algo muy especial. Se celebra el momento de convertirse en mujer. Muchas familias gastan un dineral en la fiesta porque desean que sea el día más importante en la vida de su hija. La quinceañera lleva un vestido de fiesta, presenta diferentes tipos de baile y normalmente los invitados celebran ese día especial hasta la madrugada.

**convertirse en** sich verwandeln in **gastar un dineral** ein Heidengeld ausgeben (*ugs.*) **el/la quinceañero/-a** der/die Fünfzehnjährige **el vestido** das Kleid **el/la invitado/-a** der Gast **la madrugada** die Morgendämmerung

Más o menos a las 8:30 de la noche empezaron a llegar los primeros invitados a la fiesta. Esperé la llegada de los hombres que iban a bailar el vals conmigo (son 15 hombres, cada uno con una rosa en la mano, que entregan a la quinceañera cuando bailan con ella). **2**

Para las jóvenes colombianas estas fiestas son un recuerdo maravilloso, en el que las acompañan todas las personas que aman. En estas celebraciones, las caras de los invitados que han visto crecer a la niña están llenas de felicidad, yo pienso que esa es la razón principal de estas fiestas. **3**

El día de la fiesta fui al salón de belleza donde me arreglaron las uñas, el cabello y los adornos del peinado. Después, me puse el vestido. El vestido es muy importante porque para muchas personas transforma a la joven en la princesa de la celebración. **4**

Los 15 años de una joven colombiana son muy importantes. ¿Cuál es la razón? Se considera que a esta edad la colombiana ya no es una niña sino una joven que debe ser responsable de su vida. Les voy a contar cómo fue mi gran día. **5**

Después de bailar el vals con los 15 hombres y recibir las rosas, se entregaron las copas para hacer el brindis. En el brindis normalmente las primeras palabras son dirigidas por los papás y luego sigue la quinceañera. Después se repartió el pastel y se sirvieron las bebidas y la comida. **6**

**a)** **El texto de Vanessa está en desorden. Ponedlo en el orden correcto.**
**b)** **Elegid dos de las fotos y explicad a qué fase de la fiesta de Vanessa se refieren.**
**c)** **¿Qué piensas de la fiesta de los quince?**
**d)** **¿Has vivido algún día especial en tu vida? Cuéntalo en clase.**

## 1 Historia de chicas

Al día siguiente
9
¡Hola! Llegamos un poco tarde, ¿no?
Cris, ¿viste anoche la serie que nos gusta?
Sí, cualquiera... Con mi padre nadie la ve.
10
Yo sí la vi, estuvo…
Vamos, Laura, que llegamos tarde.
11
¿Sí? ¡No me digas! ¡Ja, ja…! Ya me parecía a mí…
Una semana más tarde
12
El viernes recojo los trabajos. Recordad que debéis hacerlos en parejas.
Una pregunta
13
¿Y si alguien no encuentra pareja, profe?
Tres meses después
De verdad, no puedo más. Tus amigas no me dejan en paz. Van diciendo cosas de mí a todo el mundo. Ya nadie quiere estar conmigo. Hasta han empezado a decir que me quieren pegar.
14
No creo que sea para tanto. Exageras un poco pero, si quieres, puedo hablar con ellas.
15

## 2 Coméntalo

**Contesta a las preguntas sobre el texto 1.**

1. ¿En qué lugares se encuentran los chicos?
2. ¿De qué hablan la chica rubia y el chico al principio (dibujos 2, 4, 5)?
3. ¿Por qué se enfada la chica rubia?
4. ¿Cómo se comportan las chicas en el recreo?
5. ¿Qué pasa en clase?
6. ¿Qué te parece la reacción del chico al final?
7. ¿Cómo puede continuar la historia?

## 3 Consejos

**Dale algunos consejos a la chica nueva del cómic. Las expresiones siguientes te ayudan.**

Ejemplo: Te aconsejo que hables con la chica rubia.

hablar con la chica rubia — intentar no mostrar miedo — pedir ayuda a otros compañeros — hablar con tus amigos — analizar tu comportamiento — buscar protección de otros — informar al tutor/profesor, a la tutora/profesora — explicar la situación a tus padres

## 4 Acoso escolar (1ª parte)

Lucía está en casa de Yolanda. Acaban de hacer juntas los deberes. A Lucía le preocupa su amiga, pues parece tener un problema y ella quiere ayudarla.

Lucía: ¿Qué te pasa, Yoli?
Yolanda: Nada...
Lucía: Venga, dime qué te pasa. Estás muy depre. Te ha pasado algo, ¿verdad?
Yolanda: Pues sí. Tengo un problema y no se lo he contado a nadie todavía.
Lucía: Pero eres mi mejor amiga y ya sabes que puedes contármelo todo. Tranqui, tía, a lo mejor te puedo ayudar.
Yolanda: Es que el otro día ocurrió una cosa horrible al salir del insti y llevo tres días pensando qué puedo hacer.
Lucía: ¿Qué? Anda, dímelo ya, que me estás preocupando mucho.

## 5 Dibujos desordenados

**a)** **Mira los dibujos y ordénalos correctamente según el texto 4.**

**b)** **Escribe un resumen del texto formando una o dos frases por dibujo. Usa los conectores adecuados.**

3.1, S. 147

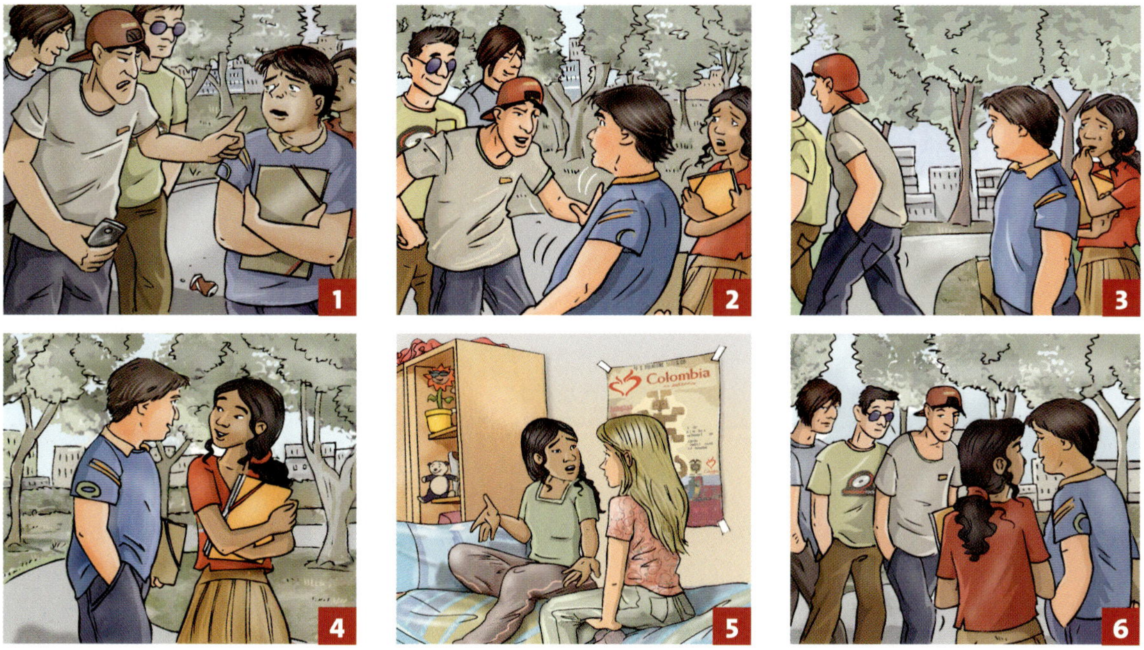

Yolanda: Es que me da vergüenza...

Lucía: Venga.

Yolanda: Bueno... El lunes Jorge y yo estábamos charlando tranquilamente al salir de clase en el parque cuando, de repente, se acercaron tres chavales mayores del insti un poco raros, pero nosotros no les hicimos caso y seguimos hablando. Entonces empezaron a insultar a Jorge. Lo llamaron de todo: empollón, gordo, gallina y muchas cosas más... Luego uno de ellos, el que llevaba una gorra roja, lo empujó y le dio patadas. Mientras le pegaba, los otros tíos seguían insultándolo. Fue horrible...

Lucía: ¡Qué mal, ¿no?! ¿Y tú qué hiciste?

Yolanda: No pude hacer nada porque tenía muchísimo miedo. Al principio le dije al chico de la gorra: "Oye, deja a mi amigo en paz y vosotros perderos todos por ahí." Pero luego uno me amenazó y dejé de gritarles. ¡Fue un horror!

Lucía: ¿Y qué pasó después?

Yolanda: Pues... el tío de la gorra le quitó a Jorge el móvil. Entonces los tíos se marcharon, pero antes de irse volvieron a insultarnos y nos dijeron: "Si os chiváis a alguien, os pegamos otra vez." Jorge estaba hecho polvo. Yo estaba nerviosísima y empecé a llorar y no paré hasta llegar a casa. Yo quería avisar al tutor, pero Jorge no quiso contárselo ni a sus padres.

Lucía: ¿Y qué piensas tú? ¿Crees de verdad que Jorge no se lo ha dicho a nadie?

Yolanda: Yo creo que ayer volvieron a meterse con él porque hoy no ha venido a clase.

## 6 Vocabulario

**En parejas relacionad las explicaciones con la palabra correcta del texto 4. Escribid los números y las letras en el cuaderno.**

**1.** pegar a alguien con los pies
**2.** decir cosas horribles a una persona
**3.** informar a alguien
**4.** persona que no es muy valiente
**5.** contar a alguien una cosa mala que ha hecho otra persona
**6.** ignorar, no escuchar a alguien

**a.** chivarse
**b.** avisar
**c.** "gallina"
**d.** no hacer caso
**e.** dar patadas
**f.** insultar

## 7 A leer

**Elige la respuesta más adecuada y escríbela en tu cuaderno.**

**1.** Lucía está preocupada porque
**a.** Yolanda está triste.
**b.** Yolanda no quiere contarle su problema.
**c.** no puede ayudar a Yolanda.

**2.** Yolanda está triste porque
**a.** Jorge no ha ido a clase hoy.
**b.** tiene miedo.
**c.** a ella y a Jorge les ha pasado algo horrible.

**3.** Cuando el chico de la gorra se acercó a Jorge,
**a.** lo insultó y le quitó el móvil.
**b.** le pegó mientras los otros lo insultaban.
**c.** le quitó el móvil antes de pegarle.

**4.** En aquel momento Yolanda
**a.** no dijo nada.
**b.** los dejó solos.
**c.** gritó a los chicos.

**5.** Cuando los chicos se fueron,
**a.** Jorge avisó al tutor.
**b.** Yolanda empezó a llorar.
**c.** Jorge fue a hablar con sus padres.

**6.** Yolanda cree que Jorge
**a.** ha tenido problemas con los chicos otra vez.
**b.** siempre tiene problemas.
**c.** ha hablado con sus padres.

## 8 Seguimos buscando

| significado | verbo | preposición (a/de/Ø) | infinitivo/gerundio |
|---|---|---|---|
| Sie fingen an, Jorge zu beleidigen. | Empezaron | a | insultar a Jorge. |

**Busca en el texto 4 las expresiones siguientes. Copia la tabla en tu cuaderno y complétala.**

**1.** Ich fing an, zu weinen.
**2.** Ich überlege (seit drei Tagen)...
**3.** Sie beleidigten uns wieder.
**4.** Wir unterhielten uns weiter.
**5.** Ich hörte auf, sie anzuschreien.
**6.** Sie beleidigten ihn weiter.

**[i] El idioma**

Eine Konstruktion aus einem konjugierten Verb und einem Infinitiv oder Gerundium nennt man **perífrasis verbal**. Zwischen den Verben kann eine Präposition stehen.
Einige **perífrasis verbales** kennst du schon: **tener que** + **infinitivo**, **estar** + **gerundio**,... In einer Verbalkonstruktion verändert das Verb meist seine Bedeutung:
**volver** *umdrehen, zurückkehren* **volver a** + **inf.** *etwas wieder tun*
**Mi amiga *volvió a mandar*me un mensaje.**
*Meine Freundin schickte mir wieder eine SMS.*

## 9 Frases con perífrasis

**a) Completa las frases en tu cuaderno con el verbo que falta.**

ha dejado de | ha vuelto a | empezó a | lleva (2x) | sigue | acaba de (2x) | tiene que

1. Raúl ~ hacer los deberes. Ahora va al cine con sus amigos.
2. Tito ~ comer chocolate porque quiere estar en forma.
3. Lucía ~ ocho años estudiando inglés.
4. Clara no sabe bien las palabras de inglés, por eso ~ repetirlas.
5. Tito ~ bajar el Sella en piragua cuando tenía cinco años.
6. El profesor ~ entrar en clase, pero Miguel ~ hablando.
7. La familia de Omar ~ muchos años viviendo en España.
8. A la familia de Clara le encanta Cataluña, por eso ~ pasar las vacaciones allí.

**b) Traduce las frases.**

### El idioma [i]

Treffen zwei Pronomen in einem Satz aufeinander, steht das Personalpronomen im Dativ (**pronombre de complemento indirecto**, wem?) immer vor dem Personalpronomen im Akkusativ (**pronombre de complemento directo**, wen?/was?). Zwischen beiden Pronomen steht nichts:

**¿*Me lo* cuentas?** **Anda, dí*melo* ya.**

Treffen die **pronombres de complemento indirecto** der 3. Person **le/les** auf die **pronombres de complemento directo lo/la/los/las**, werden **le/les** zu **se**.

**El chico le quitó el móvil (a Jorge).** → **El chico *se lo* quitó.**

**Jorge no les cuenta el problema (a sus padres).** → **Jorge no *se lo* cuenta.**

Achte auf die Akzente, wenn du zwei Pronomen an ein Verb anhängst:
**El chico quiere quit*á*rselo.**

G 3.2, S. 113

## 10 ¿Se lo dices?

**Contesta a las preguntas sustituyendo los sustantivos por un pronombre. Forma frases positivas y negativas como en el ejemplo.**

Ejemplo: ¿Lucía ha dado el libro a Clara?
→ Sí, Lucía lo ha dado a Clara. → Sí, Lucía se lo ha dado.
→ No, Lucía no lo ha dado a Clara. → No, Lucía no se lo ha dado.

1. ¿Tito ha enviado una postal de Ribadesella a Clara?
2. ¿Lucía regaló una camiseta negra a su hermano?
3. ¿La abuela dio dinero a los nietos?
4. ¿El profesor pone muchas tareas a los alumnos?
5. ¿Jorge va a contar la historia a sus padres?
6. ¿Gonzalo va a dejar los CD a Alfonso?

## 11 ¡Tantas preguntas!

Al volver a casa, la madre le hace un montón de preguntas a Yolanda.
**Contesta a las preguntas usando los pronombres.**

Ejemplo: Madre: ¿Me puedes apuntar los nombres de tus profesores?
Yolanda: Luego te los apunto.

me te lo la se los las

| **Madre** | **Yolanda** |
| --- | --- |
| **1.** ¿Me puedes grabar este CD de Diego Torres? | Mañana ... |
| **2.** ¿Puedes llevarle el móvil a la vecina? | Ahora mismo ... |
| **3.** ¿Puedes explicar el problema de matemáticas a tu hermano? | Después de la cena ... |
| **4.** ¿Me escribes la lista de la compra? | Ahora mismo ... |
| **5.** ¿Me cuentas qué has hecho en clase? | Después de la cena ... |
| **6.** ¿Ya has escrito la carta a los abuelos? | Mañana ... |
| **7.** ¿Has escrito el mensaje a Hernán? | Ayer ... |
| **8.** ¿Puedes sacarme las cajas del coche? | Ahora mismo ... |

## 12 Ayúdame

G 8.6, S. 118

Tú le pides un favor a un/a compañero/-a pero él/ella está de mal humor.

**En parejas formulad diálogos como en el ejemplo y escribidlos en vuestros cuadernos. Intercambiad los papeles.**

Ejemplo: grabarme el CD de Maná

1. traerme el móvil
2. presentarme a tu amiga Carla
3. prestarles el libro a mis amigos
4. explicarme los deberes
5. contarme lo que pasó
6. darle tu número de móvil a Robin
7. escribirle una carta a Sara
8. enseñarme las fotos de la fiesta

## 13 ¿Qué hay que contar?

Jorge vuelve a casa y su madre le pregunta por su móvil. Ella ha intentado llamarlo varias veces.
**a) ¿Cómo explica Jorge que no tiene móvil? En parejas inventad un diálogo entre los dos.**
**b) Representad el diálogo en clase.**

## 14 La historia de Jorge

**a)** **Escucha la conversación entre madre e hijo. Apunta lo que le cuenta Jorge a su madre.**
**b)** **¿Comprendes la reacción de Jorge? ¿Por qué sí, por qué no? Explícalo.**

## 15 Acoso escolar (2ª parte)

Lucía: ¿Pero por qué se meten con él? Jorge normalmente no tiene problemas, ¿no? Es increíble que haya gente así, ¿verdad?
Yolanda: No tengo ni idea. Es probable que le tengan manía por ser un poco gordito. Yo qué sé. El caso es que lo he llamado esta mañana, pero no ha querido hablar del tema. Y ahora me siento fatal porque no lo he podido ayudar. Jo, estoy hecha un lío y no sé qué hacer...
Lucía: No te preocupes, Yoli. Es lógico que no quiera decírselo a nadie. A lo mejor tiene miedo de que los demás se burlen de él. Pero ¿por qué no se lo cuentas tú al tutor? Es necesario que hagamos algo.
Yolanda: No quiero hablar con nadie porque seguro que no van a dejar tranquilo al pobre Jorge.
Lucía: Venga, no te agobies, pero es mejor que se lo digas a alguien. Y si no quieres tú, yo sí pienso hacerlo. Sabes, también es posible que peguen a otros chicos. Y si no quieres decírselo al tutor, podemos mirar en Internet, es muy probable que haya una página web de ayuda para estos casos. ¿Te parece bien?
Yolanda: Bueno, está bien.
Lucía enciende el ordenador y abre el buscador.
Lucía: Vale, a ver ..., podemos poner "violencia en las aulas" o "acoso escolar" o algo así. A ver qué sale. Mira, aquí hay algo muy interesante... Pues mira, aquí dice que lo mejor es que la víctima hable con el tutor, ¿qué te parece?
Yolanda: No sé, tengo un poco de miedo.
Lucía: ¡Ánimo, no te preocupes! Yo voy contigo a hablar con él. Pero vamos ahora mismo, ¿eh?
Yolanda: Vale, es una suerte que me acompañes.

## 16 ¿Qué se puede hacer?

**Forma frases según el texto 15.**

| | | |
|---|---|---|
| **1.** A lo mejor los chicos le tienen manía a Jorge | | **a.** ver qué sale. |
| **2.** Yolanda ha llamado esta mañana a Jorge | | **b.** seguro que hay una página web de ayuda. |
| **3.** Ahora Yolanda se siente fatal | | **c.** Yolanda tiene un poco de miedo. |
| **4.** Yolanda no quiere decírselo a nadie | • pero | **d.** es un poco gordito. |
| **5.** Lucía piensa decírselo a alguien | • porque | **e.** hablar del tema con él. |
| **6.** Las chicas pueden mirar en Internet | • para | **f.** no lo ha podido ayudar. |
| **7.** Ponen "violencia en las aulas" o "acoso escolar" en el buscador | | **g.** también es posible que peguen a otros chicos. |
| **8.** Lucía acompaña a Yolanda a hablar con el tutor | | **h.** Lucía piensa que es mejor contárselo al tutor. |

## 17 Es muy importante

G 8.17, S. 128

**Forma frases usando el subjuntivo.**

| | | |
|---|---|---|
| • Es lógico que<br>• Es (muy) importante que<br>• Es increíble que<br>• Es necesario que<br>• Es posible que<br>• Es una suerte que<br>• Es mejor que<br>• Es (muy) probable que | • el tutor<br>• Yolanda<br>• los padres<br>• (nosotros) • (tú)<br>• los chicos<br>• (vosotros)<br>• las chicas<br>• el chico de la gorra | • respetar a otra gente • escuchar a sus hijos<br>• ayudar a las víctimas • haber gente así<br>• contarlo al tutor • acompañarme<br>• buscar más información<br>• golpear a otros chicos<br>• hablar con sus amigos<br>• haber una página web de ayuda<br>• hacer algo en contra del acoso escolar |

## 18 Dar consejos

Tu amigo/-a saca malas notas en inglés y tiene miedo de suspender este año. Tú le das consejos.
**Forma frases con las expresiones impersonales del ejercicio 17.**
Ejemplo: hablar con la profesora → Es importante que hables con la profesora.

**1.** preparar bien el próximo examen
**2.** ver una película en inglés
**3.** pasar las vacaciones en Inglaterra
**4.** aprender mejor el inglés escuchando música inglesa
**5.** hacer los deberes con un/a compañero/-a
**6.** aprender de memoria el nuevo vocabulario
**7.** chatear en inglés con tu alumno/-a de intercambio
**8.** leer tu cómic preferido en inglés

## 19 Kheyraht: Cuéntalo ya

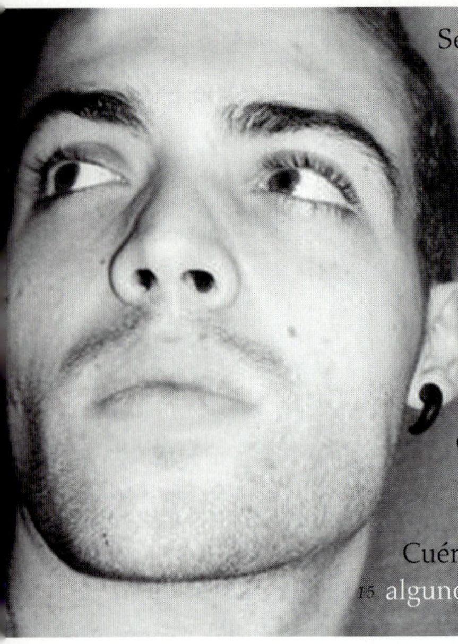

Sé que tienes problemas
Hay que buscar una solución
Es hora de reconocerlo
Y aprovechar esta ocasión
Y aunque tú no lo creas
Podemos mejorar la situación (se puede mejorar)
Porque hay una salida
Siempre en la vida
Confía (y déjate ayudar)
será lo mejor.

Cuéntalo ya (no importa lo que
algunos pocos piensan)
Cuéntalo ya (tu familia y amigos contigo cuentan)
Cuéntalo ya
La vida está esperándote
Ahora cuéntalo ya.

Estás en compañía de los que más te quieren
Si algunos te molestan porque creen que te pueden
No te pares, no te calles, ya lo sabes
Levántate porque tú lo vales
Sólo tienes que creerlo tú, puedes hacerlo
Y no olvides que no estás solo ni un momento
Tu gente te puede ayudar
No es ningún cuento, no miento
Puedes acabar con esto.

Cuéntalo ya …

## 20 Vamos a analizar ya

**a) Escuchad la canción 19. ¿Cuál es el tema?**
**b) Según el cantante, ¿qué hay que hacer en estos casos? ¿Por qué?**
**c) Discutid en clase: ¿qué podéis hacer?**

2.2, S. 146

## 21 ¡Ánimo!

**a) En los textos 4 y 15 hay algunas expresiones que sirven para dar ánimos a otras personas. En parejas inventad diálogos usando las expresiones de "Así se dice".**

1. Has comprado un móvil nuevo y lo has perdido. Estás muy triste.
2. Tu hermana pequeña todavía no ha llegado a casa. Estás muy preocupado/-a.
3. Mañana tienes un examen de historia y estás muy nervioso/-a.
4. Tu novio/-a ya no quiere estar contigo. Estás muy deprimido/-a.

**b) Representad los diálogos en clase.**

### Así se dice

**So kann man jemanden aufmuntern:**

- Venga, no te agobies.
- Venga, cuéntame qué te pasa.
- Anda, dímelo ya.
- ¡Ánimo!
- Tranquilo/-a. / Tranqui.
- No te preocupes.

**So kann man das Verhalten anderer kommentieren:**

- ¡Qué bien! / ¡Qué mal, ¿no?!
- No me digas.
- Es increíble que haya gente así.

### El país y la gente

La *Fundación ANAR* (Ayuda a Niños y Adolescentes en Riesgo) desarrolla programas de ayuda desde 1970. El *Teléfono ANAR* es un teléfono gratuito y confidencial que ofrece ayuda psicológica, social y jurídica todos los días y a cualquier hora. *ANAR* tiene un *Teléfono del Menor* y también un *Teléfono del Adulto*.
Algunos temas importantes son los problemas con la alimentación, el acoso escolar y la violencia en la vida de los jóvenes. Existen también *Hogares de Acogida* de la fundación donde pueden vivir los niños que se encuentran en situaciones de riesgo. Desde los años 90 *ANAR* no sólo actúa en España sino que también en el Perú, en México y en Colombia.

**la fundación** die Stiftung **el/la adolescente** der/die Jugendliche **el riesgo** das Risiko; die Gefährdung **gratuito/-a** kostenlos **confidencial** vertraulich **psicológico/-a** psychologisch **jurídico/-a** rechtlich, juristisch **la alimentación** die Ernährung **el hogar de acogida** *hier:* das Heim; die Zufluchtsstätte **actuar** handeln

## 22 Teléfono de ayuda

**a) Escucha los dos diálogos de chicos que llaman a la *Fundación ANAR* para contar sus problemas. Apunta ¿quién llama?, ¿cuántos años tiene?, ¿qué problema tiene? y ¿qué aconseja *ANAR*?**
**b) Opina: ¿te parece bien el consejo?**

## 23 QTMeto

Pikor Teatro es un grupo de teatro vasco. En 2007 se estrenó el espectáculo "QTMeto/Jokoaut" para jóvenes de 12 a 18 años en Agurain (País Vasco).

**a) Mira el cartel. ¿De qué piensas que va a tratar el espectáculo?**

**b) Lee el texto de la escena "Siempreноshemospegado" y resúmela en alemán.**

A: ¿Tienes algún problema?
JK: ¿Qué problema tienes?
A: ¿¡Eeh!? ¿Que cuál es tu problema?
JK: Métete... métete en tus problemas...
A: ¿Quieres problemas?
E: Tu problema es que te quieres meter en problemas.
JK: ¡Métete tú!
E: ¡Yo no me meto!
A: ¿Qué no te metes? ¡Si ya te estás metiendo!
I: ¡A mí no me metas!
E: ¡A mí tampoco!
JK: ¡Métete tú, métete tú... !
I: ¡Métete tú!
E: ¿Te meto?
A: ¡Méteme! ...Venga, ¡méteme! ... ¡méteme! ... ¡méteme, por favor!
E: ¡No quiero problemas!
JK: ¿Problemas? ¿Problemas?
I: Problemas con la violencia.
E: Lo malo de la violencia es que nunca sabes por dónde te la meten, pero te la meten.
I: La violencia se reproduce, se multiplica como un virus: das una leche y te dan otra o, a partir de ahí, te la pueden dar en cualquier momento. [...] El problema de la violencia es que está por todas partes.
E: Sobre todo en la escuela.
I: En todas partes.[...]
A: Todos los días sacan alguna noticia de esas, que si en un cole de nosédónde se ha suicidado un tío de catorce años, que si en el Insti nosécuántos han linchado a un chaval marroquí, ... y cada vez hay más denuncias, y yo no me lo creo, ¡joder![...]
I: Al final se vuelve normal, ¿y cuándo tocó en mi Insti? Pues de repente ahí teníamos a los buitres de todas las teles, ¿no? Primera página en todos los periódicos ... cómo que se dispara el tema, ... uno en el hospital, otros declarando ante el juez, los viejos mirándonos con cara de alucinados ...
E: El problema de la violencia es que te la venden por la tele. [...]
I: Yo lo que digo es que los problemas se arreglan desde dentro, nosotros deberíamos solucionar nuestros propios problemas de convivencia porque si no, pinchamos.
JK: Te los arreglan desde fuera y mal.[...]
A: Perdona pero siempre nos hemos pegado, pegar blando, pegar más duro ... pegarse es una manera de relacionarse y no es tan terrible.
I: ¡Vaya mensaje más guay estás dando, eh!
JK: La ley de la jungla, como la vida misma. Tenemos que aprender a defendernos, [...]
I: No estoy de acuerdo.
E: A mis padres les pegaban en la escuela por hablar en clase, ... por cualquier cosa, tíos... [...]

*Pikor Teatro: QTMeto/Jokoaut. Álava 2007 (texto abreviado)*

**c) Elegid a un personaje e intentad caracterizarlo. ¿Es chico o chica? ¿Qué carácter tiene: bueno, malo, amable, agresivo, valiente, ...? ¿Qué piensa sobre el tema de la violencia?**

**d) Los personajes no llevan nombre sino sólo una letra. Imaginad por qué.**

**e) Formad grupos de cuatro y repartid los papeles de la escena. Cada uno lee su papel. Después preparad juntos la representación con gestos y emociones. Representad la escena en clase.**

### Ya sé ...

- über Gewalt in der Schule sprechen
- Möglichkeit und Notwendigkeit ausdrücken
- sich in schwierigen Situationen beraten und Lösungen formulieren
- jemanden aufmuntern
- das Verhalten anderer kommentieren

## El lenguaje de los jóvenes y sus gestos

**a)** En parejas mirad las fotos con algunos de los gestos más comunes entre los jóvenes de España. ¿Sabéis qué significan?

1
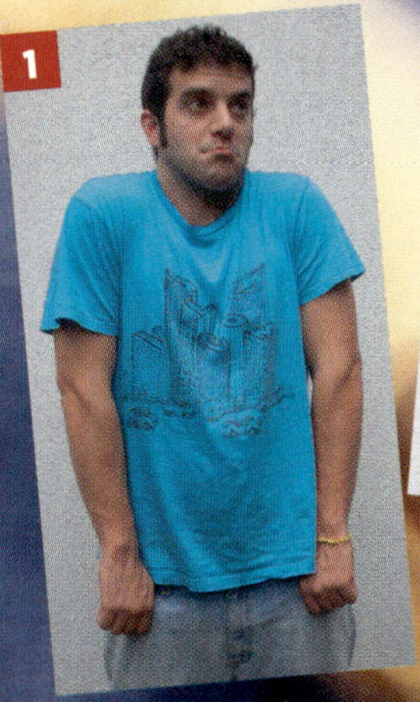

2

3

4

5

6

7

8

**b)** Mirad las expresiones del lenguaje juvenil y su significado en un lenguaje más estándar. Intentad relacionarlas con los gestos de las fotos.

| Lenguaje juvenil | Lenguaje estándar |
| --- | --- |
| a. ¡Pasa de mí, pírate! | ¡Déjame en paz, vete! |
| b. ¡Vaya morro que tienes! | ¡Qué cara más dura! |
| c. ¡Había un montón de peña! | ¡Estaba lleno de gente! |
| d. ¡Qué rollo! | ¡Qué aburrido! |
| e. ¿Nos piramos? | ¿Nos vamos? |
| f. Se te va la pinza. | Estás loco. |
| g. ¡Meca! Se me ha olvidado. | ¡Vaya! Se me ha olvidado. |
| h. No tengo ni idea. | No sé. |

# 1 ¿Qué palabra es?

**a) Lee las frases y di a qué palabras de las Unidades 4, 5 ó 6 se refieren.**

1. Si ves la tele, escuchas la radio y lees una revista usas diferentes ~ .
2. Si un alumno pega a otro o lo insulta, se habla de ~ .
3. Si ves a tu novio/-a con otro/-a chico/-a, estás ~ .
4. Si ~ algo de Internet, tienes que tener cuidado con los virus y los programas espía.
5. Si alguien te ataca, tú eres ~ de la violencia.
6. Si tienes un problema, tu mejor amigo/-a te da ~ para mejorar la situación.

**b) Escribe tres frases más. Tu compañero/-a busca las palabras correctas.**

# 2 ¡No me digas!

En casa de Lucía y Miguel se dan muchas órdenes. **Forma frases con el imperativo afirmativo y negativo como en el ejemplo. ¡Ojo! En la segunda parte de las frases 1-3 hay que sustituir el sustantivo por un pronombre.**

**Ejemplo**
Chicos, no (comer/vosotros) los bocadillos ahora – (comer/vosotros) luego en el recreo.

1. Isabel: Lucía, no (escribir/tú) el e-mail ahora – (escribir/tú) después de la cena.
2. Víctor: Chicos, no (hacer/vosotros) los deberes delante de la tele – (hacer/vosotros) en vuestras habitaciones.
3. Isabel: Miguel, no (ponerse/tú) la camisa nueva hoy – (ponerse/tú) en la fiesta de cumpleaños de la abuela.
4. Isabel: Miguel, no (jugar/tú) al fútbol ahora – (jugar/tú) después de la comida.
5. Víctor: Lucía, no (salir/tú) con tus amigas esta tarde – (salir/tú) a comer con la familia.
6. Víctor: Chicos, no (preparar/vosotros) una pizza para la cena – (preparar/vosotros) la ensalada que está en la nevera.

# 3 Una carta de amor

Joaquín, un chico de 15 años, ha escrito una carta a su novia, Antonia.
**Completa el texto con las formas correctas del subjuntivo.**

*Querida Antonia:*

*Eres muy especial para mí y deseo que* ~ (ser/tú) *feliz conmigo. Quiero que siempre me* ~ (decir) *la verdad y que me* ~ (avisar) *si no tienes ganas de salir conmigo. Es necesario que siempre* ~ (respetarse/nosotros)*. No me molesta que* ~ (salir/tú) *con tus amigas, pero tengo miedo de que algún día* ~ (encontrar/tú) *a otro chico más simpático y guapo que yo. Es posible que a veces* ~ (discutir/nosotros)*, pero es muy importante que* ~ (hablar/nosotros) *sobre los problemas que tenemos. Te digo todo esto porque quiero que* ~ (saber) *lo que pienso. Mis amigos me aconsejan que* ~ (tener/yo) *cuidado pero yo sé que tú eres el amor de mi vida. Es mejor que mañana no* ~ (verse/nosotros) *porque mis padres están un poco enfadados conmigo y quieren que* ~ (quedarse/yo) *más tiempo en casa para estudiar. Un beso, Joaquín*

## 4 Problemas con los padres

En el recreo Yolanda y Raúl hablan con una chica del insti, Lola. Ella tiene problemas con sus padres.

**a) Dividid la clase en tres grupos y escuchad el diálogo. Cada grupo apunta los problemas que tiene una de las personas (Lola, Yolanda o Raúl) con sus padres.**

**b) Comparad los apuntes en el grupo. Después cada grupo presenta sus resultados en clase. Aclarad ¿qué pasó anoche en casa de Lola? y ¿qué problema tiene el próximo fin de semana?**

**c) ¿Cómo puede convencer Lola a sus padres para que la dejen salir el fin de semana? Escribid un diálogo y representadlo en clase.**

## 5 Seguimos aprendiendo

dejar de | acabar de | llevar | volver a | tener que | seguir (2x) | empezar a

**Completa las frases con las perífrasis verbales correctas.**

1. Los padres de Lucía ~ preparar la comida, pero Lucía y Miguel no vienen a comer.
2. Lucía ~ chateando y Miguel ~ jugando en Internet aunque la comida ya está lista.
3. Raúl y Yolanda ~ tres meses saliendo juntos.
4. Cuando a Raúl le dieron el alta, Yolanda y él ~ ir muchas veces al cine, al parque o de compras.
5. Cuando Raúl ~ jugar al fútbol después del accidente, Yolanda le acompañó a los partidos.
6. Yolanda quiere ~ pasar todo el tiempo únicamente con su novio porque sus padres se han enfadado.
7. Yolanda y sus padres ~ llegar a un acuerdo sobre la vida en familia.

## 6 ¡Pregúntaselo!

G 3.2, S. 113

Fabiola y su amigo Adrián están en la cafetería del insti tomando un refresco y charlando.

**a) En parejas traducid el diálogo y escribidlo en el cuaderno. ¡Ojo con los pronombres!**

**b) Representad el diálogo en clase.**

| Fabiola | Adrián |
|---|---|
| Kennst du den Jungen da? | Den mit dem blauen T-Shirt? Ja, ich kenne ihn aus dem Englischunterricht. Er heißt Luis. |
| Gestern nach der Schule habe ich ihn im Park gesehen. Er hat mit einem jüngeren Schüler, Julio Marcos, gesprochen. Ich glaube, Julio hatte Angst vor ihm. | Aber weißt du, worüber die beiden gesprochen haben? |
| Naja, ich konnte nicht hören, was sie gesagt haben, aber... | Los, jetzt erzähl schon! |
| Ich habe keine Ahnung, aber ich glaube, dass Luis ihn bedroht hat. Julio hat ihm nämlich Geld gegeben. | Wirklich? Wie seltsam! Hast du denn schon mit Julio gesprochen? Frag ihn doch, warum er es ihm gegeben hat. |
| Ich weiß nicht, ob es eine gute Idee ist, ihn zu fragen. Vielleicht will er nicht über das Thema sprechen. | Na gut, vielleicht hat er es noch niemandem gesagt. Aber wenn er Probleme hat, müssen wir ihm helfen! |
| Ja, du hast Recht. Ich frage ihn, was passiert ist, und sage es dir später am Telefon, ok? | In Ordnung. Wenn es irgendein Problem gibt, sag es mir. Ich kann dann mit Luis sprechen. |

# Música de España y Latinoamérica

## Vocabulario de música

**el estilo de música**
- la música clásica
- la música tradicional
- la cumbia • el flamenco
- el heavy metal
- el hip hop • el jazz
- el pop • el rock
- la salsa
- el tango
- el tecno

**la canción**
- el estribillo
- la estrofa
- la letra • la melodía
- el ritmo • el sonido • sonar

**tocar ...**
- el bajo • la batería
- la flauta • la guitarra
- el piano • el tambor
- la trompeta
- el violín

**un ritmo/una melodía ...**
- alegre ≠ • triste
- lento/-a ≠ • rápido/-a
- vivo/-a ≠ • tranquilo/-a
- agresivo/-a • clásico/-a
- emocional • melancólico/-a
- monótono/-a • rítmico/-a
- sentimental

**cantar**
- la banda/el grupo
- el/la cantante • el canto
- el coro • la orquesta • la voz

## 1 ¿Qué te gusta escuchar?

**a) Piensa en tus gustos y costumbres musicales y apúntalos. Usa el vocabulario de arriba. Las preguntas te ayudan.**

¿Qué tipo de música te gusta? ¿Por qué?
¿Qué te interesa más? ¿La música o la letra?
¿Qué instrumento(s) tocas/te gusta(n)?
¿Escuchas la radio o prefieres escuchar un CD/MP3?
¿Cuándo/Dónde escuchas música?
¿Por qué compras un CD/descargas MP3?

**b) Trabajad en grupos de tres. Preguntad por vuestros gustos y costumbres y apuntad las respuestas de vuestros compañeros.**
**c) Exponed los gustos y costumbres de vuestros compañeros en clase.**

## Música de España

## 2 Temas de canciones

En España hay muchos estilos de música: además de la música tradicional como el flamenco, encontramos todo tipo de música desde el rock, pop, hip hop, ... hasta las canciones políticas.

**a) Trabajad en parejas. ¿Qué temas tratan los diferentes estilos? Apuntad vuestras ideas.**
**b) Juntad vuestros resultados y discutidlos en clase.**

## 3 Canciones españolas actuales

**a) Trabajad en grupos. Leed los extractos A-F. Si es necesario usad el diccionario.**
**b) Buscad entre tres y cinco palabras clave para cada extracto e inventad un título para las canciones.**
**c) Con la ayuda de las palabras clave decidid de qué temas tratan las canciones.**

**A** Y contar, y contar un cuento, ay azulito como el cielo
y escribir, y escribir una historia regaíta de sentimientos
y escribir, y escribir, y escribir así me paso tol día pensando
pá vivir, pá vivir, pá vivir, pá vivir despierta y soñando

entre el sol y la luna tengo una choza de ramas
donde crece la hierbabuena, ay por toas ventanas
entre el sol y la luna tengo una choza de ramas
donde llega la brisa de Venus cuando estoy en la cama
...

**B** Malviven en medio de sociedades
que los ignoran en barrios marginales
rodea´os de pobreza, dolor y sufrimiento
que los excluyen, condenan al silencio
alzar la voz por la justicia
voces, voces, voces
alzar la voz por la justicia
voces
...

**C** 1 por los niños, 2 por las mujeres,
3 por las murallas, 4 por la sangre,
5 es la mentira, 6 por el petróleo,
7 es el dinero, 8 son los tanques,
9 es la esperanza, el 10 es por la vida.

Mientras, me seco mis lágrimas
pero duele cada vez que me acuerdo
eso es lo que pasa ...
Tanta gente al mismo tiempo llora y
yo lo noto que si les falta Ameli y
calefacción en casa.
El mundo es una bola de cera gigante,
espera ... si nunca hablas con ella,
te pierdes cosas interesantes. ...

**D** Con miedo despiertas, cada mañana
Con miedo tú empiezas, con miedo tú juegas
Con miedo a vivir, tú tienes miedo a vivir
...
Con miedo tú sacas todas las palabras
Con miedo te expresas, con miedo a ser nada
Con miedo a vivir, tú tienes miedo a vivir
Estas enfadado con todo lo que hay cerca de ti
Nunca te has gustado, y vives exigiéndote al máximo siempre,
tú solo eres culpable de que ahora tú te veas así.

Corazón, ahora tienes que pedirte perdón
Por creerte siempre feo y culpable
Y sufrir cada vez que sale el sol
Corazón, corazón, ahora tienes que pedirte perdón
Por creerte siempre feo y culpable
Y sufrir cada vez que sale el sol
¡Corazón!
...

**E** Érase una vez hace mucho tiempo ya
un reino perdido en un lejano lugar

la noche se rindió al sueño de la eternidad
ritos, brujería, almas buscando la paz
no duermas, no entres, no no mires atrás
no grites, no escuches, no reces; no te servirá

la noche da paso al ritual despertando la maldición
el bosque está hechizado por el mal
hay luna llena, ¡protégete!
...

**F** Tu pelo, tu cara, tu boca me dicen ven
Tu pelo, tu cara, tu boca me dicen ven hacia mí
Tu pelo, tu cara, tu boca me dicen ven, ven, ven
Tu pelo, tu cara, tu boca me dicen yo soy para ti

Soy pieza fundamental
En el puzle de tu vida
Aunque no lo quieras ver
Todo mi cuerpo te inspira
Te resistes a venir,
me resisto a olvidarte
Sin palabras habla mi corazón
...

## 4 Ritmos diferentes

**a)** **Escuchad la música instrumental de las canciones de arriba. Adivinad qué música pertenece a cada extracto.**
**b)** **Escuchad los seis extractos con las letras. En parejas relacionad la música con los extractos correspondientes.**
**c)** **Comparad vuestros resultados en clase.**

## 5 Mi canción preferida

**a)** **Escuchad otra vez los extractos. Cada uno elige su canción preferida y explica por qué le gusta.**
**b)** **Busca información sobre la canción elegida y su cantante/grupo en Internet. Preséntala en clase. Los títulos de las canciones y los nombres de los cantantes/grupos están en la pagina 143.**

# Música de Latinoamérica

## 6 Más canciones

**a)** **Escuchad el comienzo de las cinco canciones y describid los diferentes estilos de música. Mirad el mapa de arriba e imaginad de qué país o región de Latinoamérica puede ser la música.**

**b)** **En parejas leed la información sobre los cinco estilos de música y mirad el mapa con las fotos. Con la ayuda de las fotos relacionad los estilos con los países de origen.**

**c)** **Escuchad los comienzos otra vez. Relacionad las canciones con los estilos de música correctos.**

**d)** **¿Cuál de los cinco estilos de música es tu estilo preferido? ¿Por qué te gusta?**

**1 La canción ranchera**

La canción ranchera es una música tradicional. La tocan los mariachis, que son grupos de música con grandes sombreros. Los instrumentos típicos de los mariachis son los tres diferentes tipos de guitarra, el violín y la trompeta. Para mucha gente los mariachis son el símbolo de su país.
La ranchera es un estilo de música muy emocional. Las canciones hablan de historias de amor y de la vida en el campo. Los mariachis empiezan muchas canciones rancheras gritando de una manera especial.

**2 La cumbia**

La cumbia era la música de los esclavos africanos de los españoles. Por eso algunos instrumentos, como los tambores, son de origen africano. Pero también se usan instrumentos típicos del país como la flauta. La cumbia se bailaba en la calle o en la playa después del trabajo cuando ya era de noche. Hoy en día encontramos en toda Latinoamérica diferentes tipos de cumbia como por ejemplo la tecnocumbia.

**3 El son**

El son también es una mezcla de estilos africanos, europeos e indígenas. Era la música del campo que se tocaba y se bailaba en las fiestas de los campesinos.
Después de llegar a la capital de su país de origen, el son cambió, la gente lo descubrió y lo empezaron a tocar grandes grupos de música. Junto con otros ritmos del Caribe, el son es el origen de la salsa tal como la conocemos hoy en día.

**4 El huayno**

El huayno es un baile y una música que ya existían cuando los conquistadores españoles llegaron a Latinoamérica. Esto todavía se ve en los textos de los huaynos que están en español, quechua o aymara. Muchas veces la melodía de un huayno es alegre, pero el texto habla de temas tristes.
La influencia indígena se nota también en los instrumentos típicos como por ejemplo en las flautas. Pero también se usan una guitarra típica, trompetas y violines entre otros.

**5 El tango**

El tango viene de un país que desde el siglo XIX fue un país de inmigrantes. Los inmigrantes, la mayoría de ellos de origen europeo, trajeron sus tradiciones a Latinoamérica.
El instrumento más importante del tango, que se parece a un acordeón, es de origen alemán. Otros instrumentos son por ejemplo el piano y el violín. En el tango los hombres expresan sus sentimientos. Algunos textos hablan de cómo los inmigrantes echan de menos sus países de origen.

## 7 Canciones latinoamericanas actuales

**a)** **Escuchad los comienzos de las dos canciones.**

**b)** **En parejas, ¿cuál de los cinco estilos de música puede ser el origen de estas canciones? Con la ayuda de los textos de arriba adivinad los dos estilos de música.**

# Unidad 7 Turismo y medio ambiente

## 1 Tipos de turismo

**Relaciona los textos con las fotos.**

A

B

E

**1** El **turismo cultural** se realiza en grupo o individualmente. Los turistas van a diferentes ciudades, países o regiones para visitar monumentos, ruinas y museos. Desean, sobre todo, ponerse en contacto con otras culturas y conocer la historia y las costumbres de otros países.

**2** Las personas que prefieren el **turismo de aventura** buscan vacaciones inusuales y desafíos deportivos. Van, por ejemplo, a la montaña para escalar o hacen rafting en un río peligroso. Ese tipo de turismo está relacionado con las actividades de aventura en la naturaleza.

**3** El **turismo individual** es una categoría poco definida. Podemos encontrar desde gente joven con mochila que va a varios países en tren con un billete de InterRail hasta gente que va en caravana o en coche con una tienda de campaña sin un destino fijo y parando donde les da la gana. Y todavía hay más formas.

**4** El **turismo de sol y playa** se refiere a los viajes organizados. Los turistas se alojan en grandes hoteles y normalmente pasan todo el día en la playa. Buscan calor, descanso o diversión.
Parte de este tipo de turismo es el **todo incluído** donde los clientes pagan un precio fijo antes del viaje y así, durante las vacaciones, ya no tienen que pagar aparte ni la comida ni las bebidas que consumen.

5 La gente que elige el **turismo rural** vive en pequeños hoteles rústicos o en casas rurales en el campo. La idea es tener contacto con la naturaleza. Muchos de los que prefieren este tipo de turismo quieren huir del estrés de la ciudad.

El **agroturismo** es una forma del turismo rural en el que los turistas viven en granjas donde el granjero todavía trabaja y enseña su profesión. Los viajeros también buscan el contacto con los animales.

## 2 Más ideas

**a)** **Copia el mapa mental en tu cuaderno. Complétalo con todos los aspectos del turismo que te parezcan importantes. Puedes usar el diccionario.**

**b)** **Comparad vuestros mapas mentales en clase y completadlos.**

**c)** **¿Qué otros tipos de turismo conocéis?**

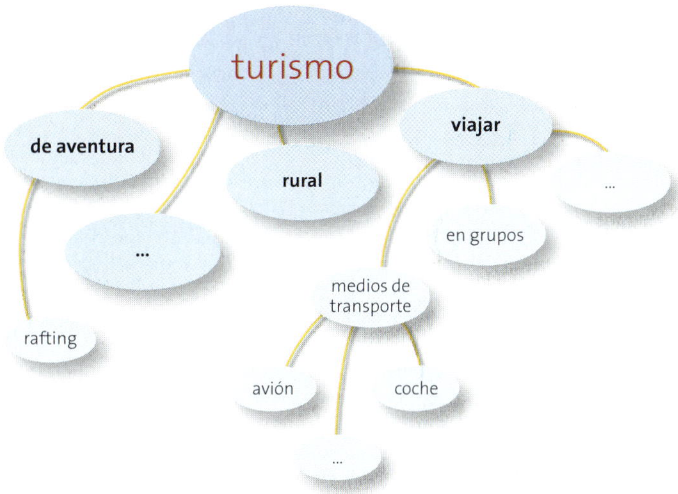


## 3 ¿Adónde viajamos?

**Mirad las fotos. Imaginad adónde va cada persona, familia o grupo y explicad por qué. ¿Qué tipo de turismo les puede interesar?**

1

2

3

4

5

6

## 4 Temporada alta

**A tope de trabajo...**

Enviar | Cuentas | Opciones... | HTML

Para... **joseabc@eresmas.com**

CC...

Asunto: **A tope de trabajo...**

Hola José:

¿Qué tal te va la vida? Aquí todo como siempre. Justo ahora acaban de llegar los últimos turistas de este verano. Ya sabes, mis padres tienen un restaurante y también alquilan algunas habitaciones y dos apartamentos. Desde que mi padre ganó el Descenso Internacional del Sella el año pasado tenemos muchas reservas y siempre estamos llenos. No creo que sea solamente por él y el paisaje, sino también por el ambiente familiar de aquí.

Me escribiste que el hotel en el que trabajan tus padres es muy grande. ¡600 camas, uf! Y tú, ¿cuántas veces a la semana has trabajado en la cafetería? ¿Este año también habéis tenido tanta gente mal educada como el año pasado? En tu último correo me contaste cosas muy "divertidas" sobre gente borracha gritando por la noche, gente que no sabe comportarse durante las comidas, playas llenas de basura y turistas que esperan que hables todos los idiomas del mundo... ¡Vaya nivel!

Es verdad que aquí, en Asturias, tenemos otro tipo de turismo y dudo que vaya a cambiar en los próximos años. Sin embargo, no me gusta nada tener que ayudar a mis padres en verano, ya que siempre es lo mismo: preparar el desayuno por la mañana, limpiar las habitaciones con mi tía, organizar excursiones para los turistas y por la noche servir en el bar hasta muy tarde. Como ves, estoy muy ocupado y no me queda mucho tiempo para otras cosas. Hasta ahora sólo he podido ir muy pocos días a la playa y no estoy seguro de que pueda ir muchos más... ¡Qué rollo!

Pero lo que quería contarte es que durante la temporada baja mis padres quieren hacer un viaje. ¿Sabes adónde? A Alemania y ¡en noviembre! No pienso que sea la mejor época, pero a ellos les encanta la idea de visitar pueblos antiguos, castillos, fiestas populares y mercados de navidad. Si me acuerdo bien, tú estuviste una vez en Alemania y te gustó. ¡Cuéntame algo! ¿Dónde estuviste y qué hiciste?

Un abrazo
Tito

Inicio 10:47

### El país y la gente

Cuando se pregunta a los españoles dónde van a pasar sus vacaciones, la mayoría contesta que en la playa con la familia.
En 2008 de cada cien españoles casi el 75% prefirió tomar el sol en alguna playa de la Península, las Islas Baleares o Canarias, es decir, en España, mientras que el resto viajó a algún país europeo o exótico.
Julio, agosto y septiembre, además de Semana Santa, son siempre las fechas más importantes para los viajes largos. Muchos españoles también pasan algunos días de descanso en sus segundas residencias, apartamentos o casas, en algún pueblo o en la costa.
En 2008 los madrileños, catalanes, andaluces y valencianos fueron los que más viajaron al extranjero y los que más dinero gastaron.

**la Península** *hier:* die Iberische Halbinsel
**las Islas Baleares** die Balearen
**las Islas Canarias** die Kanaren
**exótico/-a** exotisch
**la Semana Santa** die Karwoche
**la segunda residencia** der Zweitwohnsitz
**el/la madrileño/-a** der Madrilene/die Madrilenin
**el catalán, la catalana** der Katalane/die Katalanin
**el/la andaluz/a** der/die Andalusier/in
**el/la valenciano/-a** der/die Valencianer/in
**el extranjero** das Ausland

# 5 Las dos caras de las vacaciones

**a) Leed el texto 4 e imaginaos un día típico en temporada alta. Tomad apuntes sobre lo que hacen Tito y un/a turista durante el día hasta la medianoche. Copiad la tabla en vuestros cuadernos.**

**b) Exponed el día de Tito o del/de la turista en clase.**

| | Tito | El/La turista |
|---|---|---|
| 07:00–10:00 | ayudar a preparar el desayuno | dormir |
| 10:00–13:00 | | |
| 13:00–16:00 | | |
| 16:00–20:00 | | |
| 20:00–24:00 | | |

**El idioma** [i]

Verneinte Meinungsäußerungen wie **no pensar que, no creer que, no decir que, no es verdad que, no es cierto que** sowie Ausdrücke des Zweifelns wie **no estoy seguro de que, dudo que** erfordern den *Subjuntivo*.

# 6 No lo creo

**En grupos de cuatro, cada uno inventa seis afirmaciones de las que tres son correctas y tres son falsas y las escribe en un papelito. Los demás reaccionan y expresan su opinión como en el ejemplo. Usad las expresiones de "El idioma".**

Ejemplo: A: Mi tía se llama Kunigunde.
B: **No creo que** tu tía **se llame** Kunigunde.
C: Sí, **es verdad que** tu tía **se llama** Kunigunde.
D: …

# 7 Opiniones

**Forma frases y di tu opinión. ¡Ojo! Algunas expresiones necesitan el subjuntivo, otras el indicativo.**

| | | |
|---|---|---|
| • (No) pienso que<br>• (No) creo que<br>• (No) es verdad que<br>• (No) estoy seguro de que<br>• Dudo que<br>• (No) es cierto que | • (todos) los turistas | • dejar la basura en la playa • ducharse cuatro veces al día<br>• hablar siempre en voz alta • hablar sólo su propio idioma<br>• comer sólo la comida de su país • nunca dar propina<br>• tomar alcohol durante todo el día • no salir del hotel<br>• no interesarse por la cultura del país • gastar poco dinero<br>• reservar sitio en la playa antes del desayuno |

# 8 ¿Así son los turistas?

**a) Describe la caricatura.**

**b) ¿Qué opináis sobre la caricatura? Usad también las expresiones de "El idioma". Tomad apuntes para exponer vuestras ideas en clase.**

Ejemplo: No es cierto que los turistas beban demasiado alcohol durante el día.

**c) En clase describid un día típico de vacaciones del señor de la caricatura. Hacedlo en forma de cadena así que cada uno inventa una frase para la descripción.**

Ejemplo: A: El señor se levanta tarde porque ha ido de fiesta.
B: Está enfadado porque no queda sitio para desayunar. …

## 9 Malentendidos

6, S. 150

Irina y Alexander son dos alemanes que están en España visitando a un amigo. Alexander no habla español e Irina tiene que traducir todo el rato.

**a) En grupos de tres haced los diálogos. Cada uno tiene que hacer de Irina una vez.**

**Alexander** *Adiós, hasta luego.* **Irina** **Guille**

**1**

Hast du den gesehen? Wieso verabschiedet der sich? Wir haben doch gar nicht mit ihm gesprochen.

Es normal. Cuando no tenemos tiempo para hablar con una persona lo decimos para ser amables.

Wie komisch, bei uns sagt man dann einfach trotzdem „Hallo". Mir ist gestern noch etwas aufgefallen. *¿Qué tal?* heißt doch „Wie geht's?". Aber darauf antwortet ja niemand. Warum nicht?

Pues, lo preguntamos para ser amables, pero no es necesario contestar. ¿En Alemania no es así?

Doch, du hast recht. Man bekommt auch bei uns oft keine „richtige" Antwort.

**2**

Ich glaube, hier hört keiner dem anderem zu.

No es verdad. Hablamos mucho y todos al mismo tiempo, pero también escuchamos.

Aber wie macht ihr das bei dem Lärm?

¿Qué ruido? Es normal así.

Findest du? Also ich finde es schwierig, wenn alle auf einmal reden.

Bueno, tienes que acostumbrarte porque en España todos lo hacen.

**3**

Deja, ya pago yo.

Aber du kannst uns doch nicht beide einladen. Es ist besser, wenn jeder für sich zahlt.

No estáis en Alemania. Aquí paga uno y la próxima vez paga otro.

Tatsächlich! Und das funktioniert?

Sí, es la costumbre. Yo también tuve que acostumbrarme a vuestra manera de pagar.

**b) ¿De qué costumbres se habla en estas situaciones?**

**c) ¿Qué diferencias conocéis ya entre los alemanes y los españoles? Pensad en el horario de las comidas, en la hora de acostarse, ... Discutidlo en clase.**

## 10 Érase una vez…

*Acapulco (México), 1960*

*Acapulco (México), 2009*

**a) Mira las fotos y di cómo ha cambiado la ciudad/región en los últimos 50 años. Usa el imperfecto y el presente. Puedes usar el diccionario.**
Ejemplos: Antes no había tantos turistas en Acapulco.
Ahora llegan cada día cruceros con muchos turistas.

**b)** Después de la llegada del crucero *Sofía* el señor Oliva de Jaén toma una copa en el bar del puerto. Habla con el viejo camarero Javier que lleva 30 años trabajando en el mismo lugar. **Escuchad el diálogo. Una mitad de la clase apunta cómo era antes la vida en Acapulco y la otra mitad apunta cómo es hoy en día.**

| ¿Cómo era antes? / ¿Dónde trabajaba la gente? | ¿Cómo es hoy? / ¿Dónde trabaja la gente? |
| --- | --- |
| | |

## 11 Otros países

**a) En grupos de tres o cuatro mirad el anuncio de Costa Rica. Discutid y tomad apuntes sobre los siguientes aspectos:**
- ¿Qué imagen transmite el anuncio sobre el país?
- ¿Cómo lo hace?
- ¿Para quién es?
- ¿Te gusta el anuncio?
- ¿Por qué (no)?

**b) Inventad un eslogan para el anuncio y presentadlo.**

## 12 El turismo en tu región

**a) En vuestra ciudad o región seguramente también hay turistas. Trabajad en parejas. Buscad información sobre el número de turistas y sus motivos y exponed los resultados en clase. Las siguientes preguntas os pueden ayudar:**

- ¿Cuántos turistas vienen a vuestra ciudad o región cada año?
- ¿Ha aumentado el número de turistas en los últimos años?¿Por qué (no)?
- ¿Por qué vienen exactamente (espectáculos deportivos, ferias, etc.)?
- ¿Cuáles son los lugares de mayor interés para los turistas?
- ¿Tenéis ideas para hacer más atractiva turísticamente vuestra ciudad o región?

**b) Haced un anuncio (con eslogan) para un periódico español en el que presentáis vuestra ciudad o región.**

## 13 Un e-mail para Tito

4, S. 148

**Escribe un e-mail a Tito para que venga a tu país y pase algún tiempo en tu región. ¿Cómo puedes convencerlo? Piensa en cómo es Tito. ¿Qué le puede interesar?**

## 14 Proyectos de viaje

**a) Escucha a los jóvenes que hablan de sus proyectos de viaje. Di qué foto corresponde a cada presentación. Apunta los nombres.**

1

2

3

4

**b) ¿Con cuál de las personas quieres viajar tú? ¿Por qué?**

## 15 Una discusión familiar

2.2, S. 146

La familia López tiene dos semanas de vacaciones y por eso quiere discutir sobre su próximo viaje. Los padres Javi y Blanca, los abuelos Rubén y Magdalena y los niños Paulina (9 años), Leo (14) y Alicia (17) tienen una idea muy distinta de adónde quieren ir y de cómo quieren pasar las vacaciones. Antes de discutir sobre el tema, todos preparan sus argumentos.

**a) Dividid la clase en cinco grupos que representen a los padres, a los abuelos y a cada uno de los niños. Primero tenéis que decidir cómo es vuestro personaje y qué es lo que le gusta a él/ella.**

**b) Cada grupo elige un destino y un programa corto y prepara argumentos a favor de su viaje.**

**c) Cada grupo expone el viaje de su personaje en clase.**

**d) Discutid en clase. Cada grupo intenta convencer a los otros. Al final es necesario llegar a un acuerdo, ¿adónde va a viajar la familia López?**

## 16 Un mundo diferente

*Un parque acuático*

*El Desierto de Tabernas, Almería (España)*

**a) En parejas mirad las fotos y describid lo que veis.**

**b) ¿En qué pensáis cuando miráis las fotos?**

**c) ¿Para qué usáis el agua? Haced una lista.**

## 17 Expo Zaragoza

La Expo Zaragoza 2008 fue una exposición internacional que se celebró en Zaragoza (España) desde el 14 de junio hasta el 14 de septiembre de 2008. El tema de la Expo fue "agua y desarrollo sostenible". Fluvi, la mascota de la Expo, explica por qué el agua es tan importante y cómo será el mundo si no ahorramos agua.

**El agua es muy importante para la vida** porque la necesitamos, por ejemplo, para beber y las plantas la necesitan para crecer. Esta importancia será mayor en el futuro. Habrá más personas en el mundo y necesitaremos más agua para alimentar a todos. Las reservas de agua dulce son limitadas y la contaminación del agua es y será un problema. Tendremos que ahorrar agua y reducir la contaminación. Si no compartimos las reservas de agua dulce que tenemos, habrá una catástrofe. Mucha gente tendrá que salir de sus países porque no habrá agua suficiente, por ejemplo, para sus campos y sus animales.

Ya se habla mucho del cambio climático en todo el mundo. Y esto también tiene que ver con el agua. Si en el futuro suben aún más las temperaturas, bajarán las reservas de agua porque lloverá menos en muchas partes del mundo.

Para nosotros, en España, la escasez de agua ya existe. En verano a veces falta agua en algunas regiones y faltará incluso en casi todo el país si sigue subiendo la temperatura en los próximos años y seguimos gastando agua sin pensar. Entonces no tendremos agua suficiente. No podré beber tanto como quiero, no podrás bañarte ni ducharte con tanta frecuencia y no habrá piscinas ni parques con flores. Los desiertos ya han empezado a crecer en España – y crecerán aún más si no actuamos.

Vamos a empezar ahora mismo. Yo haré lo mío, ¿qué harás tú y qué haréis vosotros **para ahorrar agua**?

## 18 La escasez de agua

**En el texto 17 Fluvi habla sobre diferentes problemas de la escasez de agua. Haz una lista y apunta por un lado las causas y por otro lado las consecuencias.**

## 19 ¿Qué será?

**a)** **En el texto 17 hay un nuevo tiempo verbal que se llama futuro simple. Busca en el texto las formas verbales en futuro y escríbelas en tu cuaderno.**

**b)** **¿Cómo son las terminaciones del futuro simple? Subraya las terminaciones y ordénalas según las personas.**

El idioma [i]

G 8.5, S. 117

Die Endungen des **futuro simple** werden an den Infinitiv gehängt und sind für die Verben der **-ar-**, **-er-** und **-ir**-Konjugationen identisch.
Einige Verben bilden Sonderformen im Stamm, die Endungen bleiben jedoch unverändert:

| | | | | | |
|---|---|---|---|---|---|
| **poner:** | *pondr-* | **haber:** | *habr-* | **hacer:** | *har-* |
| **salir:** | *saldr-* | **poder:** | *podr-* | **decir:** | *dir-* |
| **tener:** | *tendr-* | **querer:** | *querr-* | | |
| **valer:** | *valdr-* | **saber:** | *sabr-* | | |
| **venir:** | *vendr-* | | | | |

## 20 En el futuro

**a) Forma frases usando el futuro simple como en el ejemplo.**
Ejemplo: En el futuro tendrás amigos en todo el mundo.

| | | | | |
|---|---|---|---|---|
| • En el futuro<br>• El año que viene | • (yo)<br>• (tú)<br>• mi amigo/-a<br>• la gente<br>• (nosotros/-as)<br>• (vosotros/-as)<br>• mis amigos/-as<br>• mis padres | • (no) | • tener (que)<br>• ganar<br>• poder<br>• querer<br>• ir<br>• viajar<br>• ayudar<br>• hablar | • ahorrar agua<br>• menos en avión para reducir la contaminación<br>• todavía más del cambio climático<br>• ir a la Luna<br>• suficiente dinero para ir a Costa Rica una vez al año<br>• amigos en todo el mundo<br>• a muchos países diferentes<br>• a gente necesitada |

**b) En parejas contestad a la pregunta de Fluvi al final del texto 17. Buscad varias posibilidades para ahorrar agua. Usad el futuro simple.**
Ejemplo: Para ahorrar agua yo me bañaré menos y me ducharé sólo cuatro minutos.

## 21 ¿Qué pasará si ...?

G 9.4, S. 130

**Termina las frases usando el futuro simple.**

Ejemplo: Si mañana llueve, no iré de excursión.

1. Si tengo amigos en todo el mundo, ...
2. Si van menos turistas a España, ...
3. Si el agua del mar está demasiado fría, ...
4. Si tenéis que viajar con vuestros padres a Berlín, ...
5. Si viajas con tus amigos a Francia, ...
6. Si voy a España para visitar a mi amigo/-a, ...
7. Si paso un año en México, ...
8. Si el próximo año van todavía más turistas a Asturias, ...

## 22 ¿Cómo será tu vida dentro de 20 años?

3.2, S. 147

**Imagínate cómo será tu vida dentro de 20 años. Escribe un texto usando el futuro simple.**

## 23 El agua y Europa

Los siguientes poemas son ejemplos de jóvenes que participaron en el concurso de poemas, una de las actividades de la Expo 2008 de Zaragoza. El tema era "Los tesoros del agua" y los poemas debían incluir las palabras clave "agua" y "Europa".

**a)** **Lee los poemas.**
**b)** **Describe con tus propias palabras el tema de cada uno de los poemas.**
**c)** **Vosotros sois el jurado del concurso de los poemas de la Expo. ¿Cuál de los tres os gusta más y por qué?**
**d)** **Escribe un poema y usa también las palabras "agua" y "Europa". Preséntalo a tus compañeros.**

3.2, S. 148

### 1 ¡Comparte el agua!

Europa es afortunada
Por tener tanta agua
Y no suele estar muy contaminada.

En Europa tenemos agua de sobra
Y es de todos
No sólo tuya.

Siempre que vivas
Acuérdate de que el agua
Es de todos
¡No se olvida!

### 2 Rosa del jardín

Agua fría,
que a mi rosa rocías.

Tu caer sobre mi flor,
es un esplendor.

Yo te observo, te admiro,
cada día yo te miro.

Y al caer sobre mi rosa,
la haces ser la más hermosa.

Aquí planté yo mi rosa,
en los jardines de Europa.

### 3 Los tesoros del agua

El mar un día me dijo al oído:
"Ven que te cuento un secretito,
me siento solitario y marginado,
pues a mis habitantes los han matado".

Yo le respondí:
"¿Quién lo ha causado?"
"Pues los humanos que mi agua han contaminado,
y poco me han ayudado".

"Europa, sobre todo, me ha apoyado
porque a los demás ayuda he solicitado,
y nadie me la ha prestado,
sólo solito me he quedado".

"¡Ayuda, por favor, os la estoy implorando!
¿Estáis ahí? ¿O es que nadie me está escuchando?".

### Ya sé ...

- über verschiedene Formen von Tourismus sprechen
- positive und negative Aspekte des Tourismus diskutieren
- eine Karikatur kommentieren und Klischees hinterfragen
- Meinungen, Urteile und Zweifel ausdrücken
- über kulturelle Unterschiede sprechen
- eine Werbeanzeige beurteilen
- die eigene Region präsentieren
- über eigene Urlaubsvorstellungen sprechen
- Ideen für einen bewussteren Umgang mit Wasser diskutieren

# El test del agua

a) Haz el test. Apunta en tu cuaderno la letra de la solución correcta.

**1. Una persona puede estar muchos días sin comer, pero sin beber sólo unos...**

a. dos días. H
b. tres días. A
c. ocho días. E

**2. ¿Qué porcentaje de agua hay en nuestro cuerpo?**

a. Un 30 – 40 % R
b. Un 60 – 70 % G
c. Un 80 – 90 % O

**3. ¿Cuántas personas en el mundo no tienen acceso a agua potable?**

a. 250 millones A
b. 550 millones D
c. 1100 millones U

**4. ¿Cuánta agua pierde el cuerpo normalmente cada día?**

a. 2,5 litros A
b. 3,5 litros U
c. 5 litros M

**5. ¿Cuántos niños mueren por falta de agua limpia e higiene cada año?**

a. 370 000 L
b. 680 000 S
c. 1,5 millones E

**6. ¿Qué porcentaje de agua en el mundo es agua dulce?**

a. Un 2,6 % S
b. Un 9,5 % A
c. Un 20,5 % V

**7. ¿Cómo se puede llamar también al agua?**

a. Oro blanco D
b. Oro azul V
c. Plata verde P

**8. ¿Cuánta agua necesitas para llenar una bañera?**

a. 50 litros E
b. 100 litros J
c. Más de 120 litros I

**9. ¿Cuántos litros de agua por día gasta un grifo que gotea?**

a. 5–10 litros D
b. 20–30 litros M
c. 40–50 litros N

**10. ¿Cúantas especies de peces y delfines viven en el agua?**

a. 15 000 especies de peces y 12 especies de delfines. E
b. 25 000 especies de peces y 33 especies de delfines. A
c. 35 000 especies de peces y 40 especies de delfines. U

b) Lee la solución en la página 143.

## 1 Die Hilfsverben **Los verbos auxiliares**

| **infinitivo** | **ser** | **estar** | **haber** |
|---|---|---|---|
| **presente de indicativo** | **soy**<br>**eres**<br>**es**<br>**somos**<br>**sois**<br>**son** | **estoy**<br>est**á**s<br>est**á**<br>estamos<br>estáis<br>est**á**n | **he**<br>**has**<br>**ha (hay)**<br>**hemos**<br>habéis<br>**han** |
| **gerundio** | siendo | estando | habiendo |
| **participio** | sido | estado | habido |
| **pretérito indefinido** | **fui**<br>**fuiste**<br>**fue**<br>**fuimos**<br>**fuisteis**<br>**fueron** | **estuve**<br>**estuv**iste<br>**estuvo**<br>**estuv**imos<br>**estuv**isteis<br>**estuv**ieron | **hube**<br>**hub**iste<br>**hubo**<br>**hub**imos<br>**hub**isteis<br>**hub**ieron |
| **pretérito imperfecto** | **era**<br>**eras**<br>**era**<br>**éramos**<br>**erais**<br>**eran** | estaba<br>estabas<br>estaba<br>estábamos<br>estabais<br>estaban | había<br>habías<br>había<br>habíamos<br>habíais<br>habían |
| **futuro simple** | seré<br>serás<br>será<br>seremos<br>seréis<br>serán | estaré<br>estarás<br>estará<br>estaremos<br>estaréis<br>estarán | ha**br**é<br>ha**br**ás<br>ha**br**á<br>ha**br**emos<br>ha**br**éis<br>ha**br**án |
| **imperativo afirmativo** | **sé**<br>sed | está<br>estad | –<br>– |
| **imperativo negativo** | no **seas**<br>no **seáis** | no est**é**s<br>no estéis | –<br>– |
| **presente de subjuntivo** | **sea**<br>**seas**<br>**sea**<br>**seamos**<br>**seáis**<br>**sean** | est**é**<br>est**é**s<br>est**é**<br>est**é**mos<br>estéis<br>est**é**n | **haya**<br>**hayas**<br>**haya**<br>**hayamos**<br>**hayáis**<br>**hayan** |

## 2 Die regelmäßigen Verben auf *-ar/-er/-ir* **Los verbos regulares en *-ar/-er/-ir***

| infinitivo | hablar | comer | vivir | ¡Ojo! |
|---|---|---|---|---|
| **presente de indicativo** | hablo<br>hablas<br>habla<br>hablamos<br>habláis<br>hablan | como<br>comes<br>come<br>comemos<br>coméis<br>comen | vivo<br>vives<br>vive<br>vivimos<br>vivís<br>viven | *actuar:* actúo, actúas, actúa, actuamos, actuáis, actúan (*continuar, ...*)<br>*enviar:* envío, envías, envía, enviamos, enviáis, envían (*confiar, guiar, ...*)<br>*coger:* cojo, coges, ... (*proteger(se), recoger, ...*)<br>*reunir:* reúno, reúnes, reúne, reunimos, reunís, reúnen |
| **gerundio** | hablando | comiendo | viviendo | *creer:* creyendo *leer:* leyendo |
| **participio** | hablado | comido | vivido | *creer:* creído *abrir:* **abierto**<br>*leer:* leído *escribir:* **escrito**<br>*romper:* **roto** |
| **pretérito indefinido** | hablé<br>hablaste<br>habló<br>hablamos<br>hablasteis<br>hablaron | comí<br>comiste<br>comió<br>comimos<br>comisteis<br>comieron | viví<br>viviste<br>vivió<br>vivimos<br>vivisteis<br>vivieron | *organizar:* organicé, organizaste, ... (*amenazar, analizar, cazar,...*)<br>*pagar:* pagué, pagaste, ... (*apagar(se), cargar, entregar, ...*)<br>*sacar:* saqué, sacaste, ... (*acercarse, atacar, buscar, ...*)<br>*leer:* leyó, leyeron (*creer*) |
| **pretérito imperfecto** | hablaba<br>hablabas<br>hablaba<br>hablábamos<br>hablabais<br>hablaban | comía<br>comías<br>comía<br>comíamos<br>comíais<br>comían | vivía<br>vivías<br>vivía<br>vivíamos<br>vivíais<br>vivían | |
| **futuro simple** | hablaré<br>hablarás<br>hablará<br>hablaremos<br>hablaréis<br>hablarán | comeré<br>comerás<br>comerá<br>comeremos<br>comeréis<br>comerán | viviré<br>vivirás<br>vivirá<br>viviremos<br>viviréis<br>vivirán | |
| **imperativo afirmativo**<br>**imperativo negativo** | habla<br>hablad<br>no hables<br>no habléis | come<br>comed<br>no comas<br>no comáis | vive<br>vivid<br>no vivas<br>no viváis | |
| **presente de subjuntivo** | hable<br>hables<br>hable<br>hablemos<br>habléis<br>hablen | coma<br>comas<br>coma<br>comamos<br>comáis<br>coman | viva<br>vivas<br>viva<br>vivamos<br>viváis<br>vivan | *actuar:* actúe, actúes, ...<br>*enviar:* envíe, envíes, ...<br>*organizar:* organice, organices, ...<br>*pagar:* pague, pagues, ...<br>*sacar:* saque, saques, ...<br>*coger:* coja, cojas, ...<br>*reunir:* reúna, reúnas, ... |

# 3 Gruppenverben **Grupos de verbos**

## 3.1 Spaltungsverben **Los verbos con diptongación**

**e → ie**

| **infinitivo** | **pensar** | **entender** | **sentir** | **¡Ojo!** |
|---|---|---|---|---|
| **presente de indicativo** | pienso<br>piensas<br>piensa<br>pensamos<br>pensáis<br>piensan | entiendo<br>entiendes<br>entiende<br>entendemos<br>entendéis<br>entienden | siento<br>sientes<br>siente<br>sentimos<br>sentís<br>sienten | |
| **gerundio** | pensando | entendiendo | sintiendo | |
| **participio** | pensado | entendido | sentido | |
| **pretérito indefinido** | pensé<br>pensaste<br>pensó<br>pensamos<br>pensasteis<br>pensaron | entendí<br>entendiste<br>entendió<br>entendimos<br>entendisteis<br>entendieron | sentí<br>sentiste<br>sintió<br>sentimos<br>sentisteis<br>sintieron | *empezar:* empecé, empezaste, ...<br><br>*querer:* **quise**, **quis**iste, **quiso**, **quis**imos, **quis**isteis, **quis**ieron* |
| **pretérito imperfecto** | pensaba<br>pensabas<br>... | entendía<br>entendías<br>... | sentía<br>sentías<br>... | |
| **futuro simple** | pensaré<br>pensarás<br>... | entenderé<br>entenderás<br>... | sentiré<br>sentirás<br>... | *querer:* querré, querrás, querrá, querremos, querréis, querrán |
| **imperativo afirmativo**<br><br>**imperativo negativo** | piensa<br>pensad<br><br>no pienses<br>no penséis | entiende<br>entended<br><br>no entiendas<br>no entendáis | siente<br>sentid<br><br>no sientas<br>no sentáis | |
| **presente de subjuntivo** | piense<br>pienses<br>piense<br>pensemos<br>penséis<br>piensen | entienda<br>entiendas<br>entienda<br>entendamos<br>entendáis<br>entiendan | sienta<br>sientas<br>sienta<br>sintamos<br>sintáis<br>sientan | |
| **otros verbos** | *apretar*<br>*cerrar*<br>*despertarse*<br>... | *encender*<br>*perder*<br>... | *divertirse*<br>*mentir*<br>*preferir*<br>... | |

*__Querer__ und __poder__ haben im Präsens eine Vokalspaltung. Wegen ihrer Unregelmäßigkeit im *Indefinido* ordnet man sie häufig auch den unregelmäßigen Verben zu.

**o → ue** **u → ue**

| infinitivo | aprobar | volver | dormir | ¡Ojo! |
|---|---|---|---|---|
| presente de indicativo | apruebo<br>apruebas<br>aprueba<br>aprobamos<br>aprobáis<br>aprueban | vuelvo<br>vuelves<br>vuelve<br>volvemos<br>volvéis<br>vuelven | duermo<br>duermes<br>duerme<br>dormimos<br>dormís<br>duermen | |
| gerundio | aprobando | volviendo | durmiendo | |
| participio | aprobado | **vuelto** | dormido | *morir*: **muerto** |
| pretérito indefinido | aprobé<br>aprobaste<br>aprobó<br>aprobamos<br>aprobasteis<br>aprobaron | volví<br>volviste<br>volvió<br>volvimos<br>volvisteis<br>volvieron | dormí<br>dormíste<br>durmió<br>dormimos<br>dormisteis<br>durmieron | *jugar*: jugué, jugaste, ...<br>*volcar*: volqué, volcaste, ...<br>*poder*: **pude**, **pud**iste, **pudo**, **pud**imos, **pud**isteis, **pud**ieron* |
| pretérito imperfecto | aprobaba<br>aprobabas<br>... | volvía<br>volvías<br>... | dormía<br>dormías<br>... | |
| futuro simple | aprobaré<br>aprobarás<br>... | volveré<br>volverás<br>... | dormiré<br>dormirás<br>... | *poder*: podré, podrás, ... |
| imperativo afirmativo<br>imperativo negativo | aprueba<br>aprobad<br>no apruebes<br>no aprobéis | vuelve<br>volved<br>no vuelvas<br>no volváis | duerme<br>dormid<br>no duermas<br>no durmáis | |
| presente de subjuntivo | apruebe<br>apruebes<br>apruebe<br>aprobemos<br>aprobéis<br>aprueben | vuelva<br>vuelvas<br>vuelva<br>volvamos<br>volváis<br>vuelvan | duerma<br>duermas<br>duerma<br>durmamos<br>durmáis<br>duerman | *jugar*: juegue, juegues, ...<br>*volcar*: vuelque, vuelques, ... |
| otros verbos | *acordarse*<br>*acostarse*<br>*aprobar*<br>... | *doler*<br>*llover*<br>*mover*<br>... | | |

## 3.2 Verben mit Vokalwechsel **Los verbos con cambio vocálico**

### e → i

| infinitivo | pedir | ¡Ojo! |
|---|---|---|
| **presente de indicativo** | p**i**do<br>p**i**des<br>p**i**de<br>pedimos<br>pedís<br>p**i**den | *elegir*: **elijo**, el**i**ges, ...<br>*seguir*: **sigo**, s**i**gues, ... |
| **gerundio** | p**i**diendo | |
| **participio** | pedido | |
| **pretérito indefinido** | pedí<br>pediste<br>p**i**dió<br>pedimos<br>pedisteis<br>p**i**dieron | |
| **pretérito imperfecto** | pedía<br>pedías<br>... | |
| **futuro simple** | pediré<br>pedirás<br>... | |
| **imperativo afirmativo**<br>**imperativo negativo** | p**i**de<br>pedid<br>no p**i**das<br>no p**i**dáis | |
| **presente de subjuntivo** | p**i**da<br>p**i**das<br>p**i**da<br>p**i**damos<br>p**i**dáis<br>p**i**dan | *elegir*: el**ij**a, el**ij**as, ...<br>*seguir*: s**ig**a, s**ig**as, ... |
| **otros verbos** | *despedirse*<br>*repetir*<br>*servir*<br>... | |

## 3.3 Verben auf *-acer, -ecer, -ocer, -ucir*
## Los verbos en *-acer, -ecer, -ocer, -ucir*

**c → zc**

| **infinitivo** | **conocer** | **¡Ojo!** |
|---|---|---|
| **presente de indicativo** | cono**z**co<br>conoces<br>conoce<br>conocemos<br>conocéis<br>conocen | |
| **gerundio** | conociendo | |
| **participio** | conocido | |
| **pretérito indefinido** | conocí<br>conociste<br>conoció<br>conocimos<br>conocisteis<br>conocieron | *traducir*: **traduje**, **traduj**iste, **tradujo**, **traduj**imos, **traduj**isteis, **tradujeron** (*reducir*) |
| **pretérito imperfecto** | conocía<br>conocías<br>… | |
| **futuro simple** | conoceré<br>conocerás<br>… | |
| **imperativo afirmativo** | conoce<br>conoced | |
| **imperativo negativo** | no cono**z**cas<br>no cono**z**cáis | |
| **presente de subjuntivo** | cono**z**ca<br>cono**z**cas<br>cono**z**ca<br>cono**z**camos<br>cono**z**cáis<br>cono**z**can | |
| **otros verbos** | *crecer*<br>*nacer*<br>*ofrecer*<br>*parecer*<br>*reconocer*<br>*vencer*<br>… | |

## 3.4 Verben auf *-uir*
## Los verbos en *-uir*

**i → y**

| **infinitivo** | **construir** |
|---|---|
| **presente de indicativo** | constru**y**o<br>constru**y**es<br>constru**y**e<br>construimos<br>construís<br>constru**y**en |
| **gerundio** | constru**y**endo |
| **participio** | construido |
| **pretérito indefinido** | construí<br>construiste<br>constru**y**ó<br>construimos<br>construisteis<br>constru**y**eron |
| **pretérito imperfecto** | construía<br>construías<br>… |
| **futuro simple** | construiré<br>construirás<br>… |
| **imperativo afirmativo** | construye<br>construid |
| **imperativo negativo** | no construyas<br>no construyáis |
| **presente de subjuntivo** | constru**y**a<br>constru**y**as<br>constru**y**a<br>constru**y**amos<br>constru**y**áis<br>constru**y**an |
| **otros verbos** | *huir*<br>*incluir*<br>*influir*<br>… |

## 4 Die unregelmäßigen Verben **Los verbos irregulares**

| **infinitivo** | **caer** | **dar** | **decir** | **hacer** | **ir** | **poner** |
|---|---|---|---|---|---|---|
| **presente de indicativo** | **caigo**<br>caes<br>cae<br>caemos<br>caéis<br>caen | **doy**<br>das<br>da<br>damos<br>dais<br>dan | **digo**<br>d**i**ces<br>d**i**ce<br>decimos<br>decís<br>d**i**cen | **hago**<br>haces<br>hace<br>hacemos<br>hacéis<br>hacen | **voy**<br>**vas**<br>**va**<br>**vamos**<br>**vais**<br>**van** | **pongo**<br>pones<br>pone<br>ponemos<br>ponéis<br>ponen |
| **gerundio** | ca**y**endo | dando | d**i**ciendo | haciendo | **yendo** | poniendo |
| **participio** | ca**í**do | dado | **dicho** | **hecho** | ido | **puesto** |
| **pretérito indefinido** | caí<br>ca**í**ste<br>ca**y**ó<br>ca**í**mos<br>ca**í**steis<br>ca**y**eron | **di**<br>**diste**<br>**dio**<br>**dimos**<br>**disteis**<br>**dieron** | **dije**<br>**dij**iste<br>**dijo**<br>**dij**imos<br>**dij**isteis<br>**dijeron** | **hice**<br>**hic**iste<br>**hizo**<br>**hic**imos<br>**hic**isteis<br>**hic**ieron | **fui**<br>**fuiste**<br>**fue**<br>**fuimos**<br>**fuisteis**<br>**fueron** | **puse**<br>**pus**iste<br>**puso**<br>**pus**imos<br>**pus**isteis<br>**pus**ieron |
| **pretérito imperfecto** | caía<br>caías<br>caía<br>caíamos<br>caíais<br>caían | daba<br>dabas<br>daba<br>dábamos<br>dabais<br>daban | decía<br>decías<br>decía<br>decíamos<br>decíais<br>decían | hacía<br>hacías<br>hacía<br>hacíamos<br>hacíais<br>hacían | **iba**<br>**ibas**<br>**iba**<br>**íbamos**<br>**ibais**<br>**iban** | ponía<br>ponías<br>ponía<br>poníamos<br>poníais<br>ponían |
| **futuro simple** | caeré<br>caerás<br>... | daré<br>darás<br>... | **dir**é<br>**dir**ás<br>... | **har**é<br>**har**ás<br>... | iré<br>irás<br>... | pon**dr**é<br>pon**dr**ás<br>... |
| **imperativo afirmativo**<br><br>**imperativo negativo** | cae<br>caed<br><br>no **caig**as<br>no **caig**áis | da<br>dad<br><br>no **des**<br>no **deis** | **di**<br>decid<br><br>no **dig**as<br>no **dig**áis | **haz**<br>haced<br><br>no **hag**as<br>no **hag**áis | **ve**<br>id<br><br>no **vayas**<br>no **vayáis** | **pon**<br>poned<br><br>no **pong**as<br>no **pong**áis |
| **presente de subjuntivo** | **caig**a<br>**caig**as<br>**caig**a<br>**caig**amos<br>**caig**áis<br>**caig**an | **dé**<br>**des**<br>**dé**<br>**demos**<br>**deis**<br>**den** | **dig**a<br>**dig**as<br>**dig**a<br>**dig**amos<br>**dig**áis<br>**dig**an | **hag**a<br>**hag**as<br>**hag**a<br>**hag**amos<br>**hag**áis<br>**hag**an | **vaya**<br>**vayas**<br>**vaya**<br>**vayamos**<br>**vayáis**<br>**vayan** | **pong**a<br>**pong**as<br>**pong**a<br>**pong**amos<br>**pong**áis<br>**pong**an |

| infinitivo | saber | salir | tener | traer | venir | ver |
|---|---|---|---|---|---|---|
| **presente de indicativo** | **sé**<br>sabes<br>sabe<br>sabemos<br>sabéis<br>saben | **salgo**<br>sales<br>sale<br>salimos<br>salís<br>salen | **tengo**<br>**tie**nes<br>**tie**ne<br>tenemos<br>tenéis<br>**tie**nen | **traigo**<br>traes<br>trae<br>traemos<br>traéis<br>traen | **vengo**<br>**vie**nes<br>**vie**ne<br>venimos<br>venís<br>**vie**nen | **veo**<br>ves<br>ve<br>vemos<br>veis<br>ven |
| **gerundio** | sabiendo | saliendo | teniendo | tra**y**endo | v**i**niendo | viendo |
| **participio** | sabido | salido | tenido | tra**í**do | venido | **visto** |
| **pretérito indefinido** | **supe**<br>**sup**iste<br>**supo**<br>**sup**imos<br>**sup**isteis<br>**sup**ieron | salí<br>saliste<br>salió<br>salimos<br>salisteis<br>salieron | **tuve**<br>**tuv**iste<br>**tuvo**<br>**tuv**imos<br>**tuv**isteis<br>**tuv**ieron | **traje**<br>**traj**iste<br>**trajo**<br>**traj**imos<br>**traj**isteis<br>**trajeron** | **vine**<br>**vin**iste<br>**vino**<br>**vin**imos<br>**vin**isteis<br>**vin**ieron | v**i**<br>viste<br>vi**o**<br>vimos<br>visteis<br>vieron |
| **pretérito imperfecto** | sabía<br>sabías<br>sabía<br>sabíamos<br>sabíais<br>sabían | salía<br>salías<br>salía<br>salíamos<br>salíais<br>salían | tenía<br>tenías<br>tenía<br>teníamos<br>teníais<br>tenían | traía<br>traías<br>traía<br>traíamos<br>traíais<br>traían | venía<br>venías<br>venía<br>veníamos<br>veníais<br>venían | **veía**<br>**veías**<br>**veía**<br>**veíamos**<br>**veíais**<br>**veían** |
| **futuro simple** | sa**br**é<br>sa**br**ás<br>... | sal**dr**é<br>sal**dr**ás<br>... | ten**dr**é<br>ten**dr**ás<br>... | traeré<br>traerás<br>... | ven**dr**é<br>ven**dr**ás<br>... | veré<br>verás<br>... |
| **imperativo afirmativo**<br><br>**imperativo negativo** | sabe<br>sabed<br><br>no **sepas**<br>no **sepáis** | **sal**<br>salid<br><br>no **salg**as<br>no **salg**áis | **ten**<br>tened<br><br>no **teng**as<br>no **teng**áis | trae<br>traed<br><br>no **traig**as<br>no **traig**áis | **ven**<br>venid<br><br>no **veng**as<br>no **veng**áis | ve<br>ved<br><br>no **veas**<br>no **veáis** |
| **presente de subjuntivo** | **sepa**<br>**sepas**<br>**sepa**<br>**sepamos**<br>**sepáis**<br>**sepan** | **salg**a<br>**salg**as<br>**salg**a<br>**salg**amos<br>**salg**áis<br>**salg**an | **teng**a<br>**teng**as<br>**teng**a<br>**teng**amos<br>**teng**áis<br>**teng**an | **traig**a<br>**traig**as<br>**traig**a<br>**traig**amos<br>**traig**áis<br>**traig**an | **veng**a<br>**veng**as<br>**veng**a<br>**veng**amos<br>**veng**áis<br>**veng**an | **vea**<br>**veas**<br>**vea**<br>**veamos**<br>**veáis**<br>**vean** |

# Inhalt **Índice**



**Glosario gramatical**

Auf S. 131/132 findest du ein Stichwortverzeichnis mit allen Grammatikthemen aus **¿Qué pasa? 1, 2** und **3**.

**Verweise**

➔G Band 2 Dieses Thema kennst du schon! Wenn du dir unsicher bist, schlage den Punkt noch einmal in deiner **Gramática 1** oder **2** nach.

➔G 3.2, S. 113 Zu diesem Thema findest du an der angegebenen Stelle in der Grammatik weitere Regeln.

➔[i] U 6, S. 78 Du findest dieses Thema bereits verkürzt im **El idioma**-Kasten der **Unidad** (U).

## 1 Die Artikel **Los artículos**
Band 1

## 2 Die Substantive **Los sustantivos**
Band 1

## 3 Die Pronomen und Begleiter **Los pronombres y determinantes**

### 3.1 Die Fragepronomen **Los pronombres interrogativos**
Band 1 + 2

### 3.2 Die Personalpronomen **Los pronombres personales**

– im Dativ und Akkusativ
Band 2

– Zwei aufeinanderfolgende Pronomen
U 6, S. 79

Du kennst bereits die Personalpronomen im Dativ und Akkusativ. Hier siehst du, wie du beide zusammen verwendest.

| | Dativ (Wem?)<br>pronombre de complemento indirecto | | Akkusativ (Wen?/Was?)<br>pronombre de complemento directo |
|---|---|---|---|
| 1. Person | **me** | + | **lo / la** |
| 2. Person | **te** | | |
| 3. Person | ~~**le**~~ **se** | | |
| 1. Person | **nos** | | **los / las** |
| 2. Person | **os** | | |
| 3. Person | ~~**les**~~ **se** | | |

| | |
|---|---|
| Miguel, ¿me dejas tu móvil?<br>No, hoy no. **Te lo** doy mañana, ¿vale? | *Miguel, leihst du mir dein Handy?*<br>*Nein, heute nicht. Ich gebe es dir morgen, einverstanden?* |
| Yolanda, ¿ya le has contado la historia a Lucía?<br>Sí, **se la** conté el viernes.<br>¿También les has contado el problema a tus padres?<br>No, no **se lo** he contado todavía. | *Yolanda, hast du die Geschichte schon Lucía erzählt?*<br>*Ja, ich habe sie ihr am Freitag erzählt.*<br>*Hast du dein Problem auch deinen Eltern erzählt?*<br>*Nein, ich habe es ihnen noch nicht erzählt.* |
| Necesito el móvil. ¡Dá**melo**, porfa!<br>¿Al tutor? ¡*No* **se lo** cuentes, porfa!<br>Tenemos que decír**selo**. | *Ich brauche dein Handy. Gib es mir, bitte!*<br>*Dem Klassenlehrer? Bitte, erzähle es ihm nicht!*<br>*Wir müssen es ihm sagen.* |

Anders als im Deutschen, steht das Personalpronomen im *Dativ* immer *vor* dem im *Akkusativ*. Zwischen beiden Pronomen steht nichts. Sie stehen beide vor dem Verb.

Bei *bejahten Imperativen* werden beide Pronomen angehängt.
Bei *verneinten Imperativen* stehen sie vor der konjugierten Verbform.
Auch bei *Infinitivkonstruktionen* und *Gerundien* werden in der Regel beide Pronomen angehängt.

Achte auf die Akzente, da sich durch das Anhängen der Pronomen die Silbenanzahl der Verbformen erhöht. Damit sich die Grundbetonung des Verbs nicht verändert, tragen Imperative, Infinitive und Gerundien dann einen Akzent. Zur Erinnerung: Wörter, die auf Vokal, **-n** oder **-s** enden, werden stets auf der vorletzten Silbe betont; Wörter, die auf Konsonant enden, auf der letzten.

¿Me lo cu**en**-tas? → ¡~~Cuen-ta-me-lo!~~ → ¡Cu**én**-ta-me-lo!
No quiere con-**tar**-le la historia al tutor. → No quiere ~~con-tar-se-la.~~ → No quiere con-**tár**-se-la.

## 3.3 Die Reflexivpronomen **Los pronombres reflexivos**

G Band 1+2

## 3.4 Die Relativpronomen **Los pronombres relativos**

G Band 1

### — el/la/los/las que

Aus Band 1 kennst du das Relativpronomen **que**, das sich auf Personen oder Sachen bezieht.

Möchtest du eine Person oder Sache genauer beschreiben bzw. konkreter bestimmen, verwendest du zu Beginn des Satzes oder am Anfang des Relativsatzes den *bestimmten Artikel* + **que**. Der Artikel richtet sich nach dem Substantiv, auf das er sich bezieht.

| | |
|---|---|
| ¿Se escondieron todos *los soldados* en las casas de los incas? | *Versteckten sich alle Soldaten in den Häusern der Inkas?* |
| No. **Los que** iban a caballo se escondieron detrás de las casas. | *Nein. Diejenigen, die auf Pferden saßen, versteckten sich hinter den Häusern.* |

Steht das Relativpronomen *nach einer Präposition*, wird **que** ebenso von einem bestimmten Artikel begleitet. Auch hier richtet sich der Artikel nach dem Bezugswort.

| | | |
|---|---|---|
| **a***<br>**con**<br>**de***<br>**en** | ☻<br>**el que**<br>**la que** | Los españoles prepararon *una trampa*, **con la que** querían engañar a los incas.<br>*Die Spanier bereiteten eine Falle vor, mit der sie die Inkas täuschen wollten.* |
| **para**<br>**por**<br>**sin**<br>**sobre** | ☻☻<br>**los que**<br>**las que** | Te prometo *oro y plata*, **con los que** vas a poder llenar esta habitación.<br>*Ich verspreche dir Gold und Silber, womit du dieses Zimmer füllen kannst.* |

| | |
|---|---|
| *El oro*, **del que** habló Atahualpa, fue suficiente para llenar la habitación. | *Das Gold, von dem Atahualpa sprach, reichte aus, um das Zimmer zu füllen.* |

Wenn **ser** das Verb des Hauptsatzes ist, musst du – trotz fehlender Präposition – vor **que** den bestimmten Artikel ergänzen.

| | |
|---|---|
| **Fue** Atahualpa **el que** cumplió su promesa. | *Es war Atahualpa, der sein Versprechen erfüllte.* |

### — lo que

Das deutsche Relativpronomen *was* wird mit **lo que** übersetzt. Es bezieht sich auf den Inhalt eines vorangegangenen *Satzes*.

| | |
|---|---|
| **Los incas llevaban ropa con mucho oro y plata.**<br>Eso fascinó a los españoles. | *Die Inkas trugen Kleider mit viel Gold und Silber.*<br>*Das faszinierte die Spanier.* |
| ↓ | |
| Los incas llevaban ropa con mucho oro y plata, **lo que** fascinó a los españoles. | *Die Inkas trugen Kleider mit viel Gold und Silber, was die Spanier faszinierte.* |

## 3.5 Die Possessivbegleiter und -pronomen **Los determinantes y pronombres posesivos**

→G Band 1

Die *unbetonten* Possessivbegleiter kennst du bereits: **mi/s, tu/s, su/s, nuestro/-a**, …
Sie stehen immer *vor* dem Bezugswort.

| | |
|---|---|
| Raúl es **mi** *amigo*. | *Raúl ist mein Freund.* |

### – Die betonten Possessivbegleiter

Die betonten Possessivbegleiter stehen *hinter* dem Substantiv. Wie die unbetonten Begleiter richten auch sie sich in Zahl und Geschlecht nach dem Bezugswort.

| | |
|---|---|
| Raúl es un *amigo* **mío**. | *Raúl ist ein Freund von mir.* |

| | ☻ | | ☻☻ | |
|---|---|---|---|---|
| ☻ 1. Person | un amigo **mío**<br>una amiga **mía** | *ein Freund von mir*<br>*eine Freundin von mir* | unos amigos **míos**<br>unas amigas **mías** | *Freunde von mir*<br>*Freundinnen von mir* |
| 2. Person | un primo **tuyo**<br>una prima **tuya** | *ein Cousin von dir*<br>*eine Cousine von dir* | unos primos **tuyos**<br>unas primas **tuyas** | *Cousins von dir*<br>*Cousinen von dir* |
| 3. Person | un alumno **suyo**<br>una alumna **suya** | *ein Schüler von ihm/ihr/ Ihnen*<br>*eine Schülerin von ihm/ihr/ Ihnen* | unos alumnos **suyos**<br>unas alumnas **suyas** | *Schüler von ihm/ihr/Ihnen*<br>*Schülerinnen von ihm/ihr/ Ihnen* |
| ☻☻ 1. Person | un amigo **nuestro**<br>una amiga **nuestra** | *ein Freund von uns*<br>*eine Freundin von uns* | unos amigos **nuestros**<br>unas amigas **nuestras** | *Freunde von uns*<br>*Freundinnen von uns* |
| 2. Person | un primo **vuestro**<br>una prima **vuestra** | *ein Cousin von euch*<br>*eine Cousine von euch* | unos primos **vuestros**<br>unas primas **vuestras** | *Cousins von euch*<br>*Cousinen von euch* |
| 3. Person | un alumno **suyo**<br>una alumna **suya** | *ein Schüler von ihnen/Ihnen*<br>*eine Schülerin von ihnen/ Ihnen* | unos alumnos **suyos**<br>unas alumnas **suyas** | *Schüler von ihnen/Ihnen*<br>*Schülerinnen von ihnen/ Ihnen* |

| | |
|---|---|
| Clara ha visitado a Manuel. Es **un** *tío suyo*. | *Clara hat Manuel besucht. Er ist ein Onkel von ihr.* |
| Natàlia vive en Barcelona. **Muchas** *amigas suyas* hablan catalán. | *Natàlia wohnt in Barcelona. Viele Freundinnen von ihr sprechen Katalanisch.* |
| **Dos** *amigos nuestros* no tienen móvil. | *Zwei Freunde von uns haben kein Handy.* |

Vor dem Substantiv stehen oft Begleiter wie zum Beispiel der unbestimmte Artikel, Indefinitbegleiter oder Mengenangaben.

## – Die Possessivpronomen

Statt ein Substantiv zu wiederholen, kannst du die Angabe von Besitzverhältnissen / Beziehungen durch ein Possessivpronomen ausdrücken. Die Possessivpronomen setzen sich aus einem *bestimmten Artikel* und einem *betonten Possessivbegleiter* zusammen.

| | |
|---|---|
| - No quiero comer *helado*.<br>- Entonces yo me como **el tuyo** también.<br>(= Entonces yo me como *tu helado* también.) | *- Ich will kein Eis essen.*<br>*- Dann esse ich **deins** halt auch.*<br>*(Dann esse ich dein Eis halt auch.)* |
| *Nuestra vecina* es muy simpática.<br>¿Y **la vuestra**? (= ¿Y *vuestra vecina*?) | *Unsere Nachbarin ist sehr nett.*<br>*Und **eure**? (Und eure Nachbarin?)* |
| - *Mis padres* son un poco estrictos.<br>¿**Los tuyos** también son así?<br>- Pues, **los míos** en general son majos. | *- Meine Eltern sind etwas streng.*<br>*Sind **deine** auch so?*<br>*- Also **meine** sind eigentlich ganz nett.* |

## – Besitzverhältnisse ausdrücken

### – *Ser* und die betonten Possessivbegleiter

Die Kombination **ser** + **mío/-a/-os/-as**, **tuyo/-a/-os/-as** usw. drückt ein Besitzverhältnis aus und wird mit *gehören* übersetzt.

| | |
|---|---|
| Lucía, ¿*esta mochila* **es tuya**? | *Lucía, gehört dieser Rucksack dir?* |
| No, mamá, no **es mía**. Es de Miguel. | *Nein, Mama, er gehört mir nicht.*<br>*Er gehört Miguel.* |

### – *Ser* und die Possessivpronomen

Auch die Kombination **ser + el mío/la mía, los míos/las mías** usw. drückt ein Besitzverhältnis aus und wird ebenso mit *gehören* übersetzt. Sie dient der Auswahl oder Identifikation eines Gegenstandes/einer Person aus einer Gruppe von mehreren Gegenständen/Personen.

| | |
|---|---|
| ¿Cuáles (de *estos jerséis*) **son los tuyos**? | *Welche (dieser Pullis) gehören dir?* |
| A ver, **los míos son** los dos azules. | *Mal sehen, die beiden blauen gehören mir.* |

**3.6** Die Indefinitbegleiter und -pronomen
**Los determinantes y pronombres indefinidos**

G Band 1 + 2

**3.7** Die Demonstrativpronomen und -begleiter
**Los pronombres y determinantes demostrativos**

G Band 1 + 2

**3.8** Das neutrale Pronomen *lo* **El pronombre neutro *lo***

G Band 2

## 4 Die Adjektive **Los adjetivos**

➔ G Band 1+2

## 5 Die Adverbien **Los adverbios**

➔ G Band 1+2

## 6 Die Präpositionen **Las preposiciones**

➔ G Band 1+2

## 7 Die Verben **Los verbos**

➔ V S. 104–111

## 8 Der Gebrauch der Verben **El uso de los verbos**

### 8.1 Die Person im Verb **La persona y el verbo**

➔ G Band 1

### 8.2 Das Präsens **El presente**

➔ G Band 1

### 8.3 Die Verlaufsform **El presente continuo**

➔ G Band 1

### 8.4 Das Perfekt **El pretérito perfecto**

➔ G Band 1

### 8.5 Die Zukunft **El futuro**

#### – La perífrasis del futuro

➔ G Band 1

Du kennst bereits die **perífrasis del futuro**, mit der du ausdrücken kannst, was in der *näheren Zukunft* passieren wird bzw. was *geplant* ist.

| | |
|---|---|
| Raúl y Yolanda **van a ir** al cine *esta tarde.* | *Raúl und Yolanda werden heute Abend ins Kino gehen.* |

#### – El futuro simple

Das **futuro simple** wird ebenfalls verwendet, um über *zukünftige Handlungen* zu sprechen, vor allem in der Schriftsprache. Es wird auch benutzt, um Vermutungen auszudrücken.

##### – Die regelmäßigen Formen

Die Endungen des **futuro simple** sind bei allen Verbformen identisch. Bei den regelmäßigen Formen werden sie an den Infinitiv angehängt. Bis auf die 1. Person Plural (**nosotros**) tragen alle Formen auf der Endung einen Akzent!

| verbos regulares | | | |
|---|---|---|---|
| viaj**ar** | beb**er** | sub**ir** | **haber** |
| viajar**é** | beber**é** | subir**é** | h**e** |
| viajar**ás** | beber**ás** | subir**ás** | h**as** |
| viajar**á** | beber**á** | subir**á** | h**a** |
| viajar**emos** | beber**emos** | subir**emos** | h**emos** |
| viajar**éis** | beber**éis** | subir**éis** | hab**éis** |
| viajar**án** | beber**án** | subir**án** | h**an** |

## – Die unregelmäßigen Formen

[i] U 7, S. 101

Diese elf Verben haben einen unregelmäßigen Stamm, an den die Endungen angehängt werden.

| verbos irregulares | | | |
|---|---|---|---|
| pon**er** | pon**dr**- | | Die Vokale **e** und **i** der Infinitivendung werden zu **d**. |
| sal**ir** | sal**dr**- | | |
| ten**er** | ten**dr**- | | |
| val**er** | val**dr**- | | |
| ven**ir** | ven**dr**- | -é | |
| | | -ás | |
| | | -á | |
| haber* | hab**r**- | -emos | Das **e** der Infinitivendung fällt weg. |
| poder | pod**r**- | -éis | |
| querer | quer**r**- | -án | |
| saber | sab**r**- | | |
| decir | **dir**- | | Der Stamm ändert sich unregelmäßig. |
| hacer | **har**- | | |

Die Tabelle zeigt dir Beispiele für den Gebrauch des **futuro simple**.

| | | |
|---|---|---|
| Ausdruck einer künftigen Handlung | En noviembre los padres de Tito **viajarán** a Alemania. | *Im November werden Titos Eltern nach Deutschland reisen.* |
| | Yo **haré** lo mío para ahorrar agua. | *Ich werde meinen Anteil leisten, um künftig Wasser zu sparen.* |
| Ausdruck einer Vermutung | Esa señora **tendrá** unos 50 años. | *Die Frau wird etwa 50 Jahre alt sein.* |
| | No tengo reloj. **Serán** las dos, ¿verdad? | *Ich habe keine Uhr. Es wird so zwei Uhr sein, stimmt´s?* |

## **8.6** Der Imperativ **El imperativo**

G Band 2

Du kennst bereits den **imperativtivo**, mit dem du ausdrückst, dass jemand etwas tun soll. Die Formen sind in der Tabelle auf der nächsten Seite noch einmal zur Erinnerung in Grau gedruckt.

### – Der verneinte Imperativ

Mit dem **imperativo negativo** sagst du, dass jemand etwas *nicht* tun soll.
Vor der konjugierten Verbform musst du daher eine Verneinung (**no, ni, ...**) ergänzen.

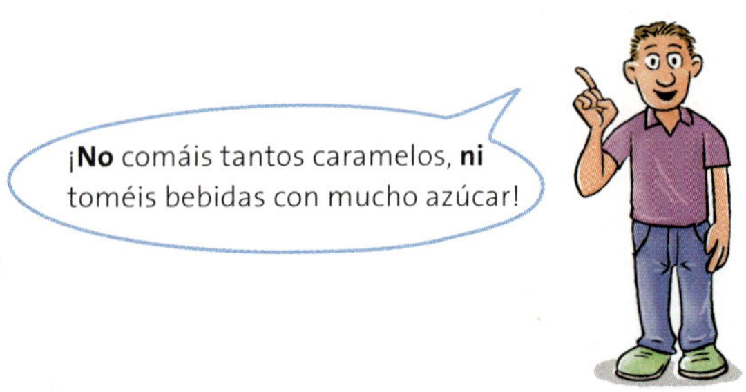

## – Die regelmäßigen Formen

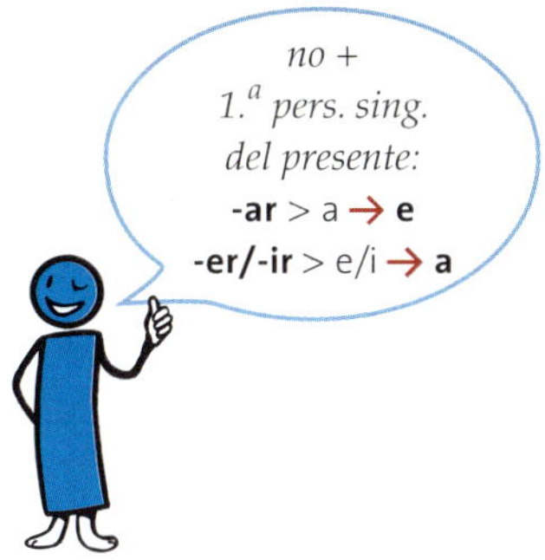


V S. 105–111
G 8.16, S. 126

Der verneinte Imperativ wird mit den Verbformen der 2. Person Singular/Plural von S. 126 gebildet (= Formen des sogenannten **presente de subjuntivo**).

### tú / vosotros/-as

| | imperativo afirmativo (+) | | imperativo negativo (-) | |
|---|---|---|---|---|
| | **tú** | **vosotros/-as** | **tú** | **vosotros/-as** |
| habl**ar** | ¡Habla!<br>*Sprich!* | ¡Hablad!<br>*Sprecht!* | ¡**No** habl**es** ...!<br>*Sprich nicht ...!* | ¡**No** habl**éis** ...!<br>*Sprecht nicht ...!* |
| com**er** | ¡Come!<br>*Iss!* | ¡Comed!<br>*Esst!* | ¡**No** com**as** ...!<br>*Iss nicht ...!* | ¡**No** com**áis** ...!<br>*Esst nicht ...!* |
| discut**ir** | ¡Discute!<br>*Diskutiere!* | ¡Discutid!<br>*Diskutiert!* | ¡**No** discut**as** ...!<br>*Diskutiere/Streite nicht...!* | ¡**No** discut**áis** ...!<br>*Diskutiert/Streitet nicht...!* |

¡**No hables** con la boca llena!
Por favor, chicos, **no discutáis** tanto.

*Sprich nicht mit vollem Mund!*
*Kinder, bitte streitet euch nicht so viel.*

Diese Regel gilt auch für Verben mit unregelmäßiger 1. Person Singular Präsens, mit Vokalspaltung und mit veränderter Schreibweise im *Indefinido* (Ausnahmen stehen auf S. 120 oben).

No me **dig**as que ...
No **pong**áis esas caras.
No tradu**z**cas nunca literalmente.
¡No rep**i**táis esta palabra!

¡No c**ie**rres la puerta!
¡No c**e**rréis la puerta!
¡No d**ue**rmas en clase!
¡No d**u**rmáis en clase!

No empie**c**es ...
No sa**qu**éis ...
No jue**gu**es ...

### usted / ustedes

Wenn du jemanden aufforderst, etwas zu tun, und du diese Person siezst, verwendest du den Imperativ von **usted** (3. Person Singular) bzw. **ustedes** (3. Person Plural). Dieser wird *sowohl* im bejahten *als auch* im verneinten Imperativ mit den Formen von S. 126 gebildet. Die Endungen für **usted** bzw. **ustedes** sind also in beiden Imperativen gleich.

| | imperativo afirmativo (+) / imperativo negativo (-) | |
|---|---|---|
| | **usted** | **ustedes** |
| habl**ar** | ¡Habl**e**! / ¡No habl**e** ...!<br>*Sprechen Sie (nicht) ...!* | ¡Habl**en**! / ¡No habl**en** ...!<br>*Sprechen Sie (nicht) ...!* |
| com**er** | ¡Com**a**! / ¡No com**a** ...!<br>*Essen Sie (nicht) ...!* | ¡Com**an**! / ¡No com**an** ...!<br>*Essen Sie (nicht) ...!* |
| discut**ir** | ¡Discut**a**! / ¡No discut**a** ...!<br>*Diskutieren Sie (nicht) ...!* | ¡Discut**an**! / ¡No discut**an** ...!<br>*Diskutieren Sie (nicht) ...!* |

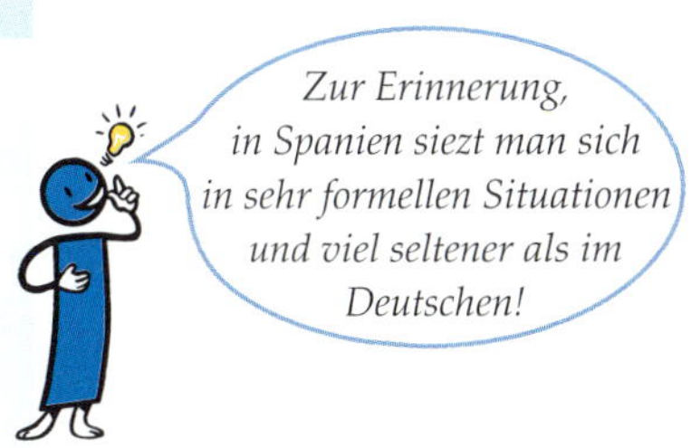


**No abra** la ventana, por favor.
¡**No coman** eso! Está muy picante.

*Öffnen Sie das Fenster bitte nicht.*
*Essen Sie das nicht! Es ist sehr scharf.*

### – Die unregelmäßigen Formen

V S. 104/110
G 8.16, S. 127

Diese vier Verben sind – wie die Formen auf S. 127 – in den Personalformen **tú, vosotros/-as, usted/es** völlig unregelmäßig.

| | tú | vosotros/-as | usted | ustedes |
|---|---|---|---|---|
| **dar** | ¡No **des** ...! | ¡No **deis** ...! | ¡No **dé** ...! | ¡No **den** ...! |
| **estar** | ¡No **estés** ...! | ¡No **estéis** ...! | ¡No **esté** ...! | ¡No **estén** ...! |
| **ir** | ¡No **vayas** ...! | ¡No **vayáis** ...! | ¡No **vaya** ...! | ¡No **vayan** ...! |
| **ser** | ¡No **seas** ...! | ¡No **seáis** ...! | ¡No **sea** ...! | ¡No **sean** ...! |

### – Die Stellung der Pronomen

G 3.2, S. 113
[i] U 4, S. 57

Anders als beim bejahten Imperativ werden die Reflexiv- und Personalpronomen beim verneinten Imperativ nicht angehängt. Sie stehen dort immer hinter der Verneinung und *vor* dem Imperativ.

| imperativo afirmativo (+) | imperativo negativo (-) | pronombre |
|---|---|---|
| ¡Compórta**te** bien! | ¡No **te** comportes como una niña! | Reflexivpronomen |
| ¡Espéra**nos** para comer! | ¡No **nos** esperes para comer! | Personalpronomen im Akkusativ |
| ¡Decíd**melo** ya! | ¡No **me lo** digáis todavía! | 2 aufeinanderfolgende Pronomen |

## 8.7 Die reflexiven Verben **Los verbos reflexivos**

G Band 1

## 8.8 *Ser, estar* und *hay* ***Ser, estar y hay***

G Band 1 + 2

In Band 1 und 2 hast du bereits gelernt, dass du mit

- **ser** zum Beispiel eine dauerhafte oder eine charakteristische Eigenschaft ausdrückst.

| | |
|---|---|
| Lucía **es** muy simpática. | *Lucía ist sehr nett.* |

- **estar** unter anderem vorübergehende Zustände von Personen oder Dingen angibst.

| | |
|---|---|
| Miguel **está** enfadado. | *Miguel ist sauer.* |

### – *Ser* oder *estar* + Adjektiv?

[i] U 4, S. 61

Einige Adjektive stehen je nach Textzusammenhang mit **ser** oder **estar**. In diesen Fällen musst du überlegen, ob du eine dauerhafte Eigenschaft (**ser**) ausdrücken oder einen vorübergehenden Zustand (**estar**) betonen möchtest.

| **ser** → *dauerhaft* | **estar** → *vorübergehend* |
|---|---|
| Lucía **es** muy amable.<br>*Lucía ist (immer) sehr freundlich.* | *Hoy* Miguel **está** amable con Lucía.<br>*Heute ist Miguel freundlich zu Lucía. (Sonst nicht.)* |
| Los padres de Lucía no **son** pesados.<br>*Lucías Eltern sind (in der Regel) nicht „nervig".* | *Estos días* los padres de Patricia **están** muy pesados.<br>*Zurzeit sind Patricias Eltern sehr „nervig".* |
| Miguel **es** guapo.<br>*Miguel ist (immer) hübsch.* | *Hoy* Miguel **está** muy guapo con su sudadera nueva.<br>*Miguel sieht (gerade) heute mit seinem neuen Sweatshirt (besonders) hübsch aus.* |

## 8.12 Die Verbalperiphrasen **Las perífrasis verbales**

➲ [i] U 6, S. 78

Eine Konstruktion aus einem *konjugierten Verb* und einem *Infinitiv* oder *Gerundium* nennt man **perífrasis verbal**. Zwischen Verbform und Infinitiv/Gerundium kann eine Präposition stehen.
Mit einer Verbalperiphrase kannst du die Art und Weise ausdrücken, wie eine Handlung beginnt, abläuft oder endet.

Die beiden folgenden Tabellen geben dir einen Überblick über die Konstruktionen,
- die du bereits aus Band 1 und 2 kennst (grau).
- die du in diesem Band neu lernst.

| forma verbal + (preposición) + **infinitivo** | | | |
|---|---|---|---|
| **acabar de + inf.** | *soeben etw. getan haben* | Lucía y Yolanda **acaban de *hacer*** los deberes. | *Lucía und Yolanda haben gerade ihre Hausaufgaben gemacht.* |
| **hay que + inf.** | *man muss* | **Hay que *buscar*** una solución. | *Man muss nach einer Lösung suchen.* |
| **ir a + inf.** | *etw. tun wollen, etw. tun werden* | No **van a *dejar*** tranquilo a Jorge. | *Sie werden Jorge nicht in Ruhe lassen.* |
| **tener que + inf.** | *müssen* | **¡Tienes que *decír*selo!** | *Du musst es ihnen sagen!* |
| **dejar de + inf.** | *aufhören, etw. zu tun* | **Dejé de *grita*rles.** | *Ich hörte auf, sie anzuschreien.* |
| **empezar a + inf.** | *beginnen, etw. zu tun* | Entonces **empezaron a *insultar*** a Jorge. | *Dann fingen sie an, Jorge zu beleidigen.* |
| **volver a + inf.** | *etw. wieder tun* | **Volvieron a *insulta*rnos.** | *Sie beleidigten uns wieder.* |

| forma verbal + **gerundio** | | | |
|---|---|---|---|
| **estar + gerundio** | *gerade etw. tun* | **Estábamos *charlando*** cuando ... | *Wir unterhielten uns gerade, als ...* |
| **llevar** (+ Zeitraum) **+ ger.** | *seit (+ Zeitraum) etw. tun* | **Llevo** tres días ***pensando*** qué puedo hacer. | *Ich denke seit drei Tagen darüber nach, was ich tun kann.* |
| **seguir + gerundio** | *fortfahren/ weitermachen etw. zu tun* | Los otros tíos **seguían *insultándo*lo.** | *Die anderen Kerle beleidigten ihn weiter.* |

Die Übersetzungen zeigen, dass viele Verben in der Verbalkonstruktion ihre Bedeutung verändern.

| **verbo** | | **perífrasis verbal** | |
|---|---|---|---|
| volver | *wenden, umdrehen, zurückkehren* | volver a + infinitivo | *etw. wieder tun* |
| llevar | *tragen* | llevar + gerundio | *seit ... etw. tun* |
| seguir | *folgen, verfolgen* | seguir + gerundio | *fortfahren/ weitermachen etw. zu tun* |

Im Deutschen wird die Art und Weise einer Handlung mit Adverbien oder adverbialen Ausdrücken (gerade, nicht mehr, wieder, immer noch, …) angegeben. Im Spanischen verbessert sich durch die Verwendung von Verbalperiphrasen die Ausdrucksweise.

| | | |
|---|---|---|
| El chico de la gorra **insultó** ***otra vez*** a Jorge. | → | El chico de la gorra ***volvió a*** **insultar** a Jorge. |

## 8.13 Das Imperfekt **El pretérito imperfecto**

V S. 104–111

Neben dem **pretérito perfecto** und dem **pretérito indefinido**, die du bereits aus Band 1 und 2 kennst, gibt es noch eine weitere Vergangenheitszeit: das **pretérito imperfecto**.

### – Die regelmäßigen Formen

Im Imperfekt werden fast alle Verben regelmäßig gebildet. Das heißt, auch Verben wie zum Beispiel **decir** oder **venir**, die im **presente** unregelmäßig sind, werden hier als *regelmäßig* behandelt.

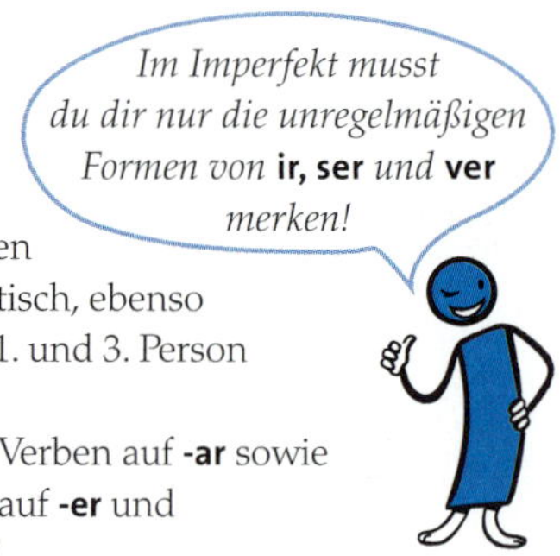


| tom**ar** | com**er** | ven**ir** |
|---|---|---|
| tom**aba** | com**ía** | ven**ía** |
| tom**abas** | com**ías** | ven**ías** |
| tom**aba** | com**ía** | ven**ía** |
| tom**ábamos** | com**íamos** | ven**íamos** |
| tom**abais** | com**íais** | ven**íais** |
| tom**aban** | com**ían** | ven**ían** |

Die Endungen der Verben auf **-er** und **-ir** sind identisch, ebenso jeweils die Formen der 1. und 3. Person Singular (**-aba / -ía**).
Die 1. Person Plural der Verben auf **-ar** sowie alle Formen der Verben auf **-er** und **-ir** tragen einen Akzent!
Die Vokale der Spaltungsverben werden nicht gespalten (p**e**nsaba, ll**o**vía, s**e**ntían).

Auch die Form von **hay** (= 3. Person Singular Präsens von **haber**) wird regelmäßig gebildet:
**hay → había**

| | |
|---|---|
| En las Ramblas **hay** un mercado grande. | Antes ya **había** un mercado grande allí. |
| En las Ramblas **hay** puestos de animales. | Antes ya **había~~n~~** puestos de animales allí. |

### – Die unregelmäßigen Formen

| **ir** | **ser** | **ver** |
|---|---|---|
| **iba** | **era** | **veía** |
| **ibas** | **eras** | **veías** |
| **iba** | **era** | **veía** |
| **íbamos** | **éramos** | **veíamos** |
| **ibais** | **erais** | **veíais** |
| **iban** | **eran** | **veían** |

## – Der Gebrauch des Imperfekts

[i] U 1, S. 14 [i] U 2, S. 27

Mit dem **pretérito imperfecto** *beschreibst* du Situationen und Zustände der Vergangenheit. Mit dieser Zeit gibst du an, wie jemand/etwas war oder was *gewohnheitsmäßig/ regelmäßig/ zeitgleich* geschah. Das Imperfekt antwortet auf die Frage: **¿Cómo era?** Wie war er/sie/es?

| Beschreibung in der Vergangenheit von | |
|---|---|
| • Gewohnheiten / wiederholten Handlungen | *Todos los domingos* mis padres **iban** a pasear conmigo.<br>*Jeden Sonntag gingen meine Eltern mit mir spazieren.* |
| • Sachen (Größe, Form, Farbe, Preis, ...) | *Antes* las calles **eran** muy estrechas.<br>*Früher waren die Straßen sehr eng.* |
| • Situationen / Zuständen | ¿Y también **había** tantos turistas como ahora?<br>*Und gab es auch so viele Touristen wie heute?* |
| • Orten | En las Ramblas **había** puestos de animales.<br>*Auf der Ramblas gab es Stände mit Tieren.* |
| • Personen (Name, Alter, Aussehen, Beruf, ...) | ¡Sólo **tenías** cinco años!<br>*Du warst erst fünf Jahre alt!* |
| • parallelen Handlungen (Anfang, Ende und Dauer interessieren nicht) | *Mientras* **comíamos** un helado en las Ramblas, **mirábamos** los hámsteres.<br>*Während wir auf der Ramblas ein Eis aßen, schauten wir uns die Hamster an.* |

Für das **imperfecto** werden häufig folgende Signalwörter verwendet:

| **marcadores** | | | |
|---|---|---|---|
| • antes | • a veces | • generalmente | • mientras |
| • en aquellos tiempos | • muchas veces | • siempre | • cuando |
| • (por aquel) entonces | • todos los días | • nunca | |

## 8.14 Imperfekt oder *Indefinido*? **¿Pretérito imperfecto o indefinido?**

[i] U 2, S. 27

Im Spanischen musst du dich häufig zwischen den beiden Vergangenheitszeiten Imperfekt und *Indefinido* entscheiden. In diesem Abschnitt lernst du, wann du welche Zeiten benutzt.

G Band 2, 8.10

Zur Erinnerung, das **pretérito indefinido** verwendet man
- bei abgeschlossenen, aufeinanderfolgenden, einmaligen Handlungen in der Vergangenheit,
- nach bestimmten Zeitangaben wie zum Beispiel **ayer**, **el año pasado**, **hace dos días**, ... und
- bei historischen Ereignissen (**en** 1492, **en** 2001, ...).

Während das Imperfekt auf die Frage **¿Cómo era?** antwortet, fragt man beim *Indefinido* danach, was geschah: **¿Qué pasó?**

Die Tabelle und die Bilder erklären dir, wann das **pretérito imperfecto**, wann das **pretérito indefinido** verwendet wird.
Das Imperfekt drückt vor allem die Umstände einer Handlung aus, das *Indefinido* Aktionen.

**A imperfecto – imperfecto**

Parallele Handlungen (Imperfekt)
Anfang und Ende sind unbekannt oder uninteressant.

Signalwörter für zeitgleiche Abläufe sind häufig:
**mientras, cuando, y, …**

El profesor **paseaba** por la clase *mientras* **hacíamos** los ejercicios.
*Der Lehrer ging durch die Klasse, während wir die Übungen machten.*

**B imperfecto – indefinido / indefinido – imperfecto**

Hintergrundhandlung / Situation (Imperfekt) mit neu einsetzender Handlung (*Indefinido*)

Signalwörter für Hintergrundsituationen sind häufig:
**mientras, cuando, …**
Signalwörter für neu einsetzende Handlungen sind:
**de repente, de pronto, (y) entonces, …**

*Cuando* **hacíamos** los ejercicios, *de repente*, una de mis hojas **se cayó** en la mesa de Guti.
*Als wir die Übungen machten, flog eines meiner Blätter plötzlich auf Gutis Tisch.*

*De pronto* el profesor **se giró** *cuando* Guti me **daba** la hoja.
*Der Lehrer drehte sich plötzlich um, als Guti mir das Blatt gab.*

**C indefinido – indefinido**

Aufeinanderfolgende Handlungen (*Indefinido*)

Um unterschiedliche Handlungen aufzuzählen, verwendest du oft Kommata.

De repente, **vino** un poco de viento, la hoja **voló** *y* se **cayó** en la mesa de Guti.
*Plötzlich kam ein kleiner Windstoß, das Blatt flog davon und landete auf Gutis Tisch.*

Die Bedeutung einiger weniger Verben kann sich ändern je nachdem, ob sie im **pretérito imperfecto** oder **indefinido** stehen. Im Imperfekt drückt man einen *Zustand* aus, im *Indefinido* den *Beginn* einer Handlung.

| | imperfecto | indefinido |
|---|---|---|
| **conocer** | *kennen*<br>Clara ya **conocía** a su prima.<br>*Clara kannte ihre Cousine bereits.* | *kennenlernen*<br>Clara **conoció** a Tito en Ribadesella.<br>*Clara lernte Tito in Ribadesella kennen.* |
| **saber** | *wissen*<br>Ya lo **sabía**.<br>*Ich wusste es schon.* | *erfahren*<br>Lo **supe** por Raúl.<br>*Ich erfuhr es von Raúl.* |
| **tener** | *haben, besitzen*<br>Juan **tenía** muchos amigos en el instituto.<br>*Juan hatte viele Freunde in der Schule.* | *bekommen, haben*<br>La profe de Miguel **tuvo** un bebé.<br>*Miguels Lehrerin bekam ein Baby.*<br>Ayer Lucía **tuvo** un accidente con la bici.<br>*Gestern hatte Lucía einen Fahrradunfall.* |

## 8.15 Das Plusquamperfekt **El pretérito pluscuamperfecto**

| **imperfecto de *haber*** | | **participio** |
|---|---|---|
| había | | |
| habías | | lleg**ado** |
| había | + | com**ido** |
| habíamos | | viv**ido** |
| habíais | | |
| habían | | |

Wie das **pretérito perfecto** besteht auch das **pluscuamperfecto** aus zwei Teilen, die nicht trennbar sind: Der erste Teil ist eine Imperfekt-Form des Hilfsverbs **haber**, der zweite das Partizip des entsprechenden Verbs.

1

2

Pizarro invitó a Atahualpa y entonces Atahualpa fue a Cajamarca.

Das **pretérito pluscuamperfecto** drückt – wie im Deutschen das Plusquamperfekt – die Vorvergangenheit aus. Du beschreibst damit einen abgeschlossenen Vorgang (1. Handlung), der vor einem anderen Vorgang (2. Handlung) in der Vergangenheit eintrat.

Atahualpa *fue* a Cajamarca porque Pizarro lo **había invitado** antes.

*Atahualpa ging nach Cajamarca, weil Pizarro ihn zuvor eingeladen hatte.*

Die zweite Handlung kann sowohl im **pretérito indefinido** (1 und 2) als auch im Imperfekt (3) stehen.

| | | |
|---|---|---|
| 1 | Pizarro *había prometido* la libertad a Atahualpa, pero al final lo **mató**. | *Pizarro hatte Atahualpa die Freiheit versprochen, aber am Ende brachte er ihn um.* |
| 2 | Los españoles no **encontraron** tanto oro como *habían deseado* (antes de ir a Cuzco). | *Die Spanier fanden nicht so viel Gold, wie sie es sich gewünscht hatten (bevor sie nach Cuzco kamen).* |
| 3 | Los incas **estaban cansados** porque *habían trabajado* mucho. | *Die Inkas waren müde, weil sie viel gearbeitet hatten.* |

## 8.16 Der *Subjuntivo* Präsens **El presente de subjuntivo**

### – Was bedeutet *Subjuntivo*?

Mit den Verbformen, die du bisher gelernt hast, drückst du *reale* Sachverhalte aus. Bis jetzt hast du hierfür im Präsens, in der Vergangenheit und in der Zukunft die Formen des sogenannten **indicativo** verwendet (z. B. **presente de indicativo**, **imperfecto de indicativo**).

Es gibt zudem die Verbformen des sogenannten **subjuntivo**. Mit den **subjuntivo**-Formen kannst du vor allem *subjektive* Einstellungen zu einem Sachverhalt (z. B. Wünsche, Gefühle, …) ausdrücken. Die Formen des **subjuntivo** sind in allen Zeiten anders als die des Indikativs. In Band 3 lernst du zunächst die Präsens-Formen kennen.

### – Die Formen des *Subjuntivo* Präsens

Die Formen des **presente de subjuntivo** hast du schon beim verneinten Imperativ verwendet.

G 8.6, S. 118

#### – Die regelmäßigen Formen

V S. 105–111

Die regelmäßigen Formen werden aus dem Stamm der *1. Person Singular Präsens* abgeleitet. An diesen Stamm werden die Endungen des **subjuntivo** angehängt:
- Bei Verben auf **-ar** wird das **a** der Infinitivendung zu **e**.
- Bei Verben auf **-er** und **-ir** wird das **e** bzw. **i** der Infinitivendung zu **a**.

| pasar<br>(yo) **paso** | meter<br>(yo) **meto** | discutir<br>(yo) **discuto** |
|---|---|---|
| pase | meta | discuta |
| pases | metas | discutas |
| pase | meta | discuta |
| pasemos | metamos | discutamos |
| paséis | metáis | discutáis |
| pasen | metan | discutan |

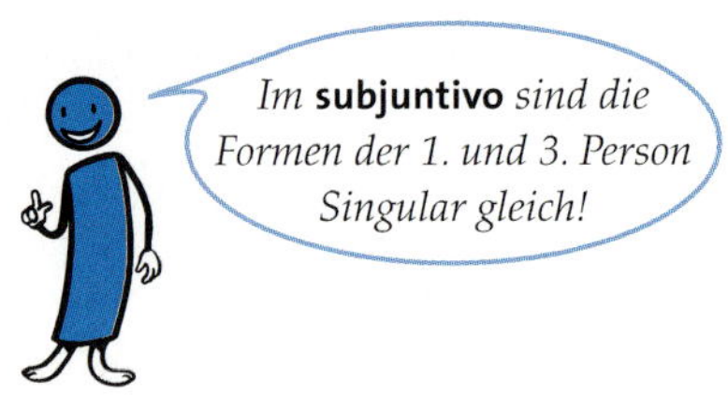


Die Verben auf **-acer, -ecer, -ocer, -ucir,** die in der 1. Person Singular Präsens unregelmäßig sind (**conozco, traduzco, ...**), werden im **presente de subjuntivo** regelmäßig gebildet. Ebenso die unregelmäßigen Verben, deren Stamm in der 1. Person Singular Präsens ein **g** enthält (**caigo, digo, hago, pongo, salgo, tengo, traigo, vengo**).

| conocer<br>(yo) **conozco** | poner<br>(yo) **pongo** |
|---|---|
| conozca | ponga |
| conozcas | pongas |
| … | … |

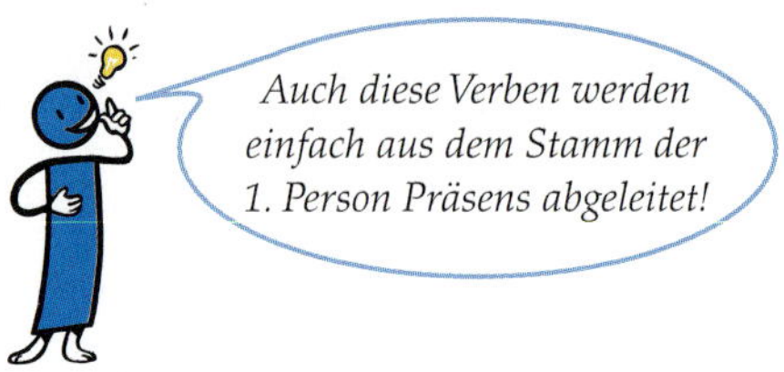

Wie die Verben auf S. 136 unten werden auch die Verben mit Vokalwechsel, die auf **-ir** enden, im **presente de subjuntivo** regelmäßig gebildet.

| -ir |
|---|
| e → i |
| pedir<br>(yo) **pid**o |
| pid**a** |
| pid**as** |
| pid**a** |
| pid**amos** |
| pid**áis** |
| pid**an** |

Die Vokale der *Spaltungsverben* auf **-ar** und **-er** werden im **subjuntivo** Präsens genauso gespalten, wie du es aus dem (Indikativ) Präsens kennst.

| -ar/-er | | |
|---|---|---|
| e → ie | u → ue | o → ue |
| entend**er** | jug**ar** | volv**er** |
| ent*ie*nd**a** | j*ue*gu**e** | v*ue*lv**a** |
| ent*ie*nd**as** | j*ue*gu**es** | v*ue*lv**as** |
| ent*ie*nd**a** | j*ue*gu**e** | v*ue*lv**a** |
| entend**amos** | jugu**emos** | volv**amos** |
| entend**áis** | jugu**éis** | volv**áis** |
| ent*ie*nd**an** | j*ue*gu**en** | v*ue*lv**an** |

Damit die Aussprache erhalten bleibt, gibt es unter den regelmäßigen Verben Formen mit einer veränderten Schreibweise:

G 8.6, S. 119
G Band 2, 8.10

- empe**zar** → empie**ce**, empie**ces**, ...
- sa**car** → sa**que**, sa**ques**, ...
- ju**gar** → jue**gue**, jue**gues**, ...

## – Die unregelmäßigen Formen

V S. 104–111

Diese Verben sind im **presente de subjuntivo** völlig unregelmäßig.

| dar | estar | ir | saber | ser | ver | haber* |
|---|---|---|---|---|---|---|
| dé | esté | vaya | sepa | sea | vea | haya |
| des | estés | vayas | sepas | seas | veas | hayas |
| dé | esté | vaya | sepa | sea | vea | haya |
| demos | estemos | vayamos | sepamos | seamos | veamos | hayamos |
| deis | estéis | vayáis | sepáis | seáis | veáis | hayáis |
| den | estén | vayan | sepan | sean | vean | hayan |

Bei den Spaltungsverben auf **-ir** gibt es eine Besonderheit. In der 1. und 2. Person Plural haben sie meist einen anderen Vokal als im Infinitiv.

| -ir | |
|---|---|
| e → ie | u / o → ue |
| s**e**nt**ir** | d**o**rm**ir** |
| s*ie*nt**a** | d*ue*rm**a** |
| s*ie*nt**as** | d*ue*rm**as** |
| s*ie*nt**a** | d*ue*rm**a** |
| s**i**nt**amos** | d**u**rm**amos** |
| s**i**nt**áis** | d**u**rm**áis** |
| s*ie*nt**an** | d*ue*rm**an** |

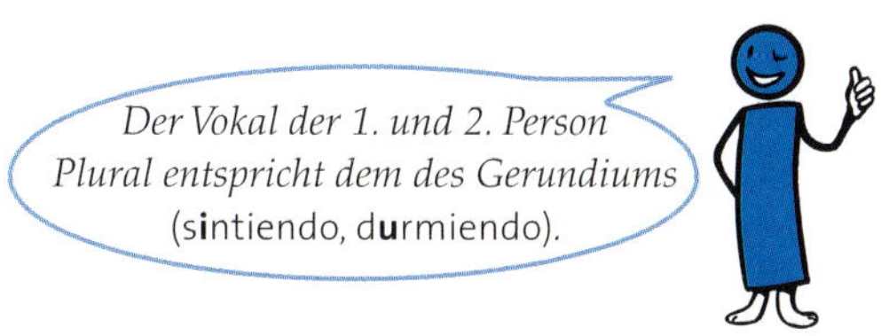

## 8.17 Der Gebrauch des *Subjuntivo* **El uso del subjuntivo**

### – *Subjuntivo* im Nebensatz

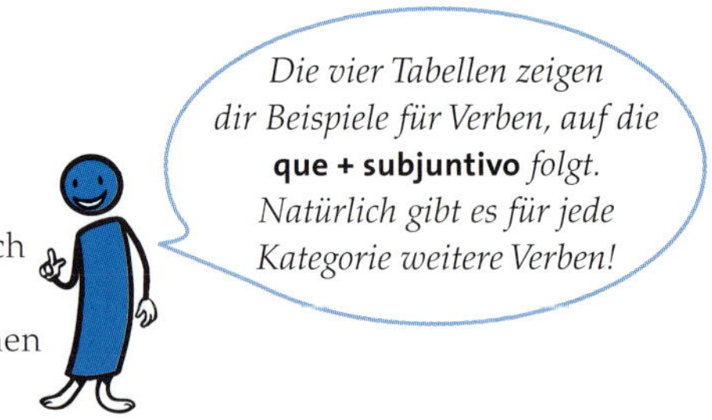


Der **subjuntivo** wird häufig in Nebensätzen verwendet. Oft handelt es sich hierbei um Nebensätze, die mit **que** beginnen.
Wenn das Verb des *Hauptsatzes* einer der folgenden Kategorien zuzuordnen ist, benutzt du im Nebensatz den **subjuntivo**.

| **A** | Wunsch / Wille **Expresiones de deseos** | | |
|---|---|---|---|
| Wunsch | **desear que**<br>**esperar que**<br>**querer que** | Mi novia *desea/ espera/ quiere que* nos **veamos** más. | *Meine Freundin wünscht sich/ hofft/ möchte, dass wir uns öfter sehen.* |
| Bitte | **pedir que** | Te *pido que* me **des** un consejo. | *Ich bitte dich, dass du mir einen Rat gibst.* |
| Erlaubnis | **permitir que** | Mi madre me *permite que* Raúl **coma** con nosotros el domingo. | *Meine Mutter erlaubt mir, dass Raúl Sonntag bei uns isst.* |
| Ratschlag | **aconsejar que**<br>**recomendar que** | Te *aconsejo/ recomiendo que* **habléis** de tu novio. | *Ich rate/ empfehle dir, dass ihr über deinen Freund sprecht.* |
| Verbot | **prohibir que** | Me *prohíben que* él **venga** a verme. | *Sie verbieten es mir, dass er mich besuchen kommt.* |

| **B** | Gefühle **Expresiones de sentimientos** | | |
|---|---|---|---|
| Freude | **alegrarse de que**<br>**estar contento/-a de que** | *Me alegro/Estoy contenta de que* **seáis** muy felices. | *Ich freue mich/ Ich bin froh, dass ihr so glücklich seid.* |
| Bedauern | **sentir que** | *Siento que* no **podamos** ser novios. | *Ich bedauere es/ Es tut mir leid, dass wir kein Paar sein können.* |
| Angst | **tener miedo de que** | *Ella tiene miedo de que* le **diga** que tengo otra novia. | *Sie hat Angst/ befürchtet, dass ich ihr sage, dass ich eine neue Freundin habe.* |
| Gefallen | **gustar que**<br>**encantar que** | *Me gusta/ Me encanta que* mi novio **llame** todos los días. | *Es gefällt mir (sehr), dass mein Freund jeden Tag anruft.* |
| Ärger/ Missfallen | **dar rabia que**<br>**molestar que**<br>**odiar que** | *Me da rabia/ Me molesta/ Odio que* me **traten** como a una niña. | *Es macht mich wütend/ stört mich/ Ich hasse es, dass sie mich wie ein kleines Kind behandeln.* |

| **C** | Unpersönliche Ausdrücke **Expresiones impersonales (es + adjetivo/sustantivo + que)** | | |
|---|---|---|---|
| Bewertung | **Es** **importante / increíble / lógico / mejor / necesario / normal / posible / probable / una suerte** **que** | *Es increíble/ lógico/ normal que* no **quiera** decírselo a nadie. | *Es ist unglaublich/ logisch/ normal, dass er es niemandem sagen will.* |
| | | Pero *es importante/ mejor/ necesario que* se lo **diga** a alguien. | *Aber es ist wichtig/ besser/ notwendig, dass er es jemandem sagt.* |
| | | *Es posible/ muy probable/ una suerte que* **haya** una página web. | *Es ist möglich/ sehr wahrscheinlich/ ein Glück, dass es eine Website gibt.* |

| D | Zweifel / Unsicherheit **Expresiones de duda** | | |
|---|---|---|---|
| Zweifel/ Unsicherheit | **dudar que**<br>**no estar seguro/-a de que** | *Dudo que/ No estoy seguro de que* Tito **esté** contento con su trabajo. | *Ich bezweifle/ bin mir nicht sicher, dass/ ob Tito mit seiner Arbeit zufrieden ist.* |
| Verneinte Meinungsäußerung* | **no creer que**<br>**no decir que**<br>**no pensar que** | *No creo/ digo/ pienso que* **sea** sólo por él. | *Ich glaube/ sage/ denke nicht, dass es nur wegen ihm ist.* |
| | **no es cierto que**<br>**no es seguro que**<br>**no es verdad que** | *No es cierto/ seguro/ verdad que* todos los turistas **beban** cerveza. | *Es stimmt nicht/ ist nicht sicher/ wahr, dass alle Touristen Bier trinken.* |

* Um Zweifel oder Unsicherheit auszudrücken, kannst du im Hauptsatz eine *verneinte* Meinungsäußerung benutzen. Auch negative Meinungsäußerungen verlangen im Nebensatz den **subjuntivo**.

[i] U 7, S. 95

## – Indikativ oder *Subjuntivo*?

Sind die negativen Äußerungen der Tabelle D *bejaht* **(estar seguro/-a de que, creer/pensar/... que, es cierto/verdad/ ... que)**, verwendest du den *Indikativ*!

| | | |
|---|---|---|
| Sprecher hat keine Zweifel | *Estoy seguro de que* Tito *quiere* viajar solo. | *Ich bin mir sicher, dass Tito alleine verreisen möchte.* |
| | *Creo que* Tito *quiere* viajar solo. | *Ich glaube, dass Tito alleine verreisen möchte.* |
| Sprecher hat Zweifel | *No estoy seguro de que* Tito **quiera** ir con sus padres. | *Ich bin mir nicht sicher, ob Tito mit seinen Eltern fahren möchte.* |
| | *No creo que* Tito **quiera** ir con sus padres. | *Ich glaube nicht, dass Tito mit seinen Eltern fahren möchte.* |

## – Infinitiv oder *Subjuntivo*?

Beziehen sich beide Verben auf die gleiche Person, bildest du – wie im Deutschen – einen Infinitivsatz.

| **verbo + infinitivo** | |
|---|---|
| Clara quiere **comprar** las entradas.<br>(ella) = (ella) | *Clara möchte die Karten kaufen.* |
| A Clara le gusta **comprar** las entradas.<br>(a ella) = (ella) | *Clara gefällt es, die Karten zu kaufen.* |

**¡Ojo!** Clara quiere ~~que~~ comprar las entradas.

Beziehen sich die Verben auf zwei unterschiedliche Personen, steht die zweite Verbform im **subjuntivo**.

| **verbo + que + subjuntivo** | |
|---|---|
| Clara quiere **que** Tito **compre** las entradas.<br>(ella) ≠ (él) | *Clara möchte, dass Tito die Karten kauft.* |
| A Clara le gusta **que** Tito **compre** las entradas.<br>(a ella) ≠ (él) | *Clara gefällt es, dass Tito die Karten kauft.* |

## 9 Der Satzbau **La sintaxis**

### 9.1 Aussagesätze **Las frases enunciativas**
Band 1

### 9.2 Fragesätze **Las frases interrogativas**
Band 1

### 9.3 Die Verneinung **La negación**
Band 1 + 2

### 9.4 Satzverbindungen **Las conexiones**
Band 1 + 2

#### – reale Bedingungssätze
Band 2

##### – im Präsens

In Band 2 hast du gelernt, dass reale Bedingungssätze angeben, was erfüllt sein muss, damit etwas anderes passieren kann. Außerdem weißt du schon, dass der Nebensatz, in dem die Bedingung formuliert wird, mit **si** beginnt. Hierfür hast du *sowohl* im **si**-Satz *als auch* im Hauptsatz das *Präsens* verwendet. In der Tabelle ist nochmals ein Beispielsatz zur Erinnerung in Grau gedruckt.

##### – mit *futuro simple* / Imperativ

Die erfüllbare Bedingung kann sich auf die Gegenwart oder Zukunft beziehen. Während das Verb des Bedingungssatzes in diesem Fall im *Präsens* stehen muss, kann das Verb des Hauptsatzes im Präsens, im **futuro simple** oder im Imperativ stehen.

| | **si**-Satz (Nebensatz) | Hauptsatz | |
|---|---|---|---|
| | | las reservas de agua **bajan**.<br>*sinken die Wasservorräte.* | presente |
| presente | Si **suben** las temperaturas,<br>*Wenn die Temperaturen steigen,* | las reservas de agua **bajarán**.<br>*werden die Wasservorräte sinken.* | futuro simple |
| | | ¡**ahorra** aún más agua!<br>*spare noch mehr Wasser!* | imperativo |

Las reservas de agua bajarán si suben las temperaturas.

Der **si**-Satz kann auch *hinter* dem Hauptsatz stehen. In diesem Fall setzt du *kein* Komma.

### 9.5 Die indirekte Rede **El estilo indirecto**
Band 2

### 9.6 Unpersönliche Sätze **Las frases impersonales**
Band 2

### 9.7 Der Vergleich **La comparación**
Band 2

## 10 Die Uhrzeit, die Zahlen und das Datum **La hora, los números y la fecha**
Band 1 + 2

## Grammatikglossar **Glosario gramatical**



* I = Band 1, II = Band 2, III = Band 3

## Grammatische Begriffe **Términos gramaticales**

| en español | en alemán | ejemplo |
|---|---|---|
| el adjetivo | *das Adjektiv* | simpático/-a |
| el adverbio | *das Adverb* | muy, fácilmente |
| la apócope | *die Apokope* | un **buen** restaurante |
| el artículo | *der Artikel* | el, la, los, una |
| coloquial | *umgangssprachlich* | Me aburro como una ostra. |
| la comparación | *der Vergleich* | Luis es más alto que Ana. |
| el comparativo | *der Komparativ* | más inteligente que |
| el complemento directo | *das direkte Objekt* | Ya he visto **el nuevo piso**. |
| el complemento indirecto | *das indirekte Objekt* | **A Clara** le gustan los perros. |
| el conector | *das Verbindungselement* | y, además |
| la conjugación | *die Konjugation* | hablé, hablaste |
| el determinante | *der Begleiter* | **ningún** cantante |
| el enunciado indirecto | *die indirekte Aussage* | Clara cuenta que ... |
| el estilo indirecto | *die indirekte Rede* | Dice que ... |
| la expresión | *der Ausdruck* | Sobre gustos no hay nada escrito. |
| las expresiones de deseos | *Ausdrücke des Wünschens und Wollens* | **Quiero que** venga. |
| las expresiones de duda | *Ausdrücke des Zweifelns* | **Dudo que** venga. |
| las expresiones impersonales | *unpersönliche Ausdrücke* | **Es importante que** venga. |
| las expresiones de sentimientos | *Gefühlsäußerungen* | **Me alegro de que** venga. |
| femenino | *weiblich* | amig**a** |
| la forma conjugada | *die konjugierte Form* | hablo |
| la forma impersonal | *die unpersönliche Form* | se habla, se hablan |
| la forma irregular | *die unregelmäßige Form* | pongo |
| la forma regular | *die regelmäßige Form* | hablo |
| la forma verbal | *die Verbform* | hablo |
| la frase | *der Satz* | |
| las frases causales | *Kausalsätze* | Clara está triste **porque** ... |
| las frases condicionales | *Bedingungssätze* | **Si** quieres empezamos con ... |
| las frases enunciativas | *Aussagesätze* | "Somos una familia numerosa." |
| las frases impersonales | *unpersönliche Sätze* | En Madrid **se** habla castellano. |
| las frases interrogativas | *Fragesätze* | ¿**Cómo** te llamas? |
| las frases temporales | *Temporalsätze* | **Cuando** cuenta algo es muy divertido. |
| el futuro | *die Zukunft* | |
| el futuro simple | *das Futur I* | hablaré |
| el gerundio | *das Gerundium* | hablando |
| el imperativo afirmativo | *der bejahte Imperativ* | ¡**Pon/Poned** la caja allí! |
| el imperativo negativo | *der verneinte Imperativ* | ¡**No pongas/pongáis** la caja allí! |
| impersonal | *unpersönlich* | |
| las indicaciones de cantidad | *Mengenangaben* | **un kilo de** tomates |
| las indicaciones de lugar | *Ortsangaben* | El museo está **cerca de** aquí. |
| las indicaciones de tiempo | *Zeitangaben* | **En 2006** estuvimos en España. |
| el (presente de) indicativo | *der Indikativ (Präsens)* | habl**o**, habl**as**, habl**a**, ... |
| el infinitivo | *der Infinitiv* | com**er** |
| la interrogación indirecta | *die indirekte Frage* | Clara pregunta si ... |
| la letra | *der Buchstabe* | |
| el marcador | *der Auslöser* | mientras, cuando |
| masculino | *männlich* | amig**o** |
| la negación | *die Verneinung* | **Nunca** tienen tiempo. |
| los números | *die Zahlen* | |

| en español | en alemán | ejemplo |
|---|---|---|
| los números cardinales | *die Grundzahlen* | cinco |
| los números ordinales | *die Ordnungszahlen* | quinto/-a |
| la palabra | *das Wort* | |
| el participio | *das Partizip* | habl**ado** |
| el pasado | *die Vergangenheit* | |
| la perífrasis del futuro | *die nahe Zukunft* | Voy a comer pizza. |
| la perífrasis del pasado inmediato | *die unmittelbare Vergangenheit* | Acabo de comer pizza. |
| la perífrasis verbal | *die Verbalperiphrase* | **Tengo que ir** al médico. |
| la (primera/tercera) persona | *die (erste/dritte) Person* | |
| el plural | *der Plural* | amig**os** |
| la posición | *die Stellung* | |
| la preposición | *die Präposition* | para, sin, entre |
| el presente (de indicativo/subjuntivo) | *(Indikativ/Subjuntivo) Präsens* | hablo/hable |
| el presente continuo | *die Verlaufsform* | estoy hablando |
| el pretérito imperfecto | *das Imperfekt* | hablaba |
| el pretérito indefinido | *das Indefinido* | hablé |
| el pretérito perfecto | *das Perfekt* | he hablado |
| el pretérito pluscuamperfecto | *das Plusquamperfekt* | había hablado |
| el pronombre | *das Pronomen* | |
| el pronombre de complemento directo | *das direkte Objektpronomen* | me, te, lo, la |
| el pronombre de complemento indirecto | *das indirekte Objektpronomen* | me, te, le |
| el pronombre demostrativo | *das Demonstrativpronomen* | este, ese, aquel |
| el pronombre indefinido | *das Indefinitpronomen* | mucho/-a, alguno/-a |
| el pronombre interrogativo | *das Fragepronomen* | ¿cómo?, ¿cuál? |
| el pronombre neutro | *das neutrale Pronomen* | lo |
| el pronombre personal | *das Personalpronomen* | yo, tú, él, ella |
| el pronombre posesivo | *das Possessivpronomen* | mi, tu, su |
| el pronombre reflexivo | *das Reflexivpronomen* | me, te, se |
| el pronombre relativo | *das Relativpronomen* | que, donde |
| el punto | *der Punkt* | |
| la sílaba | *die Silbe* | |
| el singular | *der Singular* | amig**o** |
| la sintaxis | *der Satzbau* | |
| el (presente de) subjuntivo | *der Subjuntivo (Präsens)* | habl**e**, habl**es**, habl**e**, ... |
| el superlativo | *der Superlativ* | |
| el superlativo absoluto | *der absolute Superlativ* | Estoy mal**ísimo**. |
| el superlativo relativo | *der relative Superlativ* | Es **el más** guapo. |
| el sustantivo | *das Substantiv* | el **amigo** |
| temporal | *zeitlich* | |
| la terminación | *die (Wort)endung* | -ción, -dad |
| el tiempo verbal | *Tempus* | presente, pretérito indefinido |
| el uso | *der Gebrauch* | |
| el verbo | *das Verb* | |
| el verbo auxiliar | *das Hilfsverb* | ser, estar, hay |
| el verbo con cambio vocálico | *das Verb mit Vokalwechsel* | p**e**dir: p**i**do, p**i**des, p**i**de |
| el verbo con diptongación | *das Spaltungsverb* | emp**e**zar: emp**ie**zo, emp**ie**zas |
| el verbo irregular | *das unregelmäßige Verb* | poner: **pongo**, pones |
| el verbo modal | *das Modalverb* | querer, tener que, poder |
| el verbo reflexivo | *das reflexive Verb* | levantar**se**, ir**se** |
| el verbo regular | *das regelmäßige Verb* | hablar |
| el voseo | *der Voseo* | vos hablás (Lat.) |

## Die Betonung und Akzentsetzung **La acentuación**

| | | |
|---|---|---|
| her**ma**no, **nom**bre, tran**qui**la, **gra**cias, **bus**can | | Wörter, die auf Vokal, -n oder -s enden, werden auf der vorletzten Silbe betont. |
| Mi**guel**, Ma**drid**, se**ñor** | | Wörter, die auf Konsonant (außer -n und -s) enden, werden auf der letzten Silbe betont. |
| es**tá**, tam**bién**, Lu**cía**, te**lé**fono, mate**má**ticas | | Alle Wörter, deren Betonung nicht einer dieser beiden Regeln entspricht, tragen einen Akzent auf dem betonten Vokal. |
| can**ción**/can**cio**nes<br>ex**a**men/ex**á**menes | | Damit die Betonung im Singular und Plural immer gleich bleibt, verlieren manche Wörter im Plural den Akzent, andere hingegen bekommen einen dazu. |
| **de**ja + lo → **dé**jalo<br>**lle**va + la → **llé**vala<br>bus**can**do + los → bus**cán**dolos | | Damit die Betonung gleich bleibt, tragen manche Imperative und Gerundien mit angehängtem Pronomen einen Akzent. |
| rápido/rápidamente | | Bei den Adverbien auf *-mente* bleiben die Akzente der Adjektive erhalten. |
| ¿qué? ¿cómo? ¿dónde? ¿cuántos/-as?<br>Quiere saber cuántas habitaciones tienen.<br>¡Qué miedo! ¡Qué horror! | | Frage- und Ausrufewörter tragen immer einen Akzent. |
| el – él<br>mi – mí<br>tu – tú<br>se – sé<br>si – sí<br>que – ¿qué?<br>donde – ¿dónde?<br>este – éste<br>hablo – habló | *der – er*<br>*mein – mich/mir*<br>*dein – du*<br>*sich – ich weiß*<br>*ob – ja*<br>*dass – was?*<br>*wo – wo?*<br>*dieses – dieses*<br>*ich spreche – er sprach* | Es gibt Wörter mit gleicher Schreibweise, aber verschiedenen Bedeutungen.<br>Der Akzent dient hier der Bedeutungsunterscheidung. |
| 7 ó 8 | | Zur Unterscheidung von der Zahl 0 trägt der Buchstabe **o** zwischen Zahlen einen Akzent. |

## Die Rechtschreibung **La ortografía**

Im Spanischen werden Substantive kleingeschrieben. Ausnahmen sind Eigennamen, Bezeichnungen für Festtage und geografische Namen von Ländern, Regionen, Städten, Straßen, Flüssen sowie das Wort für Gott. Schul- und Studienfächer sowie Tierkreiszeichen können groß- oder kleingeschrieben werden.

| | |
|---|---|
| Lucía y Miguel García Serrano | Namen |
| Navidad, Semana Santa | Festtage |
| España, Sella, Andalucía, Costa del Sol, Sierra Nevada | Geografische Bezeichnungen |

## Vuestro vocabulario

| | | | |
|---|---|---|---|
| **Necesitáis ayuda o informaciones:**<br>• Tengo una pregunta.<br>• ¿Puedes[1] ayudarme?<br>• ¿Qué significa ... en alemán?<br>• ¿Cómo se dice ... en español?<br>• ¿Cómo se escribe ...?<br>• ¿Cómo se pronuncia ...?<br>• ¿Es correcto/falso? | Ihr braucht Hilfe oder Informationen:<br>• *Ich habe eine Frage.*<br>• *Kannst du[1] mir helfen?*<br>• *Was bedeutet … auf Deutsch?*<br>• *Wie sagt man … auf Spanisch?*<br>• *Wie schreibt man …?*<br>• *Wie spricht man … aus?*<br>• *Ist das richtig/falsch?* | **No sabéis dónde estáis o qué tenéis que hacer:**<br>• ¿En qué página está?<br>• ¿En qué página estamos?<br>• ¿Qué ejercicio estamos haciendo?<br>• ¿Tenemos que terminarlo en casa?<br>• ¿Qué deberes tenemos? | Ihr wisst nicht, wo ihr gerade seid oder was ihr machen müsst:<br>• *Auf welcher Seite steht das?*<br>• *Auf welcher Seite sind wir?*<br>• *Welche Aufgabe machen wir gerade?*<br>• *Müssen wir das zu Hause fertig machen?*<br>• *Was sind unsere Hausaufgaben?* |
| **No habéis comprendido algo u os parece demasiado rápido:**<br>• No lo comprendo.<br>• No comprendo la frase de la línea ...<br>• No comprendo el ejercicio.<br>• ¿Puedes poner un ejemplo, por favor?<br>• ¿Puedes escribir la palabra en la pizarra, por favor?<br>• ¿Puedes hablar más despacio/alto, por favor?<br>• ¿Puedes repetirlo, por favor?<br>• ¿Podemos escucharlo otra vez, por favor?<br>• Todavía no he terminado.<br>• No lo sé. | Ihr habt etwas nicht verstanden oder es geht euch zu schnell:<br>• *Ich verstehe das nicht.*<br>• *Ich verstehe den Satz in Zeile … nicht.*<br>• *Ich verstehe die Aufgabe nicht.*<br>• *Kannst du bitte ein Beispiel geben?*<br>• *Kannst du das Wort bitte an die Tafel schreiben?*<br>• *Kannst du bitte langsamer/lauter sprechen?*<br>• *Kannst du das bitte wiederholen?*<br>• *Können wir es bitte noch einmal hören?*<br>• *Ich bin noch nicht fertig.*<br>• *Ich weiß es nicht.* | **Estáis trabajando en el grupo:**<br>• ¿A quién le toca?<br>• Te toca a ti.<br>• ¿Sigo?<br>• Quiero seguir.<br>• ¿Qué hacemos ahora?<br><br>**Queréis disculparos:**<br>• Lo siento.<br>• No tengo mis deberes.<br>• Perdón, he llegado tarde.<br>• He dejado el libro/el cuaderno en casa. | Ihr arbeitet in der Gruppe:<br>• *Wer ist dran?*<br>• *Du bist dran.*<br>• *Soll ich weitermachen?*<br>• *Ich möchte weitermachen.*<br>• *Was machen wir jetzt?*<br><br>Ihr möchtet euch entschuldigen:<br>• *Es tut mir leid.*<br>• *Ich habe meine Hausaufgaben nicht.*<br>• *Entschuldigung, ich bin zu spät gekommen.*<br>• *Ich habe mein Buch/mein Heft zu Hause gelassen.* |

## El vocabulario del profesor/de la profesora

| | | | |
|---|---|---|---|
| • Abrid los libros en la página ...<br>• ¿Quién empieza a leer?<br>• ¿Quién continúa?<br>• Escuchad el CD.<br>• Haced el ejercicio número ...<br>• Contestad a las preguntas de la página ...<br>• (Ven) A la pizarra, por favor.<br>• ¿Comprendéis todo? | • *Schlagt die Bücher auf Seite … auf.*<br>• *Wer beginnt zu lesen?*<br>• *Wer macht weiter?*<br>• *Hört die CD an.*<br>• *Macht die Übung Nummer …*<br>• *Beantwortet die Fragen auf der Seite …*<br>• *(Komm) Bitte zur Tafel.*<br>• *Versteht ihr alles?* | • ¿Tenéis una pregunta?<br>• Excelente./Muy bien./Correcto.<br>• Eso no es correcto.<br>• Inténtalo otra vez.<br>• Repite la palabra/la frase.<br>• Trabajad en parejas.<br>• Trabajad en grupos de cuatro.<br>• Los deberes para la próxima clase son... | • *Habt ihr eine Frage?*<br>• *Hervorragend./Sehr gut./Richtig.*<br>• *Das ist nicht richtig.*<br>• *Versuch es noch einmal.*<br>• *Wiederhole das Wort/den Satz.*<br>• *Arbeitet zu zweit.*<br>• *Arbeitet zu viert.*<br>• *Die Hausaufgaben für die nächste Stunde sind …* |

[1] In Spanien duzen die Schüler/innen normalerweise ihre Lehrer/innen (¿Pued**es** ayudarme?).
Wenn ihr eure Lehrer/innen siezt, dann benutzt ihr die 3. Person Singular (¿Pued**e** ayudarme?).

| | |
|---|---|
| **Adivina/Adivinad** ...<br>**Añade/Añadid** ...<br>**Apunta/Apuntad** ... en el orden correcto. | ***Errate/Erratet*** *...*<br>***Füge/Fügt*** *...* ***hinzu****.*<br>***Notiere/Notiert*** *... in der richtigen Reihenfolge.* |
| **Busca/Buscad** en Internet/tres palabras clave/... | ***Suche/Sucht*** *im Internet/drei Schlüsselbegriffe/...* |
| **Compara/Comparad** el dibujo/los apuntes/... con ...<br>**Completa/Completad** con ...<br>**Contesta/Contestad** a las preguntas.<br>**Continúa/Continuad** ... como en el ejemplo.<br>**Copia/Copiad** la tabla/el mapa mental en el cuaderno.<br>**Corrige/Corregid** el texto/las frases falsas.<br>**Cuenta/Contad ...** | ***Vergleiche/Vergleicht*** *die Zeichnung/die Notizen/... mit ...*<br>***Vervollständige/Vervollständigt*** *mit ...*<br>***Antworte/Antwortet*** *auf die Fragen.*<br>***Vervollständige/Vervollständigt*** *... wie im Beispiel.*<br>***Schreibe/Schreibt*** *die Tabelle/die Mindmap ins Heft* ***ab****.*<br>***Berichtige/Berichtigt*** *den Text/die falschen Sätze.*<br>***Erzähle/Erzählt*** *...* |
| **Describe/Describid** el cartél/el anuncio/la caricatura/...<br>**Di/Decid** argumentos a favor/en contra de ...<br>**Dibuja/Dibujad** ...<br>**Discutid** en parejas/en grupos de tres. | ***Beschreibe/Beschreibt*** *das Plakat/die Anzeige/die Karikatur/...*<br>***Sage/Sagt*** *Argumente für/gegen ...*<br>***Male/Malt*** *...*<br>***Diskutiert*** *zu zweit/in Dreiergruppen.* |
| **Elige/Elegid** una situación.<br>**Escucha/Escuchad** el poema/la estrofa de la canción/...<br>**Explica/Explicad** las siguientes expresiones.<br>**Expone/Exponed** las ideas/las descripciones/<br>el resultado/ ... en clase. | ***Suche dir/Sucht euch*** *eine Situation* ***aus****.*<br>***Höre dir/Hört euch*** *das Gedicht/die Liedstrophe/...* ***an****.*<br>***Erkläre/Erklärt*** *die folgenden Ausdrücke.*<br>***Stelle/Stellt*** *die Ideen/die (Bild-)Beschreibungen/*<br>*das Ergebnis/... der Klasse* ***vor****.* |
| **Forma/Formad** frases con los elementos de la casilla.<br>**Formula/Formulad** una regla para ... | ***Bilde/Bildet*** *Sätze mit den Elementen aus dem Kasten.*<br>***Formuliere/Formuliert*** *eine Regel für ...* |
| **Haz/Haced** una red de vocabulario/un collage/un concurso/... | ***Erstelle/Erstellt*** *ein Vokabelnetz/eine Collage/ein Quiz/...* |
| **Imagina, Imagínate/Imaginad, Imaginaos** ...<br>**Intercambiad** los resumenes/los papeles/...<br>**Inventa/Inventad** un título para cada parte/<br>una pequeña escena/ ... | ***Stelle dir/Stellt euch*** *...* ***vor****.*<br>***Tauscht*** *eure Zusammenfassungen/Rollen/...*<br>***Denke dir/Denkt euch*** *Überschriften für jeden Abschnitt/*<br>*eine kleine Szene/...* ***aus****.* |
| **Junta/Juntad** la información sobre ...<br>**Justifica/Justificad** la respuesta. | ***Trage/Tragt*** *die Information zu ...* ***zusammen****.*<br>***Begründe/Begründet*** *die Antwort.* |
| **Lee/Leed** el texto. ¿De qué **trata**? | ***Lies/Lest*** *den den Text. Wovon* ***handelt*** *er?* |
| **Memoriza/Memorizad** las informaciones del texto.<br>**Mira/Mirad** la imagen/la página web/el folleto/... | ***Präge dir/Prägt euch*** *die Informationen des Textes* ***ein****.*<br>***Sieh dir/Seht euch*** *das Bild/die Internetseite/den Prospekt/...* ***an****.* |
| ¡**Ojo** con ...!<br>**Ordena/Ordenad** las fotos según el diálogo. | ***Vorsicht*** *mit ...!*<br>***Ordne/Ordnet*** *die Fotos nach dem Dialog.* |
| **Piensa/Pensad** en ...<br>**Practica/Practicad** el diálogo.<br>**Prepara/Preparad** una presentación/una discusión. | ***Denke/Denkt*** *an ...*<br>***Übe/Übt*** *den Dialog.*<br>***Bereite/Bereitet*** *ein Referat/eine Diskussion vor.* |
| **Relaciona/Relacionad** cada diálogo/... con<br>el dibujo correspondiente/...<br>**Rellena/Rellenad** la lista con ...<br>**Repite/Repetid** ...<br>**Representa/Representad** ...<br>**Resume/Resumid** ... con la ayuda de ... | ***Verbinde/Verbindet*** *jeden Dialog/... mit*<br>*dem entsprechenden Bild/...*<br>***Fülle/Füllt*** *die Liste mit ...* ***aus****.*<br>***Wiederhole/Wiederholt*** *...*<br>***Stelle/Stellt*** *...* ***dar****.*<br>***Fasse/Fasst*** *... mithilfe von ...* ***zusammen****.* |
| **Subraya/Subrayad** las terminaciones de los verbos.<br>**Sustituye/Sustituid** ... por ... | ***Unterstreiche/Unterstreicht*** *die Verbendungen.*<br>***Ersetze/Ersetzt*** *... durch ...* |
| **Toma/Tomad apuntes**.<br>**Traduce/Traducid** las respuestas.<br>**Transforma/Transformad** ... en ... | ***Mache dir/Macht euch Notizen.***<br>***Übersetze/Übersetzt*** *die Antworten.*<br>***Schreibe/Schreibt*** *... in ...* ***um****.* |
| **Usa/Usad** el diccionario/el vocabulario<br>de "Así se dice". | ***Verwende/Verwendet*** *das Wörterbuch/das Vokabular*<br>*aus "Así se dice".* |

# España

## Personas

### Amparanoia

Die Sängerin Amparo Sánchez gründete 1996 die Band Amparanoia. Der Name entstand durch ein Wortspiel mit dem Vornamen *Amparo* und *Paranoia*. 1997 erschien das Debütalbum *El poder de Machín*, eine Mischung aus vielen verschiedenen Musikrichtungen wie Reggae, Ska, Rumba und Flamenco.

### Canteca de Macao

Die Musik dieser seit 2005 existierenden Band ist eine Mischung aus Flamenco, Tango, Reggae und Ska. Die zehn Musiker möchten mit gesellschaftskritischen Texten auf Themen wie Diskriminierung und Globalisierung aufmerksam machen.

### El Canto del Loco

Die Mitglieder der Band lernten sich auf einer Schauspielschule in Madrid kennen. Sie brachten 2000 ihr erstes Album mit dem Titel *El Canto del Loco* heraus. Große Erfolge feierten sie mit ihrer zweiten CD *A contracorriente*, für die sie mit dem *MTV Europe Music Award* ausgezeichnet worden sind.

### Miguel de Cervantes Saavedra (1547 – 1616)

*(El ingenioso hidalgo) Don Quijote de la Mancha* ist das bekannteste Werk von Miguel de Cervantes. Er gehört zu den bedeutendsten Schriftstellern der Weltliteratur. Trotz des Erfolges seines Werkes, das bereits zu Lebzeiten in 16 Sprachen übersetzt wurde, lebte er in sehr bescheidenen Verhältnissen und starb verarmt in Madrid.

### Chambao

Seit 2002 mischt diese Band Flamenco-Rhythmen mit elektronischer Musik. Schon ihr erstes Album, *Flamenco Chill*, wurde ein großer Erfolg. Die drei Bandgründer kommen aus Málaga und wurden bereits mit dem *Premio Ondas* ausgezeichnet.

### Salvador Dalí (1904 – 1989)

Der Katalane Salvador Dalí war einer der wichtigsten Künstler des 20. Jahrhunderts. Bekannt wurde er durch seine surrealistischen Werke sowie durch seinen exzentrischen Lebensstil. Bereits zu seinen Lebzeiten gab es zwei Museen, die ausschließlich seine Werke ausstellten. 1974 gründete er das *Teatro-Museo Dalí* in seiner Heimatstadt Figueres.

### Francisco Franco (1892 – 1975)

General Francisco Franco übernahm nach der Beendigung des dreijährigen spanischen Bürgerkrieges (1936-1939) die Macht in Spanien und regierte das Land bis 1975 diktatorisch. Er setzte sich auch mit deutscher Hilfe und der faschistischen *Falange*-Partei gegen die Republikaner durch. Während der autoritären Diktatur Francos wurden zahlreiche Gegner des Regimes verfolgt, in Konzentrationslager gebracht und hingerichtet. Baskisch, Galizisch und Katalanisch wurden verboten und das Land blieb politisch und wirtschaftlich isoliert.

### Antoni Gaudí

Unidad 1, S. 17

### Kheyraht

Der junge Interpret aus Valencia trat 2006 mit dem Lied *Cuéntalo ya* an die Öffentlichkeit. Der Text wurde von Experten geschrieben, um Schüler zu ermutigen, sich anderen anzuvertrauen und Gewalt an Schulen anzuzeigen.

### Mägo de Oz

Die spanische Heavy-Metal-Band spielt mit ihrem Namen auf den Zauberer von Oz an (spanisch: *Mago de Oz*). 1988/89 gegründet, erlangte sie bislang nicht nur nationale, sondern auch internationale Erfolge. Ihre Musik wird als eine Mischung aus Rock und Heavy Metal mit keltischen Elementen bezeichnet.

### Francisco Pizarro (1478 – 1541)

Francisco Pizarro eroberte ab 1531 von Panama aus das Inkareich und gilt als einer der wichtigsten spanischen Eroberer (*conquistador*) der Geschichte. In Cajamarca traf er auf Atahualpa, den Herrscher der Inkas, den er durch einen Hinterhalt gefangen nahm und später trotz erfüllter Goldforderungen hinrichten lies. Pizarro gründete 1535 *Ciudad de los Reyes*, das heutige Lima, wo er 1541 von Anhängern des spanischen Eroberers Diego de Almagro ermordet wurde.

### Shotta

Ignacio González Rodríguez, besser bekannt als Shotta, ist seit 2002 im Musikgeschäft. Bekannt wurde der Rapper durch sein erstes Album *Tu madre es una foca,* das er zusammen mit seinem Bruder herausbrachte.

## Lugares

### Barcelona

(1,6 Millionen Einwohner, Großraum ca. 3 Millionen) Hauptstadt und kulturelles Zentrum von Katalonien. Barcelona ist die zweitgrößte Stadt Spaniens und der wichtigste Handels- und Industriestandort des Landes. Die Stadt liegt am Mittelmeer und verfügt über einen bedeutenden Hafen. Die Gründung geht auf vorrömische Zeiten zurück. Im 3. Jahrhundert v. Chr. wurde sie von den Römern in Besitz genommen und erhielt den Namen Barcino. 1992 stand Barcelona als Austragungsort der Olympischen Sommerspiele im Blickpunkt der Weltöffentlichkeit. Die Stadt ist ein beliebtes Reiseziel bei in- und ausländischen Touristen.

- **Barrio Gótico**
  Viertel im alten Stadtkern Barcelonas, welches auf den Ruinen des ehemaligen römischen Barcino erbaut wurde. Hier befinden sich die Kathedrale und mit dem Rathaus und dem Sitz der Landesregierung von Katalonien das politische Zentrum.

- **La Boquería**
  Eine aus Glas und Stahl errichtete Markthalle, die sich an den Ramblas befindet. Auf dem riesigen Gelände kann man Obst, Gemüse, Fleisch, Fisch und vieles mehr kaufen. La Boquería ist zu einem Anziehungspunkt für Touristen geworden.

- **Camp Nou**
  Fußballstadion und Heimstätte des F.C. Barcelona (*Barça*). Mit einer Kapazität von 98.787 Plätzen ist es das größte Fußballstadion Europas.

- **Casa Batlló**
  Ein Bauwerk von Gaudí am Passeig de Gràcia gelegen. Es fällt besonders durch die bunte Mosaikfassade, das Keramikdach und drachenähnliche Formen auf.

- **Casa Milà**
  Eines der bekanntesten Bauwerke von Gaudí, auch *La Pedrera* genannt. Es wurde zwischen 1906 und 1910 erbaut und ist ein mehrstöckiges Gebäude mit einer wellenlinienförmigen Fassade, unterschiedlichen Balkonen und einer beeindruckenden Dachterrasse.

- **Casa Vicens**
  Das erste von Gaudí geschaffene Gebäude wirkt, als entstamme es einem arabischen Märchen aus 1001 Nacht. Außergewöhnlich ist die mit Kacheln dekorierte Fassade. 2005 wurde das Haus zusammen mit anderen Arbeiten Gaudís von der UNESCO zum Weltkulturerbe ernannt.

- **Liceo**
  Das älteste noch aktive Theater Barcelonas wurde 1847 eröffnet und befindet sich direkt an den Ramblas. Nach einem Brand im Jahr 1994 musste es geschlossen werden und konnte erst 1999 wiedereröffnet werden. Es gilt als eines der wichtigsten Opernhäuser Spaniens.

- **Maremagnum**
  Großes Einkaufs- und Freizeitzentrum am Ende der Ramblas im Hafen von Barcelona.

- **Monumento a Colón**
  Ein Wahrzeichen der Stadt, das im Rahmen der Weltausstellung von 1888 errichtet wurde. Die Säule befindet sich am Ende der Ramblas nahe am Hafen und erinnert an die Rückkehr des Entdeckers von Amerika im Jahr 1493, der an dieser Stelle vom spanischen König empfangen wurde.

- **Palacio Güell**
  Der Graf von Güell unterstützte Gaudís Arbeit finanziell und gab dieses Werk bei Gaudí in Auftrag. Eusebio Güell lebte mit seiner Familie mehrere Jahre in dem Gebäude, das zum Weltkulturerbe der UNESCO gehört.

- **Parque Güell**
  Dieser Park wurde von Gaudí gestaltet und ist nach seinem Auftraggeber benannt. Der ursprüngliche Entwurf sah eine Gartenstadt im englischen Stil vor, es blieb jedoch aufgrund fehlender Mittel bei dem Park und einigen Musterhäusern. Ein von Gaudí bewohntes Haus ist heute ein Museum.

- **Plaza de Cataluña**
  An diesem großen und zentralen Platz nördlich des Barrio Gótico haben einige der wichtigsten Straßen und Boulevards ihren Anfang, zum Beispiel die Ramblas. Die Plaza de Cataluña ist ein pulsierender Treffpunkt für Spaziergänger und Straßenmusikanten.

- **Las Ramblas**
  Die berühmte Flaniermeile der Stadt ist in fünf Abschnitte unterteilt, die sich durch ihre Namen und kleine Besonderheiten unterscheiden. Die bekannte Straße beginnt an der Plaza de Cataluña und endet am Hafen bei der Kolumbussäule.

- **Sagrada Familia**
  Die Kathedrale Sagrada Familia ("Heilige Familie") befindet sich noch im Bau. 1882 begonnen, ist sie das Hauptwerk von Gaudí, dem er den größten Teil seines Arbeitslebens widmete. Der monumentale Bau hat überwältigende Dimensionen, besticht durch eine große Vielfalt religiöser Symbolik im Stile naturhafter Formen und ist zu einem unbestrittenen Wahrzeichen für Barcelona geworden.

- **Villa Olímpica**
  Das Olympische Dorf, das für die Olympischen Spiele 1992 komplett neu gestaltet wurde, liegt direkt am Meer. Die zwei Türme des Viertels sind je 154 m hoch und zu einem modernen Wahrzeichen der Stadt geworden.

**Cataluña** (ca. 7 Millionen Einwohner)

Katalonien (*Catalunya* auf Katalanisch, *Cataluña* auf Spanisch) ist eine *Comunidad Autónoma* im Nordosten Spaniens gelegen. Die Hauptstadt und zugleich größte Stadt ist Barcelona. Amtssprachen sind Katalanisch und Spanisch, im Aran-Tal auch Aranesisch.
Katalonien gehört zu den am frühesten industrialisierten Regionen Europas und ist noch heute eine wirtschaftlich besonders starke *Comunidad Autónoma*. Die Landschaft ist vielfältig. So gibt es die bis zu 3.000 m hohen Pyrenäen im Norden, das Pyrenäenvorland, das Randgebiet des Ebrobeckens und die lange Küste, die an der Costa Brava felsig und von kleinen Buchten geprägt ist und an der Costa Dorada Sandstrände bietet.

**Donostia** (180 000 Einwohner)

Donostia ist der baskische Name der Stadt San Sebastián. Diese liegt in der Nähe der französischen Grenze am Golf von Biskaya. Donostia ist die Hauptstadt der Provinz Gipuzkoa/Guipúzcoa.

**Reus** (100 000 Einwohner)

Wichtiges katalanisches Handelszentrum und Geburtsort des Architekten Antoni Gaudí. Im historischen Zentrum befindet sich das mit modernsten Technologien ausgestattete *Gaudí Centre Reus*, ein dem Künstler gewidmetes Museum.

**Tarragona** (135 000 Einwohner)

Hauptstadt der gleichnamigen Provinz in *Cataluña* etwa 100 km südlich von Barcelona an der Costa Dorada gelegen. Sie verfügt über einen wichtigen Hafen und bedeutende Sehenswürdigkeiten wie die verschiedenen römischen Baudenkmäler, die an die Eroberung der Stadt durch die Römer im 3. Jahrhundert v. Chr. erinnern.

# Latinoamérica

## Personas

**Miguel Aceves Mejía** (1915 – 2006)

Der mexikanische Schauspieler und Sänger war besonders für seine traditionelle Musik, die mexikanische Folklore, bekannt.

**Atahualpa** (ca. 1500 – 1533)

Der letzte Herrscher des Inkareiches, der nach dem Tod seines Vaters und Inkakönigs Huayna Cápac einen langen und blutigen Bürgerkrieg gegen seinen Halbbruder Huáscar führte. Nach dem Sieg Atahualpas in Cuzco trafen die Spanier mit Pizarro als Anführer ein und forderten die Inkas auf, sich zum Christentum zu bekennen und sich der spanischen Krone zu unterwerfen. Atahualpa verweigerte dies, woraufhin die waffentechnisch haushoch überlegenen Spanier einen großen Teil der Inkas töteten und den Rest in die Flucht schlugen. Der Inkaherrscher selbst wurde gefangen genommen und versuchte sein Leben dadurch zu retten, indem er den Spaniern riesige Mengen Gold versprach. Die Inkas brachten den Spaniern das versprochene Gold, Atahualpa jedoch wurde hingerichtet.

**Los Auténticos Decadentes** Unidad 5, S. 71

**Chacalón** (1950 – 1994)

Lorenzo Palacios Quispe, besser bekannt als Chacalón, war einer der populärsten peruanischen Sänger der letzten Jahre. Schon als Kind sang und tanzte er mit seinem Bruder auf der Straße, um überleben zu können. 1978 gründete er die Band *La Nueva Crema*, mit der er große Erfolge feierte.

**Los Folkloristas**

1966 schlossen sich mehrere Musiker in Mexiko Stadt zusammen und machten es sich zum Ziel, die traditionelle lateinamerikanische Musik professionell zu verbreiten. Die Band verwendet bei ihren Konzerten bis zu 70 verschiedene Instrumente und zeichnet sich durch eine große musikalische Vielfalt aus.

**Gotan Project**

Ein französischer DJ, ein Musiker aus der Schweiz und ein argentinischer Gitarrist gründeten 1999 in Paris diese Band und brachten zwei Jahre später ihr Debütalbum *La revancha del tango* heraus. Dieses überzeugt durch eine ganz eigene Mischung aus Tangoklängen und elektronischer Musik, die Electrotango genannt wird. Der Name Gotan Project entstand aus dem Verfremden des Wortes *Tango* zu *Gotan*.

**Pedro Laza y sus Pelayeros** (1904 – 1980)

Pedro Laza Gutiérrez gründete 1952 das Orchester *La Sonora Pelayera*, das später in *Pedro Laza y sus Pelayeros* umbenannt wurde. Der Kolumbianer wurde insbesondere durch sein Spiel auf der Bandurria, einem zwölfsaitigen Zupfinstrument, bekannt.

**Manco Cápac**

Manco Cápac war Herrscher und Gründer des Inkareichs. Er führte sein Quechua sprechendes Volk einer Legende nach vom Titicaca-See bis ins Tal von Cuzco, wo er die dort ansässige Bevölkerung besiegte und die vorhandene Infrastruktur übernahm. Hier ließ er die Stadt Cuzco, auf Quechua "Nabel der Welt", errichten und begründete damit Ende des 12. Jahrhunderts das Inkareich.

**Ismael Miranda**

Ismael Miranda stammt aus Puerto Rico und stand schon mit 11 Jahren auf der Bühne. Er spielte in verschiedenen Bands und bekam damals aufgrund seines Alters den Spitznamen *El niño bonito de la salsa*. 1973 brachte er mit seiner eigenen Band *Orquesta Revelación* und erstmals als Sänger den Hit *Así se compone un son* heraus.

**Enrique Rodríguez** (1901 – 1971)

Enrique Rodríguez spielte Bandoneon, Klavier und Geige. Er musizierte in mehreren Orchestern bis er 1936 sein eigenes gründete, das er *La Orquesta de Todos los Ritmos* nannte. Das Orchester feierte unter seiner Leitung große Erfolge.

**Rossy War**

Rossy War, eigentlich Rosa Guerra Morales, wird aufgrund ihrer rauen Stimme auch die *Ronquita de la Tecnocumbia* genannt. 1984 gewann die Peruanerin bei einem Casting der Band *Los Bio Chip´s*, die nach einer Backgroundsängerin suchten. Schnell stieg sie zur Vokalistin auf und machte sich einen Namen in der Welt der Tecnocumbia.

## Lugares

**Acapulco** (700 000 Einwohner)

Schnell wachsende mexikanische Metropole am Pazifik sowie ein beliebter Urlaubsort vor allem bei Pauschaltouristen. Die Stadt hat einen wirtschaftlich bedeutsamen Hafen, der auch von vielen Kreuzfahrtschiffen angesteuert wird.

**Amazonas**

Der wasserreichste und mit ca. 6.400 km der zweitlängste Fluss der Welt. Er entspringt in den peruanischen Anden, durchfließt den brasilianischen Regenwald und mündet schließlich in den Atlantik. Der Regenwald im Amazonas-Gebiet ist der größte Tropenwald der Erde und von erheblicher Bedeutung für das globale Klima. Durch die fortschreitende Abholzung des tropischen Waldes wird das Ökosystem gefährdet und die Artenvielfalt in der Pflanzen- und Tierwelt bedroht.

**Andes centrales**

Die Anden sind mit 7500 km die längste Gebirgskette der Welt. Sie verlaufen in Nordsüdrichtung auf der Westseite des südamerikanischen Kontinents und erstrecken sich über die Länder Venezuela, Kolumbien, Ecuador, Bolivien, Peru, Chile und Argentinien. Der mittlere Teil wird Zentralanden genannt, er umfasst das Hochland von Bolivien, Peru und Nordchile. Schon 1000 Jahre v. Chr. entwickelten sich in den Zentralanden bedeutende Kulturen, u.a. die Hochkultur der Inkas, die von Cuzco aus ein großes Reich errichteten.

**Buenos Aires** (Stadtgebiet 3 Millionen Einwohner)

Hauptstadt und größte Stadt Argentiniens sowie der industrielle und kulturelle Mittelpunkt des Landes. Die Stadt liegt an der Ostküste von Südamerika an der Mündung des *Río de la Plata* in den Atlantik. Gegründet im 16. Jahrhundert, entwickelte sich die Stadt mit ihrem Hafen zu einem Einfallstor für Einwanderer aus Europa, insbesondere aus Spanien und Italien.

**Costa Rica** (4 Millionen Einwohner)

Kleiner Staat in Mittelamerika. Die Westküste des Landes liegt am Pazifik, im Osten befindet sich die Karibik. Im Norden grenzt Costa Rica an Nicaragua, im Süden an Panama. Mehr als die Hälfte der Bevölkerung lebt in der Hochland-Region, der Meseta Central, wo ein gemäßigtes Klima herrscht. Die Amtsprache ist Spanisch, aber auch Englisch und Kreolisch sind verbreitet. Die Hauptstadt ist San José mit 340.000 Einwohnern.

**Perú** (28 Millionen Einwohner)

Staat in Südamerika am Pazifik gelegen. Die Amtssprachen sind Spanisch und Quechua, teilweise wird auch Aimara gesprochen. Peru gliedert sich landschaftlich in drei Zonen. In der wüstenähnlichen Küstenregion befindet sich die Hauptstadt Lima. In der bergigen Region lebt ein Großteil der indigenen Bevölkerung. Die Anden erreichen hier teilweise eine Höhe von über 6000 m. Ganz im Osten liegt die Regenwald-Zone mit bedeutenden Bodenschätzen.

- **Cajamarca** (150 000 Einwohner)
  Die Stadt wurde vor 3000 Jahren gegründet und liegt in den Anden. Cajamarca wurde durch die Schlacht von 1532 zwischen Inkas und Spaniern bekannt, die mit der Gefangennahme des Inkaherrschers Atahualpa endete.

- **Cuzco** (320 00 Einwohner)
  Die Stadt, um 1200 vom ersten Inkakönig Manco Cápac gegründet, liegt in den Anden. Hier befand sich das politische, religiöse und kulturelle Zentrum des Inka-Reiches. Auch heutzutage kann man in Cuzco noch kulturelle Denkmäler aus der Inka-Zeit und der Kolonialzeit besichtigen. Die Stadt gehört zum Weltkulturerbe der UNESCO.

- **Lima** (7 Millionen Einwohner)
  Hauptstadt Perus, die 1535 von dem spanischen Eroberer Francisco Pizarro unter dem Namen *Ciudad de los Reyes* gegründet wurde. Sie liegt im Westen des Landes am Pazifik und am *Río Rímac*. In Lima lebt heute ca. ein Drittel der Gesamtbevölkerung des Landes, die Hälfte davon in Armut in den Stadtrandgebieten. Das historische Zentrum zählt zum Weltkulturerbe der UNESCO.

- **Machu Picchu**
  Die außergewöhnlich schöne und sehr gut erhaltene Ruinenstadt der Inkas liegt auf etwa 2.400 m Höhe in den Anden. Der Ort besteht aus ungefähr 200 Gebäuden, die sich in ihrer Form dem terrassenförmig angelegten Gelände bestmöglich anpassen. Vermutlich war die Stadt in einen Wohn- und einen Tempelbezirk unterteilt. Der Ursprung der Stadtgründung liegt im Dunkeln, man vermutet das 15. Jahrhundert. Der Machu Picchu gehört zum Weltkulturerbe der UNESCO.

- **Lago Titicaca**
  Der zweitgrößte See Südamerikas befindet sich auf der Hochebene der Zentralanden auf 3.800 m Höhe. Der östliche Teil gehört zu Bolivien, der westliche zu Peru. Seine Länge beträgt 194 km, die Breite 65 km und seine durchschnittliche Tiefe zwischen 140 und 180 m. Die einzigartige Schönheit dieses Sees verzauberte bereits die Inkas. Er ist der Schauplatz vieler Legenden.

# Varios

### Hispania

Lateinische Bezeichnung der Römer für die Iberische Halbinsel und der Ursprung des Namens *España*. Im 3. Jh. v. Chr. begannen die Römer mit der Eroberung des heutigen Spaniens. Zu der Zeit wurde dort u.a. Keltisch, Baskisch und Iberisch gesprochen, doch die lateinische Sprache verbreitete sich schnell. Die Römer beherrschen Hispania bis die Westgoten im 5 Jh. n. Chr. die Macht übernahmen.

### TIC (TECNOLOGÍAS DE LA INFORMACIÓN Y LA COMUNICACIÓN)

Das Internet wird nicht nur von Technikern und Informatikern, sondern auch immer mehr zur Unterhaltung und zur weltweiten Kommunikation verwendet. Mit TIC wird ein ganzes System bezeichnet: die Technologie, die es möglich macht, Informationen zu verbreiten und übers Internet zu kommunizieren, wie zum Beispiel durch Blogs oder Chats.

## F2 Música de España y Latinoamérica

**Música de España** (pp. 88/89)

**A.** Canteca de Macao: *Romance de un Sentir*
**B.** Chambao: *Voces*
**C.** Shotta: *Sangre*
**D.** El Canto del Loco: *Corazón*
**E.** Mägo de Oz: *La Ciudad de los Árboles*
**F.** Amparanoia: *Ven*

**Música de Latinoamérica** (pp. 90/91)

Miguel Aceves Mejía: *Las Nieves de Enero*
Los Folkloristas: *Adiós Pueblo de Ayacucho*
Gotan Project: *Santa María (del Buen Ayre)*
Pedro Laza y sus Pelayeros: *Navidad Negra*
Ismael Miranda: *Así se compone un son*
Enrique Rodríguez: *Un tropezón*
Rossy War: *Que te perdone Dios*

## Soluciones

### Q De Cádiz a Barcelona (pp. 10/11)

**Conocimientos**

**1.** Argentina
**2.** la Costa de la Luz
**3.** Ribadesella
**4.** la Alhambra
**5.** el Guadalquivir (el Tajo, el Ebro, el Duero)
**6.** Cádiz
**7.** Gabriel García Márquez (Shakira, Fernando Botero, Juan Pablo Montoya, Juanes, ...)
**8.** la Giralda (la Catedral, el Torre del Oro, los Reales Alcázares, ...)
**9.** la Tarta de Santiago (el flan, la tarta de manzana, ...)
**10.** Pablo Picasso

**Gramática**

**1.** piden
**2.** pon
**3.** para
**4.** conozco
**5.** Ado no sabe ni bailar ni montar a caballo.
**6.** quisiste
**7.** 11.414
**8.** saben
**9.** he podido
**10.** vienes

**Vocabulario**

**1.** la cuchara
**2.** la oreja
**3.** la escalera / el ascensor
**4.** el/la turista
**5.** el portátil
**6.** el puente, la piragua, el barco
**7.** la mano, el brazo
**8.** la lavadora
**9.** el/la periodista
**10.** la oficina de turismo

### 7 El test del agua (p. 103)

AGUA ES VIDA

# 1 Lesen

## 1.1 Texte

Wenn du einen fremdsprachlichen Text liest, musst du nicht notwendigerweise immer alles verstehen.
Je nachdem, welche Informationen du dem Text entnehmen möchtest, wendest du unterschiedliche Lesestrategien an. Diese bauen häufig aufeinander auf.

### a Lesestrategie 1: Vorinformationen nutzen und Globales Lesen (*Skimming*)

Worum geht es in dem Text? Verschaffe dir einen groben Überblick, indem du ihn kurz überfliegst. Kläre hierfür die folgenden Fragen und mache dir Notizen. Berücksichtige, dass nicht bei jeder Textsorte alle Fragen beantwortet werden können.

- Gibt es Zeichnungen oder Fotos, die den Text illustrieren? Was sagen sie aus?
- Um welche Textsorte handelt es sich (Dialog, Zeitungsartikel, Lied, Bericht, Roman etc.)?
- Gibt es Überschriften oder eine Einleitung? Darin findest du häufig zusammengefasst wichtige Informationen. Manchmal geben dir der erste und der letzte Satz wichtige Hinweise.
- Was verstehst du beim (schnellen) Überfliegen des Textes? Konzentriere dich auf das, was du verstehst, und nicht auf das neue Vokabular (siehe 1.2 Wörter). Halte dich nicht mit Details auf.
- Um welches Thema geht es?

Beispiele

- In einer Zeitung oder Zeitschrift befinden sich auf einer Seite üblicherweise mehrere Texte. Statt wahllos oder nacheinander alle genau zu lesen, möchtest du normalerweise den für dich interessantesten Artikel auswählen. Erst wenn du dir einen groben Eindruck von der Themenauswahl und den möglichen Inhalten verschafft hast, wirst du dich für einen Artikel entscheiden.
- Wenn du im Rahmen der Vorbereitung eines Referats mit einem Thema bereits vertraut bist und dir ein weiterer womöglich interessanter Text oder eine Textsammlung dazu in die Hände fällt, wirst du den Text oder das Inhaltverzeichnis zunächst kurz überfliegen. Erst dann kannst du entscheiden, ob die Materialien für dein Thema nützlich sind.

### b Lesestrategie 2: Selektives Lesen (*Scanning*)

- Wenn du bestimmte Informationen benötigst, formuliere "W-Fragen" passend zum Text und mache dir dazu stichpunktartige Notizen. Das kann bei sehr schwierigen Texten auch mal auf Deutsch geschehen.

| | |
|---|---|
| ¿Quién? | Wer? |
| ¿Dónde? | Wo? |
| ¿Cuándo? | Wann? |
| ¿Qué (pasa)? | Was (geschieht)? |
| ¿Cómo? | Wie? |
| ¿Por qué? | Warum? |

Fragen zum Text *Se vende* (Unidad 2, S. 34) könnten z.B. sein:
*¿Quién habla en el texto?*
*¿Dónde está?*
*¿Qué describe?*
*¿Qué le sorprende?*
Wenn du z.B. wissen möchtest, was die Hauptfigur Víctor im Text *Se vende* am ersten Schultag in seiner neuen Klasse erlebt, kannst du den Text systematisch nach den Schlüsselwörtern *clase* oder *aula* durchsuchen.

- Um die Fragen zu beantworten, suche im Text nach den Abschnitten, in denen die relevanten Informationen stehen. Achte gezielt auf Schlüsselwörter, die für die Klärung wichtig sein könnten.

Beispiele

- Du bist mit deinen Eltern in Barcelona und ihr möchtet die *Sagrada Familia* besichtigen. In einem Prospekt suchst du z.B. die Eintrittspreise und Öffnungszeiten heraus. Dabei interessiert dich auch, ob es eine Ermäßigung für Schüler oder einen speziellen Familientarif gibt. Du durchsuchst den Text nach dem Wort *descuento*, ohne auf andere Informationen zu achten.
- Im täglichen Leben liest du das Fernsehprogramm auf diese Weise, d.h. du siehst dir an, welche Sendungen zu welcher Uhrzeit gesendet werden oder suchst ganz gezielt nach Filmen zu bestimmten Themen.

### c Lesestrategie 3: Detailliertes Lesen

Hierbei interessieren dich die Haupt- *und* Nebenaussagen eines Textes oder Abschnittes.
Du hast die "W-Fragen" bereits beantwortet und Schlüsselwörter herausgesucht. Nun suchst du Details zu einem konkreten Sachverhalt. Gegebenenfalls musst du einen Abschnitt mehrfach lesen. Wenn du nicht alle für das Detailverständnis wichtigen Vokabeln erschließen konntest (siehe 1.2 Wörter), hilft dir ein Wörterbuch weiter.

Beispiele

- Du weißt bereits, dass es in der *Sagrada Familia* einen Turm gibt, den man hinaufsteigen kann. Du siehst nun im Prospekt noch einmal genauer nach, ob die Besichtigung des Turms im Eintrittspreis enthalten ist oder ob man eine andere Eintrittskarte braucht.
- Um gelungene *Papas Bravas* zubereiten zu können, wirst du dir alle Angaben im Rezept sorgfältig durchlesen.
- In deinem Spanischbuch beziehen sich die Fragen zum Text üblicherweise auf Details.

## 1.2 Wörter

### a Internationalismen

Viele Wörter kannst du erschließen, da sie z.B. im Englischen ähnlich lauten oder international gebräuchlich sind.

*A mí me encantan las pelis de ciencia ficción.*
*Mi hermana quiere ser modelo porque es guapa y le gusta la moda.*
*Uno de mis deportes preferidos es el rafting.*

### b Zusammenhang

Viele Wörter kannst du aus dem Zusammenhang erschließen, d.h. aus der Verbindung mit anderen, bekannten Wörtern.

*Necesito unos guantes nuevos porque el invierno pasado pasé mucho frío en las manos.*

### c Wortfamilien

Einige neue Wörter kannst du verstehen, weil sie ein und derselben Wortfamilie angehören. Der Wortstamm ist meistens identisch und wird durch Vor- oder Nachsilben ergänzt.

**Vorsilben (Präfixe)**
wie *im-, in-, des-* drücken bei Adjektiven eine (negative) Umkehrung der Bedeutung aus.

| | |
|---|---|
| **im**posible | unmöglich |
| **in**feliz | unglücklich |
| **des**agradable | unangenehm |

**Nachsilben und Wortendungen (Suffixe)**
zeigen auch verschiedene Wortarten an. Das Erkennen der Wortart und verwandte, dir bereits bekannte Vokabeln, können dir bei der Übersetzung helfen.

| Substantiv | verwandtes Wort |
|---|---|
| • el/la estudi**ante** | estudiar |
| • la celebra**ción** | celebrar |
| • la amabil**idad** | amable, amar |
| • la natural**eza** | natural |
| • la alegr**ía** | alegre, alegrarse |
| • la com**ida** | comer |

| Adjektiv | verwandtes Wort |
|---|---|
| • perdon**able** | el perdón, perdonar |
| • interes**ante** | interesar, el interés |

| Substantiv | verwandtes Wort |
|---|---|
| • el senti**miento** | sentir |
| • el tur**ismo** | turístico/-a |
| • el/la period**ista** | el periódico |
| • la loc**ura** | loco/-a |
| • el/la vende**dor/a** | vender |

Beispiel

| palabra nueva | entiendo la palabra por el contexto[1] | palabra parecida en otro idioma | palabra española de la misma familia | significado |
|---|---|---|---|---|
| atravesé (el patio) | ✓ | | | |
| sin compañía | | | acompañar | |
| la perla | | alemán | | die Perle |

Die Tabelle zeigt dir am Beispiel der Unidad 2, 22 *Se vende*, wie du dir unbekanntes Vokabular erschließen kannst.

## 2 Sprechen

### 2.1 Diskussion

In Diskussionen werden unterschiedliche Meinungen zu einem Thema vorgestellt, begründet und bewertet. Sie können verschiedene Zielsetzungen haben, z.B. eine gemeinsame Lösung für ein anstehendes Problem zu finden und eine Übereinkunft zu erzielen, andere über den eigenen Standpunkt zu informieren oder davon zu überzeugen.

Für eine gelungene Diskussion ist es wichtig, Vorbereitungen zu treffen und einige Regeln einzuhalten.
- Was möchtest du in der Diskussion erreichen? Wie sieht dein Diskussionsziel aus?
- Setze dich hierfür mit dem Thema auseinander und sammle deine Argumente. Notiere dir Schlüsselwörter und wichtige Redemittel (siehe 2.2).
- Überlege dir, welche Argumente deine Gesprächspartner anführen könnten und wie diese zu entkräften sind. Fertige dir hierzu Notizen an.
- Es ist wichtig zu akzeptieren, dass andere Teilnehmer eine andere Meinung haben als man selbst.
- Daraus ergeben sich auch die Gesprächsregeln in einer Diskussion: Beteilige dich aktiv, höre deinen Gesprächspartnern aufmerksam zu und sei offen für andere Argumente und Sichtweisen. Bleibe beim Thema, frage bei Unklarheiten nach und lasse deine Diskussionspartner ausreden. Unterbreche – nur wenn unbedingt nötig – auf eine höfliche Art und Weise.

### 2.2 Argumentieren und diskutieren

**ein Problem darstellen**
- **En general ...**
- **El problema es que ...**
- **Es que ...**

**seine Meinung äußern**
- **En mi opinión ...**
- **Para mí ...**
- **Pienso que ...**
- **Me parece que ...**
- **Creo que ...**
- **Es interesante/importante/ normal/ posible/probable que + *subj.***

**Beispiele geben**
- **Por ejemplo ...**
- **Para dar un ejemplo, ...**

**verschiedene Standpunkte gegeneinander abwägen**
- **Por un lado ..., por otro lado ...**
- **La verdad es que ...**
- **Estoy en contra de ...**
- **Estoy a favor de ...**

**widersprechen**
- **No pienso como tú.**
- **No pienso que + subj.**
- **No estoy de acuerdo.**
- **No me parece correcto/ lógico lo que dices.**
- **No es verdad que + *subj.***
- **No es cierto que + *subj.***
- **No estoy seguro/-a que ...**
- **No creo que + *subj.***
- **Dudo que + *subj.***
- **Estoy en contra de ...**

**zustimmen**
- **Tienes razón.**
- **Sí, es verdad.**
- **Es cierto/verdad que ...**

**abschließende Stellungnahme**
- **A pesar de todo ...**
- **La verdad es que ...**
- **Finalmente hay que decir que ...**

[1] **el contexto** der Kontext

# 3 Schreiben

## 3.1 Resumen

Ein ***resumen***

- steht immer im Präsens, auch wenn der Ausgangstext in der Vergangenheitsform verfasst ist.
- enthält keine wörtliche Rede.
- sollte nicht mehr als ein Drittel des ursprünglichen Textes umfassen. Je nach Anlass kann es auch kürzer sein.
- braucht einen einleitenden Satz, der Autor, Titel und Textsorte benennt und zum Thema hinführt.
- sollte möglichst viel eigenes Vokabular enthalten und keine Textpassagen wörtlich übernehmen.
- darf keine eigene subjektive Bewertung enthalten.

Beim Verfassen eines ***resumen*** ist folgendes Vorgehen sinnvoll:

**1 Vorbereitung**

**a** Lies dir den Ausgangstext sorgfältig durch.
**b** Finde die Schlüsselwörter heraus, markiere sie bzw. schreibe sie ab. Orientiere dich an den "W-Fragen":
Wer? – *¿Quién?* Wo? – *¿Dónde?* Wann? – *¿Cuándo?* Was (geschieht)? – *¿Qué (pasa/hace)?*
Wie? – *¿Cómo?* Warum? – *¿Por qué?*
**c** Unterteile den Text in Abschnitte.
**d** Finde eine Überschrift oder einen Satz pro Abschnitt.

**2 Schreiben**

**Expresiones útiles**

**introducir**
- **Se trata[1] de un libro/ un artículo/ un correo electrónico[2] sobre ...**
- **El texto trata de[3] ...**
- **En el texto se habla de ...**
- **Lleva el título ...**

**resumir**
- **Al principio, el autor/ la autora[4] habla sobre el tema de ...**
- **Después da ejemplos.**
- **Está a favor de ... / en contra de ...**
- **además**
- **cuando**
- **después**
- **entonces**
- **mientras**
- **para (+ *Inf.*)**
- **por eso**
- **porque**
- **también**

**terminar**
- **Al final ...**
- **Por último explica ...**

**3 Überarbeitung und Korrektur**

**a** Kontrolliere, ob alle wichtigen Informationen enthalten sind, ohne dass der Text zu lang ist.
**b** Achte auf den Stil: Klingt dein Text abwechslungsreich? Hast du die Sätze durch Verbindungselemente (Konjunktionen, Adverbien) sinnvoll verbunden?
**c** Überprüfe abschließend nochmals die Grammatik und Rechtschreibung (siehe auch 4.2 und 4.3).

## 3.2 Kreatives Schreiben

Beim freien kreativen Schreiben geht es darum, sich etwas auszudenken, seine Fantasie spielen zu lassen und mit der Sprache etwas zu gestalten.

Beim **Ausgestalten von Themen** ist es hilfreich, wenn du dir zuerst ein Vokabelnetz (*red de vocabulario*) anlegst. Anschließend kannst du in einer Gliederung stichwortartig die wichtigsten Punkte sinnvoll ordnen. So sitzt du nicht vor dem weißen Blatt Papier ohne eine Idee, was du aufschreiben kannst.

[1]**tratarse de** sich handeln um [2]**el correo electrónico** die E-Mail [3]**tratar de** handeln von
[4]**el/la autor/a** der/die Autor/in

Beim **Weiterführen eines Textes** ist es wichtig, diesen aufmerksam zu lesen und auch auf den Stil zu achten. Ist der Text sachlich verfasst oder werden Gefühle zum Ausdruck gebracht? Wird der Leser direkt angesprochen? Ist er in der Ich-Form oder in der Er-Form geschrieben? Welche Zeiten werden verwendet?
Überlege dir zuerst, wie die Geschichte ausgehen soll, und mache dir Notizen, bevor du mit dem Schreiben beginnst.

Beim **Schreiben eines Gedichtes** musst du außer dem Inhalt auch die Form der Vorlage analysieren: Wie viele Verse hat eine Strophe? Gibt es Reime oder Wörter und Satzbauformen, die regelmäßig wiederholt werden? Haben die Verse eine bestimmte Anzahl von Silben?
Achte beim **Fortsetzen eines Liedes** auf Länge und Rhythmus, damit alle Strophen zur Musik passen.

### 3.3 Briefe schreiben

Beim Schreiben von Briefen, Postkarten, E-Mails und SMS ist es wichtig, je nach Anlass und Empfänger die richtige Form zu verwenden. So ist es ein Unterschied, ob du an einen Freund schreibst, bei der Touristeninformation um Auskunft bittest oder dich bei einer Firma um ein Praktikum bewirbst.
In der E-Mail gelten ähnliche Regeln wie beim Brief.

**Vertraute Anrede**
- **Querido/-a … :**
- **Hola … :**

**Vertraute Verabschiedung**
- **Un abrazo**
- **Saludos / Un cordial saludo**
- **Un beso / Besos**

*Querido Paco:*
*¿Qué tal estás?*
*…*
*¡Espero que nos veamos prontito!*

*Un beso*
*Isabel*

**Formelle Anrede**
- **Estimados señoras y señores:**
- **Estimado/-a[1] Sr./Sra. … :**

**Formelle Verabschiedung**
- **Atentamente[2]**

Estimada Sra. López Lozano:
Le escribo para pedir información sobre …

Atentamente
Javier Iglesias Romero

## 4 Texte überarbeiten und Fehler korrigieren

Wenn du einen Text verfasst hast, solltest du ihn anschließend nochmals sorgfältig durchlesen und gegebenenfalls überarbeiten.

### 4.1 Inhaltliche Überarbeitung

Überprüfe bei der inhaltlichen Überarbeitung folgende Punkte:
- Ist die Themenstellung richtig erfasst?
- Ist der Text sinnvoll gegliedert?
- Sind alle wichtigen Aspekte berücksichtigt?



[1]**Estimado/-a** Sehr geehrte/r [2]**Atentamente** Mit freundlichen Grüßen

## 4.2 Sprachliche Korrektur

Je mehr Spanisch du kannst, desto wichtiger wird das Überarbeiten deiner Texte und die gezielte Korrektur häufiger Fehler. Hier findest du einige Tipps und Strategien dazu:

- Überlege dir vor der Korrektur (d)eines Textes, welche Fehler allgemein und speziell von dir besonders häufig gemacht werden. Worauf solltest du bei der Korrektur gezielt achten?
- Lies dir deinen eigenen Text aufmerksam durch und korrigiere die Fehler mit einem farbigen Stift.
- Tausche dann deinen Text mit demjenigen eines Mitschülers aus. Korrigiere hier mit einer anderen Farbe in mehreren Lesedurchgängen.
- Klassifiziere anschließend gemeinsam mit deinem Mitschüler die Fehler anhand der zu Beginn festgelegten möglichen Fehlerkategorien. Wenn du schon geübt in der Fehlerkorrektur bist, kannst du diese auch alleine klassifizieren und -wenn erforderlich- danach mögliche offene Punkte mit deinem Mitschüler klären. Selbst wenn du in Klassenarbeiten so nicht vorgehen kannst, übst du durch die gemeinsame Korrektur das Finden deiner Fehler.
- Lege dir beim Korrigieren von Klassenarbeiten, Tests oder Hausaufgaben eine persönliche Fehlerstatistik an. So kannst du ablesen, welche Fehler dir am häufigsten unterlaufen und diese künftig gezielt bearbeiten.
- Um in Klassenarbeiten deine häufigsten Fehlerquellen zu erkennen und zu vermeiden, arbeite mit der Methode der "Textlupe", die eine Art gezieltes Korrekturlesen ermöglicht. Wenn du z.B. die Formen des *Indefinido* als dein zentrales Problem identifiziert haben solltest, gehe den ganzen Text abschließend nochmals durch und konzentriere dich hierbei nur auf die Formen des *Indefinido*.

| **Fehlerquellen** | **Beispiele** |
|---|---|
| Wort (W) | En mi habitación hay ~~un regalo~~ para mis libros. una estantería (falscher Freund) |
| Ausdruck (A) | El padre de Juan ha encontrado un nuevo trabajo y creo que le chifla. gusta mucho (Sprachniveau) |
| Rechtschreibung (R) | Este ~~pero~~ se llama Listo. perro |
| Wortstellung (St) | ~~Mucho me gusta~~ salir con amigos. Me gusta mucho |
| Akzentsetzung (Akz) | Para desayunar, mi madre solo toma café. sólo |
| Artikel (Art) | ~~El~~ canción es de Maná. La |
| Beziehung (Bez) | Aquí hay muchos edificios antigu~~as~~ y modern~~as~~. antiguos y modernos<br>La gente ~~trabajan~~ mucho. trabaja |
| Formenbildung (F) | Omar ~~comó~~ un bocadillo. comió |
| Präposition (Präp) | Voy al insti ~~con~~ tren. en |
| Pronomen (Pro) | El chico ~~te~~ llama Juan. se |
| Zeiten (T) | Ayer ~~he visto~~ a tu hermana. vi |
| Indicativo/Subjuntivo (Mod) | Quiero que te ~~quedas~~. quedes<br>No creo que ~~está~~ abierto. esté |

## 4.3 Stilistische Korrektur

Prüfe beim wiederholten Durchlesen deines Textes,

- ob du unterschiedliche Satzanfänge verwendet hast.
- ob sich gleiche Wörter oder Strukturen allzu häufig wiederholen.
- ob sich manche Sätze durch Konjunktionen oder Adverbien miteinander verknüpfen lassen.
- ob sich Haupt- und Nebensätze abwechseln.
- ob die Regeln für die jeweilige Textsorte eingehalten sind (z.B. Anrede und Verabschiedung im Brief, richtige Verwendung der Zeiten im *resumen*, Einhaltung der Perspektive).

**Palabras de enlace**

- **primero**
- **después**
- **además**
- **también**
- **al final**
- **sin embargo/pero**
- **ya que/porque/como**
- **por eso**
- **así que**
- **cuando**

## 5 Bilder beschreiben

Ähnlich wie bei einem *resumen* kann auch bei einer Bildbeschreibung ein allgemeiner Einleitungssatz sinnvoll sein, in dem die dargestellte Situation und, wenn möglich, die Quelle angegeben werden.

Du beschreibst das Bild in der Regel vom Allgemeinen zum Besonderen gehend, z.B. von der Mitte nach außen oder von oben nach unten, vom Wichtigsten zum weniger Wichtigen.

| | |
|---|---|
| • **En el dibujo/la foto**<br>• **En el centro**<br>• **Al fondo/En primer plano**[1]<br>• **Arriba/Abajo/A la izquierda/A la derecha** | **hay ...**<br>**puedo ver / podemos ver ...**<br>**veo / vemos ...** |
| • **La persona / Las personas** | **es / son ...**<br>**está(n) + gerundio ...** |

## 6 Interkulturelles Lernen

Spanisch ist die Muttersprache von ca. 400 Millionen Menschen, die auf verschiedenen Erdteilen leben. Innerhalb dieses großen Sprachraums existieren kulturelle, historische, politische und wirtschaftliche Unterschiede.

Im alltäglichen Leben und im Umgang der Menschen miteinander werden dir bei einem Besuch kulturelle Unterschiede zu Deutschland auffallen. Manches mag dir zunächst fremd und ungewohnt vorkommen. Aufgeschlossenheit, Toleranz und Neugierde gehören zu den besten Voraussetzungen, um sich auf einen Aufenthalt im spanischsprachigen Ausland vorzubereiten. Auch die meisten kulturellen Missverständnisse lassen sich mit dieser Haltung gut klären. Kritisiere nicht vorschnell, was du beobachtest und mache dir bewusst, dass für dich normale und angemessene Gewohnheiten und Reaktionen auf Menschen in anderen Ländern ebenso fremd und ungewohnt wirken können.

Wenn du einen Aufenthalt in Spanien oder Lateinamerika planst, solltest du dir vorher überlegen,

- was für dich typisch spanisch bzw. typisch für das jeweilige Land ist.
- was du als typisch deutsch ansiehst.
- welche Vorstellungen man im spanischsprachigen Ausland mit Deutschland verbinden könnte.
- welche Informationen du noch zu bestimmten Aspekten benötigst und wo du diese finden kannst (z.B. in deinem Spanischlehrbuch, im Internet oder in aktueller Reiseliteratur).

Tausche deine Ideen mit anderen aus. Vielleicht kennst du auch jemanden, der bereits eigene Erfahrungen in Spanien oder Lateinamerika gesammelt hat.



[1] **En primer plano** im Vordergrund

# VOCABULARIO

Hier sind alle neuen Wörter in der Reihenfolge aufgelistet, in der sie im Buch vorkommen.
In der linken Spalte befindet sich das spanische Wort oder ein spanischer Ausdruck, in der mittleren Spalte steht die deutsche Entsprechung dafür, und in der rechten Spalte findest du oft Beispielsätze oder kleine Bilder. Diese helfen dir dabei, dir die neuen Vokabeln besser einzuprägen.
Alle **fett** gedruckten Wörter solltest du dir merken. Sie gehören zum Lernwortschatz.
Die Lektionen F1 und F2 sowie die *Lectura* und die *Algo Especial*-Seiten sind fakultative Texte, deren Vokabeln grundsätzlich nicht zum Lernwortschatz gehören.
Eigennamen und geografische Bezeichnungen findest du sowohl hier als auch auf den Seiten *Personas y lugares* näher erklärt.
Die wichtigsten unbekannten Vokabeln aus den Arbeitsanweisungen sind auf S. 137 zusammengefasst.

| | | | |
|---|---|---|---|
| **fett** | Lernwortschatz | o→ue | Verb mit Stammwechsel |
| normal | fakultativer Wortschatz | e→ie | Verb mit Stammwechsel |
| | | u→ue | Verb mit Stammwechsel |
| algo | etwas | e→i | Verb mit Stammwechsel |
| a alguien | jemanden; jemandem | i→y | Verb mit Stammerweiterung |
| | | i→í | Verben mit Betonungsverschiebung: betonte Endungen tragen Akzent |
| Symbole und Abkürzungen: | | | |
| *m.* | maskulin | | |
| *f.* | feminin | Verben mit orthografischer Besonderheit im *Indefinido, Subjuntivo* und verneinten Imperativ: | |
| *pl.* | Plural | | |
| *sg.* | Singular | z→c | *z* wird zu *c* (vor *e*) |
| *col.* | *coloquial* (umgangssprachlich) | c→qu | *c* wird zu *qu* (vor *e*) |
| *Lat.* | *Latinoamérica* (Lateinamerika) | g→gu | *g* wird zu *gu* (vor *e*) |
| *ugs.* | umgangssprachlich | | |
| *jdm.* | jemandem | # | unregelmäßiges Verb, s. S. 104–111 |
| *jdn.* | jemanden | ≠ | gegenteilige Bedeutung |
| *etw.* | etwas | = | gleiche / ähnliche Bedeutung |
| | |  | ähnliches Wort im Englischen |

## Unidad 1 – Barcelona, la capital de Cataluña

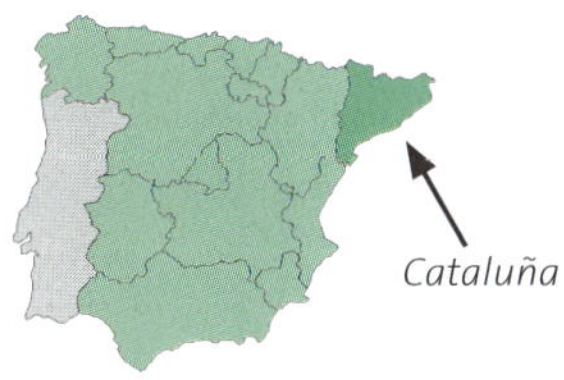


| | | | |
|---|---|---|---|
| | **Cataluña** *f.* | Katalonien | |
| 1 | **¡Bienvenido/-a!** | Willkommen! | ¡*Bienvenido* a Barcelona, la capital de Cataluña! |
| 2 | **antes** | vorher; hier: früher | *Antes* vivíamos en otra ciudad. |
| | **el puente** | *hier:* der Brückentag | *puente* = coger un día libre entre dos fiestas |
| | **la constitución** | die Verfassung | La *Constitución* Española es del año 1978.  constitution |
| | **desde niño/-a** | von klein auf | Manuel vive en Barcelona *desde niño*. |
| | ¡Ya lo creo! | Das will ich wohl meinen! | |
| | **el puesto** | *hier:* der (Markt)stand | En las Ramblas hay *muchos puestos* de animales. |
| | el hámster | der Hamster | |
| | **la memoria** | das Gedächtnis; die Erinnerung | María tiene muy mala *memoria*. Siempre se olvida de todo. |

| | | |
|---|---|---|
| **¡Qué memoria!** | Was du für ein Gedächtnis hast! | – Tu número de móvil es el 625 849 765, ¿verdad?<br>– Sí, sí, ¡*qué memoria*!<br>memory |
| ¡Si sólo tenías cinco años! | Wo du doch nur fünf Jahre alt warst! | |
| la parada | *hier:* der (Markt)stand | |
| **la flor** | die Blume | un puesto de *flores*<br>flower |
| **de pequeño/-a** | als Kind | *De pequeño* iba todos los domingos a pasear por las Ramblas. |
| **bajar por (las Ramblas)** | (die Ramblas) hinuntergehen | |
| **el edificio** | das Gebäude | |
| **por aquí** | hier entlang | |
| **estrecho/-a** | eng, schmal | |
| **el ayuntamiento** | der Gemeinderat; das Rathaus. | |
| **el teatro** | das Theater, das Schauspielhaus | |
| **el palacio** | der Palast | |
| **el/la arquitecto/-a** | der/die Architekt/in | |
| **el centro comercial** | das Einkaufszentrum | A Marta le gusta mucho ir de compras al *centro comercial*. |
| **en medio de** | inmitten … | |
| **el puerto** | der Hafen | El Maremagnum se encuentra *en medio del puerto*.<br>port |
| **desde aquí** | von hier aus | Ahora estamos delante del Monumento a Colón. *Desde aquí* podemos ver el puerto y los barcos. |
| **la época** | die Epoche; der Zeitraum | – ¡Uy! ¡Qué vestidos más antiguos!<br>– Sí, son de la *época* de mi abuela. |
| **en esa época** | zu jener Zeit | |
| **el aperitivo** | der Aperitif *(appetitanregendes Getränk vor dem Essen)* | En España es muy típico encontrarse con los amigos para tomar el *aperitivo*. |
| **el chiringuito** | der Imbiss(stand) | |
| las pipas *pl.* | *(geröstete, gesalzene) Sonnenblumenkerne* | |
| **el caramelo** | *hier:* das Bonbon | un *caramelo* |
| en plan rápido | auf die Schnelle | |
| **(por aquel) entonces** | damals | |
| **existir** | existieren; vorhanden sein | Antes *existían* más chiringuitos al final de las Ramblas que ahora.<br>to exist |
| **¡Qué tiempos aquellos!** | Das waren noch Zeiten! | |
| **en todos lados** | überall | |
| comercializar (z→c) | vermarkten, kommerzialisieren | |
| **al fondo** | im Hintergrund | Las torres que se ven *al fondo* son las Torres Olímpicas. |
| **los Juegos Olímpicos** *pl.* | die Olympischen Spiele | En 1992 los *Juegos Olímpicos* de verano se celebraron en Barcelona. |

- seguir todo recto ↑
- girar a la derecha →
- girar a la izquierda ←
- ir hasta el final (de la calle) ↑
- cruzar una calle/una plaza/… ↗
- pasar por delante de … ↑
- bajar por la calle ↘
- subir por la calle ↗
- llegar a →

| | | | |
|---|---|---|---|
| 5 | **la salsa** | *hier:* die Salsa *(Tanz)* | |
| 6 | **exponer (#)** | *hier:* vortragen | Clara tiene que *exponer* un trabajo en la clase de historia. |
| 7 | **curioso/-a** | neugierig | Clara era una niña muy *curiosa.* curious |
| | agobiar a alguien | *hier:* jdn. anstrengen, jdm. auf die Nerven gehen | |
| | **el quiosco** | der Kiosk | |
| | **la paga** | das Gehalt; *hier:* das Taschengeld | *paga* = dinero que dan los padres a sus hijos cada mes/semana |
| | la peseta | die Pesete *(span. Währung vor Einführung des Euro)* | |
| | **entero/-a** | ganz, vollständig | El día de mi cumple la clase *entera* cantó "Cumpleaños feliz". |
| 8 | el recuerdo | die Erinnerung | Clara tiene un buen *recuerdo* de Barcelona. |
| | **tímido/-a** | schüchtern | timid |
| 9 | **histórico/-a** | geschichtlich, historisch | El Monumento a Colón es un monumento *histórico* muy importante. |
| | **comunicarse (c→qu)** | kommunizieren, sich verständigen | Los chicos *se comunican.* to communicate  |
| 12 | guiar (i→í) | führen | |
| | la visita guiada | die Führung | Juan y María han hecho una *visita guiada* por la Barcelona de Gaudí. |
| | **turístico/-a** | touristisch; Touristen- | |
| | **el castellano** | das Spanische, das kastilische Spanisch | Max quiere aprender *castellano* y por eso ha decidido ir un mes a Madrid. |
| 13 | **el/la romano/-a** | der/die Römer/in | Durante la época de los *romanos* Tarragona fue la capital de Hispania. |
| | **tradicional** | traditionell | |
| | **el/la novio/-a** | der/die Freund/in | El *novio* de mi hermana es muy simpático. |
| | **la rosa** | die Rose | una *rosa*  |
| | el/la patrón/-ona | der/die Schutzheilige, -patron/in | |
| | **los Pirineos** *pl.* | die Pyrenäen | Cada año vamos a esquiar a los *Pirineos.* |
| | el rafting | das Rafting | |
| | románico/-a | romanisch | |
| | **el/la artista** | der/die Künstler/in | Salvador Dalí fue un *artista* famoso que vivió en Figueres. artist |
| | surrealista | surrealistisch | |
| | él mismo | er selbst | |
| | **original** | *hier:* originell | |
| | **el castillo** | die Burg |  un *castillo* castle |
| | lo característico | das Charakteristische | |
| | **el monasterio** | das Kloster | monastery |
| | el santuario | der Tempel; die Kapelle | |
| | **la Virgen** | die Jungfrau |  una *virgen* virgin |
| | **el siglo** | das Jahrhundert | Ahora estamos en el *siglo* XXI. |
| | **el coro** | der Chor | |
| | el anfiteatro | das Amphitheater | |

| | | | |
|---|---|---|---|
| | el delta | das Delta |  |
| | **el flamenco** | der Flamingo | un *flamenco* |
| 15 | **patatas bravas/papas bravas** *pl.* | *frittierte Kartoffeln mit scharfer Soße* |  *patatas bravas* |
| | la caña | ein Glas Bier | |
| | **el refresco** | das Erfrischungsgetränk | Clara y Natàlia están en un bar tomando un *refresco*. |
| | recorrer | durchqueren | |
| | de arriba abajo | von oben nach unten | |
| | **arriba** | oben | |
| | **abajo** | unten | |
| | **la atención** | die Aufmerksamkeit | attention |
| | **llamar la atención** | auffallen | En Barcelona *me llamó la atención* que se hablan dos lenguas diferentes. |
| | **el catalán** | das Katalanische | |
| | **el letrero** | das Schild |  Mi casa es tu casa — un *letrero* |
| | **como** | *hier:* da | Hemos decidido hacer la fiesta otra día. *Como* todos están enfermos ... |
| | **(estar #) acostumbrado/-a** | etw. gewohnt sein | Natàlia *está acostumbrada* a hablar catalán con sus amigos. |
| | **la mayoría** | die Mehrheit | En Cataluña la *mayoría* de las clases son en catalán. |
| | **oficial** | amtlich, offiziell | 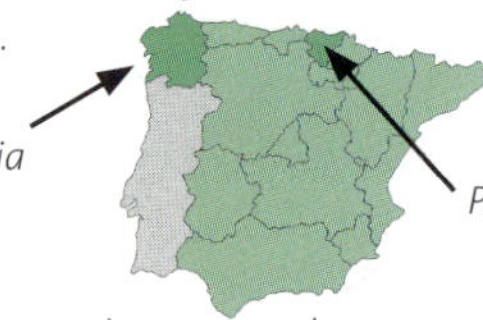 Galicia, País Vasco |
| | **Galicia** *f.* | Galicien | |
| | **el gallego** | das Galicische | |
| | **el País Vasco** | das Baskenland | |
| | **el vasco** | das Baskische | El *vasco* o euskera es una lengua que se habla en el *País Vasco*. |
| | el euskera | das Baskische *(baskische Bezeichnung)* | |
| | **total** | total, vollständig | |
| | **venir de (#)** | *hier:* abstammen von | |
| | **el latín** | das Latein | latin |
| | **el secreto** | das Geheimnis | *secreto* = algo que no se cuenta; secret |
| 19 | el/la narrador/a | der/die Erzähler/in | narrator |
| | observar | beobachten | to observe |
| | a eso de | gegen ... *(zeitlich)* | |
| | asomarse | sich zeigen, erscheinen | |
| | ponerse de brazos | sich mit den Armen aufstützen | |
| | la baranda | das Geländer | |
| | el barrote | die (Eisen)stange | |
| | la acera | der Bürgersteig, der Gehweg | |
| | caer (#) | *hier:* verlaufen | |
| | el cogote | der Hinterkopf; der Nacken | |
| | el pliegue | die Falte | |
| | el pañuelo | das Kopftuch | |
| | dar gusto | Freude/Spaß machen | |
| | el sujeto | *hier:* die Person | |
| | acercarse (c→qu) | sich nähern | |
| | a lo alto | von oben | |
| | pararse | anhalten, stehen bleiben | |

| | | |
|---|---|---|
| el escenario | die Bühne, der Schauplatz | |
| moteado/-a | gefleckt, gesprenkelt | |
| la figura | die Figur; die Gestalt | |
| la fuente | *hier:* der Brunnen | |
| el cemento | der Zement | |
| el/la empleado/-a | der/die Angestellte | |
| más allá | weiter weg | |
| la sombra | der Schatten | |
| la gana | die Lust | |
| estirar | (aus)strecken | |
| abreviar | abkürzen, verkürzen | |

### Algo especial

| | | |
|---|---|---|
| el folleto | die Broschüre | |
| el plano | der Plan | |
| las instrucciones *pl.* | die Anweisungen | instructions |
| ahorrar | sparen | |
| el transporte | der Transport | |
| posible | möglich | |
| llevar algo | etw. mitnehmen | |
| permitir | erlauben, gestatten | to permit |
| el/la estudiante | der/die Student/in | |

## Unidad 2 – La enseñanza

| | | | |
|---|---|---|---|
| | **la enseñanza** | das Bildungswesen; das Bildungssystem | La *enseñanza* ha cambiado mucho; antes había clase los sábados. |
| 2 | **preocupado/-a** | beunruhigt, besorgt | Mis padres están *preocupados* porque mi hermana tiene gripe. preoccupied |
| | **llevar (algo) fatal** | schlecht laufen; sich mit etw. schwer tun | El lunes tengo el examen de geografía y *lo llevo fatal.* |
| | **los estudios** *pl.* | die Studien | |
| | **el viaje de estudios** | die Studienfahrt | La clase de Raúl quiere ir de *viaje de estudios* a Italia. |
| | **salir bien (#)** | *hier:* gelingen, gut laufen | – Estoy muy nerviosa. Mañana tengo un examen de alemán y es muy difícil.<br>– Tranquila, seguro que te va a *salir bien.* |
| | **el/la empollón/-ona** | der/die Streber/in | *empollón/-ona* = persona que estudia mucho y saca buenas notas |
| | **¡Anda ya!** *(col.)* | Ach, komm! *(ugs.)* | – ¿Sabes a quién acabo de ver? Al cantante de Jarabe de Palo.<br>– ¡*Anda ya*! ¡Qué me dices! |
| | ¡Eso no te lo crees ni tú! | Das glaubst du doch selbst nicht! | |
| | **el examen final** | die Abschlussprüfung | |
| | **así que** | so dass | Empezó a llover, *así que* nos quedamos en casa. |
| | **vigilar** | bewachen; aufpassen | El profesor *vigila* a los alumnos durante el examen. |
| | pasear | *hier:* herumgehen | |
| | **la hoja** | das Blatt (Papier) | He perdido una de las *hojas* de mi presentación sobre Dalí. |

| | | | |
|---|---|---|---|
| | **volar** | fliegen | Hacía tanto viento, que los periódicos del quiosco empezaron a *volar*. |
| | **de pronto** | auf einmal, plötzlich | Estaba en la ducha y *de pronto* sonó el móvil. |
| | **¡No me digas!** | Was du nicht sagst! | – Mis padres no me dejan ir al concierto.<br>– ¡*No me digas*! ¿Y qué hacemos ahora? |
| | ¡Jo! *(col.)* | Wahnsinn! | |
| | la dirección | *hier:* das Rektorat | |
| | ¡Qué fuerte! *(col.)* | Wie hart! *(ugs.)* | |
| | flipar *(col.)* | ausflippen *(ugs.)* | |
| | **exigente** | anspruchsvoll; *hier:* streng | Nuestro profesor de educación física es muy *exigente*. Tenemos que correr mucho. |
| | **enterarse** | erfahren | *Me enteré* del accidente por la radio. |
| | **¿De verdad?** | Wirklich? | |
| | **en aquellos tiempos** | zu jener Zeit | |
| | ¡Vaya cosa! | *hier:* Na so was! | |
| | **la experiencia** | die Erfahrung | El viaje a Colombia fue una *experiencia* increíble para todos.<br>experience |
| | **inolvidable** | unvergesslich | |
| 3 | maldito/-a | verflucht, verdammt | |
| 5 | **la reacción** | die Reaktion | |
| | **la decisión** | die Entscheidung | La *decisión* del profesor no gustó a los alumnos.<br>decision |
| | **justo/-a** | gerecht | just |
| 7 | la circunstancia | der Umstand | |
| | **la acción** | die Tat; *hier:* die Handlung | action |
| 8 | apagarse | ausgehen | |
| | **la luz** | das Licht | ¿Puedes encender la *luz*? No veo nada. |
| 9 | **el plano de la ciudad** | der Stadtplan | En la oficina de turismo tienen *planos de la ciudad*. |
| | **la exposición** | *hier:* die Ausstellung | La *exposición* del Museo Picasso fue muy interesante. |
| | **catalán/-ana** | katalanisch | Al tío Juan le encanta la comida *catalana*. |
| »« | **¡Venga ya!** *(col.)* | Ach, komm! *(ugs.)* | – ¡Acabo de leer que mi jugador preferido quiere dejar el Real Madrid!<br>– ¡*Venga ya*! ¡Eso es imposible! |
| | ¡Flipo en colores! *(col.)* | Ich glaub', ich spinne! *(ugs.)* | |
| 10 | **chatear** | chatten | Yolanda *chatea* cada día con sus amigas. |
| | colgarse (o→ue) (g→gu) | sich aufhängen, abstürzen *(Computer)* | |
| | **el cocodrilo** | das Krokodil | un *cocodrilo* |
| 11 | **el intercambio** | der Austausch | |
| | **escolar** | schulisch, Schul- | Marlene hizo un *intercambio escolar* con un instituto español. |
| | **ponerse algo (#)** | *hier:* sich etw. anziehen | Voy a *ponerme* un vestido nuevo para la fiesta del sábado. |
| | **el uniforme** | die Uniform | En el colegio de Valeria, los alumnos tienen que llevar *uniforme*. |
| 13 | **el/la secretario/-a** | der/die Sekretär/in | una *secretaria* |
| 15 | **el sistema** | das System | |
| | **la edad** | das Alter | Los amigos de Jaime tienen todos mi *edad*. |

| | | | |
|---|---|---|---|
| | el nivel | *hier:* die Ebene; das Niveau | |
| | universitario/-a | Universitäts- | |
| | el acceso | der Zugang | |
| | la prueba de acceso | die Zulassungsprüfung | |
| | el título | der Titel; der Abschluss | |
| | técnico/-a | technisch | |
| | superior | obere(r, s) | |
| | el ciclo | der Zyklus | |
| | formativo/-a | (Aus)bildungs- | |
| | el grado | der Grad; die Stufe | |
| | **el título de bachiller** | das Abiturzeugnis | Julio sacó el *título de bachiller* con muy buenas notas. |
| | el/la bachiller | der/die Abiturient/in | |
| | de grado medio | mittleren Grades | |
| | **la formación** | die (Aus)bildung | Es necesario tener una buena *formación* para el futuro. |
| | **profesional** | Berufs-, beruflich | Ana quiere hacer una formación *profesional* de peluquería. professional |
| | **las artes** *pl.* | die Künste | arts |
| | E.S.O. (Educación Secundaria Obligatoria) | *Sekundarstufe des spanischen Schulwesens* | |
| | el título graduado E.S.O. | *Abschluss der Sekundarstufe* | |
| | **la educación** | die (Aus)bildung; die Erziehung | *educación* = enseñanza que se da a los niños y a los jóvenes education |
| | la educación primaria | *(schulische) Grundbildung* | |
| | **obligatorio/-a** | verpflichtend, obligatorisch | |
| | la enseñanza obligatoria | *schulische Pflichtausbildung* | |
| | infantil | Kinder- | |
| 16 | **la carrera** | *hier:* die Karriere, die Laufbahn | |
| | **el/la mecánico/-a** | der/die Mechaniker/in | un *mecánico*  |
| | **la informática** | die Informatik | |
| | **la alternativa** | die Alternative | |
| 17 | la pollera *(Lat.)* | der Rock | |
| | la chompa *(Lat.)* | das Poloshirt | |
| | el polo | das Poloshirt | |
| | la campera *(Lat.)* | die Jacke | |
| | el buzo *(Lat.)* | der Jogginganzug | |
| | la remera *(Lat.)* | das T-Shirt | |
| | el niki | das Nikishirt | |
| | chico | klein | |
| | primero polimodal | *erste Klassenstufe der Educación Polimodal in Argentinien (= Sekundarstufe)* | |
| | **el caso** | der Fall | case |
| | **llevarse bien/mal con alguien** | sich gut/schlecht mit jdm. vertragen | Valeria *se lleva* muy *bien* con sus compañeros y profesores. |
| | **el/la adulto/-a** | der/die Erwachsene | A veces los jóvenes no entienden a los *adultos*. adult |
| | **tutearse** | sich duzen | *tutearse* = hablar usando la forma "tú" |
| | **el respeto** | der Respekt | |

| | | | |
|---|---|---|---|
| | **la adolescencia** | die Jugend | *adolescencia* = época entre niño y adulto |
| | salud y adolescencia | *Gesundheitsunterricht, der besonders die Probleme von Jugendlichen thematisiert* | |
| | **los derechos humanos** | die Menschenrechte | Es importante luchar por los *derechos humanos* en todo el mundo. |
| | **la gimnasia** | die Gymnastik, der Sport | |
| | **el turno tarde** | der Nachmittagsunterricht | |
| | **la tarea** | die Aufgabe; *hier:* die Hausaufgabe | |
| | **práctico/-a** | praktisch | |
| | **reunirse (u→ú)** | sich versammeln | Todos los días Pedro *se reúne* con sus amigos en el recreo y charlan de sus cosas. |
| | **intercambiar** | austauschen | A los alumnos les gusta *intercambiar* ideas entre ellos. |
| | **cómodo/-a** | bequem | |
| | (vos) tenés (= (tú) tienes) | *Form des „voseo" in Argentinien und anderen Ländern Lateinamerikas* | |
| | **el short** | die Shorts | 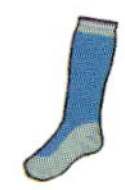 |
| | **las medias** *pl.* | die Strümpfe | una *media* |
| | **en cambio** | dagegen, stattdessen | Habla inglés muy bien, *en cambio* no sabe nada de español. |
| | acá *(Lat.)* | hier | |
| | **un rato** | eine Weile | Esta tarde voy a ir *un rato* de compras. |
| | **arreglar** | in Ordnung bringen; *hier:* vereinbaren, abmachen |  |
| | **el mediodía** | der Mittag | el *mediodía* |
| | **durar** | (an)dauern | El recreo normalmente *dura* media hora. |
| | **los/las demás** *pl.* | die Übrigen *pl.* | |
| | **descansar** | sich ausruhen; sich erholen | |
| | **cordiales saludos** | herzliche Grüße *(Verabschiedung im Brief)* | |
| 19 | el fenómeno | das Phänomen | |
| 20 | el punto | der Punkt | |
| 22 | Lernziel der Übung ist das Erschließen unbekannter Wörter. Daher wird das Vokabular nur im Lehrerhandbuch angegeben. | | |

### Algo especial

| | | |
|---|---|---|
| despectivo/-a | *hier:* geringschätzig | |
| el papel | das Papier; *hier:* der Zettel | |
| trabajador/a | fleißig | |

## Unidad F1 – Leyendas y cuentos

| | | | |
|---|---|---|---|
| | la leyenda | die Legende | |
| | el cuento | die Erzählung; *hier:* das Märchen | Cuando era pequeña, mi madre cada noche me leía un *cuento*. |
| 1 | el dragón | der Drache | un *dragón*  |
| | Había una vez ... | Es war einmal ... | *Había una vez ...* = comienzo típico de un cuento |
| | caminar | gehen | |
| | acercarse (c→qu) | sich nähern | – ¿Dónde estáis? – Ya *nos estamos acercando* a Madrid. |

| | | | |
|---|---|---|---|
| | el sorteo | die Auslosung; das Auslosen | ¿Has participado en el *sorteo* del instituto? |
| | tocarle a alguien (c→qu) | an der Reihe sein | Este año *me ha tocado* preparar la cena de Navidad. |
| | la cueva | die Höhle |  una *cueva* |
| | el caballero | *hier:* der Ritter | |
| | el peligro | die Gefahr | |
| | matar | töten, umbringen | El dragón *mató* a todos los animales del pueblo. |
| | salvar | retten | El caballero *salvó* a la princesa y se casó con ella. |
| | herir (e→ie) | verletzen | |
| | grave | schwer, schlimm | 🇬🇧 grave |
| | la sangre | das Blut | |
| 6 | Érase una vez ... | Es war einmal … | *Érase una vez ...* = comienzo típico de un cuento |

## Unidad 3 – El Perú: pasado y presente

| | | | |
|---|---|---|---|
| | **el pasado** | die Vergangenheit | |
| | **el presente** | die Gegenwart | |
| 1 | **la trampa** | die Falle | |
| | **inca** *(adjetivo)* | Inka- | En 1532 los españoles llegaron a la ciudad *inca* de Cajamarca. |
| | **la riqueza** | der Reichtum | Los españoles sabían que Atahualpa tenía muchas *riquezas*. |
| | **el oro** | das Gold | |
| | **la plata** | das Silber | |
| | el/la conquistador/a | der/die Eroberer/in | |
| | **el/la soldado/-a** | der/die Soldat/in | un *soldado*  |
| | **el inca** | der Inka | Antes de la llegada de los españoles, los *incas* vivían tranquilos. |
| | **el/la jefe/-a** | der/die Chef/in; *hier:* der/die Herrscher/in | |
| | el/la mensajero/-a | der Bote/die Botin | |
| | acampar | campen, zelten; *hier:* lagern | |
| | el ejército | das Heer | |
| | el/la intérprete | der/die Dolmetscher/in | |
| | **el plan** | der Plan | |
| | **poner una trampa a alguien** | jdm. eine Falle stellen | Los españoles *pusieron una trampa* a los incas. |
| | **el/la que** *(pronombre relativo)* | der/die/das *(Relativpronomen)* | Ésta es la amiga de *la que* te hablé ayer. |
| | **engañar** | betrügen; überlisten | Pizarro se llevó mucho oro y plata *engañando* a Atahualpa. |
| | **esconderse** | sich verstecken | Cuando llegaron mis padres, *nos escondimos* rápidamente detrás del sofá. |
| | **el ataque** | der Angriff | Pizarro había preparado un *ataque* contra los incas. 🇬🇧 attack  |
| | en son de paz | in friedlicher Absicht | |
| | **el arma** | die Waffe | 🇬🇧 arm |
| | **lo que ...** | das(jenige), das …, das, was … | El profesor cambió la fecha del examen, *lo que* no gustó nada a los alumnos. |

| | | | |
|---|---|---|---|
| | **fascinar** | faszinieren | Siempre me *ha fascinado* la historia de los incas. |
| | **el muro** | die Mauer | |
| | alrededor | ringsherum | |
| | **matar** | töten, umbringen | *matar* = quitar la vida |
| | capturar | ergreifen, festnehmen; *hier:* gefangen nehmen | |
| | **llenar** | füllen | El Día de la Fiesta Nacional de España las calles se *llenan* de gente. |
| | a cambio de ... | *hier:* im Austausch gegen ... | |
| | **la libertad** | die Freiheit | liberty |
| | **el pueblo** | *hier:* das Volk | Atahualpa fue el último jefe del *pueblo* inca. people |
| | el imperio | das Reich | |
| | **cumplir** | *hier:* erfüllen | Pizarro no *cumplió* su promesa de dar libertad a Atahualpa. |
| | **la promesa** | das Versprechen | promise |
| | **ordenar** | *hier:* befehlen, anordnen | El director *ordenó* a los alumnos salir del colegio. to order |
| | la ejecución | *hier:* die Hinrichtung | |
| | **la explicación** | die Erklärung; *hier:* die Begründung | |
| | **católico/-a** | (römisch-)katholisch | |
| 3 | **la mujer** | die Frau | El ocho de marzo se celebra el Día Internacional de la *Mujer*. |
| 4 | **los/las que** *(pronombre relativo) pl.* | die *pl. (Relativpronomen)* | |
| | **sorprender** | überraschen, befremden | *Me sorprendió* mucho su decisión de mudarse a Valencia. to surprise |
| 5 | el/la gobernador/a | der/die Herrscher/in | |
| | la comunidad | *hier:* die Gemeinde, die Gemeinschaft | community |
| | familiar | familiär, die Familie betreffend | |
| | **los Andes** *pl.* | die Anden | |
| | **recibir** | bekommen, erhalten | Ayer *recibí* una carta de mi abuela. to receive |
| | la cosecha | die Ernte | |
| | **la forma** | die Form, die Art und Weise | No me gusta nada su *forma* de ser. |
| | colectivo/-a | kollektiv, gemeinschaftlich | |
| | **social** | gesellschaftlich, sozial | |
| | común | gemeinsam; gemeinschaftlich | |
| | el pico | *hier:* der Gipfel | |
| | es decir (#) | das heißt, also | |
| | **central** | Zentral-, Mittel- | |
| | alcohólico/-a | alkoholisch | |
| | **el maíz** | der Mais | |
| | conservar | erhalten; *hier:* konservieren | |
| | **Bolivia** *f.* | Bolivien | |
| | **suramericano/-a** | südamerikanisch | |
| | la llama | das Lama | |
| 6 | **la tierra** | die Erde, der Boden | |
| | **seguro/-a** | sicher | secure |

unas plantas de *maíz*

| | | | |
|---|---|---|---|
| | vencer a alguien (venzo) | jdn. besiegen | |
| | mítico/-a | mythisch, Sagen- | |
| | **el héroe** | der Held | hero |
| | **el/la dios/a** | der (heidnische) Gott/die (heidnische) Göttin | |
| | fundar | gründen | |
| | **la organización** | die Organisation | La *organización* del viaje fue una tarea muy difícil. |
| | **el estado** | *hier:* der Staat | |
| | **religioso/-a** | religiös | |
| | **la piedra** | der Stein | una *piedra*  |
| | **el techo** | die Decke; das Dach | |
| | la paja | das Stroh | |
| | **la lana** | die Wolle | He comprado un jersey de *lana*. |
| | **cazar (z→c)** | jagen | A Antonio le gusta ir a *cazar*. |
| | **construir (i→y)** | bauen, errichten | Los Pérez *construyen* una casa con jardín cerca de Madrid. to construct  |
| | recoger (recojo) | *hier:* (ein)sammeln | |
| | la leña | das Brennholz | |
| | tejer | weben | |
| | **cuidar** | *hier:* betreuen, beaufsichtigen | Por las tardes trabajo *cuidando* niños. |
| | **la pausa** | die Pause | |
| | **la caza** | die Jagd | |
| | el/la noble | der/die Adlige | |
| | la familia real | die Königsfamilie | |
| | **la carne** | das Fleisch | ¿Qué prefieres, *carne* o pescado? |
| | por | *hier:* pro | |
| 7 | **el conflicto** | der Konflikt | |
| 8 | mucho antes | lange vorher | |
| 9 | **el bebé** | das Baby | |
| | **morir (o→ue)** | sterben, umkommen | *morir* ≠ nacer |
| 10 | la extensión | die Ausdehnung | |
| | geográfico/-a | geografisch | |
| | **limitar con** | (an)grenzen an | España *limita con* Francia. |
| | **Brasil** *m.* | Brasilien | |
| | **la primavera** | der Frühling | En *primavera* hay muchas flores en el campo. |
| | el hemisferio sur | die südliche (Erd)halbkugel | |
| | **el/la peruano/-a** | der/die Peruaner/in | La mayoría de los *peruanos* vive en grandes ciudades. |
| | **el origen** | der Ursprung; *hier:* die Herkunft | El gazpacho es de *origen* andaluz. origin |
| | quechua | Quechua- | |
| | aymara *(adjetivo)* | Aimara- *(Indigenes Volk in Südamerika)* | |
| | el aymara | *Sprache der Aymara* | |
| | la especie | die Art, die Spezies | |
| | **el mono** | der Affe | un *mono* monkey  |
| | **la selva** | der (dichte) Wald, der Dschungel | En la *selva* viven muchos animales peligrosos. |
| | tropical | tropisch, Tropen- | |
| | la alpaca | das Alpaka | unas *alpacas*  |
| | la foca | die Robbe, der Seehund | |

| | | | |
|---|---|---|---|
| | el pingüino | der Pinguin | |
| | **dividir** | teilen | El profesor *está dividiendo* la clase en dos grupos. to divide |
| | climático/-a | klimatisch, Klima- |  |
| | **la sierra** | die Gebirgskette | |
| | nacer (nazco) | *hier:* entspringen | |
| | **el lago** | der See | el *lago* Titicaca lake |
| | **la frontera** | die Grenze | frontier |
| | la exportación | der Export | |
| | el cobre | das Kupfer | |
| | la caña de azúcar | das Zuckerrohr | |
| | **la tradición** | die Tradition | |
| | indígena | eingeboren, einheimisch; Indio- | |
| | **unos/-as** | etwa, um die … | – ¿Sabes cuánto cuesta un billete de metro? – Me parece que cuesta *unos* dos euros. |
| 12 | **peruano/-a** | peruanisch | |
| 15 | **la electricidad** | die Elektrizität, der Strom | En algunos pueblos del Perú la gente todavía no tiene *electricidad*. |
| | **agua corriente** | fließend Wasser | *agua corriente* = agua que llega a las casas |
| | el kínder | der Kindergarten | |
| | **la naturaleza** | die Natur | A Flora le gusta dar paseos por la *naturaleza*. |
| | la contaminación | die Verseuchung; die Verschmutzung | |
| | **el aire** | die Luft | El *aire* del campo es mejor que el de la ciudad. air |
| | **el tráfico** | *hier:* der Verkehr | En las grandes ciudades hay siempre mucho *tráfico*. traffic |
| | originario/-a | ursprünglich, angeboren, Herkunfts- |  |
| | la miseria | die Armut, das Elend | misery |
| | **el/la campesino/-a** | der Bauer / die Bäuerin | |
| | mantener (#) | *hier:* unterhalten, versorgen | |
| | **la farmacia** | die Apotheke | una *farmacia* |
| | **ofrecer (ofrezco)** | (an)bieten | El ayuntamiento de mi ciudad *ofrece* muchas actividades para jóvenes. |
| 20 | el/la campeón/-ona | der/die Sieger/in; der/die Held/in | |
| | el megáfono | das Megaphon | |
| | la avena | der Hafer | |
| | la reunión | die Versammlung | |
| | recoger (recojo) | *hier:* nehmen | |
| | la selección | die Auswahl; die Auswahlmannschaft | selection |
| | femenino/-a | weiblich | female |
| | el transporte público | der öffentliche Nahverkehr | |
| | la madera | das Holz | |
| | el barro | *hier:* der Lehm | |
| | el/la alcalde/sa | der/die Bürgermeister/in | |
| | la camioneta | der Kleinlaster | |
| | la llegada | die Ankunft | |
| | repartir | verteilen | |

| | | |
|---|---|---|
| el alimento | die Nahrung | |
| el pitido | der Pfiff | |
| cuadrado/-a | quadratisch | |
| el hilo | der Faden | |
| la sandalia | die Sandale | |
| el caucho | der Kautschuk | |
| el premio | der Preis; die Prämie | |
| el/la ganador/a | der/die Gewinner/in | |
| organizar algo (z→c) | etw. organisieren | |
| vender | verkaufen | |
| la artesanía | das Kunsthandwerk | |
| el adobe | der Luftziegel | |
| soñar con (o→ue) | träumen von | |
| parecido/-a | ähnlich | |

**Algo especial**

| | | |
|---|---|---|
| el chullo *(Lat.)* | *typische Wollmütze aus Peru* | el *chullo* |
| el/la tejedor/a | der/die Weber/in | |
| creativo/-a | kreativ | |
| dar vida a algo/a alguien | etw./jdn. zum Leben erwecken | |
| conquistar | erobern | to conquer |
| recorrer | durchqueren; bereisen | |
| tal | so | |
| la pasarela | der Laufsteg | |
| la moda | die Mode | |
| hoy en día | heutzutage | |
| la trama | *hier:* das Strickmuster | |
| distinto/-a | unterschiedlich, verschieden | |
| cualquier/a | irgendein(e, er, s) | |

## Unidad 4 – La familia y los medios

| | | | |
|---|---|---|---|
| 1 | **los medios de comunicación** *pl.* | die Kommunikationsmittel, die Massenmedien | La radio, la televisión y el ordenador son algunos *medios de comunicación*. |
| | **el/la que más/menos** *(+ verbo)* | am meisten/am wenigsten *(+ Verb)* | El móvil es *el* medio de comunicación *que más* uso. |
| | **la serie** | die Serie | ¿Cuál es tu *serie* preferida? |
| 2 | **poner la mesa** | den Tisch decken | Cada noche Juan ayuda a su madre a *poner la mesa*. |
| | **que** | *hier:* weil, denn, da | |
| | **estricto/-a** | streng | La nueva profesora de matemáticas es muy *estricta*. Cada día nos pone deberes. strict |
| | **(el/la) tuyo/-a** *(pronombre posesivo)* | der/die/das deinige, deine(r, s) *(Possessivpronomen)* | Mi hermano me lleva a veces a algún concierto, ¿y *el tuyo*? |
| | **(el/la) mío/-a** | der/die/das meinige, meine(r, s) | – Mi madre no es muy pesada. – Uf, pues *la mía* sí. |
| | el rollo *(col.)* | *hier:* die nervige Angelegenheit *(ugs.)* | |
| | **enfriarse (i→í)** | kalt werden, abkühlen | ¡Venga! ¡Venid a comer que la cena *se enfría*! |
| | **¡Basta ya!** | Genug jetzt! | – Pero papá ... – *¡Basta ya!* Hoy te quedas en casa y no sales. |
| | **acabarse** | enden, zu Ende sein | Oficialmente el verano *se acaba* el 22 de septiembre. |

| | | | |
|---|---|---|---|
| | **¡No te pongas así!** | Jetzt sei doch nicht so! | |
| | **mandar** | schicken | *mandar* = enviar |
| | **tranquilizarse (z→c)** | sich beruhigen | |
| | **dar rabia a alguien** | jdn. wütend machen | *Me da rabia* tener que esperar siempre a Jorge. |
| | **la manera** | die Art, die Weise | |
| | **de esta manera** | auf diese Art und Weise | Oye, no me hables *de esta manera*.  |
| | el turno | *hier:* das Level | |
| | **justo** | genau; gerade | *Justo* antes de acostarse, sonó el teléfono. just |
| | **idiota** | idiotisch, blödsinnig | |
| | **la red** | das Netz *(Internet)* | *red* = el Internet; una *red* 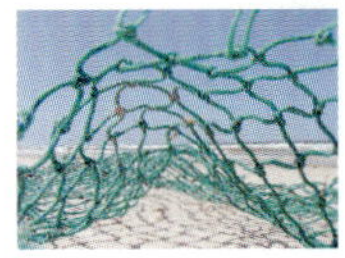 |
| | **desconocido/-a** | unbekannt | |
| | **todo el mundo** | jedermann, alle | *Todo el mundo* sabe cómo funciona un móvil. |
| | **practicar (c→qu)** | ausüben; *hier:* üben | El año pasado estuve en Inglaterra *practicando* mi inglés. to practice |
| | **chino/-a** | chinesisch | Luis no sabe leer *chino*.  |
| | el/la tío/-a | *hier:* der Typ, der Kerl; die Frau, die Tussi *(ugs.)* | |
| | **¿Tú qué sabes?** | Was weißt denn du schon? | |
| | **discutir** | diskutieren, *hier:* streiten | |
| | **tratar a alguien** | jdn. behandeln, mit jdm. umgehen | A veces mis padres *me tratan* todavía como *a* un niño. |
| | **comportarse** | sich benehmen, sich verhalten | Normalmente los alumnos *se comportan* muy bien en clase. |
| | **la receta de cocina** | das Kochrezept | |
| | **navegar (g→gu)** | *hier:* surfen *(Internet)* | A Lucía le encanta *navegar* por Internet. |
| | ¡No pongáis estas caras! | Jetzt macht nicht solche Gesichter! | |
| | **la excusa** | die Ausrede, die Entschuldigung | Paco siempre encuentra una *excusa* para no tener que ordenar su habitación. excuse |
| | el/la chiquillo/-a | das (kleine) Kind | |
| | **de todas formas ...** | wie auch immer ..., jedenfalls ... | No sé si puedo quedar contigo, pero *de todas formas* te llamo luego. |
| | ¡Se acabó! | Schluss jetzt! | |
| 7 | **hacer la compra (#)** | einkaufen *(Lebensmittel)* | Cada sábado *hacemos la compra* todos juntos. |
| 9 | **la orden (las órdenes)** | der Befehl | order |
| 11 | **(ser) adicto/-a a algo** | nach etw. süchtig sein | Algunos jóvenes de hoy *son adictos a* Internet. addicted |
| | **tranquilo/-a** | *hier:* beruhigt | |
| | **utilizar (z→c)** | benutzen, gebrauchen | *utilizar* = usar |
| | **el contacto** | der Kontakt | |
| | **en cualquier momento** | jederzeit | *en cualquier momento* = siempre |
| 13 | **(el/la) suyo/-a** | seine(r); ihre(r) | |
| 15 | **la seguridad** | die Sicherheit | security |
| | **la norma** | die Richtlinie | |
| | el arma de doble filo | das zweischneidige Schwert | |

| | | | |
|---|---|---|---|
| | **el consejo** | der Rat(schlag) | Escucha siempre el *consejo* de un amigo. |
| | **proteger(se) (protejo)** | (sich) schützen | En invierno es muy importante *protegerse* del frío. to protect |
| | llevar(se) | *hier:* (sich) einhandeln | |
| | **desagradable** | unangenehm | *desagradable* ≠ agradable |
| | **evitar** | vermeiden, abwenden | *Evita* comer demasiado rápido. |
| | **revelar** | enthüllen; *hier:* angeben | to reveal |
| | **los datos personales** *pl.* | die Personalien; die Angaben zur Person | |
| | **la dirección** | *hier:* die Adresse | Nunca *reveles* tu *dirección* a desconocidos. |
| | **la cita** | die Verabredung | Pedro tiene una *cita* con una chica de su clase. |
| | **incómodo/-a** | unbehaglich | |
| | respetuoso/-a | respektvoll, taktvoll | |
| | **el rumor** | das Gerücht | *rumor* = algo que se cuenta de otra persona pero no se sabe si es verdad |
| | **el/la enemigo/-a** | der/die Feind/in | enemy |
| | el delito | die Straftat, das Delikt | |
| | la pandilla | *hier:* die Clique | |
| | **descargar (g→gu)** | *hier:* herunterladen, downloaden | *descargar* = sacar programas o canciones del Internet |
| | **el virus** | der Virus *(Informatik)* | |
| | el programa espía | das Spionageprogramm | |
| | abreviar | abkürzen, verkürzen | |
| 16 | **ilegal** | illegal, gesetzeswidrig | Descargar música de Internet puede ser *ilegal.* |
| | sacar (c→qu) | *hier:* herunterladen, downloaden | |
| | instalar | *hier:* installieren | |
| 17 | **la comunicación** | die Kommunikation | |
| 18 | **la ventaja** | der Vorteil | |
| | **el peligro** | die Gefahr | Mucha gente piensa que Internet es un *peligro* para los niños. |
| | **el inconveniente** | der Nachteil | |
| 19 | **ladrar** | bellen | El perro *ladró* toda la noche. |
| 20 | Lernziel der Übung ist das Erschließen unbekannter Wörter. Daher wird das Vokabular nur im Lehrerhandbuch angegeben. | | |

## Algo especial

| | | |
|---|---|---|
| el lenguaje | die Sprache | language |
| el chat | der Chat | |
| el diccionario | das Wörterbuch | dictionary |
| la abreviatura | die Abkürzung | |
| el encuentro | die Begegnung | |
| igual | (genau) gleich; gleichgültig, egal | |

## Unidad 5 – El amor y cosas así

| | | | |
|---|---|---|---|
| 1 | **tener mal de amores** | Liebeskummer haben | Desde hace unos días Julia está muy triste porque *tiene mal de amores.* |
| | el flechazo | der Pfeilschuss | |
| | ser un flechazo *(col.)* | Liebe auf den ersten Blick sein *(ugs.)* | *ser un flechazo* |

| | | | |
|---|---|---|---|
| | **besar a alguien** | jdn. küssen | |
| | **terminar con alguien** | *hier:* mit jdm. Schluss machen *(ugs.)* | *terminar con alguien* = dejar de ser novios con alguien  |
| | **querer a alguien (e→ie)** | jdn. lieben | |
| | **infeliz** | unglücklich | *infeliz* ≠ feliz |
| | **(estar #) celoso/-a** | eifersüchtig (sein) | Mi novio siempre *está celoso* de mis amigos. |
| | **salir con alguien (#)** | *hier:* mit jdm. gehen *(ugs.)* | Mi hermano *sale con* una chica del barrio. |
| 3 | **importar** | von Bedeutung sein, wichtig sein | Me *importa* mucho tu opinión. |
| | **amar** | lieben, gern haben | |
| | **el peluche** | der Plüsch; das Plüschtier | un *peluche*  |
| | **joven** | jung | ¿Crees que soy demasiado *joven* para salir por la noche?   |
| | **prohibir** | verbieten | *prohibir* = no dejar hacer algo; 🇬🇧 to prohibit |
| | **meterse** | *hier:* sich einmischen | Mis padres siempre *se meten* en mis cosas. |
| | **romper** *(participio: roto/-a)* | *hier:* sich trennen, Schluss machen *(ugs.)* | El otro día Pedro *rompió* con su novia y ahora se siente muy solo. |
| | **odiar** | hassen | |
| | **indicar (c→qu)** | anzeigen, angeben | ¡No olvides *indicar* tu edad en la carta! 🇬🇧 to indicate |
| | la redacción | die Redaktion |  |
| | **salir juntos (#)** | *hier:* miteinander gehen, zusammen sein *(ugs.)* | Yolanda y Raúl *salen juntos* desde hace tres meses. |
| | **divertirse (e→ie)** | sich amüsieren | Ayer en la fiesta bailamos todos y *nos divertimos* mucho. |
| | un montón *(col.)* | *hier:* sehr | |
| | **los celos** *pl.* | die Eifersucht; das Misstrauen | La relación de Paco y Ana se terminó por *celos*. |
| | **la separación** | die Trennung | La *separación* de mis padres fue muy dura para toda la familia. 🇬🇧 separation |
| | **pensar (e→ie)** | *hier:* überdenken | Me gustaría *pensar* tranquilamente sobre nuestra relación. |
| | **la dificultad** | die Schwierigkeit | 🇬🇧 difficulty |
| | superar algo | etw. überwinden | |
| | **dudar** | zweifeln | Últimamente no estoy bien con mi novio y *dudo* de todo. |
| 4 | **en todo caso** | allenfalls | No quiero un café, *en todo caso* mejor un refresco.   |
| | **la discusión** | die Diskussion; die Auseinandersetzung | La chica tiene muchas *discusiones* con sus padres. |
| | **sin embargo** | trotzdem, dennoch | Llueve mucho, pero *sin embargo* voy a ir a dar un paseo. |
| | **el/la ex-novio/-a** | der/die Ex-Freund/in | ¡Echo mucho de menos a mi *ex-novio*! |
| 5 | **la respuesta** | die Antwort | Todavía estoy esperando una *respuesta*. |
| | **alegrarse** | sich freuen | *Me alegro* de que tengas un novio muy simpático. |
| | **el cambio** | die (Ver)änderung | |
| | **el acuerdo** | die Vereinbarung; das Übereinkommen | |
| | **llegar a un acuerdo** | sich einigen, eine Vereinbarung treffen | El profesor pudo *llegar a un acuerdo* con los alumnos. |

| | | | |
|---|---|---|---|
| | **aconsejar algo a alguien** | jdm. etw. raten | *Te aconsejo* que veas menos la televisión. |
| | **la paciencia** | die Geduld | A veces no es fácil tener *paciencia* con los hermanos pequeños.<br>patience |
| | **confiar en alguien (i→í)** | jdm. vertrauen | Tengo una muy buena relación con mis padres y por eso ellos *confían en* mí. |
| | **es decir** | das heißt, also | |
| | **puntual** | *hier:* pünktlich | El profesor de ciencias es siempre muy *puntual*. |
| | **recomendar (e→ie)** | empfehlen | Te *recomiendo* este libro, lo leí la semana pasada y me gustó muchísimo.<br>to recommend |
| | **desarrollar** | entwickeln | Es muy importante *desarrollar* una buena relación con los padres. |
| 7 | subjetivo/-a | subjektiv, persönlich | |
| 9 | **el sentimiento** | das Gefühl | |
| | **el alcohol** | der Alkohol | |
| 11 | **la conversación** | das Gespräch | El otro día tuve una *conversación* muy interesante con mi abuelo.<br>conversation |
| | amor | Liebling, Schatz *(Anrede)* | |
| | **¡Vaya!** | *hier:* Ach, komm! | – Mis padres no me dejan ir al concierto.<br>– *¡Vaya!* A lo mejor al final cambian de opinión ... |
| | resultar | sich ergeben, resultieren | |
| | **el correo (electrónico)** | die Post; *hier:* die E-Mail | Teo ha escrito un *correo* a su amiga Marta. |
| 12 | la lotería | die Lotterie | |
| | tocarle a alguien la lotería | im Lotto gewinnen | |
| 14 | molar a alguien *(col.)* | jdm. gefallen | |
| | **(estar #) deprimido/-a** | deprimiert, bedrückt, niedergeschlagen (sein) | Mi hermana *está deprimida* porque todavía no tiene novio. |
| | por lo que me dices | gemäß dem, was du mir sagst | |
| | **el malentendido** | das Missverständnis | Todo el problema empezó por un *malentendido*. |
| | molar mogollón *(col.)* | sehr gefallen | |
| | **el cielo** | der Himmel; *hier:* Schatz *(Anrede)* | |
| 16 | **(estar #) borracho/-a** | betrunken (sein) | *estar borracho* = persona que ha bebido mucho alcohol |
| | partir | *hier:* abreisen, losfahren | |
| | **al principio** | am Anfang, anfangs | *Al principio* no me gustaba nada montar a caballo, pero ahora me encanta. |
| | suspender | *hier:* annullieren, absagen | |
| | el pasaje | die Passage; *hier:* das Ticket | |
| | **la mirada** | der Blick | ¿Estás bien? Hoy tienes una *mirada* triste. |
| | **cargar (g→gu)** | (be)laden | |
| | alejarse | sich entfernen | |
| | **cualquier/a** | irgendein(e, er, s) | – ¿Vamos al cine el jueves o el sábado?<br>– Me da igual, *cualquier* día me va bien. |
| | **borrar** | löschen, streichen | |
| | **sufrir** | *hier:* (er)leiden | Mi madre *sufre* mucho si estoy enferma. |
| | **el equipaje** | das (Reise)gepäck | |
| | **el imagen** | das Bild | Mi amor, sueño cada noche con tu *imagen*.<br>image |

| | | | |
|---|---|---|---|
| | **verdadero/-a** | wahr, tatsächlich, echt | ¿Lo que me estás contando es una historia *verdadera*? |
| 20 | **la amistad** | die Freundschaft | *amistad* = ser amigos  |
| 21 | la medianoche | die Mitternacht | |
| | de chico/-a | als Kind | |
| | la arena | der Sand | |
| | la guerra | der Krieg | |
| | la galaxia | die Galaxie | |
| | disfrazar (z→c) | verkleiden; maskieren | Alfonso y Clara *se disfrazan* en Carnavales.  |
| | el robot | der Roboter | |
| | la pirueta | die Pirouette | |
| | el modelo | das Modell | |
| | el ajedrez | das Schach | |
| | rezar (z→c) | beten | |
| | ocultar | verbergen; verschweigen | |
| | atractivo/-a | anziehend, attraktiv | |
| | el monstruo | das Monster | |
| | la ciencia ficción | die Science-Fiction | |
| | el peinado | die Frisur | |
| | el vestido | die Bekleidung; *hier:* das Kleid | |
| | el actor/la actriz | der/die Schauspieler/in | actor |
| | la telenovela | die Daily Soap, die Telenovela | |
| | no tener ni un pelo de tonto *(col.)* | kein bisschen blöd sein *(ugs.)* | |
| | por lo menos | zumindest, wenigstens | |
| | traicionara *(subj. de imperfecto)* | er/sie betrog | |
| | imperdonable | unverzeihlich | |
| | ocurrir | geschehen, sich ereignen | |
| | aparecer (aparezco) | erscheinen | to appear |
| | el ramo | der Strauß | |
| | considerar | halten (für), betrachten (als) | to consider |
| | lindo/-a | hübsch, schön | |
| | de cerca | von Nahem | |
| | cuchichear | tuscheln, flüstern | |
| | acercarse (c→qu) | sich nähern | |
| | el pibe *(Lat.)* | der Junge | |
| | el modo | die Art, die Weise | |
| | el cabello | das Haar | |
| | castaño/-a claro | hellbraun | |
| | gigante | riesig | |
| | el miel | der Honig | |
| | caminar | gehen | |
| | la gracia | die Anmut | grace |

**Algo especial**

| | | |
|---|---|---|
| la llegada | die Ankunft | |
| el vals | der Walzer | |
| la celebración | die Feier | celebration |
| crecer (crezco) | aufwachsen | |
| la felicidad | das Glück | |
| principal | Haupt-, hauptsächlich; wesentlich | |
| el salón de belleza | der Schönheitssalon | |
| arreglar | *hier:* zurechtmachen | |

| | | | |
|---|---|---|---|
| | la uña | der (Finger)nagel | |
| | el adorno | der Schmuck; die Verzierung | |
| | la razón | *hier:* der Grund | reason |
| | considerar | *hier:* einschätzen, betrachten | |
| | deber | müssen | |
| | responsable | verantwortlich | responsible |
| | les *(Lat.)* | *hier:* euch *(in Lateinamerika statt 2. Pers. Pl.)* | |
| | el brindis | der Trinkspruch, der Toast | |
| | dirigir (dirijo) | führen, lenken | |
| | seguir (e→i) | *hier:* folgen | |
| | repartir | verteilen | |
| | el pastel | die Torte | |

## Unidad 6 – Jóvenes contra la violencia

| | | | |
|---|---|---|---|
| | **la violencia** | die Gewalt | La *violencia* entre los jóvenes es un gran problema. violence |
| 1 | caer en manos de alguien | in jemandes Hände geraten | |
| | ¿Lleváis tiempo ya en este instituto? | Seid ihr schon länger hier in dieser Schule? | |
| | el/la pijo/-a | der/die Schickimicki *(ugs.)* | |
| | **insoportable** | unerträglich | El hijo de mi vecino me parece *insoportable.* Hace mucho ruido. |
| | **soportar** | aushalten | El nuevo profesor de matemáticas me cae muy mal. No lo *soporto.* to support |
| | **la risa** | das Lachen | Mi hermana es muy alegre y siempre tiene una *risa* para todos. |
| | Sí, cualquiera ... | *hier:* Von wegen ...! | |
| | **recordar (o→ue)** | sich erinnern | *recordar* = acordarse |
| | **la pareja** | das Paar; der/die Partner/in | Ésta es María, mi *pareja* para el baile del instituto. |
| | **en parejas** | paarweise, zu zweit | |
| | **pegar (g→gu)** | schlagen, (ver)prügeln | Juan está triste porque la semana pasada le *pegaron* en el recreo. |
| | **exagerar** | übertreiben | – Mi novio es el chico más guapo de España. – ¡Venga, no *exageres* tanto! to exaggerate |
| 2 | **comentar** | besprechen; kommentieren | ¿Tienes un minuto? Me gustaría *comentarte* una cosa. |
| | **continuar (u→ú)** | fortfahren, weitergehen | Esta semana *continúa* el buen tiempo en Galicia. to continue |
| 3 | **mostrar (o→ue)** | zeigen | *Muéstrame* las fotos de las últimas vacaciones, por favor. |
| | **pedir ayuda a alguien (e→i)** | jdn. um Hilfe bitten | Al final Yolanda decidió *pedir ayuda* a Lucía. |
| | **analizar (z→c)** | analysieren; *hier:* (über)prüfen | Las chicas *analizan* la situación tranquilamente. |
| | **el comportamiento** | *hier:* das Verhalten | No me gusta el *comportamiento* de este compañero. |
| | **la protección** | der Schutz | |

| | | | |
|---|---|---|---|
| | **el/la tutor/a** | der/die Tutor/in | Este año tenemos una *tutora* muy simpática. |
| 4 | el acoso | die Verfolgung | |
| | **el acoso escolar** | das „Bullying", die Gewalt in der Schule | Debemos hacer algo contra el *acoso escolar*. |
| | **preocupar** | beunruhigen, sich Sorgen machen | A mi padre le *preocupa* mucho el futuro de sus hijos. |
| | (estar #) depre *(col.)* | down sein *(ugs.)* | |
| | ¡Tranqui! (= ¡Tranquilo/-a!) *(col.)* | Beruhige dich! | |
| | **ocurrir** | geschehen, sich ereignen | Ayer *ocurrió* algo maravilloso. to occur |
| | **llevar** *(+ Zeitraum) (+ gerundio)* | seit *(+ Zeitraum)* etw. tun | Carlos y David *llevan dos años estudiando*. |
| | **¡Anda!** | *hier:* Los! | |
| | **la vergüenza** | das Schamgefühl; die Schande | |
| | **dar vergüenza** | sich schämen, peinlich sein | |
| | **acercarse (c→qu)** | sich nähern | |
| | **el/la chaval/a** *(col.)* | der Junge, das Mädchen | |
| | **hacer caso a alguien** | jdn. beachten | Las amigas no le *hacen caso* a la chica nueva. |
| | **seguir (e→i)** *(+ gerundio)* | fortfahren, weitermachen etw. zu tun | ¿Quieres *seguir caminando* o prefieres tomar el autobús? |
| | **insultar a alguien** | jdn. beschimpfen, beleidigen | El otro día unos chavales *insultaron a* Jorge. |
| | la patada | der Fußtritt | |
| | dar patadas | *hier:* treten | |
| | ¡Perderos todos por ahí! | Haut alle ab!, Macht, dass ihr wegkommt! | |
| | **amenazar (z→c)** | drohen | Mi padre me *ha amenazado* con no salir por la noche. |
| | **gritar** | *hier:* anschreien | ¡No *grites* tanto, por favor! |
| | **marcharse** | weggehen | ¿*Os marcháis* ya? Pero si todavía es muy pronto. |
| | **volver a** *(+ inf.)* **(o→ue)** | wieder *(+ Inf.)* | Hoy *he vuelto a llegar tarde* al colegio. |
| | chivarse *(col.)* | petzen *(ugs.)* | |
| | **llorar** | weinen | No *llores*, todo tiene una solución. |
| | **parar** | aufhören, innehalten | ¡Qué hambre tengo hoy! ¡No puedo *parar* de comer! |
| | **avisar** | benachrichtigen, Bescheid sagen | Si tenéis algún problema, *avisad* al tutor. to advise |
| 5 | **desordenado/-a** | unordentlich | Mi hermana es muy *desordenada*. |
| 6 | **ignorar** | ignorieren, nicht beachten | *ignorar* = no hacer caso |
| 8 | **el significado** | die Bedeutung | ¿Sabes el *significado* de esta palabra? |
| 9 | **estar en forma** | in Form sein | Mi padre hace mucho deporte porque quiere *estar en forma*. |
| 11 | **un montón (de) ...** | ein Haufen ..., unheimlich viel(e) ... | En el estadio había *un montón de* gente. |
| | **grabar** | *hier:* brennen *(CD)* | ¿Me puedes *grabar* este CD? |
| | **la lista** | die Liste | |
| | **la lista de la compra** | der Einkaufszettel | Mamá, ¿dónde está la *lista de la compra*? |
| 12 | **pedir un favor a alguien** | jdn. um einen Gefallen bitten | Mario, ¿te puedo *pedir un favor*? |
| | **prestar** | (aus)leihen, borgen | ¿Me *prestas* la bicicleta, por favor? |

| | | | |
|---|---|---|---|
| 15 | **probable** | wahrscheinlich | Es *probable* que llueva esta semana.<br>probably |
| | tener(le) manía a alguien | jdn. nicht leiden können | |
| | ¡Yo qué sé! | Was weiß ich! | |
| | el caso es que ... | jedenfalls | |
| | ¡Jo! *(col.)* | *hier:* Ach!, Mensch! | |
| | estar hecho un lío *(col.)* | völlig durcheinander sein | |
| | **burlarse de algo/alguien** | sich über etw./jdn. lustig machen | Algunos chicos *se burlan de* Jorge porque es un poco gordito. |
| | **agobiarse** | *hier:* niedergeschlagen, deprimiert sein | Durante el concierto *me agobié* y me fui. |
| | **posible** | möglich | Es *posible* que mañana te llame mi madre.<br>possible |
| | el buscador | die Suchmaschine | |
| | **el aula** ("el" ante sust. fem. que empieza con "a") | das Klassenzimmer | ¿Dónde está el *aula* de informática? |
| | **la víctima** | das Opfer | Jorge fue *víctima* de acoso escolar.<br>victim |
| | **el ánimo** | das Gemüt; der Mut | |
| | **¡Ánimo!** | Kopf hoch! | *¡Ánimo!* Todo va a salir bien. |
| 17 | **respetar** | respektieren, achten | Es muy importante *respetar* a los compañeros. |
| | golpear | schlagen | *golpear* = pegar |
| 19 | **reconocer (reconozco)** | *hier:* zugestehen, einräumen | *Reconozco* que cogí tu móvil sin decir nada. |
| | **aprovechar** | (aus)nutzen | Venga, vamos a *aprovechar* el buen tiempo para pasar el día en la playa. |
| | **la ocasión** | die Gelegenheit | Esta *ocasión* es única.<br>occasion |
| | **mejorar** | verbessern | Mucha gente piensa que la tecnología *ha mejorado* nuestras vidas. |
| | **la compañía** | die Begleitung | Me gusta mucho tu *compañía*.<br>company |
| | **callarse** | schweigen | ¡*Cállate*, por favor! Tengo dolor de cabeza. |
| | **valer (valgo)** | kosten; *hier:* wert sein; etw. taugen | ¡Tú *vales* mucho! |
| | **el cuento** | die Erzählung;<br>*hier:* das Märchen | A mi hermana pequeña le gustan mucho los *cuentos* de princesas. |
| | **mentir (e→ie)** | lügen | Si *mientes* otra vez, te vas a quedar sin amigos. |
| | **acabar** | beenden, abschließen | ¿*Has acabado* ya el trabajo de historia? |
| 23 | vasco/-a | baskisch | |
| | estrenar | zum ersten Mal aufführen, uraufführen | |
| | meterse en algo | *hier:* sich um etw. kümmern | |
| | meterse en problemas | in Schwierigkeiten geraten | |
| | meter a alguien | jdn. beteiligen, jdn. in etw. verwickeln | |
| | reproducirse (reproduzco) | *hier:* sich wiederholen, wieder geschehen | |
| | multiplicarse (c→qu) | sich vermehren | |
| | dar a alguien una leche *(col.)* | jdn. ohrfeigen | |
| | a partir de ... | ab ..., von ... an | |
| | la escuela | die Schule | |

| | | |
|---|---|---|
| la noticia | die Nachricht | notice |
| nosédónde *(col.)* | was weiß ich wo *(ugs.)* | |
| suicidarse | sich umbringen, Selbstmord begehen | to suicide |
| nosécuantos *(col.)* | was weiß ich wie viele *(ugs.)* | |
| linchar | lynchen | |
| la denuncia | die (Straf)anzeige | |
| ¡Joder! *(col.)* | Scheiße, verdammt (noch mal)! *(ugs.)* | |
| el buitre | der Geier | |
| dispararse | *hier:* losgehen; sich verteilen | |
| declarar | erklären | |
| ante | vor | |
| el/la juez/a | der/die Richter/in | |
| vender | verkaufen | |
| dentro | drinnen, innen | |
| deberíamos *(condicional)* | wir müssten | |
| solucionar | lösen | |
| la convivencia | das Zusammenleben | |
| pinchar *(col.)* | *hier:* versagen *(ugs.)* | |
| fuera | außerhalb, draußen | *fuera* ≠ dentro |
| perdonar | verzeihen, vergeben | |
| blando/-a | sanft, weich | |
| relacionarse | in Beziehung treten, Kontakt haben | |
| terrible | schrecklich, furchtbar | terrible |
| la ley | das Gesetz | |
| la jungla | der Dschungel | |

**Algo especial**

| | | |
|---|---|---|
| el lenguaje juvenil | die Jugendsprache | |
| pirarse *(col.)* | verschwinden, abhauen *(ugs.)* | |
| ¡Pasa de mí, pírate! *(col.)* | Lass mich, hau ab! *(ugs.)* | |
| ¡Vaya morro que tienes! *(col.)* | So eine Unverschämtheit! | |
| ¡Qué cara más dura! | Wie unverschämt! | |
| ¡Había un montón de peña! *(col.)* | Es war proppenvoll! *(ugs.)* | |
| ¡Qué rollo! *(col.)* | Wie nervig! *(ugs.)* | |
| ¡Se te va la pinza! *(col.)* | Du bist wohl bescheuert! *(ugs.)* | |
| ¡Meca! *(col.)* | Verdammt! | |

## Unidad F2 – Música de España y Latinoamérica

| | | |
|---|---|---|
| el estilo | der Stil | ¿Qué *estilo* de música te gusta más? |
| clásico/-a | klassisch | |
| la cumbia | *traditionelle kolumbianische Musik* | |
| el flamenco | der Flamenco | El *flamenco* se toca y se baila sobre todo en Andalucía. |
| el heavy metal | das Heavy Metal | |
| el hip hop | der Hip Hop | |
| el jazz | der Jazz | |
| el pop | der Pop | |
| el rock | der Rock | |
| el tango | der Tango | |
| el tecno | der Techno | |

| | | | |
|---|---|---|---|
| | el estribillo | der Refrain | Me encanta el *estribillo* de esta canción. |
| | la estrofa | die Strophe | Esta canción tiene cuatro *estrofas*. |
| | la melodía | die Melodie | |
| | el ritmo | der Rhythmus | Este grupo toca con mucho *ritmo*. |
| | el sonido | der Ton; der Klang | El *sonido* de este equipo de música es muy bueno. |
| | sonar (o→ue) | *hier:* ertönen, erklingen | Me gusta mucho como *suena* tu móvil. |
| | la flauta | die Flöte |  una *flauta* |
| | el tambor | die Trommel | un *tambor* |
| | la trompeta | die Trompete | una *trompeta* |
| | el violín | die Geige, die Violine | un *violín* |
| | emocional | emotional | |
| | lento/-a | langsam | *lento* ≠ rápido |
| | melancólico/-a | melancholisch | Sergio es una persona muy *melancólica*. |
| | monótono/-a | monoton | |
| | rítmico/-a | rhythmisch | |
| | sentimental | sentimental | |
| | vivo/-a | lebendig | – ¿Te gustan las canciones lentas? – No, prefiero los ritmos *vivos* y alegres. |
| | la banda | *hier:* die Band | Mi hermano toca en una *banda* de heavy metal. |
| | el canto | das Singen; der Gesang | Los miércoles voy a clase de *canto*. |
| | la orquesta | das Orchester | |
| 1 | el MP3 | die MP3-(Datei) | |
| 2 | político/-a | politisch | |
| 3 | regaíto/-a | *hier:* benetzt | |
| | tol (= todo el) día | den ganzen Tag lang | |
| | pá (= para) | für | |
| | despierto/-a | wach; aufgeweckt, rege | Normalmente a las 8:00 ya estoy *despierta*. |
| | soñar (o→ue) | träumen | Esta noche *soñé* contigo. |
| | la luna | der Mond |  |
| | la choza | die Hütte | |
| | la rama | der Ast | El árbol tiene muchas *ramas*. |
| | crecer (crezco) | *hier:* wachsen | En este campo *crecen* muchas flores. |
| | la hierbabuena | die Minze | |
| | toas (= todas) | alle | |
| | la brisa | die Brise | |
| | Venus | *römische Göttin der Liebe* | |
| | malvivir | in schlechten Verhältnissen leben | |
| | la sociedad | die Gesellschaft | society |
| | marginal | Rand- | |
| | rodea'os (= rodeados) de | umgeben von | |
| | la pobreza | die Armut | La *pobreza* es un problema muy importante de nuestra *sociedad*. |
| | el sufrimiento | das Leiden | Su abuelo murió después de mucho *sufrimiento*. |
| | excluir (i→y) | ausschließen | to exclude |
| | condenar | verurteilen, verdammen | |
| | el silencio | die Stille; das Schweigen | *Silencio*, por favor. El niño duerme. silence |
| | alzar (z→c) | *hier:* erheben | |
| | la justicia | die Gerechtigkeit | justice |
| | la muralla | die Mauer | la *muralla* de Ávila  |

| | | |
|---|---|---|
| la sangre | das Blut | |
| la mentira | die Lüge | *mentira* ≠ verdad |
| el petróleo | das (Erd)öl | petrol |
| el tanque | der Panzer | |
| la esperanza | die Hoffnung | Tengo la *esperanza* de encontrar algún día el amor de mi vida. |
| secar (c→qu) | trocknen | *He secado* los platos de la cena. |
| la lágrima | die Träne | Sus ojos estaban llenos de *lágrimas*. |
| la calefacción | die Heizung | ¡Qué frío hace hoy! Voy a poner la *calefacción*. |
| la bola | die Kugel | Durante el recreo hicimos *bolas* de nieve. |
| la cera | das Wachs | |
| gigante | riesig | *gigante* = muy grande |
| exigir (exijo) | fordern | El profesor *exigió* una explicación a sus alumnos. |
| el máximo | das Maximum | |
| culpable | schuldig | culpable |
| el corazón | das Herz; *hier:* Liebling | |
| el perdón | die Verzeihung | *¡Perdón!* ¿Me puedes ayudar un momento? |
| feo/-a | häßlich | *feo* ≠ guapo |
| Érase una vez ... | Es war einmal … | |
| el reino | das Reich | |
| lejano/-a | fern | |
| rendirse (e→i) | sich ergeben; sich beugen | |
| el sueño | der Schlaf; *hier:* der Traum | El otro día tuve un *sueño* muy raro. |
| la eternidad | die Ewigkeit | La película duró una *eternidad*. eternity |
| el rito | der Ritus, das Ritual | |
| la brujería | die Hexerei, die Zauberei | |
| el alma ("el" ante sust. fem. que empieza con "a") | die Seele | Te amo con toda el *alma*. |
| atrás | zurück | No mires *atrás* y piensa en el futuro. |
| rezar (z→c) | beten | |
| dar paso a ... (#) | führen, Zutritt verschaffen | Ahora vamos a *dar paso al* siguiente grupo. |
| el ritual | das Ritual | |
| la maldición | der Fluch | |
| el bosque | der Wald | Cerca de mi casa hay un *bosque* muy bonito para dar un paseo.  |
| hechizar (z→c) | verhexen | |
| el mal | das Böse, das Übel | |
| la luna llena | der Vollmond | Los días de *luna llena* no duermo bien. |
| la pieza | *hier:* das Teil | |
| fundamental | grundlegend, fundamental | Saber escribir y leer es *fundamental* en esta vida. |
| el puzle | das Puzzle | El año pasado hice un *puzle* de mil *piezas*. |
| inspirar | einatmen; inspirieren | |
| resistir | standhalten, widerstehen | to resist |
| 6 la canción ranchera | das Folk-Lied | |
| el mariachi | der Mariachi |  un *mariachi* |
| el/la esclavo/-a | der Sklave / die Sklavin | |
| africano/-a | afrikanisch | |
| ser de noche | dunkel sein | |
| hoy en día | *hier:* heute | *Hoy en día* la gente se comunica por mensaje corto. |

| | | | |
|---|---|---|---|
| | la tecnocumbia | die Techno-Cumbia | |
| | el son | *afro-karibische Musikrichtung* | |
| | la mezcla | die Mischung | Me gusta la *mezcla* de sonidos africanos. |
| | indígena | eingeboren, einheimisch; Indio- | |
| | el Caribe | die Karibik | |
| | tal como | (genau)so wie | *Tal como* me dijiste ocurrió. |
| | el huayno | *Tänze und Musik aus präkolumbischer Zeit* | |
| | la influencia | der Einfluss | Tus amigos son una buena *influencia* para ti. <br> influence |
| | el acordeón | das Akkordeon | La chica toca el *acordeón*. |

## Unidad 7 – Turismo y medio ambiente

| | | | |
|---|---|---|---|
| | **el turismo** | der Tourismus | |
| | **el medio ambiente** | die Umwelt | ¿Cómo podemos proteger el *medio ambiente*? |
| 1 | **cultural** | kulturell, Kultur- | El profesor de historia quiere hacer una excursión *cultural* a Toledo. |
| | **realizar (z→c)** | verwirklichen; ausführen | to realise |
| | **individual** | individuell; Einzel- | A mí me encanta el *turismo individual* porque es muy emocionante. |
| | la ruina | *hier:* die Ruine | |
| | **la costumbre** | die (An)gewohnheit; *hier:* der Brauch | Cada país tiene sus propias *costumbres*. |
| | **la aventura** | das Abenteuer | adventure |
| | inusual | ungewöhnlich, außergewöhnlich | unusual |
| | el desafío | die Herausforderung | |
| | **deportivo/-a** | Sport-; sportlich | A mi hermano le encantan los espectáculos *deportivos*. |
| | **escalar** | bergsteigen; klettern | |
| | **(estar) relacionado/-a con** | zusammenhängen mit, in Zusammenhang stehen mit | El turismo cultural *está relacionado con* la visita de monumentos o museos. |
| | la categoría | die Kategorie | |
| | **definido/-a** | deutlich, festgelegt | |
| | **vario/-a** | unterschiedlich, verschieden | Este verano he estado en *varias* ciudades de Alemania. <br> varied |
| | el InterRail | das InterRail | |
| | la caravana | *hier:* das Wohnmobil | caravan |
| | **la tienda de campaña** | das Zelt | una *tienda de campaña* |
| | **el destino** | *hier:* das Fahrziel | Este autobús sale con *destino* a Oviedo. <br> destination |
| | **fijo/-a** | fest; *hier:* festgelegt | |
| | **parar** | anhalten, stehen bleiben | ¿*Para* el tren en este pueblo? |
| | darle la gana a alguien *(col.)* | wollen, Lust haben | |
| | referirse a (e→ie) | sich beziehen auf | |
| | **organizado/-a** | organisiert | |
| | **alojarse** | sich einquartieren | Mi tío *se alojó* en un hotel muy caro de Madrid. |
| | **el descanso** | das Ausruhen, die Erholung | Creo que necesito un *descanso*. Hoy ya he estudiado bastante. |
| | **la diversión** | das Vergnügen | |

| | | | |
|---|---|---|---|
| | **incluir (i→y)** | umfassen, beinhalten | |
| | todo incluido | *hier:* „all inclusive" | |
| | **aparte** | *hier:* extra, zusätzlich | Lo siento, las bebidas se pagan *aparte*. |
| | **consumir** | verzehren, konsumieren | Es peligroso *consumir* mucho alcohol. |
| | rural | ländlich; landwirtschaftlich | |
| | rústico/-a | rustikal, ländlich schlicht | |
| | **huir (i→y)** | fliehen | |
| | **el estrés** | der Stress | Últimamente mi madre tiene mucho *estrés* en el trabajo. |
| | el agroturismo | der Land-Tourismus; Ferien auf dem Bauernhof | |
| | **el/la granjero/-a** | der/die Landwirt/in; der Bauer/die Bäuerin | *granjero/-a* = persona que trabaja en una granja |
| 2 | **el transporte** | der Transport | |
| 4 | **la temporada** | die Zeit; die Saison | En septiembre empieza la *temporada* de fútbol. |
| | **la temporada alta/baja** | die Hauptsaison/die Nebensaison | |
| | estar a tope de trabajo | bis zum Hals in Arbeit stecken | |
| | **el apartamento** | das Apartment | |
| | **la reserva** | *hier:* die Reservierung | María, ¿has hecho ya la *reserva* del hotel? |
| | ¡uf! | Mensch! | |
| | **mal educado/-a** | unerzogen, schlecht erzogen | Algunos turistas son muy *mal educados*. |
| | **la basura** | der Abfall | |
| | **organizar algo (z→c)** | etw. organisieren | ¿Qué te parece si *organizamos* una fiesta sorpresa para Judit? |
| | **ocupado/-a** | beschäftigt; besetzt | – ¿Vamos a tomar algo?<br>– ¡Uf! ¡Lo siento! Estoy muy *ocupado*.<br>🇬🇧 occupied |
| | ¡Qué rollo! *(col.)* | Wie nervig! *(ugs.)* | |
| | popular | Volks-, volkstümlich | 🇬🇧 popular |
| 7 | **hablar en voz alta/baja** | laut/leise sprechen | Por favor, ¿podéis *hablar en voz baja*? |
| | **la propina** | das Trinkgeld | ¡Qué camarero más simpático! Le vamos a dejar una buena *propina*. |
| | **cierto** | gewiss | ¿Es *cierto* que has ganado un viaje a Colombia? |
| | **el sitio** | der Platz, die Stelle | |
| 8 | **quedar** | *hier:* übrig bleiben | ¡Qué pena! No *quedan* entradas para el concierto del viernes. |
| 9 | **el alemán/la alemana** | der/die Deutsche | |
| | **traducir (traduzco)** | übersetzen | *Traduce* las respuestas al alemán. |
| | **acostumbrarse** | sich (an)gewöhnen | Ya *me he acostumbrado* a los ruidos de la gran ciudad. |
| 10 | Érase una vez ... | Es war einmal ... | |
| | **la llegada** | die Ankunft | Con la *llegada* de los grandes *cruceros* la vida en Acapulco ha cambiado mucho. |
| | el crucero | das Kreuzfahrtschiff | |
| 11 | transmitir | übermitteln; vermitteln | 🇬🇧 to transmit |
| | **el anuncio** | *hier:* die Werbeanzeige | Antes de organizar un viaje miro los *anuncios* en Internet. |
| 12 | **aumentar** | zunehmen | |

| | | | |
|---|---|---|---|
| | **la feria** | die Messe; das Fest; der Jahrmarkt | fair |
| | **el interés** | das Interesse, die Bedeutung | Tengo mucho *interés* por esta película. |
| | **atractivo/-a** | anziehend, attraktiv | |
| 14 | **el proyecto** | das Projekt, der Plan | |
| 15 | **distinto/-a** | unterschiedlich, verschieden | El español y el vasco son dos lenguas muy *distintas*. distinct |
| | **el argumento** | das Argument | |
| 16 | el parque acuático | der Wasser(erlebnis)park | |
| | **el desierto** | die Wüste | un *desierto* desert  |
| 17 | la Expo (= exposición) | die Expo | |
| | **celebrarse** | gefeiert werden, stattfinden | |
| | **el desarrollo** | die Entwicklung, das Wachstum | Todos podemos ayudar al *desarrollo* de los pueblos pobres. |
| | sostenible | nachhaltig | |
| | la mascota | das Maskottchen | |
| | **ahorrar** | sparen | Para *ahorrar* dinero no voy al cine este mes. |
| | **crecer (crezco)** | zunehmen; *hier:* wachsen | El árbol en nuestro jardín ha *crecido* mucho. |
| | **la importancia** | die Bedeutung | importance |
| | **alimentar** | ernähren | Necesitamos agua y comida suficiente para *alimentar* a todos. |
| | la reserva | *hier:* der Vorrat, die Reserve | |
| | **el agua dulce** | das Süßwasser | *agua dulce* ≠ agua salada / agua del mar |
| | **limitado/-a** | knapp, begrenzt | limited |
| | **reducir (reduzco)** | reduzieren, verringern | En el futuro tendremos que *reducir* la contaminación. |
| | la catástrofe | die Katastrophe | |
| | **el cambio climático** | der Klimawandel | |
| | **tener que ver con algo** | mit etw. zu tun haben | El turismo cultural no *tiene* nada *que ver con* el turismo de aventura. |
| | **subir** | *hier:* (an)steigen | El agua del río *ha subido* mucho este fin de semana. |
| | **aún** | noch | *aún* = todavía |
| | **la temperatura** | die Temperatur | |
| | **bajar** | *hier:* sinken | Este año los precios de los ordenadores *han bajado* un poco. |
| | la escasez | die Knappheit | |
| | **bañar(se)** | (sich) baden | ¿Dónde te gusta *bañarte* más, en la playa o en la piscina? |
| | la frecuencia | die Häufigkeit | |
| | **actuar (u→ú)** | handeln | |
| 20 | **la luna** *("Luna" cuando se refiere al satélite)* | der Mond | la *luna*  |
| | necesitado/-a | bedürftig | |
| 23 | el poema | das Gedicht | poem |
| | el concurso | *hier:* der Wettbewerb | |
| | el tesoro | der Schatz | |
| | deber | müssen | |
| | clave | Schlüssel- | |
| | afortunado/-a | glücklich | |
| | contaminar | verseuchen, verschmutzen | |
| | de sobra | im Überfluss | |

| | | |
|---|---|---|
| rozar (z→c) | berühren; streifen | |
| el esplendor | der Glanz | |
| observar | beobachten | to observe |
| admirar | bewundern | to admire |
| hermoso/-a | wunderschön; herrlich | |
| plantar | pflanzen | |
| decir al oído de alguien | jdm. etw. vertraulich sagen | |
| solitario/-a | allein, einsam | solitary |
| marginado/-a | ausgegrenzt, diskriminiert | |
| responder | antworten, erwidern | *responder* = contestar<br>to respond |
| causar | verursachen | |
| el humano | der Mensch | human |
| apoyar | stützen; unterstützen | |
| solicitar | ersuchen, bitten | |
| prestar | *hier:* leisten, gewähren | |
| implorar | (an)flehen, flehentlich bitten | |

**Algo especial**

| | | |
|---|---|---|
| el test | der Test | |
| el porcentaje | der Prozentsatz, der Anteil | |
| el agua potable | das Trinkwasser | |
| por falta de ... | mangels ... | |
| limpio/-a | sauber | |
| la higiene | die Hygiene, die Körperpflege | |
| gastar | *hier:* verbrauchen | *gastar* ≠ ahorrar |
| el grifo | der (Wasser)hahn | |
| gotear | tropfen | |
| el pez | der Fisch *(lebendiges Tier)* | un *pez* |
| el delfín | der Delfin | |

# MINIDICCIONARIO

Das *Minidiccionario* enthält in alphabetischer Reihenfolge alle Wörter und Ausdrücke aus *¿Qué pasa? 3* sowie den Lernwortschatz aus *¿Qué pasa? 1* und *2*. Die fakultativen Vokabeln aus *¿Qué pasa? 3* werden nur in der spanisch-deutschen Liste aufgeführt.
Der Eintrag hinter der Vokabel gibt die Stelle an, an der das Wort zum ersten Mal vorkommt. Die Zahlen vor dem Doppelpunkt verweisen jeweils auf den 1., 2. oder 3. Band. Hinter dem Doppelpunkt sind die Lektion und der Text/die Übung angegeben (z. B. 3:4/2 = Band 3, Lektion 4, Text/Übung 2).
Das Vokabular der Lektionen F1 und F2, der *Lectura* und der *Algo Especial*-Seiten findest du im *Vocabulario*. Es ist nicht im *Minidiccionario* aufgenommen.

| | | | |
|---|---|---|---|
| **fett** | Lernwortschatz | o→ue | Verb mit Stammwechsel |
| normal | fakultativer Wortschatz | e→ie | Verb mit Stammwechsel |
| | | u→ue | Verb mit Stammwechsel |
| algo | etwas | e→i | Verb mit Stammwechsel |
| a alguien | jemanden; jemandem | i→y | Verb mit Stammerweiterung |
| | | i→í | Verben mit Betonungsverschiebung: betonte Endungen tragen Akzent |
| Symbole und Abkürzungen: | | | |
| *m.* | maskulin | | |
| *f.* | feminin | Verben mit orthografischer Besonderheit im *Indefinido, Subjuntivo* und verneinten Imperativ: | |
| *nt.* | neutrum | | |
| *pl.* | Plural | z→c | *z* wird zu *c* (vor *e*) |
| *sg.* | Singular | c→qu | *c* wird zu *qu* (vor *e*) |
| *col.* | *coloquial* (umgangssprachlich) | g→gu | *g* wird zu *gu* (vor *e*) |
| *ugs.* | umgangssprachlich | | |
| *Lat.* | *Latinoamérica* (Lateinamerika) | # | unregelmäßiges Verb, s. S. 104–111 |
| *jdm.* | jemandem | | |
| *jdn.* | jemanden | | |
| *etw.* | etwas | | |

## A

**a** in, zu; nach 1:2/I
**a casa** nach Haus(e) 1:2/I
**a la derecha de** rechts von 1:5/I
**a la izquierda de** links von 1:5/I
**a lo mejor** *(col.)* vielleicht, unter Umständen 2:3/Ib
**a mí** mich, mir 1:6/8
**a pesar de** trotz 2:1/I
**a pie** zu Fuß 1:5/I
**¿A qué hora?** Um wie viel Uhr? 1:2/I
**¿A quién?** wen?; wem? 1:10/5
**a veces** manchmal 1:4/I
**¡A ver!** Lass(t) mal sehen! 2:2/Ib
**abajo** unten 3:1/15
**abierto/-a** geöffnet 1:10/12
**abrazo** *m.* Umarmung *f.* 1:11/10
abreviar verkürzen, abkürzen 3:4/15
**abril** *m.* April *m.* 1:11/I
**abrir algo** etw. aufmachen, öffnen 1:3/7
**abuelo/-a** *m./f.* Großvater/Großmutter *m./f.* 1:5/7
**abuelos** *m. pl.* Großeltern *pl.* 1:11/I
**aburrido/-a** langweilig 1:2/I
**aburrirse como una ostra** *(col.)* sich zu Tode langweilen *(ugs.)* 2:3/Ib
acá *(Lat.)* hier 3:2/17
**acabar** beenden, abschließen 3:6/19
**acabar de hacer algo** soeben etw. getan haben 2:6/I
**acabarse** enden, zu Ende sein 3:4/2
acampar campen, zelten; *hier:* lagern 3:3/1
acceso *m.* Zugang *m.* 3:2/15
**accidente** *m.* Unfall *m.*; Unglück *nt.* 1:11/15
**acción** *f.* Tat *f.*; *hier:* Handlung *f.* 3:2/7
**aceite (de oliva)** *m.* (Oliven)öl *nt.* 2:8/Ia
**aceptar** akzeptieren, annehmen 2:10/I
**acercarse (c→qu)** sich nähern 3:6/4
**acompañar a alguien** jdn. begleiten 2:5/I
**aconsejar algo a alguien** jdm. etw. raten 3:5/5
**acordarse (o→ue)** sich erinnern 2:10/I
acoso *m.* Verfolgung *f.* 3:6/4
**acoso escolar** *m.* "Bullying" *nt.*, Gewalt in der Schule *f.* 3:6/4
**acostarse (o→ue)** ins Bett gehen, sich hinlegen 1:9/10
**(estar #) acostumbrado/-a** etw. gewohnt sein 3:1/15
**acostumbrarse** sich (an)gewöhnen 3:7/9
**actividad** *f.* Tätigkeit *f.*; *hier:* Übung *f.* 1:E/I
**actual** gegenwärtig, aktuell 2:4/I

**actualmente** augenblicklich, zurzeit 2:6/I
**actuar (u→ú)** handeln 3:7/17
**acuerdo** *m.* Vereinbarung *f.*; Übereinkommen *nt.* 3:5/5
**llegar a un acuerdo** sich einigen, eine Vereinbarung treffen 3:5/5
**de acuerdo** einverstanden 1:5/I
**además** außerdem, ferner 1:10/Ib
**(ser) adicto/-a a algo** nach etw. süchtig sein 3:4/11
**¡Adiós!** Auf Wiedersehen!, Tschüss! 1:E/I
**adivinar** (er)raten; (er)ahnen 2:6/I
**adolescencia** *f.* Jugend *f.* 3:2/17
**¿adónde?** wohin? 1:5/10
**adulto/-a** *m./f.* Erwachsene/r *m./f.* 3:2/17
**África** *f.* Afrika 1:8/14
**afuera** draußen 1:9/I
**agobiante** mühsam, schwer 2:1/I
**agobiar** *hier:* erschöpfen, überlasten 2:1/I
agobiar a alguien *hier:* jdn. anstrengen, jdm. auf die Nerven gehen 3:1/7
**agobiarse** *hier:* niedergeschlagen, deprimiert sein 3:6/15
**agosto** *m.* August *m.* 1:11/8
**agradable** angenehm 1:2/I
**agresivo/-a** aggressiv, angriffslustig 2:9/I
agroturismo *m.* Land-Tourismus *m.*; Ferien auf dem Bauernhof 3:7/1
**agua** *("el" ante sust. fem. que empieza con "a") f.* Wasser *nt.* 1:6/I
**agua corriente** *f.* fließend Wasser *nt.* 3:3/15
**agua dulce** *f.* Süßwasser *nt.* 3:7/17
**agua mineral** *f.* Mineralwasser *nt.* 2:8/Ib
**ahí** da, dort 1:7/Ib
**ahora** jetzt, nun 1:2/I
**ahora mismo** gleich, sofort 1:8/I
**ahorrar** sparen 3:7/17
**aire** *m.* Luft *f.* 3:3/15
**al final** schließlich; am Ende 1:7/Ib
**al lado de** neben 1:5/I
**alcohol** *m.* Alkohol *m.* 3:5/9
alcohólico/-a alkoholisch 3:3/5
**alegrarse** sich freuen 3:5/5
**alegre** fröhlich, vergnügt 2:7/I
alejarse sich entfernen 3:5/16
**alemán** *m.* Deutsch *(als Fach/Sprache) nt.* 1:3/Ia
**alemán/alemana** *m./f.* Deutsche/r *m./f.* 3:7/9
**alemán/alemana** deutsch 2:7/6
**Alemania** *f.* Deutschland *nt.* 1:8/9
**algo** etwas 1:3/Ib
**¿algo más?** außerdem?; darf es noch etwas sein? 2:8/Ib
**alguien** jemand 2:1/I
**alguno/-a** *(pronombre)* jemand; *Plural:* einige *(Pronomen)* 2:6/I
**alguno/-a** *(adjetivo)* irgendein(e); *Plural:* ein paar *(Adjektiv)* 1:11/I
**alimentar** ernähren 3:7/17
**alimentos** *m. pl.* Nahrung(smittel) *nt. pl.* 1:10/Ia
**allí** dort, da 1:3/Ib
**almohada** *f.* Kopfkissen *nt.* 2:4/I
**alojarse** sich einquartieren 3:7/1
alpaca *f.* Alpaka *nt.* 3:3/10
**alquilar** mieten; vermieten 2:5/I
alrededor ringsherum 3:3/1
**alternativa** *f.* Alternative *f.* 3:2/16
**alto** *(adverbio)* laut *(Adverb)* 1:3/Ib
**alto/-a** *(adjetivo)* hoch; *hier:* groß *(Adjektiv)* 1:4/I
**altura** *f.* Höhe *f.* 2:4/
**alucinar** *hier:* verblüffen, begeistern 2:6/I
**alumno/-a** *m./f.* Schüler/in *m./f.* 1:3/Ia
**amable** freundlich, liebenswürdig 2:1/I
**amar** lieben, gern haben 3:5/3
**amarillo/-a** gelb 1:7/Ia
**ambiente** *m. hier:* Atmosphäre *f.*, Stimmung *f.* 2:3/Ib
**ambulancia** *f.* Krankenwagen *m.* 2:9/I
**amenazar (z→c)** drohen 3:6/4
**amigo/-a** *m./f.* Freund/in *m./f.* 1:E/I
**hacer amigos (#)** sich anfreunden; (neue) Freunde gewinnen 2:5/I
**amistad** *f.* Freundschaft *f.* 3:5/20
**amo/-a de casa** *("el" ante sust. fem. que empieza con "a") m.* Hausmann/Hausfrau *m./f.* 2:1/I
**amor** *m.* Liebe *f.* 1:8/18
amor Liebling, Schatz *(Anrede)* 3:5/11
**analizar (z→c)** analysieren; *hier:* (über)prüfen 3:6/3
**¡Anda!** *hier:* Los! 3:6/4
**¡Anda ya!** *(col.)* Ach, komm! *(ugs.)* 3:2/2
**andaluz** andalusisch 2:4/I
**Andes** *m. pl.* die Anden *f.* 3:3/5
anfiteatro *m.* Amphitheater *nt.* 3:1/13
**animal** *m.* Tier *nt.* 1:8/I
**ánimo** *m.* Gemüt *nt.*; Mut *m.* 3:6/15
**¡Ánimo!** Kopf hoch! 3:6/15
**año** *m.* Jahr *nt.* 1:1/I
**anoche** gestern Abend; gestern Nacht 2:6/I
**anteayer** vorgestern 2:3/4
**anterior** *m./f.* der/die Vorige *m./f.* 2:6/I
**antes** vorher; *hier:* früher 3:1/2
**antes de** *(+ inf.)* vor *(temp.)* 1:9/13
**antiguo/-a** alt; ehemalig 2:1/8
**anuncio** *m. hier:* Werbeanzeige *f.* 3:7/11
**apagar (g→gu)** ausmachen, ausschalten 2:10/I
apagarse (g→gu) ausgehen 3:2/8
**apartamento** *m.* Apartment *nt.* 3:7/4
**aparte** *hier:* extra, zusätzlich 3:7/1
**aperitivo** *m.* Aperitif *m. (appetitanregendes Getränk vor dem Essen)* 3:1/2
**aprender algo** etw. lernen 1:6/I
**aprender algo de memoria** etw. auswendig lernen 2:3/Ib
**aprobar (o→ue)** *hier:* bestehen *(Prüfung)* 2:3/Ib
**aprovechar** (aus)nutzen 3:6/19
**apuntar algo** (sich) etw. aufschreiben, (sich) etw. notieren 1:10/Ib
**apunte** *m.* Notiz *f.*, Aufzeichnung *f.* 2:3/Ib
**aquel/aquella/aquello** *(adjetivo)* diese(r, s) (dort), jene(r, s) *(Adjektiv)* 1:7/6
**aquél/aquélla/aquello** *(pronombre)* diese(r, s) (dort), jene(r, s) *(Pronomen)* 1:7/6
**en aquellos tiempos** zu jener Zeit 3:2/2
**aquí** hier(her), da 1:1/I
**(por) aquí** hier 1:5/I
**por aquí** hier entlang 3:1/2
**árabe** arabisch 2:4/I
**árbitro/-a** *m./f.* Schiedsrichter/in *m./f.* 2:5/I
**árbol** *m.* Baum *m.* 1:9/I

**archivo** m. Datei f. 2:10/
**Argentina** f. Argentinien 2:3/12
**argentino/-a** argentinisch 2:7/6
**argumento** m. Argument nt. 3:7/15
**arma** f. Waffe f. 3:3/1
**armario** m. Schrank m. 1:2/I
**arquitecto/-a** m./f. Architekt/in m./f. 3:1/2
**arreglar** in Ordnung bringen; *hier:* vereinbaren, abmachen 3:2/17
**arriba** oben 3:1/15
de arriba abajo von oben nach unten 3:1/15
**arrogante** arrogant, überheblich 2:1/I
**arroz** m. Reis m. 2:8/Ia
**artes** f. pl. Künste f. pl. 3:2/15
**artículo** m. Artikel m.; *hier:* Zeitungsartikel m. 2:7/I
**artista** m./f. Künstler/in m./f. 3:1/13
**ascensor** m. Aufzug m., Fahrstuhl m. 2:5/I
**aseo** m. Badezimmer nt.; *hier:* Toilette f. 2:2/Ia
**así** so 1:8/1
**Así, así.** Einigermaßen. 1:2/
**así que** so dass 3:2/2
**asignatura** f. Fach nt. 1:6/I
**aspecto** m. Aspekt m., Gesichtspunkt m. 2:7/I
**atacar (c→qu)** angreifen; *hier:* stürmen 2:9/I
**ataque** m. Angriff m. 3:3/1
**atención** f. Aufmerksamkeit f. 3:1/15
**llamar la atención** auffallen 3:1/15
**¡Atención!** Achtung! 1:1/I
**atractivo/-a** anziehend, attraktiv 3:7/12
**atún** m. Thunfisch m. 2:2/Ib
**aula** *("el" ante sust. fem. que empieza con "a")* f. Klassenzimmer nt. 3:6/15
**aumentar** zunehmen 3:7/12
**aún** noch 3:7/17
**aunque** obwohl, auch wenn 2:5/I
**Australia** f. Australien 1:8/16
**autobús** m. Bus m. 1:5/1
**aventura** f. Abenteuer nt. 3:7/1
**avión** m. Flugzeug nt. 1:5/11
**avisar** benachrichtigen, Bescheid sagen 3:6/4
**ayer** gestern 2:3/Ib
aymara *(adjetivo)* Aimara- *(Indigenes Volk in Südamerika)* 3:3/10
aymara m. *Sprache der Aymara* 3:3/10
**ayuda** f. Hilfe f. 2:3/Ib
**pedir ayuda a alguien (e→i)** jdn. um Hilfe bitten 3:6/3
**ayudar a alguien** jdm. helfen, jdn. unterstützen 1:2/7
**ayuntamiento** m. Gemeinderat m.; Rathaus nt. 3:1/2
**azúcar** m. Zucker m. 2:5/10
**azul** blau 1:7/Ia

## B

bachiller m./f. Abiturient/in m./f. 3:2/15
**bailar** tanzen 1:11/I
**baile** m. Tanz m. 2:7/I
**bajar** hinuntergehen, hinunterfahren; herunterbringen 2:2/; *hier:* sinken 3:7/17
**bajar por (las Ramblas)** (die Ramblas) hinuntergehen 3:1/2
**bajo/-a** tief; niedrig; *hier:* klein 1:4/I
**bajo** *(preposición)* unter *(Präposition)* 1:9/15
**balcón** m. Balkon m. 2:2/Ia
**balón** m. Ball m. 1:11/I
**baloncesto** m. Basketball m. 1:6/I
**balonmano** m. Handball m. 2:5/I
**bañar(se)** (sich) baden 3:7/17
**banco** m. Bank f. 1:10/12
**bandera** f. Fahne f.; Flagge f. 2:7/4
**bañera** f. Badewanne f. 2:2/Ia
**baño** m. Bad(ezimmer) nt. 2:2/Ia
**bar** m. (Steh)café nt., Bar f. 2:5/I
**barato/-a** billig, preisgünstig 2:5/13
**barbacoa** f. *hier:* Grillfest nt. 2:5/I
**¡Qué barbaridad!** Wie schrecklich! 2:1/I
**barco** m. Schiff nt. 1:5/11
**barrio** m. (Stadt)viertel nt., Stadtteil m. 1:5/I
**¡Basta ya!** Genug jetzt! 3:4/2
**bastante** *(adverbio)* ziemlich *(Adverb)* 1:4/I
**basura** f. Abfall m. 3:7/4
**batería** f. Batterie f.; *hier:* Schlagzeug nt. 1:6/I
**bebé** m. Baby nt. 3:3/9
**beber algo** etw. trinken 1:9/5
**bebida** f. Getränk nt. 1:10/Ia
**besar a alguien** jdn. küssen 3:5/1
**beso** m. Kuss m. 1:5/6
**bici** f. *(col.)* Rad nt. 1:5/11
**bicicleta** f. Fahrrad nt. 1:5/11
**bien** *(adverbio)* gut *(Adverb)* 1:1/I
**¡Bienvenido/-a!** Willkommen! 3:1/1
**billete** m. Fahrkarte f., Eintrittskarte f.; *hier:* Schein m. 2:3/13
**blanco/-a** weiß 1:7/Ia
**blusa** f. Bluse f. 1:7/Ia
**boca** f. Mund m. 2:9/8
**bocadillo** m. belegtes Brötchen nt. 1:4/I
**boli** m. *(col.)* Kuli m. *(ugs.)* 1:3/Ia
**bolígrafo** m. Kugelschreiber m. 1:3/Ia
**Bolivia** f. Bolivien 3:3/5
**bolsa** f. Beutel m., Sack m.; Tüte f. 1:10/Ib
**bolso** m. Tasche f. 2:8/Ib
**bonito/-a** hübsch, schön 1:7/Ib
**(estar #) borracho/-a** betrunken (sein) 3:5/16
**borrar** löschen, streichen 3:5/16
**bota** f. Stiefel m. 1:7/Ia
**botella** f. Flasche f. 1:10/Ib
**Brasil** m. Brasilien 3:3/10
**brazo** m. Arm m. 2:8/Ib
**¡Buenas noches!** Guten Abend!, Gute Nacht! 1:E/
**¡Buenas tardes!** Guten Tag!, Guten Abend! 1:E/
**bueno/-a** *(adjetivo)* gut; schön *(Adjektiv)* 1:2/I
**¡Buenos días!** Guten Morgen!, Guten Tag! 1:E/I
**burlarse de algo/alguien** sich über etw./jdn. lustig machen 3:6/15
**burro** m. Esel m. 1:8/2
buscador m. Suchmaschine f. 3:6/15
**buscar algo (c→qu)** etw. suchen 1:2/8

## C

**caballo** m. Pferd nt. 1:6/I
**cabeza** f. Kopf m. 2:9/I
**cada** jede(r, s) 2:4/I
**cada uno/-a** jede(r, s) 2:7/I
**caer (#)** (hin)fallen; stürzen 2:6/I
**caer bien (#)** gefallen, sympathisch sein 2:6/I
caer en manos de alguien in jemandes Hände geraten 3:6/1

**café** *m.* Kaffee *m.*; Café *nt.* 1:E/I
**cafetería** *f.* Café *nt.*; Cafeteria *f.* 1:4/I
**caja** *f.* Kasten *m.*; *hier:* Karton *m.* 2:2/Ib
**calculadora** *f.* Taschenrechner *m.* 1:3/Ia
**caliente** warm, heiß 2:5/I
**callarse** schweigen 3:6/19
**calle** *f.* Straße *f.* 1:5/I
**calor** *m.* Wärme *f.* 1:9/15
**Hace calor.** Es ist warm/heiß. 1:9/15
**cama** *f.* Bett *nt.* 1:2/I
**camarero/-a** *m./f.* Kellner/in *m./f.* 2:1/13
**cambiar** sich (ver)ändern; (ver)ändern 2:6/I
**cambio** *m.* (Ver)änderung *f.* 3:5/5
**en cambio** dagegen, stattdessen 3:2/17
**cambio climático** *m.* Klimawandel *m.* 3:7/17
a cambio de ... *hier:* im Austausch gegen ... 3:3/1
**camión** *m.* Lastwagen *m.* 2:2/4
**camisa** *f.* (Ober)hemd *nt.* 1:7/Ia
**camiseta** *f.* T-Shirt *nt.* 1:7/Ia
**campeonato** *m.* Meisterschaft *f.* 2:9/I
**campesino/-a** *m./f.* Bauer *m.*/Bäuerin *f.* 3:3/15
**campo** *m.* Land *nt.*; Acker *m.*, Feld *nt.* 1:8/I; *hier:* Spielfeld *nt.* 2:9/I
caña *f.* ein Glas Bier 3:1/15
caña de azúcar *f.* Zuckerrohr *nt.* 3:3/10
**canario** *m.* Kanarienvogel *m.* 1:8/2
**canción** *f.* Lied *nt.* 1:7/10
**cansado/-a** müde 1:2/I
**cantante** *m./f.* Sänger/in *m./f.* 2:1/I
**cantar** singen 1:8/2
**capital** *f.* Hauptstadt *f.* 2:4/I
**capitán/capitana** *m./f.* *hier:* Mannschaftskapitän/in *m./f.*, Spielführer/in *m./f.* 2:9/I
capturar ergreifen, festnehmen; *hier:* gefangen nehmen 3:3/1
**cara** *f.* Gesicht *nt.* 2:9/8
**caramelo** *m.* *hier:* Bonbon *nt.* 3:1/2
caravana *f.* *hier:* Wohnmobil *nt.* 3:7/1
**cargar (g→gu)** (be)laden 3:5/16
**cariño** *m.* Liebling, Liebes *(in der Anrede)* 1:11/6
**Carnaval** *m.* Karneval *m.*, Fasching *m.* 1:11/14
**carne** *f.* Fleisch *nt.* 3:3/6
**caro/-a** teuer 2:5/13
**carpeta** *f.* (Schreib)mappe *f.* 1:3/Ia; *hier:* Ordner *m.* 2:10/I
**carrera** *f.* *hier:* Karriere *f.*, Laufbahn *f.* 3:2/16
**carta** *f.* Brief *m.* 1:11/11; *hier:* Spielkarte *f.* 1:9/I; *hier:* Speisekarte *f.* 2:8/Ib
**casa** *f.* Haus *nt.* 1:2/I
**a casa** nach Haus(e) 1:2/I
**en casa** zu Haus(e) 1:3/Ib
**casarse** heiraten 2:4/5
**casco antiguo** *m.* Altstadt *f.* 2:5/I
**casi** fast, beinahe 2:3/Ib
**caso** *m.* Fall *m.* 3:2/17
el caso es que ... jedenfalls 3:6/15
**castellano** *m.* das Spanische *nt.*, das kastilische Spanisch *nt.* 3:1/12
**castillo** *m.* Burg *f.* 3:1/13
**catalán** *m.* das Katalanische *nt.* 3:1/15
**catalán/-ana** katalanisch 3:2/9
**Cataluña** *f.* Katalonien 3:1/I
catástrofe *f.* Katastrophe *f.* 3:7/17
**catedral** *f.* Kathedrale *f.*, Dom *m.* 2:4/I
categoría *f.* Kategorie *f.* 3:7/1
**católico/-a** (römisch-)katholisch 3:3/1
**caza** *f.* Jagd *f.* 3:3/6
**cazar (z→c)** jagen 3:3/6
**CD** *(pl.: CD)* *m.* CD *f.* 1:4/8
**cebolla** *f.* (Gemüse)zwiebel *f.* 2:8/15
**celebrar algo** etw. feiern 1:11/3
**celebrarse** gefeiert werden, stattfinden 3:7/17
**celos** *m. pl.* Eifersucht *f.*; Misstrauen *nt.* 3:5/3
**(estar #) celoso/-a** eifersüchtig (sein) 3:5/1
**cena** *f.* Abendessen *nt.*, Abendbrot *nt.* 2:2/11
**cenar** zu Abend essen 1:9/I
**céntimo** *m.* Cent *m.* 1:10/9
**central** *(adjetivo)* Zentral-, Mittel- 3:3/5
**centro** *m.* Zentrum *nt.* 1:5/5; *hier:* Mitte *f.* 2:9/I
**centro comercial** *m.* Einkaufszentrum *nt.* 3:1/2
**cerca de** nahe bei; in der Nähe von 1:5/2
**cerdo** *m.* Schwein *nt.* 1:8/I
**cerrado/-a** geschlossen 1:10/12
**cerrar (e→ie)** schließen, zumachen 1:10/Ib
**chaqueta** *f.* Jacke *f.* 1:7/Ia
**chaqueta vaquera** *f.* Jeansjacke *f.* 1:7/Ia
**charlar** plaudern, sich unterhalten 1:6/I
**chatear** chatten 3:2/10
**chaval/a** *m./f.* *(col.)* Junge *m.*, Mädchen *nt.* 3:6/4
**chicle** *m.* Kaugummi *m.* 1:3/Ib
chico klein 3:2/17
**chico/-a** *m./f.* Kind *nt.*, Junge/Mädchen *m./f.* 1:E/I
**chino/-a** chinesisch 3:4/2
chiquillo/-a *m./f.* (kleines) Kind *nt.* 3:4/2
**chiringuito** *m.* Imbiss(stand) *m.* 3:1/2
chivarse *(col.)* petzen *(ugs.)* 3:6/4
**cibercafé** *m.* Internetcafé *nt.* 1:5/I
ciclo *m.* Zyklus *m.* 3:2/15
**cielo** *m.* Himmel *m.*; *hier:* Schatz *(Anrede)* 3:5/
**ciencias** *f. pl.* Naturwissenschaften *f. pl.* 1:6/I
**cierto** gewiss 3:7/7
**cigüeña** *f.* Storch *m.* 2:4/I
**cine** *m.* Kino *nt.* 1:2/I
**cinturón** *m.* Gürtel *m.* 1:7/Ia
circunstancia *f.* Umstand *m.* 3:2/7
**ciruela** *f.* Pflaume *f.* 1:10/Ia
**cita** *f.* Verabredung *f.* 3:4/15
**ciudad** *f.* Stadt *f.* 1:E/3
**claro** klar, natürlich 1:2/I
**clase** *f.* *hier:* Klasse *f.*; Unterricht *m.*, Klassenzimmer *nt.* 1:3/1
**hacer clic (#)** klicken 2:10/I
**cliente/-a** *m./f.* Kunde/-in *m./f.* 1:10/9
**clima** *m.* Klima *nt.* 2:4/I
climático/-a klimatisch, Klima- 3:3/10
cobre *m.* Kupfer *nt.* 3:3/10
**coche** *m.* Auto *nt.* 1:2/I
**cocina** *f.* Küche *f.* 1:11/I; *hier:* Herd 2:2/Ia
**cocinar** kochen 2:6/12

**cocodrilo** *m.* Krokodil *nt.* 3:2/10
**coger (cojo)** festhalten, fassen; *hier:* nehmen, einpacken 1:10/Ib; *hier:* (den Hörer) abnehmen 2:6/I
colectivo/-a kollektiv, gemeinschaftlich 3:3/5
**colegio** *m.* Schule *f.* 2:4/6
colgarse (o→ue) (g→gu) sich aufhängen; abstürzen *(Computer)* 3:2/10
**Colombia** *f.* Kolumbien 1:4/I
**colombiano/-a** *m./f.* Kolumbianer/in *m./f.* 2:7/I
**colombiano/-a** kolumbianisch 2:7/I
**color** *m.* Farbe *f.* 1:7/2
**comedor** *m.* Esszimmer *nt.* 1:11/I
**comentar** besprechen; kommentieren 3:6/2
**comer algo** etw. essen 1:E/I
comercializar (z→c) vermarkten, kommerzialisieren 3:1/2
**cometer** begehen; verüben 2:9/I
**cómic** *m.* Comic *m.* 1:7/Ib
**comida** *f.* Essen *nt.* 1:2/I
**comienzo** *m.* Anfang *m.*, Beginn *m.* 2:6/I
**como** wie 1:2/I; *hier:* da 3:1/15
**¿cómo?** wie? 1:E/1
**¿Cómo?** *hier:* Wie bitte? 1:3/Ib
**cómodo/-a** bequem 3:2/17
**compañero/-a** *m./f. hier:* Mitschüler/in *m./f.* 1:4/I
**compañía** *f.* Begleitung *f.* 3:6/19
**comparar** vergleichen 2:4/12
**compartir algo con alguien** etw. mit jdm. teilen 2:1/I
**competición** *f.* Wettbewerb *m.*, Wettkampf *m.* 2:3/Ib
**completo/-a** vollständig, komplett 1:1/I
**comportamiento** *m. hier:* Verhalten *nt.* 3:6/3
**comportarse** sich benehmen, sich verhalten 3:4/2
**lista de la compra** *f.* Einkaufszettel *m.* 3:6/11
**hacer la compra (#)** einkaufen *(Lebensmittel)* 3:4/7
**comprar algo** etw. (ein)kaufen 1:2/7
**ir de compras (#)** einen Einkaufsbummel machen 1:7/Ia
**comprender algo/a alguien** etw./jdn. verstehen, begreifen 1:3/14
común gemeinsam; gemeinschaftlich 3:3/5
**comunicación** *f.* Kommunikation *f.* 3:4/17
**medios de comunicación** *pl.* Kommunikationsmittel *f. pl.*, Massenmedien *f. pl.* 3:4/1
**comunicarse (c→qu)** kommunizieren, sich verständigen 3:1/9
comunidad *f. hier:* Gemeinde *f.*, Gemeinschaft *f.* 3:3/5
**comunidad autónoma** *f.* autonome Region *f.* 2:4/I
**con** mit 1:2/I
**concierto** *m.* Konzert *nt.* 1:11/I
**conejo** *m.* Kaninchen *nt.* 1:8/I
**confiar en alguien (i→í)** jdm. vertrauen 3:5/5
**conflicto** *m.* Konflikt *m.* 3:3/7
**conmigo** mit mir, bei mir 2:10/I
**conocer algo/a alguien (conozco)** etw./jdn. kennen; etw./jdn. kennenlernen 2:1/I
conquistador/a *m./f.* Eroberer/in *m./f.* 3:3/1
**consejo** *m.* Rat(schlag) *m.* 3:4/15
conservar erhalten; *hier:* konservieren 3:3/5
**constitución** *f.* Verfassung *f.* 3:1/2
**construir (i→y)** bauen, errichten 3:3/6
**consumir** verzehren, konsumieren 3:7/1
**contacto** *m.* Kontakt *m.* 3:4/11
contaminación *f.* Verseuchung *f.*; Verschmutzung *f.* 3:3/15
**contar (o→ue)** zählen; *hier:* erzählen 2:1/I
**contento/-a** froh; zufrieden 1:6/I
**contestar** antworten 2:1/7
**contigo** mit dir, bei dir 2:10/I
**continuar (u→ú)** fortfahren, weitergehen 3:6/2
**contra** gegen 2:5/I
**en contra de** gegen 2:1/9
**controlar** kontrollieren; unter Kontrolle halten 2:9/I
**conversación** *f.* Gespräch *nt.* 3:5/11
**copa** *f.* (Stiel)glas *nt.* 2:8/Ia
**copiar** abschreiben; kopieren 2:3/Ib
**cordiales saludos** herzliche Grüße *(Verabschiedung im Brief)* 3:2/17
**coro** *m.* Chor *m.* 3:1/13
**correcto/-a** richtig, korrekt 1:6/4
**correo (electrónico)** *m. hier:* E-Mail *f.* 3:5/11
**correr** rennen, laufen 1:9/I
**cortar** (durch)schneiden 1:10/16
**corto/-a** kurz 1:4/I
**cosa** *f.* Sache *f.*, Gegenstand *m.*, Ding *nt.* 1:3/13
¡Vaya cosa! *hier:* Na so was! 3:2/2
cosecha *f.* Ernte *f.* 3:3/5
**costa** *f.* Küste *f.* 1:2/I
**costar (o→ue)** kosten 1:7/Ib
**costumbre** *f.* (An)gewohnheit *f.*; *hier:* Brauch *m.* 3:7/1
**crecer (crezco)** zunehmen; *hier:* wachsen 3:7/17
**creer algo** etw. glauben, denken 1:7/Ib
crucero *m.* Kreuzfahrtschiff *nt.* 3:7/10
**cruzar (z→c)** kreuzen; überqueren 2:5/😶
**cuaderno** *m.* Heft *nt.* 1:3/Ia
**cuadro** *m. hier:* Gemälde *nt.*, Bild *nt.* 2:2/Ia
**cuál** welche(r, s) 2:6/I
**cualquier/a** irgendein(e, er, s) 3:5/16
**en cualquier momento** jederzeit 3:4/11
**cuando** wenn; *hier:* als 1:11/I
**cuándo** wann 1:2/I
**cuánto/-a** wie viel(e) 1:5/I
**cubo de basura** *m.* Mülleimer *m.* 2:2/Ia
**cuchara** *f.* Löffel *m.* 2:8/Ia
**cucharilla** *f.* Teelöffel *m.* 2:8/Ia
**cuchillo** *m.* Messer *nt.* 2:8/Ia
**cuello** *m.* Hals *m.* 2:9/8
**cuenta** *f.* Rechnung *f.* 2:8/Ib
**cuento** *m.* Erzählung *f.*; *hier:* Märchen *nt.* 3:6/19
**cuerpo** *m.* Körper *m.* 2:9/8
**cuidado** *m.* Sorgfalt *f.*, Vorsicht *f.* 1:8/I
**cuidar** *hier:* betreuen, beaufsichtigen 3:3/6
**cultura** *f.* Kultur *f.* 2:4/I
**cultural** kulturell, Kultur- 3:7/1
**cumpleaños** *m.* Geburtstag *m.* 1:10/Ib
**cumplir** *hier:* erfüllen 3:3/1
**cumplir ... años** ... Jahre alt werden 1:11/I
**curioso/-a** neugierig 3:1/7

**curso** *m.* Kurs *m.*; *hier:* Schuljahr *nt.* 1:6/I
**cursor** *m.* Cursor *m.* 2:10/I

## D

**dar (#)** geben 1:8/I
**dar de comer a un animal (#)** ein Tier füttern 1:8/I
dar patadas *hier:* treten 3:6/4
**dar rabia a alguien** jdn. wütend machen 3:4/2
**dar un paseo (#)** einen Spaziergang machen 2:5/I
**dar vergüenza** sich schämen, peinlich sein 3:6/4
**datos personales** *pl.* Personalien *f. pl.*; Angaben zur Person *f. pl.* 3:4/15
**de** von, aus 1:E/I
**de acuerdo** einverstanden 1:5/I
**¿de dónde?** woher? 1:E/1
**de miedo** *(col.)* sensationell, toll 1:9/I
**de primero** als Vorspeise 2:8/Ib
**de repente** plötzlich 2:3/Ib
**debajo de** unter 1:5/2
**deberes** *m. pl.* Hausaufgaben *f. pl.* 1:3/Ib
**decidir** entscheiden 2:1/I
**es decir** das heißt, also 3:3/5, 5/5
**decir algo a alguien (#)** jdm. etw. sagen 1:5/I
**decisión** *f.* Entscheidung *f.* 3:2/5
**decorar** dekorieren, schmücken 2:8/2
**dedo** *m.* Finger *m.* 2:9/8
**defender (e→ie)** verteidigen 2:9/I
**definido/-a** deutlich, festgelegt 3:7/1
**¡Déjalo en paz!** Lass ihn in Frieden! 2:2/Ib
**dejar** lassen; loslassen; verlassen 2:2/Ib
**dejar de** *(+ inf.)* aufhören zu 2:8/Ib
**delante de** vor *(räumlich)* 1:5/I
**delgado/-a** dünn, schlank 1:4/I
delito *m.* Straftat *f.*, Delikt *nt.* 3:4/15
delta *m.* Delta *nt.* 3:1/13
**los/las demás** *pl.* die Übrigen *m./f. pl.* 3:2/17
**demasiado** *(adverbio)* (all)zu; zu viel *(Adverb)* 1:7/Ib
**dentro de** *(+ Zeitangabe)* in, innerhalb *(zeitlich)* 2:5/I
**dependiente/-a** *m./f.* Angestellte *m./f.*; Verkäufer/in *m./f.* 2:1/I
**deporte** *m.* Sport *m.* 1:E/I
**deportista** sportlich 2:4/I
**deportivo/-a** Sport-; sportlich 3:7/1
(estar #) depre *(col.)* down sein *(ugs.)* 3:6/4
**(estar #) deprimido/-a** deprimiert, bedrückt, niedergeschlagen (sein) 3:5/14
**derecho/-a** rechte(r, s) 2:9/I
**derechos humanos** *m.* Menschenrechte *f.* 3:2/17
desafío *m.* Herausforderung *f.* 3:7/1
**desagradable** unangenehm 3:4/15
**desarrollar** entwickeln 3:5/5
**desarrollo** *m.* Entwicklung *f.*, Wachstum *nt.* 3:7/17
**desayunar** frühstücken 1:9/12
**desayuno** *m.* Frühstück *nt.* 1:9/I
**descansar** sich ausruhen; sich erholen 3:2/17
**descanso** *m.* Ausruhen *nt.*, Erholung *f.* 3:7/1
**descargar (g→gu)** *hier:* herunterladen, downloaden 3:4/15
**desconocido/-a** unbekannt 3:4/2
**describir** beschreiben; schildern 2:3/1
**descubrir** entdecken; herausfinden 2:4/I
**descuento** *m.* Rabatt *m.*, Nachlass *m.* 1:7/Ib
**desde ...** seit ... *(Zeitpunkt)* 2:9/
**desde ... hasta** von ... bis 2:6/I
**desde aquí** von hier aus 3:1/2
**desde hace ...** seit ... *(Zeitraum)* 2:7/I
**desde niño/-a** von klein auf 3:1/2
**desear algo a alguien** jdm. etw. wünschen 1:11/6
**deseo** *m.* Wunsch *m.* 1:11/10
**desierto** *m.* Wüste *f.* 3:7/16
**desordenado/-a** unordentlich 3:6/5
**despacio** langsam 1:3/Ib
**despedirse (e→i)** sich verabschieden 2:8/Ib
**despertador** *m.* Wecker *m.* 1:9/I
**despertar a alguien (e→ie)** jdn. (auf)wecken 2:10/7
**despertarse (e→ie)** aufwachen 1:9/11
**después** danach 1:3/Ib
**después de** nach *(zeitlich)* 1:5/I, *(+ inf.)* nachdem 2:5/I
**destino** *m. hier:* Fahrziel *nt.* 3:7/1
**detrás de** hinter 1:5/2
**día** *m.* Tag *m.* 1:6/2
**día festivo** *m.* Feiertag *m.* 2:4/I
**diálogo** *m.* Gespräch *nt.*, Dialog *m.* 2:4/2
**dibujo** *m.* Zeichnen *nt.*; Zeichnung *f.* 1:9/2
**diciembre** *m.* Dezember *m.* 1:11/8
**diferencia** *f.* Unterschied *m.*, Verschiedenheit *f.* 2:2/Ib
**diferente** verschieden 2:4/I
**difícil** schwer, schwierig 1:3/Ib
**dificultad** *f.* Schwierigkeit *f.* 3:5/3
**¡Diga! (decir #)** Ja, hallo! *(am Telefon)* 1:11/I
**¡No me digas!** Was du nicht sagst! 3:2/2
**dinero** *m.* Geld *nt.* 1:5/I
**dios/a** *m./f.* (heidnischer) Gott *m.*/(heidnische) Göttin *f.* 3:3/6
dirección *f. hier:* Rektorat *nt.* 3:2/2
**dirección** *f. hier:* Adresse *f.* 3:4/15
**directo/-a** gerade; *hier:* direkt 2:9/14
**en directo** live 2:6/I
**director/a** *m./f.* Direktor/in *m./f.* 1:11/17
**discoteca** *f.* Diskothek *f.* 1:E/6
**discusión** *f.* Diskussion *f.*; Auseinandersetzung *f.* 3:5/4
**discutir** diskutieren, *hier:* streiten 3:4/2
**disfrutar de** genießen 2:8/Ib
**distinto/-a** unterschiedlich, verschieden 3:7/15
**diversión** *f.* Vergnügen *nt.* 3:7/1
**divertido/-a** lustig 1:8/I
**divertirse (e→ie)** sich amüsieren 3:5/3
**dividir** teilen 3:3/10
**doble clic** *m.* Doppelklick *m.* 2:10/I
**doctor/a** *m./f.* Doktor/in *m./f.* 2:9/I
**doler (o→ue)** schmerzen, wehtun 2:9/I
**dolor** *m.* Schmerz *m.* 2:9/
**domingo** *m.* Sonntag *m.* 1:6/17
**Don/Doña** *m./f. in Verbindung mit dem Vornamen gebrauchte besonders höfliche spanische Anredeform für Herr/Frau* 2:8/Ia
**donde** wo 1:8/I
**¿dónde?** wo? 1:1/I
**dormir (o→ue)** schlafen 1:9/I

**dormirse (o→ue)** einschlafen 1:9/11

**dormitorio** *m.* (Schlaf)zimmer *nt.* 2:2/Ia

**ducha** *f.* Dusche *f.* 2:2/Ia

**ducharse** (sich) duschen 2:2/Ib

**dudar** zweifeln 3:5/3

**dueño/-a** *m./f.* Besitzer/in *m./f.* 2:10/7

**dulce** süß 2:5/9

**durante** während 1:9/1, *(+ Zeitangabe)* … lang 2:6/I

**durar** (an)dauern 3:2/17

**duro/-a** hart; schwer 2:9/16

## E

**e** und *(vor anlautendem "(h)i")* 1:6/I

**e-mail** *m.* E-Mail *f.* 2:3/6

E.S.O. (Educación Secundaria Obligatoria) *Sekundarstufe des spanischen Schulwesens* 3:2/15

**echar** werfen; *hier:* eingießen, einschenken 1:10/16

**echar de menos** vermissen 2:10/I

**Ecuador** *m.* Ecuador 2:7/I

**edad** *f.* Alter *nt.* 3:2/15

**edificio** *m.* Gebäude *nt.* 3:1/2

**educación** *f.* (Aus)bildung *f.*; Erziehung *f.* 3:2/15

**educación física** *f.* Turnen *nt.*, Sportunterricht *m.* 1:6/I

**educación plástica y visual** *f.* Kunstunterricht *m.* 1:6/I

ejecución *f. hier:* Hinrichtung *f.* 3:3/1

**ejemplo** *m.* Beispiel *nt.* 1:E/1

**ejercicio** *m.* Übung *f.* 1:6/12

ejército *m.* Heer *nt.* 3:3/1

**el/la** der/die/das *(best. Artikel, sg.)* 1:E/I

**él** er 1:1/12

**electricidad** *f.* Elektrizität *f.*, Strom *m.* 3:3/15

**elefante** *m.* Elefant *m.* 2:4/10

**elegante** elegant 1:8/2

**elegir (e→i)** wählen; auswählen 2:7/4

**ella** sie; ihr 1:1/12

**ellos/ellas** sie 1:8/3

**sin embargo** trotzdem, dennoch 3:5/4

**emocionante** rührend, spannend 2:4/7

**emocionar** *(emotional)* berühren, bewegen 2:6/I

**empezar (e→ie) (z→c)** anfangen, beginnen 1:6/2

**empollón/-ona** *m./f.* Streber/in *m./f.* 3:2/2

**empujar** *hier:* stoßen, schubsen 2:9/I

**en** in, auf, an 1:E/I

**en cambio** dagegen, stattdessen 3:2/17

**en casa** zu Haus(e) 1:3/Ib

**en directo** live 2:6/I

**en general** im Allgemeinen 2:1/I

**en mi opinión** meiner Meinung nach 2:1/I

**¿En serio?** Wirklich? 2:4/I

**en total** insgesamt 2:5/I

**enamorarse** sich verlieben 2:4/I

**encantar a alguien** jdn. erfreuen; begeistern 1:7/Ib

**encender algo (e→ie)** etw. anzünden; anmachen, anschalten 1:9/I

**enchufar** anschließen, einstecken 2:10/I

**encima de** auf 1:5/2

**encontrar (o→ue)** finden 2:3/Ib

**encontrarse (o→ue)** sich befinden 2:4/I

**encontrarse con alguien (o→ue)** sich mit jdm. treffen 2:1/I

**encuesta** *f.* Befragung *f.*, Umfrage *f.* 2:7/I

**enemigo/-a** *m./f.* Feind/in *m./f.* 3:4/15

**enero** *m.* Januar *m.* 1:11/8

**enfadarse** sich ärgern 2:1/I

**enfermero/-a** *m./f.* Krankenpfleger/-schwester *m./f.* 2:9/I

**enfermo/-a** krank 2:6/I

**enfrente de** gegenüber von 1:5/I

**enfriarse (i→í)** kalt werden, abkühlen 3:4/2

**engañar** betrügen; überlisten 3:3/1

**ensalada** *f.* Salat *m. (Gericht bzw. angemacht)* 2:2/Ib

**enseguida** sofort 1:9/I

**enseñanza** *f.* Bildungswesen *nt.*; Bildungssystem *nt.* 3:2/I

**enseñar algo** etw. zeigen; (vor)führen 1:5/I

**entender algo/a alguien (e→ie)** etw./jdn. verstehen; begreifen 2:1/I

**enterarse** erfahren 3:2/2

**entero/-a** ganz, vollständig 3:1/7

**entonces** dann 1:1/I

**(por aquel) entonces** damals 3:1/2

**entrada** *f.* Eingang *m.*; *hier:* Eintritt(skarte) *f.* 1:8/14

**entrar** hineingehen, eintreten 1:3/Ib

**entre** zwischen 1:5/2

**entregar (g→gu)** abgeben; aushändigen 2:7/I

**entrenar** trainieren 2:8/Ib

**entrevista** *f.* Interview *nt.* 1:4/9

**enviar algo a alguien (i→í)** jdm. etw. schicken 2:3/Ib

**¡Qué envidia!** Da bin ich aber neidisch! 2:1/I

**época** *f.* Epoche *f.*; Zeitraum *m.* 3:1/2

**en esa época** zu jener Zeit 3:1/2

**equipaje** *m.* (Reise)gepäck *nt.* 3:5/16

**equipo** *m.* Team *nt.*; Mannschaft *f.* 2:5/I

**equipo de música** *m.* Musikanlage *f.* 2:2/Ia

Érase una vez … Es war einmal … 3:7/10

**es que …** es ist (nämlich) so, dass … 2:1/I

**escalar** bergsteigen; klettern 3:7/1

**escalera** *f.* Treppe *f.* 2:5/I

escasez *f.* Knappheit *f.* 3:7/17

**escenario** *m.* Bühne *f.* 2:6/I

**escolar** schulisch, Schul- 3:2/11

**esconderse** sich verstecken 3:3/1

**escribir algo** etw. schreiben 1:3/9

**escritor/a** *m./f.* Schriftsteller/in *m./f.* 2:4/I

**escritorio** *m.* Schreibtisch *m.* 1:2/I

**escuchar algo/a alguien** etw./jdm./jdn. (zu)hören 1:6/6

**ese/-a/-o** *(adjetivo)* diese(r, s), der/die/das (da) *(Adjektiv)* 1:7/6

**ése/ésa/eso** *(pronombre)* diese(r, s), der/die/das (da) *(Pronomen)* 1:7/Ib

**¡Eso es!** Das ist es!, So ist es! 2:7/10

**España** *f.* Spanien 1:5/11

**español** *m.* Spanisch *nt.* 1:3/

**español/a** *(adjetivo)* spanisch *(Adjektiv)* 1:5/12

**especial** besonders, speziell 1:3/Ib

**en especial** insbesondere, im Besonderen 2:6/I

especie *f.* Art *f.*, Spezies *f.* 3:3/10

**espectáculo** *m.* Show *f.* 2:6/I

**espejo** m. Spiegel m. 2:2/Ia
**esperar algo/a alguien** auf jdn. warten; etw./jdn. erwarten 1:5/I
programa espía m. Spionageprogramm nt. 3:4/15
**esquiar (i→í)** Ski fahren 2:7/I
**esta vez** diesmal 1:5/I
**estación** f. Bahnhof m.; Station f. 1:5/I
**estadio** m. Stadion nt. 2:6/I
**estado** m. hier: Staat m. 3:3/6
**estantería** f. Regal nt. 1:2/I
**estar (#)** sein, sich befinden 1:2/I
**estar a gusto (#)** sich wohl fühlen 2:7/I
**estar de buen/mal humor (#)** gut/schlecht gelaunt sein 2:6/I
**estar hecho/-a polvo (#)** (col.) kaputt, erschöpft sein (ugs.) 2:6/I
**(estar #) lleno/-a de ...** voller ..., voll mit ... sein 2:2/Ib
**este** m. Osten m. 2:4/I
**este/-a/-o** (adjetivo) diese(r, s), der/die/das (hier) (Adjektiv) 1:5/I
**éste/ésta/esto** (pronombre) diese(r, s), der/die/das (hier) (Pronomen) 1:7/Ib
**estómago** m. Magen m. 2:9/8
**estrecho/-a** eng, schmal 3:1/2
**estrés** m. Stress m. 3:7/1
**estricto/-a** streng 3:4/2
**estuche** m. Etui nt.; hier: Federmäppchen nt. 1:3/Ia
**estudiar** lernen 1:8/18; hier: studieren 2:4/5
**estudios** m. pl. Studien f. pl. 3:2/2
**estupendo** (adverbio) toll, prima (Adverb) 1:8/I
**euro** m. Euro m. 1:7/Ia
**Europa** f. Europa 2:4/I
**europeo/-a** europäisch 2:4/I
euskera m. das Baskische nt. (baskische Bezeichnung) 3:1/15
**evitar** vermeiden, abwenden 3:4/15
**ex-novio/-a** m./f. Ex-Freund/in m./f. 3:5/4
**exacto/-a** exakt, richtig, genau 2:4/I
**exagerar** übertreiben 3:6/1
**examen** m. Prüfung f., Test m. 1:6/7
**examen final** m. Abschlussprüfung f. 3:2/2
**examinar** prüfen; hier: untersuchen 2:9/I
**excursión** f. Ausflug m. 2:5/I
**excusa** f. Ausrede f., Entschuldigung f. 3:4/2
**exigente** anspruchsvoll; hier: streng 3:2/2
**existir** existieren; vorhanden sein 3:1/2
**éxito** m. Erfolg m. 1:11/I
**experiencia** f. Erfahrung f. 3:2/2
**explicación** f. Erklärung f.; hier: Begründung f. 3:3/1
**explicar algo a alguien (c→qu)** jdm. etw. erklären 2:10/I
Expo (= exposición) f. Expo f. 3:7/17
**exponer (#)** hier: vortragen 3:1/6
exportación f. Export m. 3:3/10
**exposición** f. hier: Ausstellung f. 3:2/9
**expresión** f. Ausdruck m., Redensart f. 2:6/
extensión f. Ausdehnung f. 3:3/10
**extraño/-a** fremd; hier: sonderbar, merkwürdig 1:9/I

## F

**fácil** leicht, einfach 1:3/Ib
**falda** f. Rock m. 1:7/Ia
**falso/-a** falsch 1:2/1
**falta** f. Fehler m.; hier: Foul(spiel) nt. 2:9/I
**faltar** fehlen 1:11/I
**familia** f. Familie f. 1:5/6
familia real f. Königsfamilie f. 3:3/6
familiar familiär, die Familie betreffend 3:3/5
**famoso/-a** berühmt 2:1/I
**fantástico/-a** hier: toll 1:4/6
**farmacia** f. Apotheke f. 3:3/15
**fascinar** faszinieren 3:3/1
**fatal** verhängnisvoll, unselig 1:11/17; hier: übel, mies (ugs.) 2:9/
**pedir un favor a alguien** jdn. um einen Gefallen bitten 3:6/12
**a favor de** zugunsten von 2:1/9
**favorito/-a** m./f. Favorit/in m./f. 2:3/Ib
**febrero** m. Februar m. 1:11/8
**fecha** f. Datum nt. 2:3/Ib
**¡(Muchas) felicidades!** (Herzliche) Glückwünsche! 1:11/10
**felicitar a alguien** jdn. beglückwünschen, jdm. gratulieren 1:11/I
**feliz** glücklich 1:11/6
**¡Feliz cumpleaños!** Alles Gute zum Geburtstag! 1:11/6
**fenomenal** hier: toll (ugs.) 1:2/I
fenómeno m. Phänomen nt. 3:2/19
**feria** f. Messe f.; Fest nt.; Jahrmarkt m. 3:7/12
**fiebre** f. Fieber nt. 2:9/
**fiesta** f. Fest nt., Feier f. 1:E/I
**fijo/-a** fest; hier: festgelegt 3:7/1
**fin** m. Ende nt. 2:10/11
**fin de semana** m. Wochenende nt. 1:7/17
**final** m. Ende nt., Schluss m. 2:2/Ib
**final** f. Finale nt., Endspiel nt. 2:9/I
**al final** schließlich; am Ende 1:7/Ib
**finalmente** endlich, schließlich 2:6/I
**física** f. Physik f. 2:3/Ib
**flamenco** m. Flamingo m. 3:1/13
ser un flechazo (col.) Liebe auf den ersten Blick sein (ugs.) 3:5/1
flipar (col.) ausflippen (ugs.) 3:2/2
¡Flipo en colores! (col.) Ich glaub', ich spinne! (ugs.) 3:2/
**flor** f. Blume f. 3:1/2
foca f. Robbe f., Seehund m. 3:3/10
**al fondo** im Hintergrund 3:1/2
**forma** f. Form f., Art und Weise f. 3:3/5
**estar en forma** in Form sein 3:6/9
**formación** f. (Aus)bildung f. 3:2/15
**foto** f. Foto nt. 2:3/Ib
**sacar una foto (de alguien) (c→qu)** ein Foto (von jdm.) machen 2:3/Ib
**francés/francesa** französisch 2:7/6
**Francia** f. Frankreich 2:7/6
**frase** f. Satz m. 1:1/9
frecuencia f. Häufigkeit f. 3:7/17
**fresa** f. Erdbeere f. 1:10/Ia
**frío** m. Kälte f. 1:9/I
**Hace frío.** Es ist kalt. 1:9/I
**frío/-a** kalt 1:10/16
**frontera** f. Grenze f. 3:3/10
**fruta** f. Frucht f.; Obst nt. 1:10/Ia
**fuerte** stark 1:8/12
**funcionar** funktionieren 2:10/3
fundar gründen 3:3/6
**fútbol** m. Fußball m. 1:6/I
**futuro** m. Zukunft f. 2:10/7

## G

**gafas** *f. pl.* Brille *f.* 2:2/Ib
**Galicia** *f.* Galicien 3:1/15
**gallego** *m.* das Galicische *nt.* 3:1/15
**gallina** *f.* Huhn *nt.*, Henne *f.* 1:8/I
darle la gana a alguien *(col.)* wollen, Lust haben 3:7/1
**ganar** gewinnen 1:9/I; *hier:* verdienen 2:10/7
**tener ganas de hacer algo** Lust auf etw. haben 1:5/I
**ganso** *m.* Gans *f.* 1:8/2
**garganta** *f.* Kehle *f.*; Hals *m.* 2:9/8
**gas** *m. hier:* Kohlensäure *f.* 2:8/Ib
**gastar** (Geld) ausgeben 2:10/7
**gato/-a** *m./f.* Kater *f.*; Katze *m.* 1:5/2
**gazpacho** *m. kalte Gemüsesuppe aus Andalusien* 2:6/I
**general** allgemein, Allgemein- 2:7/I
**en general** im Allgemeinen 2:1/I
**genial** genial; *hier:* toll 1:2/I
**gente** *f.* Leute 1:E/I
**(ser #) buena gente** ein guter Mensch sein 2:6/I
**geografía** *f.* Geografie *f.*, Erdkunde *f.* 1:6/I
geográfico/-a geografisch 3:3/10
**gimnasia** *f.* Gymnastik *f.*, Sport *m.* 3:2/17
**girar** sich drehen; *hier:* abbiegen 2:5/I
gobernador/a *m./f.* Herrscher/in *m./f.* 3:3/5
**gol** *m.* Tor *nt.* *(Treffer)* 2:9/I
**meter un gol** ein Tor schießen 2:5/I
golpear schlagen 3:6/17
**gordo/-a** dick 1:1/I
**gorra** *f.* Mütze *f.* 1:7/Ia
**grabar** *hier:* brennen *(CD)* 3:6/11
**gracias** danke 1:1/I
**gracioso/-a** *hier:* witzig 2:1/I
grado *m.* Grad *m.*; Stufe *f.* 3:2/15
**Hace ... grados.** Es sind … Grad. 1:9/15
**grande** groß 1:4/I
**granja** *f.* Bauernhof *m.*, Farm *f.* 1:8/I
**granjero/-a** *m./f.* Landwirt/in *m./f.*; Bauer/Bäuerin *m./f.* 3:7/1
**gripe** *f.* Grippe *f.* 2:9/
**gris** grau 1:7/Ia
**gritar** schreien 2:3/Ib; *hier:* anschreien 3:6/4
**grupo** *m.* Gruppe *f.*; Musikgruppe *f.* 1:6/I
**guapo/-a** gut aussehend 1:E/I
**guardar** *hier:* (ab)speichern 2:10/I
**¡Guay!** *(col.)* Klasse! *(ugs.)* 2:2/Ib
guiar (i→í) führen 3:1/12
**guitarra** *f.* Gitarre *f.* 2:2/Ia
**gustar a alguien** jdm. gefallen; schmecken 1:6/I
**me gustaría** *(+ inf.)* ich hätte gern, ich würde gern 2:8/Ib
**gusto** *m.* Geschmack(ssinn) *m.* 2:6/I
**estar a gusto (#)** sich wohl fühlen 2:7/I

## H

**haber (#)** haben; sein *(Hilfsverb in zusammengesetzten Zeiten)* 1:10/Ib
**habitación** *f.* Zimmer *nt.* 1:2/I
**habitante** *m./f.* Einwohner/in *m./f.* 2:4/I
**hablar** sprechen, reden 1:2/7
**hablar en voz alta/baja** laut/leise sprechen 3:7/7
**hablar por teléfono** telefonieren 2:5/I
**hace** *(+ Zeitangabe)* vor *(zeitlich)* 2:5/I
**Hace calor.** Es ist warm/heiß. 1:9/15
**Hace frío.** Es ist kalt. 1:9/I
**Hace ... grados.** Es sind … Grad. 1:9/15
**Hace sol.** Es ist sonnig., Die Sonne scheint. 1:9/15
**Hace viento.** Es ist windig. 1:9/I
**hacer algo (#)** etw. machen, tun 1:6/I
**tener mucho que hacer** viel zu tun haben 1:6/I
**hacer amigos (#)** sich anfreunden; (neue) Freunde gewinnen 2:5/I
**hacer caso a alguien** jdn. beachten 3:6/4
**hacer clic (#)** anklicken 2:10/I
**hacer la maleta** den Koffer packen 1:7/4
**hacer planes (#)** Pläne schmieden 2:8/Ib
**hacia** nach, zu 2:3/Ib
**hambre** *f.* Hunger *m.* 1:2/I
**morirse de hambre (o→ue)** verhungern 2:2/Ib
hámster *m.* Hamster *m.* 3:1/2
**hasta** bis (zu) 1:6/I
**hasta ahora** bisher 2:5/3
**¡Hasta luego!** Bis später! 1:E/1
**¡Hasta mañana!** Bis morgen! 1:E/1
**¡Hasta pronto!** Bis bald! 2:5/I
**hay** (haber #) es gibt, es ist/sind 1:2/I
**hay que** *(+ inf.)* man muss 2:2/Ib
estar hecho un lío *(col.)* völlig durcheinander sein 3:6/15
**heladería** *f.* Eiscafé *nt.* 1:5/I
**helado** *m.* (Speise)eis *nt.* 1:E/I
hemisferio sur *m.* südliche (Erd)halbkugel *f.* 3:3/10
**herida** *f.* Wunde *f.* 2:9/14
**hermano/-a** *m./f.* Bruder/Schwester *m./f.* 1:E/I
**hermanos** *m. pl.* Geschwister *pl.* 1:4/I
**héroe** *m.* Held *m.* 3:3/6
**hielo** *m.* Eis *nt.* *(gefrorenes Wasser)* 2:9/10
**hijo/-a** *m./f.* Sohn/Tochter *m./f.* 1:5/7
**historia** *f.* Geschichte *f.* 1:6/I
**histórico/-a** geschichtlich, historisch 3:1/9
**hoja** *f.* Blatt (Papier) *nt.* 3:2/2
**hola** hallo 1:E/I
**hombre** *m.* Mann *m.*; Mensch *m.* 2:4/I
**¡Hombre!** Mann!, Mensch! 1:3/Ib
**hora** *f.* Stunde *f.*; Uhr(zeit) *f.* 1:2/I
**¿A qué hora?** Um wie viel Uhr? 1:2/I
**¿Qué hora es?** Wie spät ist es? 1:2/12
**horario** *m.* Stundenplan *m.* 1:6/I; *hier:* Geschäftszeiten *f. pl.*; Öffnungszeiten *f. pl.* 1:10/12
**horno** *m.* Backofen *m.* 2:2/Ia
**horrible** schrecklich 1:2/I
**hospital** *m.* Krankenhaus *nt.* 2:1/I
**hotel** *m.* Hotel *nt.* 1:E/6
**hoy** heute 1:2/I
**huevo** *m.* Ei *nt.* 1:10/Ia
**huir (i→y)** fliehen 3:7/1
**derechos humanos** *m.* Menschenrechte *f.* 3:2/17
**(estar de) buen/mal humor (#)** gut/schlecht gelaunt sein 2:6/I

## I

**icono** *m.* Icon *nt.*, Symbol *nt.* 2:10/
**idea** *f.* Idee *f.* 1:4/8

**Ni idea.** Keine Ahnung. 1:5/
**idioma** *m.* Sprache *f.* 1:E/6
**idiota** idiotisch, blödsinnig 3:4/2
**iglesia** *f.* Kirche *f.* 2:4/I
**ignorar** ignorieren, nicht beachten 3:6/6
**Me da igual.** Es ist mir egal. 2:5/I
**ilegal** illegal, gesetzeswidrig 3:4/16
**imagen** *m.* Bild *nt.* 3:5/16
**imaginarse** sich vorstellen, sich denken 2:10/I
imperio *m.* Reich *nt.* 3:3/1
**¡No importa!** (Das) macht nichts! 2:8/Ib
**importancia** *f.* Bedeutung *f.* 3:7/17
**importante** bedeutend, wichtig 1:8/18
**importar** von Bedeutung sein, wichtig sein 3:5/3
**imposible** unmöglich 2:1/I
**impresionante** beeindruckend, eindrucksvoll 2:5/13
**impresora** *f.* Drucker *m.* 2:10/
**imprimir** (aus)drucken 2:10/I
**inca** *m.* Inka *m.* 3:3/1
**inca** *(adjetivo)* Inka- 3:3/1
**incluir (i→y)** umfassen, beinhalten 3:7/1
**incluso** sogar 2:6/I
**incómodo/-a** unbehaglich 3:4/15
**inconveniente** *m.* Nachteil *m.* 3:4/18
**increíble** unglaublich 2:4/I
**indicar (c→qu)** anzeigen, angeben 3:5/3
indígena eingeboren, einheimisch; Indio- 3:3/10
**individual** individuell; Einzel- 3:7/1
infantil Kinder- 3:2/15
**infeliz** unglücklich 3:5/1
**información** *f.* Information *f.* 2:3/Ib
**informar** informieren 2:9/I
**informarse** sich informieren 2:10/I
**informática** *f.* Informatik *f.* 3:2/16
**infusión** *f.* Kräutertee *m.* 2:9/10
**Inglaterra** *f.* England 2:5/14
**inglés** *m.* Englisch *nt.* 1:6/I
**inglés/inglesa** *m./f.* Engländer/in *m./f.* 2:7/4
**inmigrante** *m./f.* Einwanderer/in *m./f.* 2:7/9
**inolvidable** unvergesslich 3:2/2
**insoportable** unerträglich 3:6/1
instalar *hier:* installieren 3:4/16
**insti** *m. (col.)* Gymnasium *nt.* 1:4/I
**instituto** *m.* Gymnasium *nt.* 1:3/Ia
**instrumento** *m.* (Musik)instrument *nt.* 2:6/I
**insultar a alguien** jdn. beschimpfen, beleidigen 3:6/4
**inteligente** intelligent 1:4/7
**intentar** versuchen 2:3/Ib
**intercambiar** austauschen 3:2/17
**intercambio** *m.* Austausch *m.* 3:2/11
**interés** *m.* Interesse *nt.*, Bedeutung *f.* 3:7/12
**interesante** interessant 1:8/12
**interesar a alguien** jdn. interessieren 2:4/I
**internacional** international 2:3/Ia
**Internet** *f.* Internet *nt.* 1:4/I
intérprete *m./f.* Dolmetscher/in *m./f.* 3:3/1
inusual ungewöhnlich, außergewöhnlich 3:7/1
**invierno** *m.* Winter *m.* 2:4/I
**invitar a alguien** jdn. einladen 1:10/Ib
**ir (#)** gehen; fahren 1:5/9
**ir a casa de alguien (#)** zu jdm. nach Hause gehen 1:6/17
**ir a pie (#)** zu Fuß gehen 1:5/I
**ir de compras (#)** einen Einkaufsbummel machen, einkaufen gehen 1:7/Ia
**ir en metro (#)** mit der U-Bahn fahren 1:5/I
**ir en piragua (#)** mit dem Kanu fahren, paddeln 2:3/Ia
**irse (#)** (weg-, fort-)gehen 1:9/I
**isla** *f.* Insel *f.* 2:4/I
**Italia** *f.* Italien 2:5/14
**italiano/-a** *m./f.* Italiener/in *m./f.* 2:7/4
**italiano/-a** italienisch 2:7/6
**izquierdo/-a** linke(r, s) 2:9/

## J

**jamón** *m.* Schinken *m.* 1:10/Ia
**jamón serrano** *m.* luftgetrockneter Schinken *m.* 1:10/Ib
**Japón** *m.* Japan 2:7/6
**japonés/japonesa** japanisch 2:7/6
**jarabe** *m.* Sirup *m.*; *hier:* Hustensaft *m.* 2:9/10
**jardín** *m.* Garten *m.* 1:9/I
**jefe/-a** *m./f.* Chef/in *m./f.*; *hier:* Herrscher/in *m./f.* 3:3/1
**jersey** *m.* Pullover *m.* 1:7/Ia
¡Jo! *(col.)* Wahnsinn! 3:2/2; *hier:* Ach!, Mensch! 3:6/15
¡joder! *(col.)* Scheiße, verdammt (noch mal)! *(ugs.)* 3:6/23L
**joven** *m./f.* junger Mann *m.*; junge Frau *f.*; Jugendliche/r *f./m.* 2:10/7
**joven** jung 3:5/3
**judía** *f.* Bohne *f.* 2:8/Ia
**juego** *m.* Spiel *nt.* 1:11/I
**Juegos Olímpicos** *m. pl.* die Olympischen Spiele *pl.* 3:1/2
**jueves** *m.* Donnerstag *m.* 1:6/I
**los jueves** donnerstags 1:6/I
**jugador/a** *m./f.* Spieler/in *m./f.* 2:8/Ib
**jugar a algo (u→ue) (g→gu)** *(Spiel, Sport)* etw. spielen 1:6/10
**juguete** *m.* Spielzeug *nt.* 1:2/I
**julio** *m.* Juli *m.* 1:11/8
**junio** *m.* Juni *m.* 1:11/I
**junto/-a** zusammen, miteinander, gemeinsam 1:11/I
**salir juntos (#)** *hier:* miteinander gehen, zusammen sein *(ugs.)* 3:5/3
**justo** *(adverbio)* genau; gerade *(Adverb)* 3:4/2
**justo/-a** gerecht 3:2/5

## K

**kilo** *m.* Kilo *nt.* 1:10/Ib
**kilómetro** *m.* Kilometer *m.* 2:4/I
kínder *m.* Kindergarten *m.* 3:3/15

## L

**la** sie; ihr 1:11/3; *hier:* es *(Personalpronomen im Akkusativ)* 2:1/I
**lado** *m.* Seite *f.* 2:10/I
**al lado de** neben 1:5/I
**ladrar** bellen 3:4/19
**lago** *m.* See *m.* 3:3/10
**lámpara** *f.* Lampe *f.* 2:2/Ia
**lana** *f.* Wolle *f.* 3:3/6
**lápiz** *m.* Bleistift *m.* 1:3/Ia
**largo/-a** lang 1:4/7
**las** sie, ihnen *(Personalpronomen im Akkusativ)* 2:1/I
**¡Qué lástima!** Wie schade! 2:10/I
**lata** *f.* (Blech)dose *f.*, Blechbüchse *f.* 1:10/Ib
**latín** *m.* Latein *nt.* 3:1/15
**Latinoamérica** *f.* Lateinamerika 2:4/I

**latinoamericano/-a** lateinamerikanisch 2:6/11
**latoso/-a** lästig 1:4/I
**lavabo** *m.* Waschbecken *nt.* 2:2/Ia
**lavadora** *f.* Waschmaschine *f.* 2:2/Ia
**lavar** waschen 2:8/15
**lavavajillas** *m.* Geschirrspülmaschine *f.* 2:2/Ia
**le** ihn; ihm; ihr 1:7/11
**leche** *f.* Milch *f.* 1:10/Ia
**lechuga** *f.* Blattsalat *m.* 1:10/Ia
**leer algo** etw. lesen 1:3/8
**lejos de** weit (weg) von, weit (entfernt) von 1:5/I
leña *f.* Brennholz *nt.* 3:3/6
**lengua** *f.* Sprache *f.* 1:6/I
**les** sie; ihnen 1:7/11
**lesionarse** sich verletzen 2:9/I
**letra** *f.* Buchstabe *m.*; *hier:* Text *m.* *(Lied)* 2:6/I
**letrero** *m.* Schild *nt.* 3:1/15
**levantarse** aufstehen 1:9/10
**libertad** *f.* Freiheit *f.* 3:3/1
**libre** frei 1:6/I
**librería** *f.* Buchhandlung *f.* 1:7/Ib
**libro** *m.* Buch *nt.* 1:3/Ia
**limitado/-a** knapp, begrenzt 3:7/17
**limitar con** (an)grenzen an 3:3/10
**limón** *m.* Zitrone *f.* 1:10/Ia
**limonada** *f.* Limonade *f.* 1:E/7
**limpiar** sauber machen, reinigen 2:3/Ib
**linterna** *f.* Taschenlampe *f.* 1:9/I
**liso/-a** glatt 1:4/7
**lista** *f.* Liste *f.* 3:6/11
**lista de la compra** *f.* Einkaufszettel *m.* 3:6/11
**(ser #) listo/-a** klug; geschickt 2:1/4
**literatura** *f.* Literatur *f.* 1:6/I
**litro** *m.* Liter *m.* 1:10/Ib
llama *f.* Lama *nt.* 3:3/5
**llamada telefónica** *f.* Anruf *m.* 1:5/6
**llamar** rufen; *hier:* anklopfen; klingeln 2:5/7; *hier:* (be)nennen 2:7/I
**llamar (por teléfono) a alguien** jdn. anrufen 1:5/I
**llamar la atención** auffallen 3:1/15
**llamarse** heißen, sich nennen 1:E/I
**llegada** *f.* Ankunft *f.* 3:7/10
**llegar (g→gu)** eintreffen; ankommen 1:5/6
**llegar a un acuerdo** sich einigen, eine Vereinbarung treffen 3:5/5
**llegar tarde (g→gu)** zu spät kommen 2:6/16
**llenar** füllen 3:3/1
**(estar #) lleno/-a de ...** voller ..., voll mit ... sein 2:2/Ib
**llevar** *(+Zeitraum) (+ gerundio)* seit *(+ Zeitraum)* etw. tun 3:6/4
**llevar a alguien** jdn. mitnehmen 2:5/I
**llevar algo** etw. tragen 1:2/7
**llevar (algo) fatal** schlecht laufen; sich mit etw. schwer tun 3:2/2
llevar(se) *hier:* (sich) einhandeln 3:4/15
**llevarse bien/mal con alguien** sich gut/schlecht mit jdm. vertragen 3:2/17
**llorar** weinen 3:6/4
**llover (o→ue)** regnen 1:9/15
**lluvia** *f.* Regen *m.* 1:9/15
**lo** ihn *m.*; es, das *nt.* *(Personalpronomen im Akkusativ)* 2:1/I
**Lo siento. (sentir) (e→ie)** Es tut mir leid. 1:5/I
**lobo** *m.* Wolf *m.* 1:9/I
**loco/-a** wahnsinnig, verrückt 1:8/4
**los** sie *(Personalpronomen im Akkusativ)* 2:1/I
**los dos** beide 1:1/I
**los/las** die *(best. Artikel, pl.)* 1:E/I
lotería *f.* Lotterie *f.* 3:5/12
**luchar por** kämpfen um 2:9/I
**luego** später, nachher 2:3/Ib
**lugar** *m.* Ort *m.*, Platz *m.* 1:9/I
**tener lugar (#)** stattfinden 2:6/I
**luna** *("Luna" cuando se refiere al satélite)* *f.* Mond *m.* 3:7/20
**lunes** *m.* Montag *m.* 1:6/I
**los lunes** montags 1:6/I
**luz** *f.* Licht *nt.* 3:2/8

## M

**macedonia** *f.* Obstsalat *m.*, Fruchtsalat *m.* 1:10/3
**madre** *f.* Mutter *f.* 1:2/I
**¡Madre mía!** (Ach) du meine Güte! 2:6/I
**maíz** *m.* Mais *m.* 3:3/5
**majo/-a** *(col.) hier:* nett, sympathisch 1:5/6
**mal** *(adverbio)* schlecht *(Adverb)* 1:2/
**tener mal de amores** Liebeskummer haben 3:5/1
**mala suerte** *f.* Pech *nt.* 2:3/8
maldito/-a verflucht, verdammt 3:2/3
**mal educado/-a** unerzogen, schlecht erzogen 3:7/4
**malentendido** *m.* Missverständnis *nt.* 3:5/14
**maleta** *f.* Koffer *m.* 1:2/I
**hacer la maleta** den Koffer packen 1:7/4
**malo/-a** *(adjetivo)* schlecht; schlimm *(Adjektiv)* 2:6/11
**mamá** *f.* *(col.)* Mama, Mutti *f* *(ugs.)* 1:2/I
**mañana** *f.* Morgen *m.* 2:1/I
**mañana** morgen 1:2/I
**por la mañana** morgens 1:6/I
**mancha** *f.* Fleck *m.* 1:7/Ib
**mandar** schicken 3:4/2
**manera** *f.* Art *f.*, Weise *f.* 3:4/2
**de esta manera** auf diese Art und Weise 3:4/2
**mano** *f.* Hand *f.* 2:9/8
**mantel** *m.* Tischdecke *f.* 2:8/Ia
mantener (#) *hier:* unterhalten, versorgen 3:3/15
**manzana** *f.* Apfel *m.* 1:10/Ia
**mapa** *m.* (Land)karte *f.* 1:3/Ia
**mar** *m.* Meer *nt.*, See *f.* 1:6/
**¡Qué maravilla!** Wie wunderbar! 2:1/I
**maravilloso/-a** wunderbar 2:10/I
**marcharse** weggehen 3:6/4
**marrón** (kastanien)braun 1:7/Ia
**marroquí** marokkanisch 2:7/I
**Marruecos** *m.* Marokko 2:7/I
**martes** *m.* Dienstag *m.* 1:6/I
**los martes** dienstags 1:6/I
**marzo** *m.* März *m.* 1:11/8
**más** mehr (als) 1:3/Ib
**el/la que más/menos** *(+ verbo)* am meisten/am wenigsten *(+ Verb)* 3:4/1
mascota *f.* Maskottchen *nt.* 3:7/17
**matar** töten, umbringen 3:3/1
**matemáticas** *f. pl.* Mathematik *f.* 1:3/4
**mayo** *m.* Mai *m.* 1:11/I
**mayoría** *f.* Mehrheit *f.* 3:1/15
**me** mich; mir 1:6/I
**mecánico/-a** *m./f.* Mechaniker/in *m./f.* 3:2/16
**medias** *f. pl.* Strümpfe *m. pl.* 3:2/17

**médico/-a** *m./f.* Arzt *m.*; Ärztin *f.* 2:1/I
**medio ambiente** *m.* Umwelt *f.* 3:7/I
**en medio de** inmitten … 3:1/2
**medio/-a** halb 1:10/Ib
**mediodía** *m.* Mittag *m.* 3:2/17
**medios de comunicación** *pl.* Kommunikationsmittel *f. pl.*, Massenmedien *f. pl.* 3:4/1
**a lo mejor** *(col.)* vielleicht, unter Umständen 2:3/Ib
**mejorar** verbessern 3:6/19
**melocotón** *m.* Pfirsich *m.* 1:10/Ia
**memoria** *f.* Gedächtnis *nt.*; Erinnerung *f.* 3:1/2
**memoria USB** *f.* USB-Stick *m.* 2:10/I
**menos** weniger 1:6/I
**menos mal** glücklicherweise, Gott sei Dank 2:3/Ib
**mensaje** *m.* Botschaft *f.*, Mitteilung *f.*, SMS *f.* 1:6/19
mensajero/-a *m./f.* Bote/-in *m./f.* 3:3/1
**mentir (e→ie)** lügen 3:6/19
**menú** *m.* Menü *nt.*; Speisekarte *f.* 2:8/Ia
**mercado** *m.* Markt *m.* 1:10/Ib
**merienda** *f.* Vesper *f.*, leichte Mahlzeit am Nachmittag *f.* 1:11/I
**mes** *m.* Monat *m.* 1:10/12
**mesa** *f.* Tisch *m.* 1:3/Ia
**meta** *f.* Ziel *nt.*, Ziellinie *f.* 2:3/Ia
**meter en** (hinein)stecken in; (hinein)legen in 2:2/Ib
**meter un gol** ein Tor schießen 2:5/I
**meterse** *hier:* sich einmischen 3:5/3
**meterse con alguien** jdn. ärgern, jdn. provozieren 2:2/Ib
**metro** *m.* U-Bahn *f.* 1:5/I; Meter *m.* 2:4/
**mexicano/-a** mexikanisch 2:7/6
**mí** mich, mir 1:E/I
**mi/mis** mein/e 1:5/6
**microondas** *m.* Mikrowelle *f.* 2:2/Ia
**miedo** *m.* Angst *f.*, Furcht *f.* 1:9/I
**tener miedo de algo/alguien** vor etw./jdm. Angst haben, sich vor etw./jdm. fürchten 1:9/I
**mientras** währenddessen; während 2:2/Ib
**mientras tanto** inzwischen, in der Zwischenzeit 1:11/I
**miércoles** *m.* Mittwoch *m.* 1:6/I
**los miércoles** mittwochs 1:6/I
**un mínimo de …** mindestens, ein Minimum an … 2:7/I
**minuto** *m.* Minute *f.* 2:3/Ib
**(el/la) mío/-a** der/die/das meinige, meine(r, s) 3:4/2
**mirada** *f.* Blick *m.* 3:5/16
**mirar algo** etw. (an)sehen, (an)schauen 1:5/I
miseria *f.* Armut *f.*, Elend *nt.* 3:3/15
él mismo er selbst 3:1/13
**el/lo/la mismo/-a** derselbe/dieselbe/dasselbe 2:8/Ib
**mitad** *f.* Hälfte *f.* 2:3/Ib; *hier:* Halbzeit *f.* 2:9/I
mítico/-a mythisch, Sagen- 3:3/6
**mochila** *f.* Rucksack *m.*; Ranzen *m.* 1:3/Ia
**moderno/-a** modern 2:5/13
molar mogollón *(col.)* sehr gefallen 3:5/
molar a alguien *(col.)* jdm. gefallen 3:5/14
**molestar a alguien** jdn. stören, belästigen 2:5/I
**momento** *m.* Augenblick *m.*, Moment *m.* 1:1/I
**monasterio** *m.* Kloster *nt.* 3:1/13
**mono** *m.* Affe *m.* 3:3/10
**montaña** *f.* Berg *m.*; Gebirge *nt.* 1:E/I
**montar (a caballo)** reiten 1:6/I
**montar algo** steigen auf; *hier:* etw. aufbauen 1:9/I
un montón *(col.) hier:* sehr 3:5/3
**un montón (de) …** ein Haufen …, unheimlich viel(e) … 3:6/11
**monumento** *m.* Denkmal *nt.*, Monument *nt.* 2:5/I
**moreno/-a** dunkelfarbig; *hier:* dunkelhaarig 1:4/I
**morir (o→ue)** sterben, umkommen 3:3/9
**morirse de hambre (o→ue)** verhungern 2:2/Ib
**mostrar (o→ue)** zeigen 3:6/3
**motivo** *m.* Grund *m.*, Anlass *m.* 2:10/I
**mover (o→ue)** bewegen 2:10/
**moverse (o→ue)** sich bewegen 2:8/Ib
**móvil** *m.* Handy *nt.* 1:8/I
**¡Muchas gracias!** Vielen Dank! 1:4/I
mucho antes lange vorher 3:3/8
**mucho** *(adverbio)* sehr; viel *(Adverb)* 1:6/I
**mucho/-a** *(adjetivo)* viel *(Adjektiv)* 1:4/I
**mudanza** *f.* Umzug *m.* 2:2/Ia
**mudarse** umziehen 2:2/Ib
**mueble** *m.* Möbelstück *nt.* 2:2/2
**mujer** *f.* Frau *f.* 3:3/3
**mundo** *m.* Welt *f.* 2:6/I
**muro** *m.* Mauer *f.* 3:3/1
**museo** *m.* Museum *nt.* 1:2/13
**música** *f.* Musik *f.* 1:E/I
**muy** sehr 1:2/I
**muy bien** sehr gut 1:2/I

## N

**nacer (nazco)** geboren werden 2:4/I
nacer (nazco) *hier:* entspringen 3:3/10
**nacionalidad** *f.* Staatsangehörigkeit *f.*, Nationalität *f.* 2:7/I
**nadar** schwimmen 1:6/I
**(no) … nadie** niemand 1:11/I
**naranja** *f.* Orange *f.*, Apfelsine *f.* 1:10/Ia
**nariz** *f.* Nase *f.* 2:9/8
**natural** natürlich, Natur- 2:9/15
**naturaleza** *f.* Natur *f.* 3:3/15
**navegar (g→gu)** *hier:* surfen *(Internet)* 3:4/2
**Navidad** *f.* Weihnachten *nt.* 1:11/14
**necesario/-a** notwendig, erforderlich 2:7/I
necesitado/-a bedürftig 3:7/20
**necesitar algo** etw. benötigen, brauchen 1:3/Ib
**negativo/-a** negativ 2:7/I
**negro/-a** schwarz 1:3/10
**nervioso/-a** nervös, unruhig 2:1/I
**nevar (e→ie)** schneien 1:9/15
**nevera** *f.* Kühlschrank *m.* 2:2/Ia
**(no) … ni … ni** weder … noch 2:6/I
**Ni idea.** Keine Ahnung. 1:5/
**nieto/-a** *m./f.* Enkel/in *m./f.* 1:5/7
**nieve** *f.* Schnee *m.* 2:5/I
niki *m.* Nikishirt *nt.* 3:2/17
**ningún, ninguno/-a** keine(r, s) 2:6/I
**niño/-a** *m./f.* Kind *nt.*, Junge/Mädchen *m./f.* 1:2/I
nivel *m. hier:* Ebene *f.*; Niveau *nt.* 3:2/15
**no** nein; nicht; kein 1:E/9
**¡No importa!** (Das) macht nichts! 2:8/Ib

**No pasa nada.** Es ist nichts. 1:9/I
¡No pongáis estas caras! Jetzt macht nicht solche Gesichter! 3:4/2
**no sólo ..., sino también** nicht nur ..., sondern auch 2:10/I
**¡No te pongas así!** Jetzt sei doch nicht so! 3:4/2
**(no) ... nada** nichts 1:3/Ib; überhaupt nicht, gar nicht 1:6/
**(no) ... nadie** niemand 1:11/I
**(no) ... ni ... ni** weder ... noch 2:6/I
**(no) ... nunca** nie 1:11/I
**(no) ... sino** sondern 2:7/I
**(no) ... tanto** (nicht) so (sehr) 2:6/I
noble *m./f.* Adlige/r *f./m.* 3:3/6
**noche** *f.* Abend *m.*; Nacht *f.* 1:9/I
**por la noche** nachts 1:9/15
**nombre** *m.* Name *m.* 1:E/4
**norma** *f.* Richtlinie *f.* 3:4/15
**normal** normal 1:2/I
**norte** *m.* Norden *m.* 2:4/I
**nos** uns 1:7/11
**nosotros/-as** wir 1:3/8
**nota** *f. hier:* Note *f.* 2:3/Ib
**notar** (be)merken, wahrnehmen 2:6/I
**noviembre** *m.* November *m.* 1:11/8
**novio/-a** *m./f.* Freund/in *m./f.* 3:1/13
**nublado/-a** bewölkt 1:9/15
**nuestro/-a** unser/e 1:5/6
**nuevo/-a** neu 1:2/I
**número** *m.* Zahl *f.*; Nummer *f.* 1:1/4

## O

**o** oder 1:1/12
**obligatorio/-a** verpflichtend, obligatorisch 3:2/15
**ocasión** *f.* Gelegenheit *f.* 3:6/19
**octubre** *m.* Oktober *m.* 1:11/8
**ocupado/-a** beschäftigt; besetzt 3:7/4
**ocurrir** geschehen, sich ereignen 3:6/4
**odiar** hassen 3:5/3
**oeste** *m.* Westen *m.* 2:4/I
**oficial** amtlich, offiziell 3:1/15
**oficina de correos** *f.* Postamt *nt.* 1:10/12
**oficina de turismo** *f.* Fremdenverkehrsamt *nt.* 2:5/6
**ofrecer (ofrezco)** (an)bieten 3:3/15
**oído** *m.* Gehör *nt.* 2:9/8
**ojo** *m.* Auge *nt.* 2:4/I
**olvidar** vergessen 1:10/Ib
**opinión** *f.* Meinung *f.*, Ansicht *f.* *(Meinung)* 2:7/I
**en mi opinión** meiner Meinung nach 2:1/I
**orden (las órdenes)** *f.* Befehl *m.* 3:4/9
**ordenador** *m.* Computer *m.* 1:2/I
**ordenar** ordnen; aufräumen 2:2/11; *hier:* befehlen, anordnen 3:3/1
**oreja** *f.* Ohr *nt.* 2:9/8
**organización** *f.* Organisation *f.* 3:3/6
**organizado/-a** organisiert 3:7/1
**organizar algo (z→c)** etw. organisieren 3:7/4
**origen** *m.* Ursprung *m.*; *hier:* Herkunft *f.* 3:3/10
**original** *hier:* originell 3:1/13
originario/-a ursprünglich, angeboren, Herkunfts- 3:3/15
**orilla** *f. hier:* Ufer *nt.* 2:3/Ia
**oro** *m.* Gold *nt.* 3:3/1
**os** euch 1:7/11
**oso** *m.* Bär *m.* 2:10/I
**otro/-a** ein anderer, eine andere 2:1/I
**oveja** *f.* Schaf *nt.* 1:3/10
**¡Oye! (oír #)** Hör mal! 1:1/I

## P

**paciencia** *f.* Geduld *f.* 3:5/5
**padre** *m.* Vater *m.* 1:2/I
**padres** *m. pl.* Eltern *pl.* 1:4/9
**paella** *f.* Paella *f.* 2:8/9
**paga** *f.* Gehalt *nt.*; *hier:* Taschengeld *nt.* 3:1/7
**pagar algo (g→gu)** etw. bezahlen 1:5/I
**página** *f.* Seite *f.* 1:3/Ib
**página web** *f.* Webseite *f.* 2:4/13
**país** *m.* Land *nt.* 1:E/I
**país de origen** *m.* Herkunftsland *nt.* 2:7/I
**País Vasco** *m.* Baskenland *nt.* 3:1/15
**paisaje** *m.* Landschaft *f.* 2:4/I
paja *f.* Stroh *nt.* 3:3/6
**pájaro** *m.* Vogel *m.* 2:4/I
**palabra** *f.* Wort *nt.* 2:2/10
**palacio** *m.* Palast *m.* 3:1/2
**pálido/-a** blass, bleich 2:10/I
**Es un palo.** Es ist ein (schwerer) Schlag./Das ist heftig. *(ugs.)* 2:1/I
**pan** *m.* Brot *nt.* 1:2/I
pandilla *f. hier:* Clique *f.* 3:4/15
**pantalla** *f.* Bildschirm *m.* 2:10/
**pantalón** *m.* Hose *f.* 1:7/Ia
**papá** *m. (col.)* Papa, Vati *m. (ugs.)* 1:E/I
**papelera** *f.* Papierkorb *m.* 1:3/Ia
**paquete** *m.* Paket *nt.* 1:2/15
**para** für 1:E/I; *hier:* nach *(Richtung)* 2:9/I
**para** *(+ inf.)* um zu 1:8/I
**para ti** für dich 1:E/9
**¿para qué?** wozu? 2:8/2
parada *f. hier:* (Markt)stand *m.* 3:1/2
**parar** aufhören, innehalten 3:6/4; anhalten, stehen bleiben 3:7/1
**parecer (parezco)** aussehen; scheinen, wirken 2:1/I
**¿Qué te parece?** Was hältst du davon? 1:10/Ib
**pared** *f.* Wand *f.* 1:3/Ia
**pareja** *f.* das Paar *nt.*; Partner/in *m./f.* 3:6/1
**en parejas** paarweise, zu zweit 3:6/1
**parque** *m.* Park *m.* 1:2/13
parque acuático *m.* Wasser(erlebnis)park *m.* 3:7/16
**parte** *f.* Teil *m.* 2:4/I
**participar en** teilnehmen an 2:7/I
**partido** *m. hier:* Spiel *nt.* 2:5/I
partir *hier:* abreisen, losfahren 3:5/16
**No pasa nada.** Es ist nichts. 1:9/I
**pasado** *m.* Vergangenheit *f.* 3:3/I
**pasado/-a** vergangen, vorig 2:3/Ib
pasaje *m.* Passage *f.*; *hier:* Ticket *nt.* 3:5/16
**pasar** vorbeigehen, vorübergehen; *hier:* vergehen 1:4/I; *hier:* verbringen 1:6/I; *hier:* passieren 1:9/I
**pasar algo a alguien** *hier:* jdm. etw. reichen 2:8/Ib
**pasar por casa** zu Hause vorbeigehen 2:9/I
**pasar por delante** vorbeigehen 2:5/I
**pasear** spazieren gehen/fahren 2:5/I
pasear *hier:* herumgehen 3:2/2
**paseo** *m.* Spaziergang *m.* 2:5/I
**dar un paseo (#)** einen Spaziergang machen 2:5/I
**pasillo** *m.* Flur *m.*, Korridor *m.* 2:2/Ia
**pastilla** *f.* Tablette *f.* 2:9/10
patada *f.* Fußtritt *m.* 3:6/4

**patata** *f.* Kartoffel *f.* 1:10/Ia
**patatas bravas/papas bravas** *pl. frittierte Kartoffeln mit scharfer Soße* 3:1/15
**patatas fritas** *f. pl.* Pommes Frites *pl.*; (Kartoffel)chips *m. pl.* 1:10/Ia
**patio de recreo** *m.* Schulhof *m.*, Pausenhof *m.* 1:6/I
**pato** *m.* Ente *f.* 1:8/2
patrón/-ona *m./f.* Schutzheilige/r, -patron/in *m./f.* 3:1/13
**pausa** *f.* Pause *f.* 3:3/6
**paz** *f.* Frieden *m.* 2:10/I
en son de paz in friedlicher Absicht 3:3/1
**pedir (e→i)** bitten; *hier:* bestellen 2:8/Ib
**pedir un favor a alguien** jdn. um einen Gefallen bitten 3:6/12
**pegar (g→gu)** schlagen, (ver)prügeln 3:6/1
**pelar** schälen 1:10/16
**película** *f.* Film *m.* 1:2/I
**peligro** *m.* Gefahr *f.* 3:4/18
**peligroso/-a** gefährlich 1:8/I
**pelirrojo/-a** rothaarig 1:1/I
**pelo** *m.* Haar *nt.* 1:4/I
**pelota** *f.* Ball *m.* 2:9/I
**peluche** *m.* Plüsch *m.*; Plüschtier *nt.* 3:5/3
**peluquería** *f.* Friseursalon *m.* 2:1/I
**peluquero/-a** *m./f.* Friseur/in *m./f.* 2:1/I
**¡Qué pena!** Schade! 2:4/8
**penalti** *m.* Foul *nt. (im Strafraum)*, Elfmeter *m.* 2:9/I
**pensar (e→ie)** denken 1:11/I; *hier:* überdenken 3:5/3
**pepino** *m.* Gurke *f.* 1:10/Ia
**pequeño/-a** klein 1:1/I
**de pequeño/-a** als Kind 3:1/2
**pera** *f.* Birne *f.* 1:10/Ia
**perder (e→ie)** verlieren 2:9/I
¡Perderos todos por ahí! Haut alle ab!, Macht, dass ihr wegkommt! 3:6/4
**¡Perdón!** Entschuldigung!, Verzeihung! 1:5/☺
**perfecto/-a** vollkommen, vollendet; perfekt 1:10/7
**periódico** *m.* Zeitung *f.* 2:7/I
**periódico escolar** *m.* Schülerzeitung *f.* 2:7/I
**periodista** *m./f.* Journalist/in *m./f.* 2:1/I
**pero** aber 1:2/I
**perro/-a** *m./f.* Hund *m.*, Hündin *f.* 1:8/I
**persona** *f.* Person *f.* 1:7/1
**Perú** *m.* Peru 2:7/I
**peruano/-a** *m./f.* Peruaner/in *m./f.* 3:3/10
**peruano/-a** peruanisch 3:3/12
**pesado/-a** schwer; *hier:* aufdringlich, lästig 1:4/I
**pescado** *m.* Fisch *(Ware, Gericht) m.* 1:10/Ia
peseta *f.* Pesete *f. (span. Währung vor Einführung des Euro)* 3:1/7
**pesimista** *m./f.* Pessimist/in *m./f.* 1:11/17
**piano** *m.* Klavier *nt.* 1:6/6
**picante** scharf, pikant 2:8/Ib
**picar algo/a alguien** etw./jdn. stechen; picken 1:8/I
pico *m. hier:* Gipfel *m.* 3:3/5
**pie** *m.* Fuß *m.* 1:5/I
**a pie** zu Fuß 1:5/I
**ir a pie (#)** zu Fuß gehen 1:5/I
**piedra** *f.* Stein *m.* 3:3/6
**pierna** *f.* Bein *nt.* 2:9/I
pijo/-a *m./f.* Schickimicki *m./f. (ugs.)* 3:6/1
**pimienta** *f.* Pfeffer *m.* 2:8/Ia
**pimiento** *m.* Paprika *m.*, Paprikaschote *f.* 1:4/I
pingüino *m.* Pinguin *m.* 3:3/10
**pintor/a** *m./f.* Maler/in *m./f.* 2:4/I
pipas *f. pl. (geröstete, gesalzene) Sonnenblumenkerne* 3:1/2
**piragua** *f.* Kanu *nt.*, Paddelboot *nt.* 2:3/Ia
**ir en piragua (#)** mit dem Kanu fahren, paddeln 2:3/Ia
**piragüista** *(Aussprache: ü="u") m./f.* Kanufahrer/in *m./f.*, Kanute/-in *m./f.* 2:3/Ia
**Pirineos** *m. pl.* die Pyrenäen *f. pl.* 3:1/13
**piscina** *f.* Schwimmbad *nt.* 1:6/I
**piso** *m.* (Fuß)boden *m.*; Stock(werk) *nt.*; *hier:* Wohnung *f.* 2:1/I
**pitar** pfeifen 2:9/I
**pizarra** *f.* Tafel *f.* 1:3/Ia
**pizza** *f.* Pizza *f.* 2:2/Ib
**plan** *m.* Plan *m.* 3:3/1
en plan rápido auf die Schnelle 3:1/2
**hacer planes (#)** Pläne schmieden 2:8/Ib
**plano de la ciudad** *m.* Stadtplan *m.* 3:2/9
**planta** *f.* Pflanze *f.* 2:2/Ia
**plata** *f.* Silber *nt.* 3:3/1
**plátano** *m.* Banane(nstaude) *f.* 1:10/Ia
**plato** *m.* Teller *m.*; Gericht *nt.* 2:7/I
**playa** *f.* Strand *m.* 1:E/I
**plaza** *f.* Platz *m.* 2:5/☺
**pluma** *f. hier:* Füller *m.* 1:3/Ia
**población** *f.* Bevölkerung *f.* 2:7/9
**pobre** arm, bedürftig 2:2/Ib
**poco/-a** wenig, gering 1:4/I
**poder algo (o→ue)** etw. können; dürfen 1:8/7
**policía** *m./f.* Polizist/in *m./f.* 2:1/13
**pollo** *m.* Hähnchen *nt.* 2:8/Ia
polo *m.* Poloshirt *nt.* 3:2/17
**estar hecho/-a polvo (#)** *(col.)* kaputt, erschöpft sein *(ugs.)* 2:6/I
**poner (#)** *hier:* geben 1:10/Ib
**poner algo (#)** etw. stellen, legen; anmachen, einschalten 1:9/I
**poner la mesa** den Tisch decken 3:4/2
**poner una trampa a alguien** jdm. eine Falle stellen 3:3/1
**ponerse algo (#)** *hier:* sich etw. anziehen 3:2/11
popular Volks-, volkstümlich 3:7/4
**por** durch; *hier:* für 1:7/Ib; *hier:* auf, entlang 2:5/I; *hier:* wegen 2:9/I
por *hier:* pro 3:3/6
**por aquí** hier (in der Nähe) 1:5/☺
**por ejemplo** zum Beispiel 1·4/I
**por eso** deshalb 1:9/I
**por favor** bitte 1:1/I
**por fin** endlich 2:2/16
**por la mañana** morgens 1:6/I
**por la noche** nachts 1:9/15
**por la tarde** am Nachmittag; am Abend 1:6/I
**por mí** von mir aus 2:5/I
**¿por qué?** warum? 1:2/I
**por suerte** zum Glück, glücklicherweise 1:4/I
**por supuesto** selbstverständlich 2:4/I
**por último** schließlich, zu guter Letzt 1:10/Ib

**por un lado ... por otro lado** einerseits … andererseits 2:1/I
**porque** weil, da 1:7/Ib
**portátil** *m. hier:* Laptop *m.* 2:10/I
**portería** *f.* Tor *nt.* *(Gehäuse)* 2:9/I
**portero/-a** *m./f.* Torwart *m.*, Torfrau *f.* 2:9/4
**posibilidad** *f.* Möglichkeit *f.* 2:9/I
**posible** möglich 3:6/15
**postal** *f.* Postkarte *f.* 2:5/17
**póster** *(pl.: pósteres) m.* Poster *nt.* 1:2/I
**postre** *m.* Nachtisch *m.* 1:8/I
**practicar (c→qu)** ausüben; *hier:* üben 3:4/2
**práctico/-a** praktisch 3:2/17
**precio** *m.* Preis *m.* 2:5/18
**preferido/-a** bevorzugt, Lieblings- 1:5/I
**preferir (e→ie)** vorziehen, bevorzugen 2:2/Ib
**pregunta** *f.* Frage *f.* 1:3/Ib
**preguntar algo/a alguien** etw./jdn. fragen 1:4/2
**preguntar por** fragen nach 1:5/12
**preocupado/-a** beunruhigt, besorgt 3:2/2
**preocupar** beunruhigen, sich Sorgen machen 3:6/4
**preparar algo** etw. vorbereiten; zubereiten 1:2/7
**presentación** *f.* Präsentation *f.*; *hier:* Referat *nt.* 2:3/Ib
**presentar** zeigen, vorstellen 1:10/Ib
**presente** *m.* Gegenwart *f.* 3:3/I
**prestar** (aus)leihen, borgen 3:6/12
**primavera** *f.* Frühling *m.* 3:3/10
**primer, primero/-a** *(adjetivo)* erste(r, s) *(Adjektiv)* 2:3/Ib
**primer plato** *m.* Vorspeise *f.* 2:8/Ia
**primero** *(adverbio)* zuerst, zunächst *(Adverb)* 1:3/Ib
**primero/-a** *m./f.* der/die Erste *m./f.* 2:3/Ib
**de primero** als Vorspeise 2:8/Ib
**primo/-a** *m./f.* Cousin/Cousine *m./f.* 1:E/I
**príncipe/princesa** *m./f.* Fürst/in *m./f.*; Prinz/essin *m./f.* 2:4/5
**al principio** am Anfang, anfangs 3:5/16
**probable** wahrscheinlich 3:6/15
**probar algo (o→ue)** *hier:* etw. probieren 2:8/Ib
**problema** *m.* Problem *nt.*, Schwierigkeit *f.* 1:5/I
**producto** *m.* Produkt *nt.*, Erzeugnis *nt.* 2:7/7
**profe** *m./f.* *(col.)* Lehrer/in *m./f.* 1:3/Ia
**profesión** *f.* Beruf *m.* 2:1/I
**profesional** Berufs-, beruflich 3:2/15
**profesor/a** *m./f.* Lehrer/in *m./f.* 1:3/Ia
**programa** *m.* Programm *nt.* 2:10/
programa espía *m.* Spionageprogramm *nt.* 3:4/15
**prohibir** verbieten 3:5/7
**promesa** *f.* Versprechen *nt.* 3:3/1
**prometer algo a alguien** jdm. etw. versprechen 2:10/I
**pronto** *(adverbio)* prompt, schnell; *hier:* früh *(Adverb)* 1:9/I
**de pronto** auf einmal, plötzlich 3:2/2
**propina** *f.* Trinkgeld *nt.* 3:7/7
**propio/-a** eigene(r, s) 2:1/I
**proponer (#)** vorschlagen 1:10/Ib
**protección** *f.* Schutz *m.* 3:6/3
**proteger(se) (protejo)** (sich) schützen 3:4/15
**provincia** *f.* Provinz *f.* 2:4/I
**próximo/-a** nächste(r, s) 1:5/I
**proyecto** *m.* Projekt *nt.*, Plan *m.* 3:7/14
**prueba** *f.* Prüfung *f.*, Test *m.* 2:3/
prueba de acceso *f.* Zulassungsprüfung *f.* 3:2/15
**publicar algo (c→qu)** etw. veröffentlichen 2:10/7
**pueblo** *m.* Dorf *nt.* 1:1/I; *hier:* Volk *nt.* 3:3/1
**puente** *m.* Brücke *f.* 2:3/Ia; *hier:* Brückentag *m.* 3:1/2
**puerta** *f.* Tür *f.*; Tor *nt.* 2:2/Ib
**puerto** *m.* Hafen *m.* 3:1/2
**pues** dann, also 1:2/I
**puesto** *m. hier:* (Markt)stand *m.* 3:1/2
punto *m.* Punkt *m.* 3:2/20
**punto de interés** *m. hier:* Anziehungspunkt *m.* 2:4/I
**puntual** *hier:* pünktlich 3:5/5

## Q

**que** *(pronombre relativo)* der/die/das *(Relativpronomen)* 1:8/I
**el/la que** *(pronombre relativo)* der/die/das *(Relativpronomen)* 3:3/1
**los/las que** *(pronombre relativo) pl.* die *pl.* *(Relativpronomen)* 3:3/4
**que** *hier:* weil, denn, da 3:4/2
**lo que ...** das(jenige), das …, das, was … 3:3/1
**¡Qué ...!** Wie …!, Was für ein(e) …! 1:1/I
**¡Que aproveche!** Guten Appetit! 2:8/Ib
**¡Qué barbaridad!** Wie schrecklich! 2:1/I
**¡Qué envidia!** Da bin ich aber neidisch! 2:1/I
¡Qué fuerte! *(col.)* Wie hart! *(ugs.)* 3:2/2
**¿qué?** was?; welche(r, s)? 1:E/9
**¡Qué horror!** Wie schrecklich! 1:9/
**¡Qué lástima!** Wie schade! 2:10/I
**¡Qué maravilla!** Wie wunderbar! 2:1/I
**¡Qué memoria!** Was du für ein Gedächtnis hast! 3:1/2
**¿Qué pasa?** Was ist los? 1:E/I
**¡Qué pena!** Schade! 2:4/8
¡Qué rollo! *(col.)* Wie nervig! *(ugs.)* 3:7/4
**¿Qué tal?** Wie geht's? 1:1/I
**¿Qué tal ...?** *hier:* Wie war es …?, Wie waren …? 1:2/I
**¿Qué te parece?** Was hältst du davon? 1:10/Ib
**¿Qué te pasa?** Was ist mit dir (denn) los? 2:6/I
**¿Qué tiempo hace?** Was für ein Wetter haben wir? 1:9/15
**¡Qué tiempos aquellos!** Das waren noch Zeiten! 3:1/2
**¡Qué va!** Ach was!, Blödsinn! 2:6/I
quechua Quechua- 3:3/10
**quedar** bleiben; *hier:* sich verabreden 1:2/I; *hier:* übrig bleiben 3:7/8
**quedar a alguien** *hier:* jdm. passen; stehen 1:7/Ib
**Te queda quay.** *(col.)* Das steht dir super. *(ugs.)* 1:7/Ib
**quedarse** bleiben 2:3/Ib
**quedarse con alguien** bei jdm. bleiben 2:5/I
**querer a alguien (e→ie)** jdn. lieben 3:5/1

**querer algo/a alguien (e→ie)** etw./jdn. wollen; gern haben, mögen 1:8/6
**queso** *m.* Käse *m.* 1:10/Ia
**queso manchego** *m. typischer Käse aus La Mancha* 1:10/Ib
**¿quién?** wer? 1:4/I
**quiosco** *m.* Kiosk *m.* 3:1/7
**quitar** abnehmen; wegnehmen; entfernen 2:2/Ib

## R

**dar rabia a alguien** jdn. wütend machen 3:4/2
**radio** *f.* Radio *nt.* 1:11/I
rafting *m.* Rafting *nt.* 3:1/13
**rápido/-a** schnell 1:4/I
**raro/-a** komisch, seltsam 2:1/I
**un rato** eine Weile 3:2/17
**ratón** *m.* Maus *f. (tech. + zool.)* 2:10/
**tener razón (#)** recht haben 2:1/I
**reacción** *f.* Reaktion *f.* 3:2/5
**realizar (z→c)** verwirklichen; ausführen 3:7/1
**realmente** wirklich; tatsächlich 1:11/I
**recepción** *f.* Rezeption *f.*, Empfang *m.* 2:5/I
**receta** *f.* Rezept *nt.* 1:10/16
**receta de cocina** *f.* Kochrezept *nt.* 3:4/2
**recibir** bekommen, erhalten 3:3/5
**recoger (recojo)** abholen 2:5/I; *hier:* abräumen 2:8/Ib
recoger (recojo) *hier:* (ein)sammeln 3:3/6
**recomendar (e→ie)** empfehlen 3:5/5
**reconocer (reconozco)** *hier:* zugestehen, einräumen 3:6/19
**recordar (o→ue)** sich erinnern 3:6/1
recorrer durchqueren 3:1/15
**recreo** *m.* (Schul)pause *f.* 1:4/I
recuerdo *m.* Erinnerung *f.* 3:1/8
**red** *f.* Netz *nt. (Internet)* 3:4/2
redacción *f.* Redaktion *f.* 3:5/3
**reducir (reduzco)** reduzieren, verringern 3:7/17
referirse a (e→ie) sich beziehen auf 3:7/1
**refrán** *m.* Sprichwort *nt.* 2:6/I
**refresco** *m.* Erfrischungsgetränk *nt.* 3:1/15
**regalar** schenken 1:11/I
**regalo** *m.* Geschenk *nt.* 1:11/I
**región** *f.* Gegend *f.*, Gebiet *nt.* 1:9/15
**regla** *f. hier:* (Spiel)regel *f.* 2:10/I
**regular** *(adverbio) hier:* mittelmäßig *(Adverb)* 1:2/
**relación** *f.* Beziehung *f.* 2:10/1
**(estar) relacionado/-a con** zusammenhängen mit, in Zusammenhang stehen mit 3:7/1
**religión** *f.* Religion *f.* 1:6/I
**religioso/-a** religiös 3:3/6
**reloj** *m.* Uhr *f.* 1:11/I
**reloj (de pared)** *m.* (Wand)uhr *f.* 2:2/Ia
**de repente** plötzlich 2:3/Ib
**repetir (e→i)** wiederholen 2:8/Ib
**reserva** *f. hier:* Reservierung *f.* 3:7/4
reserva *f. hier:* Vorrat *m.*, Reserve *f.* 3:7/17
**reservar** reservieren 2:8/Ib
**resfriado/-a** erkältet 2:9/
**respetar** respektieren, achten 3:6/17
**respeto** *m.* Respekt *m.* 3:2/17
respetuoso/-a respektvoll, taktvoll 3:4/15
**respuesta** *f.* Antwort *f.* 3:5/5
**restaurante** *m.* Restaurant *nt.* 1:E/I
**resto** *m.* Rest *m.* 1:10/Ib
resultar sich ergeben, resultieren 3:5/11
**resumen** *m.* Zusammenfassung *f.* 2:3/Ib
**reunirse (u→ú)** sich versammeln 3:2/17
**revelar** enthüllen; *hier:* angeben 3:4/15
**revista** *f.* Zeitschrift *f.* 2:7/4
**rey/reina** *m./f.* König/in *m./f.* 2:4/I
**rico/-a** reich; *hier:* lecker 1:1/I
**río** *m.* Fluss *m.* 2:3/Ia
**riqueza** *f.* Reichtum *m.* 3:3/1
**risa** *f.* Lachen 3:6/1
**rizado/-a** lockig, gelockt 1:4/7
**robar** rauben, stehlen 2:10/7
**rodilla** *f.* Knie *nt.* 2:9/I
**rojo/-a** rot 1:7/Ia
rollo *m. (col.) hier:* nervige Angelegenheit *f. (ugs.)* 3:4/2
románico/-a romanisch 3:1/13
**romano/-a** *m./f.* Römer/in *m./f.* 3:1/13
**romper** *(participio: roto/-a) hier:* sich trennen, Schluss machen *(ugs.)* 3:5/3
**ropa** *f.* Wäsche *f.*; Kleidung *f.* 1:5/I
**rosa** *f.* Rose *f.* 3:1/13
**rosa** rosa(farben) 1:7/Ib
**rubio/-a** blond 1:4/I
**ruido** *m.* Geräusch *nt.*; Lärm *m.* 1:8/2
ruina *f. hier:* Ruine *f.* 3:7/1
**rumor** *m.* Gerücht *nt.* 3:4/15
rural ländlich; landwirtschaftlich 3:7/1
rústico/-a rustikal, ländlich schlicht 3:7/1

## S

**sábado** *m.* Samstag *m.*, Sonnabend *m.* 1:6/I
**los sábados** samstags, sonnabends 1:6/I
**saber algo (#)** etw. wissen; können 1:5/I
**sacar (c→qu)** (heraus)nehmen 2:2/Ib; *hier:* bekommen 2:3/Ib
sacar (c→qu) *hier:* herunterladen, downloaden 3:4/16
**sacar una foto (de alguien) (c→qu)** ein Foto (von jdm.) machen 2:3/Ib
**sal** *f.* Salz *nt.* 2:8/Ia
**sala** *f.* Saal *m.*, Raum *m.* 1:4/I
**salado/-a** salzig 2:8/Ib
**salida** *f.* Ausgang *m.*; *hier:* Ausweg *m.* 2:10/7
**salir (#)** abfahren, abreisen 1:9/I; herausgehen, weggehen, ausgehen 2:4/I; *hier:* erscheinen, auf den Markt kommen 2:6/I
**salir bien (#)** *hier:* gelingen, gut laufen 3:2/2
**salir con alguien (#)** *hier:* mit jdm. gehen *(ugs.)* 3:5/3
**salir juntos (#)** *hier:* miteinander gehen, zusammen sein *(ugs.)* 3:5/3
**salón** *m.* Wohnzimmer *nt.* 1:9/I
**salsa** *f.* Soße *f.* 2:8/Ia; *hier:* Salsa *f. (Tanz)* 3:1/5
**salud** *f.* Gesundheit *f.* 1:8/18
**saludar a alguien** jdn. (be)grüßen 2:3/Ib
santuario *m.* Tempel *m.*; Kapelle *f.* 3:1/13

**saxofón** *m.* Saxofon *nt.* 2:6/I
**secretario/-a** *m./f.* Sekretär/in *m./f.* 3:2/13
**secreto** *m.* Geheimnis *nt.* 3:1/15
**seguir (e→i)** *(+ gerundio)* fortfahren, weitermachen etw. zu tun 3:6/4
**segundo plato** *m.* Hauptgericht *nt.* 2:8/Ia
**seguridad** *f.* Sicherheit *f.* 3:4/15
**seguro/-a** sicher 3:3/6
**seguro que ...** sicherlich 2:3/Ib
**selva** *f.* (dichter) Wald *m.*, Dschungel *m.* 3:3/10
**semana** *f.* Woche *f.* 1:6/I
**señor/-a** *m./f.* Herr/Frau *m./f.* 2:1/I
**¡señor/a!** *Anrede:* mein Herr!; meine Dame! 2:5/I
**sentarse (e→ie)** sich setzen 1:9/10
**sentido** *m.* Sinn *m.* 2:8/6
**sentimiento** *m.* Gefühl *nt.* 3:5/9
**sentirse (e→ie)** sich fühlen 2:9/
**separación** *f.* Trennung *f.* 3:5/3
**separarse** sich trennen 2:1/I
**septiembre** *m.* September *m.* 1:11/8
**ser (#)** sein 1:E/9
**(ser #) verdad** wahr sein, stimmen 2:7/I
**serie** *f.* Serie *f.* 3:4/1
**serio/-a** ernst(haft) 2:9/14
**¿En serio?** Wirklich? 2:4/I
**servilleta** *f.* Serviette *f.* 2:8/Ia
**servir (e→i)** nützen, (be)dienen; servieren 2:8/2
**short** *m.* Shorts *f. pl.* 3:2/17
**sí** ja 1:1/6; *hier:* doch 2:6/I
**si** wenn, falls 1:5/I; ob 2:1/I
**siempre** immer 1:2/I
**Lo siento.** (sentir) Es tut mir leid. 1:5/I
**sierra** *f.* Gebirgskette *f.* 3:3/10
**siglo** *m.* Jahrhundert *nt.* 3:1/13
**significado** *m.* Bedeutung *f.* 3:6/8
**significar** bedeuten 1:5/7
**siguiente** (nach)folgend 2:7/I
**silla** *f.* Stuhl *m.* 1:3/Ia
**sillón** *m.* (Arm)sessel *m.* 2:2/Ia
**símbolo** *m.* Symbol *nt.* 2:7/4
**simpático/-a** sympathisch 1:4/I
**sin** ohne 1:5/I
**sin embargo** trotzdem, dennoch 3:5/4
**(no) ... sino** sondern 2:7/I
**sistema** *m.* System *nt.* 3:2/15
**sitio** *m.* Platz *m.*, Stelle *f.* 3:7/7
**situación** *f.* Lage *f.*, Situation *f.* 2:1/1
**sobre** auf; *hier:* über 2:1/1
**sobre todo** vor allem 1:11/3
**sobrevivir** überleben 2:10/7
**social** gesellschaftlich, sozial 3:3/5
**¡Socorro!** Hilfe! 1:8/I
**sofá** *m.* Sofa *nt.* 2:2/Ia
**sol** *m.* Sonne *f.* 1:E/I
**tomar el sol** sich sonnen 2:4/I
**Hace sol.** Es ist sonnig., Die Sonne scheint. 1:9/15
**soldado/-a** *m./f.* Soldat/in *m./f.* 3:3/1
**solo/-a** *(adjetivo)* allein *(Adjektiv)* 1:4/I
**sólo** *(adverbio)* nur, lediglich *(Adverb)* 1:4/I
**solución** *f.* Lösung *f.* 2:2/Ib
**sombrero** *m.* Hut *m.* 2:7/4
**sonar (o→ue)** klingeln, läuten 1:11/I
**sopa** *f.* Suppe *f.* 2:8/Ia
**soportar** aushalten 3:6/1
**sorprender** überraschen, befremden 3:3/4
**sorprendido/-a** überrascht 2:1/I
**sorpresa** *f.* Überraschung *f.* 1:11/I
sostenible nachhaltig 3:7/17
**su/sus** sein/e; ihr/e 1:5/6
**subir** hochgehen, hochfahren; *hier:* hochtragen 2:2/Ib; *hier:* (an)steigen 3:7/17
subjetivo/-a subjektiv, persönlich 3:5/7
**sudadera** *f.* Sweatshirt *nt.* 1:7/Ia
**suelo** *m. hier:* (Fuß)boden *m.* 1:3/Ia
**suerte** *f.* Glück *nt.* 1:5/I
**por suerte** zum Glück, glücklicherweise 1:4/I
**mala suerte** *f.* Pech *nt.* 2:3/8
**suficiente** genügend, ausreichend, genug 2:10/4
**sufrir** *hier:* (er)leiden 3:5/16
superar algo etw. überwinden 3:5/3
superior obere(r, s) 3:2/15
**supermercado** *m.* Supermarkt *m.* 1:5/I
**sur** *m.* Süden *m.* 2:4/I
**suramericano/-a** südamerikanisch 3:3/5
surrealista surrealistisch 3:1/13
**suspender** *hier:* durchfallen 2:3/Ib
suspender *hier:* annullieren, absagen 3:5/16
**susto** *m.* Schreck(en) *m.* 1:9/I
**(el/la) suyo/-a** seine(r); ihre(r) 3:4/13

## T

**talla** *f.* (Konfektions)größe *f.* 1:7/Ib
**también** auch 1:1/I
**tampoco** auch nicht 1:6/8
**Tampoco es para tanto.** So schlimm ist es nun auch wieder nicht. 2:2/Ib
**tan** *(+ adjetivo)* so *(+ Adjektiv)* 2:1/I
**tan ... como** so … wie 2:5/I
**tanto/-a** so viel 2:2/Ib
**tanto/-a ... como** genauso viel/sehr … wie 2:5/I
**(no) ... tanto** (nicht) so (sehr) 2:6/I
**tapas** *f. pl.* Häppchen *(kleine Gerichte, die in spanischen Bars gereicht werden) nt.* 1:10/Ib
**tarde** *f.* Nachmittag *m.*; Abend *m.* 1:6/I
**por la tarde** am Nachmittag; am Abend 1:6/I
**tarde** spät 1:9/I
**tarea** *f.* Aufgabe *f.*; *hier:* Hausaufgabe *f.* 3:2/17
**tarifa** *f.* Tarif *m.*, Gebühr *f.* 1:8/14
**tarta** *f.* Torte *f.* 1:10/Ia
**taxista** *m./f.* Taxifahrer/in *m./f.* 2:1/13
**taza** *f.* Tasse *f.* 2:8/Ia
**te** dich; dir 1:9/10
**té** *m.* Tee *m.* 2:7/4
**teatro** *m.* Theater *nt.*, Schauspielhaus *nt.* 3:1/2
**techo** *m.* Decke *f.*; Dach *nt.* 3:3/6
**teclado** *m.* Tastatur *f.* 2:10/
técnico/-a technisch 3:2/15
**tecnología** *f.* Technologie *f.*; Technik *f.* 1:6/I
tejer weben 3:3/6
**tele** *f.* Fernsehen *nt.* 1:6/6
**teléfono** *m.* Telefon *nt.* 1:1/6
**hablar por teléfono** telefonieren 2:5/I
**televisión** *f.* Fernsehen *nt.*; Fernseher *m.* 1:11/I
**televisor** *m.* Fernsehgerät *nt.*, Fernseher *m.* 2:2/Ia
**tema** *m.* Thema *nt.* 2:3/Ib
**temperatura** *f.* Temperatur *f.* 3:7/17
**temporada** *f.* Zeit *f.*; Saison *f.* 3:7/4
**temporada alta/baja** *f.* Hauptsaison/Nebensaison *f.* 3:7/4

**temprano** früh, zeitig 1:9/I
**tenedor** *m.* Gabel *f.* 2:8/Ia
**tener algo (#)** etw. haben 1:1/6
**tener cuidado (#)** aufpassen 1:8/I
**tener lugar (#)** stattfinden 2:6/I
**tener mal de amores** Liebeskummer haben 3:5/1
**tener que ver con algo** mit etw. zu tun haben 3:7/17
**tener razón (#)** recht haben 2:1/I
tener(le) manía a alguien jdn. nicht leiden können 3:6/15
**terminar** enden; abschließen, fertig stellen 1:6/I
**terminar con alguien** *hier:* mit jdm. Schluss machen *(ugs.)* 3:5/1
**terraza** *f.* Terrasse *f.* 1:10/Ib
**texto** *m.* Text *m.* 1:3/Ib
**ti** dich 1:E/9
**tiempo** *m.* Zeit *f.* 1:5/I; *hier:* Wetter *nt.* 1:9/15
**tener tiempo (#)** Zeit haben 1:5/I
**¿Qué tiempo hace?** Was für ein Wetter haben wir? 1:9/15
**tiempo libre** *m.* Freizeit *f.* 1:6/I
**en aquellos tiempos** zu jener Zeit 3:2/2
**tienda** *f.* Geschäft *nt.*, Laden *m.* 1:5/I
**tienda de campaña** *f.* Zelt *nt.* 3:7/1
**tierra** *f.* Erde *f.*, Boden *m.* 3:3/6
**tímido/-a** schüchtern 3:1/8
**tío/-a** *m./f.* Onkel/Tante *m./f.* 1:5/7
tío/-a *m./f. hier:* Typ *m.*, Kerl *m.*; Frau *f.*, Tussi *f. (ugs.)* 3:4/2
**típico/-a** typisch 1:11/I
**tipo** *m.* Modell *nt.*; *hier:* Art *f.* 2:6/I
**tirar** *hier:* schießen 2:9/I
**tirar algo** etw. wegwerfen 1:3/Ib
título *m.* Titel *m.*; Abschluss *m.* 3:2/15
**título de bachiller** *m.* Abiturzeugnis *nt.* 3:2/15
**tiza** *f.* Kreide *f.* 1:3/Ia
**tocar algo (c→qu)** *hier: (Instrument)* spielen 1:6/I
tocarle a alguien la lotería im Lotto gewinnen 3:5/12
**toda la tarde** der ganze Abend; den ganzen Abend 1:11/3
**de todas formas ...** wie auch immer ..., jedenfalls ... 3:4/2
**todavía** noch 1:8/I
**todavía no** noch nicht 1:6/I
**todo** alles 1:9/I
**todo/-a** ganz; jede(r, s); alle 1:11/I
**en todo caso** allenfalls 3:5/4
**todo el mundo** jedermann, alle 3:4/2
todo incluido *hier:* "all inclusive" 3:7/1
**todo recto** geradeaus 2:5/I
**todos/-as** *pl.* alle 1:8/I
**en todos lados** überall 3:1/2
**todos los años** jedes Jahr 1:11/3
**todos los días** jeden Tag 1:11/I
**tomar algo** etw. nehmen; zu sich nehmen; trinken 1:2/8
**tomar el sol** sich sonnen 2:4/I
**tomate** *m.* Tomate *f.* 1:10/Ia
**tómbola** *f.* Tombola *f.* 1:11/I
**tontería** *f.* Dummheit *f.*; Unfug *m.* 2:1/I
**tonto/-a** dumm 1:8/I
estar a tope de trabajo bis zum Hals in Arbeit stecken 3:7/4
**toro** *m.* Stier *m.*, Bulle *m.* 1:8/2
**torre** *f.* Turm *m.* 1:1/I
**tortilla** *f.* Tortilla *f.*, Omelett(e) *nt.* 1:4/I
**tos** *f.* Husten *m.* 2:9/
**total** total, vollständig 3:1/15
**en total** insgesamt 2:5/I
**trabajar** arbeiten 1:8/I
**trabajo** *m.* Arbeit *f.* 1:8/8
**tradición** *f.* Tradition *f.* 3:3/10
**tradicional** traditionell 3:1/13
**traducir (traduzco)** übersetzen 3:7/9
**traer (#)** bringen 1:11/I
**tráfico** *m. hier:* Verkehr *m.* 3:3/15
**trampa** *f.* Falle *f.* 3:3/1
**poner una trampa a alguien** jdm. eine Falle stellen 3:3/1
**tranquilizarse (z→c)** sich beruhigen 3:4/2
**tranquilo/-a** ruhig 1:1/I; *hier:* beruhigt 3:4/11
**¡Tranquilo/-a!** Beruhige dich! 1:9/I
transmitir übermitteln; vermitteln 3:7/11
**transporte** *m.* Transport *m.* 3:7/2
**tratar a alguien** jdn. behandeln, mit jdm. umgehen 3:4/2
**tren** *m.* Zug *m.* 1:5/11
**triste** traurig 2:1/I
tropical tropisch, Tropen- 3:3/10
**tu/tus** dein/e 1:5/6
**tú** du 1:E/1
**turismo** *m.* Tourismus *m.* 3:7/I
**turista** *m./f.* Tourist/in *m./f.* 2:4/I
**turístico/-a** touristisch; Touristen- 3:1/12
turno *m. hier:* Level *nt.* 3:4/2
**turno tarde** *m.* Nachmittagsunterricht *m.* 3:2/17
**tutearse** sich duzen 3:2/17
**tutor/a** *m./f.* Tutor/in *m./f.* 3:6/3
**(el/la) tuyo/-a** *(pronombre posesivo)* der/die/das deinige, deine(r, s) *(Possessivpronomen)* 3:4/2

## U

**último/-a** *m./f.* Letzte(r, s) *m./f./nt.* 1:10/Ib
**último/-a** letzte(r, s) 2:1/I
**por último** schließlich, zu guter Letzt 1:10/Ib
**un, una** ein/e *(unbest. Artikel, sg.)* 1:E/I
**un mínimo de ...** mindestens, ein Minimum an ... 2:7/I
**un poco** ein bisschen 1:4/I
**único/-a** einzig; einzigartig 2:2/Ib
**unidad** *f.* Einheit *f.*; *hier:* Lektion *f.* 1:1/I
**uniforme** *m.* Uniform *f.* 3:2/11
**universidad** *f.* Universität *f.* 2:4/5
universitario/-a Universitäts- 3:2/15
**uno/-a** eine(r, s) 2:2/Ib
**unos/-as** einige, manche 2:3/Ib; etwa, um die ... 3:3/10
**urgente** dringend 2:9/14
**usar** benutzen, gebrauchen 2:9/8
**usted/es** Sie *(Höflichkeitsform)* 1:10/7
**utilizar (z→c)** benutzen, gebrauchen 3:4/11
**uva** *f.* Traube *f.* 1:10/Ia

## V

**vaca** *f.* Kuh *f.* 1:8/I
**vacaciones** *f. pl.* Urlaub *m.*; Ferien *f. pl.* 1:E/I
**¡Vale!** In Ordnung! 1:2/I
**valer (valgo)** kosten; *hier:* wert sein; etw. taugen 3:6/19
**valiente** tapfer, kühn; *hier:* mutig 1:9/I
**¡Vamos! (ir #)** Los!, Auf!, Gehen wir! 1:2/I
**vaqueros** *m. pl.* Jeans *f.* 1:7/Ia
**varias veces** mehrmals 1:11/I

**vario/-a** unterschiedlich, verschieden 3:7/1
**vasco** *m.* das Baskische 3:1/15
**vaso** *m.* Glas *nt.* 2:8/Ia
**váter** *m.* WC *nt.*; Toilette *f.* 2:2/Ia
**¡Vaya!** *hier:* Ach, komm! 3:5/11
¡Vaya cosa! *hier:* Na so was! 3:2/2
**a veces** manchmal 1:4/I
**varias veces** mehrmals 1:11/I
**vecino/-a** *m./f.* Nachbar/in *m./f.* 1:8/8
vencer a alguien (venzo) jdn. besiegen 3:3/6
**vendedor/a** *m./f.* Verkäufer/in *m./f.* 1:10/Ib
**Venezuela** *f.* Venezuela 2:7/I
**¡Venga! (venir #)** Los!, Komm! 1:8/I
**¡Venga ya!** *(col.)* Ach, komm! *(ugs.)* 3:2/
**venir (#)** kommen 1:8/I
**venir de (#)** *hier:* abstammen von 3:1/15
**ventaja** *f.* Vorteil *m.* 3:4/18
**ventana** *f.* Fenster *nt.* 1:3/Ia
**ver algo/a alguien (#)** etw./jdn. sehen 1:6/I
**¡A ver!** Lass(t) mal sehen! 2:2/Ib
**verano** *m.* Sommer *m.* 1:2/I
**(ser #) verdad** wahr sein, stimmen 2:7/I
**La verdad es que ...** Tatsache ist, dass ... 2:1/I
**¿Verdad?** Stimmt's?, Nicht wahr? 1:2/I
**¿De verdad?** Wirklich? 3:2/2
**verdadero/-a** wahr, tatsächlich, echt 3:5/16
**verde** grün 1:7/Ia
**verdura** *f.* Gemüse *nt.* 1:10/Ia
**vergüenza** *f.* Schamgefühl *nt.*; Schande *f.* 3:6/4
**vez** (*pl.:* **veces**) *f.* Mal *nt.* 1:5/I
**esta vez** diesmal 1:5/I
**de una vez** *hier:* endlich 1:9/9
**viajar** reisen 2:10/11
**viaje** *m.* Reise *f.* 1:2/I; Fahrt *f.* 2:2/Ib
**viaje de estudios** *m.* Studienfahrt *f.* 3:2/2
**víctima** *f.* Opfer *nt.* 3:6/15
**vida** *f.* Leben *nt.* 1:9/13
**videoteca** *f.* Videothek *f.* 1:5/I
**viejo/-a** alt *(auf das Alter bezogen)* 2:2/Ib
**viento** *m.* Wind *m.* 1:9/I
**viernes** *m.* Freitag *m.* 1:6/I
**vigilar** bewachen; aufpassen 3:2/2
**vinagre** *m.* Essig *m.* 2:8/Ia
**vino** *m.* Wein *m.* 2:8/2
**violencia** *f.* Gewalt *f.* 3:6/I
**Virgen** *f.* Jungfrau *f.* 3:1/13
**virus** *m.* Virus *m.* *(Informatik)* 3:4/15
**visita** *f.* Besuch *m.* 2:1/12
visita guiada *f.* Führung *f.* 3:1/12
**visitar a alguien** jdn. besuchen 1:8/9
**visitar algo** etw. besichtigen 2:5/I
**vivir** leben, wohnen 1:4/I
**volar** fliegen 3:2/2
**volcar (o→ue) (c→qu)** (um)kippen; umstürzen 2:3/Ia
**volver (o→ue)** wenden, umdrehen; zurückkehren 1:9/I
**volver a** *(+ inf.)* **(o→ue)** wieder *(+ Inf.)* 3:6/4
**vosotros/-as** ihr 1:2/I
**voz** *f.* Stimme *f.* 1:11/I
**vuelta** *f.* (Um)drehung *f.*; *hier:* Rückkehr *f.* 1:2/I
**vuestro/-a** euer/eu(e)re 1:5/6

## Y

**y** und 1:E/I
**ya** schon, bereits 1:1/13
¡Ya lo creo! Das will ich wohl meinen! 3:1/2
**ya que** da 2:7/I
**yo** ich 1:E/I
¡Yo qué sé! Was weiß ich! 3:6/15

## Z

**zanahoria** *f.* Mohrrübe *f.*, Karotte *f.* 1:10/Ia
**zapatilla** *f.* Hausschuh *m.*; Turnschuh *m.* 1:7/Ia
**zapato** *m.* Schuh *m.* 1:7/Ia
**zona** *f.* Zone *f.*, Gebiet *nt.* 2:4/I
**zoo** *m.* Zoo *m.* 1:8/13
**zumo** *m.* Saft *m.* 1:10/Ia

## A

**abbiegen** girar 2:5/I
**Abend** *m.* noche *f.* 1:9/I
**am Abend** por la tarde 1:6/I
**gestern Abend** anoche 2:6/I
**der ganze Abend; den ganzen Abend** toda la tarde 1:11/3
**Guten Abend!** ¡Buenas tardes! 1:E/, ¡Buenas noches! 1:E/
**zu Abend essen** cenar 1:9/I
**Abendbrot** *nt.* cena *f.* 2:2/11
**Abendessen** *nt.* cena *f.* 2:2/11
**Abenteuer** *nt.* aventura *f.* 3:7/1
**aber** pero 1:2/I
**abfahren** salir (#) 1:9/I
**Abfall** *m.* basura *f.* 3:7/4
**abgeben** entregar (g→gu) 2:7/I
**abholen** recoger (recojo) 2:5/I
**Abiturzeugnis** *nt.* título de bachiller *m.* 3:2/15
**abkühlen** enfriarse (i→í) 3:4/2
**abmachen** arreglar 3:2/17
**(den Hörer) abnehmen** coger (cojo) 2:6/I
**abräumen** recoger (recojo) 2:8/Ib
**abreisen** salir (#) 1:9/I
**abschließen** acabar 3:6/19
**Abschlussprüfung** *f.* examen final *m.* 3:2/2
**abschreiben** copiar 2:3/Ib
**abstammen von** venir de (#) 3:1/15
**abwenden** evitar 3:4/15
**Ach was!** ¡Qué va! 2:6/I
**Ach, komm!** ¡Vaya! 3:5/11, ¡Anda ya! *(col.)* 3:2/2, ¡Venga ya! *(col.)* 3:2/
**achten** respetar 3:6/17
**Achtung!** ¡Atención! 1:1/I
**Adresse** *f.* dirección *f.* 3:4/15
**Affe** *m.* mono *m.* 3:3/10
**Afrika** África *f.* 1:8/14
**aggressiv** agresivo/-a 2:9/I
**ahnen** adivinar 2:6/I
**Keine Ahnung.** Ni idea. 1:5/
**aktuell** actual 2:4/I
**akzeptieren** aceptar 2:10/I
**Alkohol** *m.* alcohol *m.* 3:5/9
**alle** todos/-as *pl.* 1:5/6, todo/-a 1:11/I, todo el mundo 3:4/2
**allein** *(Adjektiv)* solo/-a *(adjetivo)* 1:4/I
**allenfalls** en todo caso 3:5/4
**allgemein, Allgemein-** general 2:7/I
**im Allgemeinen** en general 2:1/I
**(all)zu** demasiado 1:7/Ib
**als** cuando 1:11/I
**also** pues 1:2/I, es decir 3:5/5
**alt** *(auf das Alter bezogen)* viejo/-a 2:2/Ib, *(ehemalig)* antiguo/-a 2:1/8
**Alter** *nt.* edad *f.* 3:2/15
**Alternative** *f.* alternativa *f.* 3:2/16
**Altstadt** *f.* casco antiguo *m.* 2:5/I
**am Abend** por la tarde 1:6/I
**am Ende** al final 1:7/Ib
**am Nachmittag** por la tarde 1:6/I
**amtlich** oficial 3:1/15
**sich amüsieren** divertirse (e→ie) 3:5/3
**an** en 1:E/I
**analysieren** analizar (z→c) 3:6/3
**andalusisch** andaluz 2:4/I
**ein/eine andere/r** otro/-a 2:1/I
**(sich) ändern** cambiar 2:6/I
**(Ver)änderung** *f.* cambio *m.* 3:5/5
**Anfang** *m.* comienzo *m.* 2:6/I
**am Anfang** al principio 3:5/16
**anfangen** empezar (e→ie) (z→c) 1:6/2
**anfangs** al principio 3:5/16
**sich anfreunden** hacer amigos (#) 2:5/I
**Angaben zur Person** *f. pl.* datos personales *pl.* 3:4/15
**angeben** revelar 3:4/15, indicar (c→qu) 3:5/3
**angenehm** agradable 1:2/I
**Angestellte/r** *m./f.* dependiente/-a *m./f.* 2:1/I
**angreifen** atacar (c→qu) 2:9/I
**Angriff** *m.* ataque *m.* 3:3/1
**angriffslustig** agresivo/-a 2:9/I
**Angst** *f.* miedo *m.* 1:9/I
**vor etw./jdm. Angst haben** tener miedo de algo/alguien (#) 1:9/I
**anhalten** parar 3:7/1
**anklicken** hacer clic (#) 2:10/I
**anklopfen** llamar *(a la puerta)* 2:5/7
**ankommen** llegar (g→gu) 1:5/6
**Ankunft** *f.* llegada *f.* 3:7/10
**Anlass** *m.* motivo *m.* 2:10/I
**etw. anmachen** poner algo (#) 1:9/I, encender algo (e→ie) 1:9/I
**annehmen** aceptar 2:10/I
**anordnen** ordenar 3:3/1
**Anruf** *m.* llamada telefónica *f.* 1:5/6
**jdn. anrufen** llamar (por teléfono) a alguien 1:5/I
**etw. anschalten** encender algo (e→ie) 1:9/I
**etw. anschauen** mirar algo 1:5/I
**anschließen** enchufar 2:10/I
**anschreien** gritar 3:6/4
**etw. ansehen** mirar algo 1:5/I
**Ansicht** *f (Meinung)* opinión *f.* 2:7/I
**anspruchsvoll** exigente 3:2/2
**Antwort** *f.* respuesta *f.* 3:5/5
**antworten** contestar 2:1/7
**anzeigen** indicar (c→qu) 3:5/3
**sich etw. anziehen** ponerse algo (#) 3:2/11
**anziehend** atractivo/-a 3:7/12
**Anziehungspunkt** *m.* punto de interés *m.* 2:4/I
**etw. anzünden** encender algo (e→ie) 1:9/I
**Apartment** *nt.* apartamento *m.* 3:7/4
**Aperitif** *m.* aperitivo *m.* 3:1/2
**Apfel** *m.* manzana *f.* 1:10/Ia
**Apfelsine** *f.* naranja *f.* 1:10/Ia
**Apotheke** *f.* farmacia *f.* 3:3/15
**Guten Appetit!** ¡Que aproveche! 2:8/Ib
**April** *m.* abril *m.* 1:11/I
**arabisch** árabe 2:4/I
**Arbeit** *f.* trabajo *m.* 1:8/8
**arbeiten** trabajar 1:8/I
**Architekt/in** *m./f.* arquitecto/-a *m./f.* 3:1/2
**Argentinien** Argentina *f.* 2:3/12
**argentinisch** argentino/-a 2:7/6
**sich ärgern** enfadarse 2:1/I
**jdn. ärgern** meterse con alguien 2:2/Ib
**Argument** *nt.* argumento *m.* 3:7/15
**Arm** *m.* brazo *m.* 2:8/Ib
**arm** pobre 2:2/Ib
**Armsessel** *m.* sillón *m.* 2:2/Ia
**arrogant** arrogante 2:1/I
**Art** *f.* tipo *m.* 2:6/I, manera *f.* 3:4/2
**Art und Weise** *f.* forma *f.* 3:3/5
**auf diese Art und Weise** de esta manera 3:4/2
**Artikel** *m.* artículo *m.* 2:7/I
**Arzt/Ärztin** *m./f.* médico/-a *m./f.* 2:1/I
**Aspekt** *m.* aspecto *m.* 2:7/I
**Atmosphäre** *f.* ambiente *m.* 2:3/Ib
**attraktiv** atractivo/-a 3:7/12
**auch** también 1:1/I
**auch nicht** tampoco 1:6/8

**auch wenn** aunque 2:5/I
**auf** en 1:E/I, encima de 1:5/2, sobre 2:1/1, por 2:5/I
**auf einmal** de pronto 3:2/2
**Auf Wiedersehen!** ¡Adiós! 1:E/1
**etw. aufbauen** montar algo 1:9/I
**aufdringlich** pesado/-a 1:4/I
**auffallen** llamar la atención 3:1/15
**Aufgabe** *f.* tarea *f.* 3:2/17
**aufhören** parar 3:6/4
**aufhören zu** dejar de *(+ inf.)* 2:8/Ib
**etw. aufmachen** abrir algo 1:3/7
**Aufmerksamkeit** *f.* atención *f.* 3:1/15
**aufpassen** tener cuidado (#) 1:8/I, vigilar 3:2/2
**aufräumen** ordenar 2:2/11
**(sich) etw. aufschreiben** apuntar algo 1:10/Ib
**aufstehen** levantarse 1:9/10
**aufwachen** despertarse (e→ie) 1:9/11
**jdn. aufwecken** despertar a alguien (e→ie) 2:10/7
**Aufzeichnung** *f.* apunte *m.* 2:3/Ib
**Aufzug** *m.* ascensor *m.* 2:5/I
**Auge** *nt.* ojo *m.* 2:4/I
**Augenblick** *m.* momento *m.* 1:1/I
**augenblicklich** actualmente 2:6/I
**August** *m.* agosto *m.* 1:11/8
**aus** de 1:E/I
**Ausdruck** *m.* expresión *f.* 2:6/
**ausdrucken** imprimir 2:10/I
**Auseinandersetzung** *f.* discusión *f.* 3:5/4
**Ausflug** *m.* excursión *f.* 2:5/I
**ausführen** realizar (z→c) 3:7/1
**Ausgang** *m.* salida *f.* 2:10/7
**(Geld) ausgeben** gastar 2:10/7
**ausgehen** salir (#) 2:4/I
**aushalten** soportar 3:6/1
**aushändigen** entregar (g→gu) 2:7/I
**ausmachen** apagar (g→gu) 2:10/I
**Ausrede** *f.* excusa *f.* 3:4/2
**ausreichend** suficiente 2:10/4
**Ausruhen** *nt.* descanso *m.* 3:7/1
**sich ausruhen** descansar 3:2/17
**ausschalten** apagar (g→gu) 2:10/I
**aussehen** parecer (parezco) 2:1/I
**außerdem** además 1:10/Ib
**außerdem?** ¿algo más? 2:8/Ib
**Ausstellung** *f.* exposición *f.* 3:2/9
**Austausch** *m.* intercambio *m.* 3:2/11
**austauschen** intercambiar 3:2/17
**Australien** Australia *f.* 1:8/16
**ausüben** practicar (c→qu) 3:4/2
**auswählen** elegir (e→i) 2:7/4
**Ausweg** *m.* salida *f.* 2:10/7
**etw. auswendig lernen** aprender algo de memoria 2:3/Ib
**Auto** *nt.* coche *m.* 1:2/I
**autonome Region** *f.* comunidad autónoma *f.* 2:4/I

## B

**Baby** *nt.* bebé *m.* 3:3/9
**Backofen** *m.* horno *m.* 2:2/Ia
**Bad** *nt.* baño *m.* 2:2/Ia
**(sich) baden** bañar(se) 3:7/17
**Badewanne** *f.* bañera *f.* 2:2/Ia
**Badezimmer** *nt.* baño *m.* 2:2/Ia, aseo *m.* 2:2/Ia
**Bahnhof** *m.* estación *f.* 1:5/I
**Balkon** *m.* balcón *m.* 2:2/Ia
**Ball** *m.* balón *m.* 1:11/I, pelota *f.* 2:9/I
**Banane(nstaude)** *f.* plátano *m.* 1:10/Ia
**Bank** *f.* banco *m.* 1:10/12
**Bar** *f.* bar *m.* 2:5/I
**Bär** *m.* oso *m.* 2:10/I
**Baskenland** *nt.* País Vasco *m.* 3:1/15
**Basketball** *m.* baloncesto *m.* 1:6/I
**das Baskische** vasco *m.* 3:1/15
**bauen** construir (i→y) 3:3/6
**Bauer/Bäuerin** *m./f.* campesino/-a *m./f.* 3:3/15, granjero/-a *m./f.* 3:7/1
**Bauernhof** *m.* granja *f.* 1:8/I
**Baum** *m.* árbol *m.* 1:9/I
**jdn. beachten** hacer caso a alguien 3:6/4
**beaufsichtigen** cuidar 3:3/6
**bedeuten** significar (c→qu) 1:5/7
**bedeutend** importante 1:8/18
**Bedeutung** *f.* significado *m.* 3:6/8, interés *m.* 3:7/12, importancia *f.* 3:7/17
**von Bedeutung sein** importar 3:5/3
**bedrückt (sein)** (estar #) deprimido/-a 3:5/14
**bedürftig** pobre 2:2/Ib
**beeindruckend** impresionante 2:5/13
**beenden** acabar 3:6/19
**Befehl** *m.* orden (las órdenes) *f.* 3:4/9
**befehlen** ordenar 3:3/1
**sich befinden** estar (#) 1:2/I, encontrarse (o→ue) 2:4/I
**Befragung** *f.* encuesta *f.* 2:7/I
**begehen** cometer 2:9/I
**jdn. begeistern** encantar a alguien 1:7/Ib, alucinar 2:6/I
**Beginn** *m.* comienzo *m.* 2:6/I
**beginnen** empezar (e→ie) (z→c) 1:6/2
**jdn. begleiten** acompañar a alguien 2:5/I
**Begleitung** *f.* compañía *f.* 3:6/19
**jdn. beglückwünschen** felicitar a alguien 1:11/I
**etw. begreifen** comprender algo 1:3/14, entender algo (e→ie) 2:1/I
**begrenzt** limitado/-a 3:7/17
**Begründung** *f.* explicación *f.* 3:3/1
**jdn. begrüßen** saludar a alguien 2:3/Ib
**jdn. behandeln** tratar a alguien 3:4/2
**bei dir** contigo 2:10/I
**bei mir** conmigo 2:10/I
**beide** los dos 1:1/I
**Bein** *nt.* pierna *f.* 2:9/I
**beinahe** casi 2:3/Ib
**beinhalten** incluir (i→y) 3:7/1
**Beispiel** *nt.* ejemplo *m.* 1:E/1
**zum Beispiel** por ejemplo 1:4/I
**bekommen** sacar (c→qu) 2:3/Ib, recibir 3:3/5
**jdn. belästigen** molestar a alguien 2:5/I
**belegtes Brötchen** *nt.* bocadillo *m.* 1:4/I
**jdn. beleidigen** insultar a alguien 3:6/4
**bellen** ladrar 3:4/19
**bemerken** notar 2:6/I
**benachrichtigen** avisar 3:6/4
**sich benehmen** comportarse 3:4/2
**benennen** llamar 2:4/I
**etw. benötigen** necesitar algo 1:3/Ib
**benutzen** usar 2:9/8, utilizar (z→c) 3:4/11
**bequem** cómodo/-a 3:2/17
**bereits** ya 1:1/13
**Berg** *m.* montaña *f.* 1:E/I
**bergsteigen** escalar 3:7/1
**Beruf** *m.* profesión *f.* 2:1/I
**Berufs-, beruflich** profesional 3:2/15
**sich beruhigen** tranquilizarse (z→c) 3:4/2
**Beruhige dich!** ¡Tranquilo/-a! 1:9/I

**beruhigt** tranquilo/-a 3:4/11
**berühmt** famoso/-a 2:1/I
**berühren** *(emotional)* emocionar 2:6/I
**beschäftigt** ocupado/-a 3:7/4
**Bescheid sagen** avisar 3:6/4
**jdn. beschimpfen** insultar a alguien 3:6/4
**beschreiben** describir 2:3/1
**besetzt** ocupado/-a 3:7/4
**etw. besichtigen** visitar algo 2:5/I
**Besitzer/in** *m./f.* dueño/-a *m./f.* 2:10/7
**im Besonderen** en especial 2:6/I
**besonders** especial 1:3/Ib
**besorgt** preocupado/-a 3:2/2
**besprechen** comentar 3:6/2
**besser** mejor (< bueno) 1:9/9
**bestehen** *(Prüfung)* aprobar (o→ue) 2:3/Ib
**bestellen** pedir (e→i) 2:8/Ib
**Besuch** *m.* visita *f.* 2:10/I
**jdn. besuchen** visitar a alguien 1:8/9
**betreuen** cuidar 3:3/6
**betrügen** engañar 3:3/1
**betrunken (sein)** (estar #) borracho/-a 3:5/16
**Bett** *nt.* cama *f.* 1:2/I
**ins Bett gehen** acostarse (o→ue) 1:9/10
**beunruhigen** preocupar 3:6/4
**beunruhigt** preocupado/-a 3:2/2
**Bevölkerung** *f.* población *f.* 2:7/9
**bevorzugen** preferir (e→ie) 2:2/Ib
**bevorzugt** preferido/-a 1:5/I
**bewachen** vigilar 3:2/2
**bewegen** mover (o→ue) 2:10/, *(emotional)* emocionar 2:6/I
**sich bewegen** moverse (o→ue) 2:8/Ib
**bewölkt** nublado/-a 1:9/15
**Es ist bewölkt.** Está nublado. 1:9/15
**etw. bezahlen** pagar algo (g→gu) 1:5/I
**Beziehung** *f.* relación *f.* 2:10/1
**(an)bieten** ofrecer (ofrezco) 3:3/15
**Bild** *nt.* cuadro *m.* 2:2/Ia, imagen *m.* 3:5/16
**Bildschirm** *m.* pantalla *f.* 2:10/
**(Aus)bildung** *f.* formación *f.* 3:2/15, educación *f.* 3:2/15
**Bildungssystem, Bildungswesen** *nt.* enseñanza *f.* 3:2/I
**billig** barato/-a 2:5/13
**Birne** *f.* pera *f.* 1:10/Ia
**bis (zu)** hasta 1:6/I
**Bis bald!** ¡Hasta pronto! 2:5/I
**Bis morgen!** ¡Hasta mañana! 1:E/1
**Bis später!** ¡Hasta luego! 1:E/1
**bisher** hasta ahora 2:5/3
**ein bisschen** un poco 1:4/I
**bitte** por favor 1:1/I
**Wie bitte?** ¿Cómo? 1:3/Ib
**bitten** pedir (e→i) 2:8/Ib
**blass** pálido/-a 2:10/I
**Blatt (Papier)** *nt.* hoja *f.* 3:2/2
**Blattsalat** *m.* lechuga *f.* 1:10/Ia
**blau** azul 1:7/Ia
**Blechbüchse, (Blech)dose** *f.* lata *f.* 1:10/Ib
**bleiben** quedarse 2:3/Ib
**bei jdm. bleiben** quedarse con alguien 2:5/I
**bleich** pálido/-a 2:10/I
**Bleistift** *m.* lápiz *m.* 1:3/Ia
**Blick** *m.* mirada *f.* 3:5/16
**Blödsinn!** ¡Qué va! 2:6/I
**blödsinnig** idiota 3:4/2
**blond** rubio/-a 1:4/I
**Blume** *f.* flor *f.* 3:1/2
**Bluse** *f.* blusa *f.* 1:7/Ia
**(Erd)boden** *m.* tierra *f.* 3:3/6
**(Fuß)boden** *m.* suelo *m.* 1:3/Ia, piso *m.* 2:1/I
**Bohne** *f.* judía *f.* 2:8/Ia
**Bolivien** Bolivia *f.* 3:3/5
**Bonbon** *nt.* caramelo *m.* 3:1/2
**borgen** prestar 3:6/12
**Botschaft** *f.* mensaje *m.* 1:6/19
**Brasilien** Brasil *m.* 3:3/10
**Brauch** *m.* costumbre *f.* 3:7/1
**etw. brauchen** necesitar algo 1:3/Ib
**(kastanien)braun** marrón 1:7/Ia
**brennen** *(CD)* grabar 3:6/11
**Brief** *m.* carta *f.* 1:9/I
**Brille** *f.* gafas *f. pl.* 2:2/Ib
**bringen** traer (#) 1:11/I
**Brot** *nt.* pan *m.* 1:2/I
**belegtes Brötchen** *nt.* bocadillo *m.* 1:4/I
**Brücke** *f.* puente *m.* 2:3/Ia
**Brückentag** *m.* puente *m.* 3:1/2
**Bruder** *m.* hermano *m.* 1:E/I
**Buch** *nt.* libro *m.* 1:3/Ia
**Buchhandlung** *f.* librería *f.* 1:7/Ib
**Buchstabe** *m.* letra *f* 2:6/I
**Bühne** *f.* escenario *m.* 2:6/I
**Bulle** *m.* toro *m.* 1:8/2
**Burg** *f.* castillo *m.* 3:1/13
**Bus** *m.* autobús *m.* 1:5/1

## C

**Café** *nt.* café *m.* 1:E/I
**(Steh)café** *nt.* bar *m.* 2:5/I
**Cafeteria** *f.* cafetería *f.* 1:4/I
**CD** *f.* CD *(pl.: CD)* *m.* 1:4/8
**Cent** *m.* céntimo *m.* 1:10/9
**chatten** chatear 3:2/10
**Chef/in** *m./f.* jefe/-a *m./f.* 3:3/1
**chinesisch** chino/-a 3:4/2
**(Kartoffel)chips** *m. pl.* patatas fritas *f. pl.* 1:10/Ia
**Chor** *m.* coro *m.* 3:1/13
**Comic** *m.* cómic *m.* 1:7/Ib
**Computer** *m.* ordenador *m.* 1:2/I
**Cousin/Cousine** *m./f.* primo/-a *m./f.* 1:E/I
**Cursor** *m.* cursor *m.* 2:10/I

## D

**da** aquí 1:1/I, allí 1:3/Ib, ahí 1:7/Ib
**da** *(weil)* porque 1:7/Ib, ya que 2:7/I, como 3:1/15, que 3:4/2
**Dach** *nt.* techo *m.* 3:3/6
**dagegen** en cambio 3:2/17
**damals** (por aquel) entonces 3:1/2
**meine Dame!** *(Anrede)* ¡señora! 2:5/I
**danach** después 1:3/Ib
**danke** gracias 1:1/I
**Vielen Dank!** ¡Muchas gracias! 1:4/I
**dann** entonces 1:1/I, pues 1:2/I
**darf es noch etwas sein?** ¿algo más? 2:8/Ib
**das** *nt.* *(Personalpronomen Akk.)* lo 2:1/I
**das(jenige), das …; das, was …** lo que … 3:3/1
**Datei** *f.* archivo *m.* 2:10/
**Datum** *nt.* fecha *f.* 2:3/Ib
**(an)dauern** durar 3:2/17
**Decke** *f.* techo *m.* 3:3/6
**dein/e** tu/tus 1:5/6
**deine(r, s), der/die/das deinige** *(Possessivpronomen)* (el/la) tuyo/-a *(pronombre posesivo)* 3:4/2
**dekorieren** decorar 2:8/2
**denken** pensar (e→ie) 1:11/I
**sich denken** imaginarse 2:10/I
**Denkmal** *nt.* monumento *m.* 2:5/I

**denn** que 3:4/2
**dennoch** sin embargo 3:5/4
**deprimiert sein** estar deprimido/-a 3:5/14, agobiarse 3:6/15
**der** *(best. Artikel, sg.)* el 1:E/I
**der/die/das** *(Relativpronomen)* que 1:8/I, el/la que *(pronombres relativos)* 3:3/1
**der/die/das (da)** ese/-a/-o *(adjetivo)* 1: 7/6, ése/ésa/eso *(pronombre)* 1:7/Ib
**der/die/das (hier)** este/-a/-o *(adjetivo)* 1:5/I, éste/ésta/esto *(pronombre)* 1:7/Ib
**derselbe/dieselbe/dasselbe** el/lo/la mismo/-a 2:8/Ib
**deshalb** por eso 1:9/I
**Deutsch** *(als Fach/Sprache) nt.* alemán *m.* 1:3/Ia
**Deutsche/r** *m./f.* alemán/alemana *m./f.* 3:7/9
**Deutschland** *nt.* Alemania *f.* 1:8/9
**Dezember** *m.* diciembre *m.* 1:11/8
**Dialog** *m.* diálogo *m.* 2:4/2
**dich** ti 1:E/9, te 1:9/10
**für dich** para ti 1:E/9
**dick** gordo/-a 1:1/I
**die** los/las 1:E/I
**die** *pl. (Relativpronomen)* los/las que *(pronombre relativo) pl.* 3:3/4
**dienen** servir (e→i) 2:8/2
**Dienstag** *m.* martes *m.* 1:6/I
**diese(r, s)** ese/-a/-o *(adjetivo)* 1:7/6, ése/ésa/eso *(pronombre)* 1:7/Ib, este/-a/-o 1:5/I, éste/ésta/esto *(pronombre)* 1:7/Ib
**diese(r, s) (dort)** aquel/aquella/aquello *(adjetivo)* 1:7/6, aquél/aquélla/aquello *(pronombre)* 1:7/6
**diesmal** esta vez 1:5/I
**Ding** *nt.* cosa *f.* 1:3/13
**dir** te 1:9/10
**direkt** directo/-a 2:9/14
**Direktor/in** *m./f.* director/a *m./f.* 1:11/17
**Diskothek** *f.* discoteca *f.* 1:E/6
**Diskussion** *f.* discusión *f.* 3:5/4
**diskutieren** discutir 3:4/2
**doch** sí 2:6/I
**Doktor/in** *m./f.* doctor/a *m./f.* 2:9/I
**Dom** *m.* catedral *f.* 2:4/I
**Donnerstag** *m.* jueves *m.* 1:6/I
**Doppelklick** *m.* doble clic *m.* 2:10/I
**Dorf** *nt.* pueblo *m.* 1:1/I
**dort** allí 1:3/Ib, ahí 1:7/Ib
**(Blech)dose** *f.* lata *f.* 1:10/Ib
**downloaden** descargar (g→gu) 3:4/15
**draußen** afuera 1:9/I
**sich drehen** girar 2:5/I
**dringend** urgente 2:9/14
**drohen** amenazar (z→c) 3:6/4
**drucken** imprimir 2:10/I
**Drucker** *m.* impresora *f.* 2:10/
**Dschungel** *m.* selva *f.* 3:3/10
**du** tú 1:E/1
**(Ach) du meine Güte!** ¡Madre mía! 2:6/I
**dumm** tonto/-a 1:8/I
**Dummheit** *f.* tontería *f.* 2:1/I
**dunkelhaarig** moreno/-a 1:4/I
**dünn** delgado/-a 1:4/I
**durch** por 1:7/Ib
**durchfallen** suspender 2:3/Ib
**durchschneiden** cortar 1:10/16
**etw. dürfen** poder algo (o→ue) 1:8/I
**Dusche** *f.* ducha *f.* 2:2/Ia
**(sich) duschen** ducharse 2:2/Ib
**sich duzen** tutearse 3:2/17

## E

**echt** verdadero/-a 3:5/16
**Ecuador** Ecuador *m.* 2:7/I
**Es ist mir egal.** Me da igual. 2:5/I
**ehemalig** antiguo/-a 2:1/8
**Ei** *nt.* huevo *m.* 1:10/Ia
**Eifersucht** *f.* celos *m. pl.* 3:5/3
**eifersüchtig (sein)** (estar #) celoso/-a 3:5/1
**eigene(r, s)** propio/-a 2:1/I
**eine(r, s)** uno/-a 2:2/Ib
**ein/e** *(unbest. Artikel, sg.)* un, una 1:E/I
**ein bisschen** un poco 1:4/I
**ein paar** *(Adjektiv)* algunos/-as *pl.* *(adjetivo)* 1:11/I
**eindrucksvoll** impresionante 2:5/13
**einerseits ... andererseits** por un lado ... por otro lado 2:1/I
**einfach** fácil 1:3/Ib
**Eingang** *m.* entrada *f.* 1:8/14
**eingießen** echar 1:10/16
**einige** unos/-as 2:3/Ib
**einige** *pl. (Pronomen)* alguno/-a *(pronombre)* 2:6/I
**sich einigen** llegar a un acuerdo 3:5/5
**Einigermaßen.** Así, así. 1:2/
**etw. einkaufen** comprar algo 1:2/7
**einkaufen gehen** ir de compras (#) 1:7/Ia
**einkaufen** *(Lebensmittel)* hacer la compra (#) 3:4/7
**einen Einkaufsbummel machen** ir de compras (#) 1:7/Ia
**Einkaufszentrum** *nt.* centro comercial *m.* 3:1/2
**Einkaufszettel** *m.* lista de la compra *f.* 3:6/11
**jdn. einladen** invitar a alguien 1:10/Ib
**sich einmischen** meterse 3:5/3
**einpacken** coger (cojo) 1:10/Ib
**sich einquartieren** alojarse 3:7/1
**einräumen** *(Fehler)* reconocer (reconozco) 3:6/19
**etw. einschalten** poner algo (#) 1:9/I
**einschenken** echar 1:10/16
**einschlafen** dormirse (o→ue) 1:9/11
**einstecken** *(Stecker)* enchufar 2:10/I
**eintreffen** llegar (g→gu) 1:5/6
**Eintritt(skarte)** *f.* entrada *f.* 1:8/14, billete *m.* 2:3/13
**einverstanden** de acuerdo 1:5/I
**Einwanderer/in** *m./f.* inmigrante *m./f.* 2:7/9
**Einwohner/in** *m./f.* habitante *m./f.* 2:4/I
**Einzel-** individual 3:7/1
**einzig(artig)** único/-a 2:2/Ib
**Eis** *nt. (gefrorenes Wasser)* hielo *m.* 2:9/10
**(Speise)eis** *nt.* helado *m.* 1:E/I
**Eiscafé** *nt.* heladería *f.* 1:5/I
**Elefant** *m.* elefante *m.* 2:4/10
**elegant** elegante 1:8/2
**Elektrizität** *f.* electricidad *f.* 3:3/15
**Elfmeter** *m.* penalti *m.* 2:9/I
**Eltern** *pl.* padres *m. pl.* 1:4/9
**E-Mail** *f.* e-mail *m.* 2:3/6, correo (electrónico) *m.* 3:5/11
**Empfang** *m.* recepción *f.* 2:5/I
**empfehlen** recomendar (e→ie) 3:5/5
**Ende** *nt.* final *m.* 2:2/Ib, fin *m.* 2:10/11
**am Ende** al final 1:7/Ib
**zu Ende sein** acabarse 3:4/2
**enden** terminar 1:6/I, acabarse 3:4/2
**endlich** por fin 2:2/16, finalmente 2:6/I
**Endspiel** *nt.* final *f.* 2:9/I

**eng** estrecho/-a 3:1/2
**England** Inglaterra *f.* 2:5/14
**Engländer/in** *m./f.* inglés/inglesa *m./f.* 2:7/4
**Englisch** *nt.* inglés *m.* 1:6/I
**Enkel/in** *m./f.* nieto/-a *m./f.* 1:5/7
**entdecken** descubrir 2:4/I
**Ente** *f.* pato *m.* 1:8/2
**entfernen** quitar 2:2/Ib
**enthüllen** revelar 3:4/15
**entscheiden** decidir 2:1/I
**Entscheidung** *f.* decisión *f.* 3:2/5
**Entschuldigung** *f.* excusa *f.* 3:4/2
**Entschuldigung!** ¡Perdón! 1:5/
**entwickeln** desarrollar 3:5/5
**Entwicklung** *f.* desarrollo *m.* 3:7/17
**Epoche** *f.* época *f.* 3:1/2
**er** él 1:1/12
**erahnen** adivinar 2:6/I
**Erdbeere** *f.* fresa *f.* 1:10/Ia
**Erde** *f.* tierra *f.* 3:3/6
**Erdkunde** *f.* geografía *f.* 1:6/I
**sich ereignen** ocurrir 3:6/4
**erfahren** enterarse 3:2/2
**Erfahrung** *f.* experiencia *f.* 3:2/2
**Erfolg** *m.* éxito *m.* 1:11/I
**erforderlich** necesario/-a 2:7/I
**jdn. erfreuen** encantar a alguien 1:7/Ib
**Erfrischungsgetränk** *nt.* refresco *m.* 3:1/15
**erfüllen** cumplir 3:3/1
**erhalten** recibir 3:3/5
**sich erholen** descansar 3:2/17
**Erholung** *f.* descanso *m.* 3:7/1
**sich erinnern** acordarse (o→ue) 2:10/I, recordar (o→ue) 3:6/1
**Erinnerung** *f.* memoria *f.* 3:1/2
**erkältet** resfriado/-a 2:9/
**jdm. etw. erklären** explicar algo a alguien (c→qu) 2:10/I
**Erklärung** *f.* explicación *f.* 3:3/1
**ernähren** alimentar 3:7/17
**ernst, ernsthaft** serio/-a 2:9/14
**erraten** adivinar 2:6/I
**errichten** construir (i→y) 3:3/6
**erscheinen** *(Buch, CD)* salir (#) 2:6/I
**erschöpfen** agobiar 2:1/I
**erschöpft sein** *(ugs.)* estar hecho/-a polvo (#) *(col.)* 2:6/I
**erste(r, s)** *(Adjektiv)* primer, primero/-a *(adjetivo)* 2:3/Ib
**Erwachsene/r** *m./f.* adulto/-a *m./f.* 3:2/17
**etw./jdn. erwarten** esperar algo/a alguien 1:5/I
**erzählen** contar (o→ue) 2:1/I
**Erzählung** *f.* cuento *m.* 3:6/19
**Erzeugnis** *nt.* producto *m.* 2:7/7
**Erziehung** *f.* educación *f.* 3:2/15
**es** *(Personalpronomen Akk.)* lo 2:1/I, la *(pronombres de complemento directo)* 2:1/I
**es ist (nämlich) so, dass …** es que … 2:1/I
**Es tut mir leid.** Lo siento. (sentir) (e→ie) 1:5/I
**Esel** *m.* burro *m.* 1:8/2
**Essen** *nt.* comida *f.* 1:2/I
**etw. essen** comer algo 1:E/I
**zu Abend essen** cenar 1:9/I
**Essig** *m.* vinagre *m.* 2:8/Ia
**Esszimmer** *nt.* comedor *m.* 1:11/I
**etwa** unos/-as 3:3/10
**etwas** algo 1:3/Ib
**euch** os 1:7/11
**euer/eu(e)re** vuestro/-a 1:5/6
**Euro** *m.* euro *m.* 1:7/Ia
**Europa** Europa *f.* 2:4/I
**europäisch** europeo/-a 2.4/I
**Ex-Freund/in** *m./f.* ex-novio/-a *m./f.* 3:5/4
**exakt** exacto/-a 2:4/I
**existieren** existir 3:1/2
**extra** aparte 3:7/1

## F

**Fach** *nt.* asignatura *f.* 1:6/I
**Fahne** *f.* bandera *f.* 2:7/4
**fahren** ir (#) 1:5/9
**mit der U-Bahn fahren** ir en metro (#) 1:5/I
**Fahrkarte** *f.* billete *m.* 2:3/13
**Fahrrad** *nt.* bicicleta *f.* 1:5/11
**Fahrstuhl** *m.* ascensor *m.* 2:5/I
**Fahrziel** *nt.* destino *m.* 3:7/1
**Fall** *m.* caso *m.* 3:2/17
**Falle** *f.* trampa *f.* 3:3/1
**jdm. eine Falle stellen** poner una trampa a alguien 3:3/1
**fallen** caer (#) 2:6/I
**falls** si 1:5/I
**falsch** falso/-a 1:2/1
**Familie** *f.* familia *f.* 1:5/6
**Farbe** *f.* color *m.* 1:7/2
**Fasching** *m.* Carnaval *m.* 1:11/14
**fast** casi 2:3/Ib
**faszinieren** fascinar 3:3/1
**Favorit/in** *m./f.* favorito/-a *m./f.* 2:3/Ib
**Februar** *m.* febrero *m.* 1:11/8
**Federmäppchen** *nt.* estuche *m.* 1:3/Ia
**fehlen** faltar 1:11/I
**Fehler** *m.* falta *f.* 2:9/I
**Feier** *f.* fiesta *f.* 1:E/I
**etw. feiern** celebrar algo 1:11/3
**Feiertag** *m.* día festivo *m.* 2:4/I
**Feind/in** *m./f.* enemigo/-a *m./f.* 3:4/15
**Fenster** *nt.* ventana *f.* 1:3/Ia
**Ferien** *f. pl.* vacaciones *f. pl.* 1:E/I
**ferner** además 1:10/Ib
**Fernsehen** *nt.* tele *f.* 1:6/6, televisión *f.* 1:11/I
**Fernseher** *m.* televisión *f.* 1:11/I, televisor *m.* 2:2/Ia
**fertig stellen** terminar 1:6/I
**Fest** *nt.* fiesta *f.* 1:E/I, feria *f.* 3:7/12
**fest** fijo/-a 3:7/1
**festgelegt** definido/-a 3:7/1, fijo/-a 3:7/1
**Fieber** *nt.* fiebre *f.* 2:9/
**Film** *m.* película *f.* 1:2/I
**Finale** *nt.* final *f.* 2:9/I
**finden** encontrar (o→ue) 2:3/Ib
**Finger** *m.* dedo *m.* 2:9/8
**Fisch** *m.* *(Ware, Gericht)* pescado *m.* 1:10/Ia
**Flagge** *f.* bandera *f.* 2:7/4
**Flamingo** *m.* flamenco *m.* 3:1/13
**Flasche** *f.* botella *f.* 1:10/Ib
**Fleck** *m.* mancha *f.* 1:7/Ib
**Fleisch** *nt.* carne *f.* 3:3/6
**fliegen** volar 3:2/2
**fliehen** huir (i→y) 3:7/1
**Flugzeug** *nt.* avión *m.* 1:5/11
**Flur** *m.* pasillo *m.* 2:2/Ia
**Fluss** *m.* río *m.* 2:3/Ia
**folgend** siguiente 2:7/I
**Form** *f.* forma *f.* 3:3/5
**in Form sein** estar en forma 3:6/9
**fortfahren** continuar (u→ú) 3:6/2, seguir (e→i) *(+ gerundio)* 3:6/4
**fortgehen** irse (#) 1:9/I
**Foto** *nt.* foto *f.* 2:3/Ib
**ein Foto (von jdm.) machen** sacar una foto (de alguien) (c→qu) 2:3/Ib
**Foul** *nt.* *(im Strafraum)* penalti *m.* 2:9/I
**Foul(spiel)** *nt.* falta *f.* 2:9/I
**Frage** *f.* pregunta *f.* 1:3/Ib

**etw./jdn. fragen** preguntar algo/a alguien 1:4/2
**fragen nach** preguntar por 1:5/12
**Frankreich** Francia *f.* 2:7/6
**französisch** francés/francesa 2:7/6
**Frau** *f.* señora *f.* 2:1/I, mujer *f.* 3:3/3
**frei** libre 1:6/I
**Freiheit** *f.* libertad *f.* 3:3/1
**Freitag** *m.* viernes *m.* 1:6/I
**Freizeit** *f.* tiempo libre *m.* 1:6/I
**Fremdenverkehrsamt** *nt.* oficina de turismo *f.* 2:5/6
**sich freuen** alegrarse 3:5/5
**Freund/in** *m./f.* amigo/-a *m./f.* 1:E/I, novio/-a *m./f.* 3:1/13
**(neue) Freunde gewinnen** hacer amigos (#) 2:5/I
**freundlich** amable 2:1/I
**Freundschaft** *f.* amistad *f.* 3:5/20
**Frieden** *m.* paz *f.* 2:10/I
**Lass ihn in Frieden!** ¡Déjalo en paz! 2:2/Ib
**Friseur/in** *m./f.* peluquero/-a *m./f.* 2:1/I
**Friseursalon** *m.* peluquería *f.* 2:1/I
**froh** contento/-a 1:6/I
**fröhlich** alegre 2:7/I
**Frucht** *f.* fruta *f.* 1:10/Ia
**früh** temprano 1:9/I, pronto 1:9/I
**früher** antes 3:1/2
**Frühling** *m.* primavera *f.* 3:3/10
**Frühstück** *nt.* desayuno *m.* 1:9/I
**frühstücken** desayunar 1:9/12
**sich fühlen** sentirse (e→ie) 2:9/
**etw. (vor)führen** enseñar algo 1:5/I
**füllen** llenar 3:3/1
**Füller** *m.* pluma *f.* 1:3/Ia
**funktionieren** funcionar 2:10/3
**für** para 1:E/I, por 1:7/Ib
**für dich** para ti 1:E/9
**Furcht** *f.* miedo *m.* 1:9/I
**sich vor etw./jdm. fürchten** tener miedo de algo/alguien (#) 1:9/I
**Wie furchtbar!** ¡Qué miedo! 1:9/I
**Fuß** *m.* pie *m.* 2:9/8
**zu Fuß** a pie 1:5/I
**zu Fuß gehen** ir a pie (#) 1:5/I
**Fußball** *m.* fútbol *m.* 1:6/I
**Fußboden** *m.* suelo *m.* 1:3/Ia, piso *m.* 2:1/I
**ein Tier füttern** dar de comer a un animal (#) 1:8/I

## G

**Gabel** *f.* tenedor *m.* 2:8/Ia
**Galicien** Galicia *f.* 3:1/15
**das Galicische** *nt.* gallego *m.* 3:1/15
**Gans** *f.* ganso *m.* 1:8/2
**ganz** todo/-a 1:11/I, entero/-a 3:1/7
**der ganze Abend; den ganzen Abend** toda la tarde 1:11/3
**Garten** *m.* jardín *m.* 1:9/I
**Gebäude** *nt.* edificio *m.* 3:1/2
**geben** dar (#) 1:8/I, poner (#) 1:10/Ib
**Gebiet** *nt.* región *f.* 1:9/15, zona *f.* 2:4/I
**Gebirge** *nt.* montaña *f.* 1:E/I
**Gebirgskette** *f.* sierra *f.* 3:3/10
**geboren werden** nacer (nazco) 2:4/I
**gebrauchen** usar 2:9/8, utilizar (z→c) 3:4/11
**Gebühr** *f.* tarifa *f.* 1:8/14
**Geburtstag** *m.* cumpleaños *m.* 1:10/Ib
**Alles Gute zum Geburtstag!** ¡Feliz cumpleaños! 1:11/6
**Gedächtnis** *nt.* memoria *f.* 3:1/2
**Geduld** *f.* paciencia *f.* 3:5/5
**Gefahr** *f.* peligro *m.* 3:4/18
**gefährlich** peligroso/-a 1:8/I
**gefallen** caer bien (#) 2:6/I
**jdn. um einen Gefallen bitten** pedir un favor a alguien 3:6/12
**jdm. gefallen** gustar a alguien 1:6/I
**gefeiert werden** celebrarse 3:7/17
**Gefühl** *nt.* sentimiento *m.* 3:5/9
**gegen** en contra de 2:1/9, contra 2:5/I
**Gegend** *f.* región *f.* 1:9/15
**Gegenstand** *m.* cosa *f.* 1:3/13
**gegenüber von** enfrente de 1:5/I
**Gegenwart** *f.* presente *m.* 3:3/I
**gegenwärtig** actual 2:4/I
**Gehalt** *nt.* paga *f.* 3:1/7
**Geheimnis** *nt.* secreto *m.* 3:1/15
**gehen** ir (#) 1:5/9
**(weg-, fort)gehen** irse (#) 1:9/I
**zu Fuß gehen** ir a pie (#) 1:5/I
**mit jdm. gehen** *(ugs.)* salir con alguien (#) 3:5/3
**Gehör** *nt.* oído *m.* 2:9/8
**gut/schlecht gelaunt sein** estar de buen/mal humor (#) 2:6/I
**gelb** amarillo/-a 1:7/Ia
**Geld** *nt.* dinero *m.* 1:5/I
**Gelegenheit** *f.* ocasión *f.* 3:6/19
**gelingen** salir bien (#) 3:2/2
**gelockt** rizado/-a 1:4/7
**Gemälde** *nt.* cuadro *m.* 2:2/Ia
**Gemeindeverband** *m.* comunidad *f.* 2:4/I
**gemeinsam** junto/-a 1:11/I
**Gemüse** *nt.* verdura *f.* 1:10/Ia
**Gemüt** *nt.* ánimo *m.* 3:6/15
**genau** exacto/-a 2:4/I, justo 3:4/2
**genauso viel/sehr … wie** tanto/-a … como 2:5/I
**genießen** disfrutar de 2:8/Ib
**genug** suficiente 2:10/4
**Genug jetzt!** ¡Basta ya! 3:4/2
**geöffnet** abierto/-a 1:10/12
**Geografie** *f.* geografía *f.* 1:6/I
**(Reise)gepäck** *nt.* equipaje *m.* 3:5/16
**gerade** justo 3:4/2
**geradeaus** todo recto 2:5/I
**Geräusch** *nt.* ruido *m.* 1:8/2
**gerecht** justo/-a 3:2/5
**Gericht** *nt.* plato *(Essen) m.* 2:7/I
**gering** poco/-a 1:4/I
**gern haben** amar 3:5/3
**etw./jdn. gern haben** querer algo/a alguien (e→ie) 1:8/6
**Gerücht** *nt.* rumor *m.* 3:4/15
**Geschäft** *nt.* tienda *f.* 1:5/I
**Geschäftszeiten** *f. pl.* horario *m.* 1:10/12
**geschehen** ocurrir 3:6/4
**Geschenk** *nt.* regalo *m.* 1:11/I
**Geschichte** *f.* historia *f.* 1:6/I
**geschichtlich** histórico/-a 3:1/9
**geschickt** (ser #) listo/-a 2:1/4
**Geschirrspülmaschine** *f.* lavavajillas *m.* 2:2/Ia
**geschlossen** cerrado/-a 1:10/12
**Geschmack(ssinn)** *m.* gusto *m.* 2:6/I
**Geschwister** *pl.* hermanos *pl.* 1:4/I
**gesellschaftlich** social 3:3/5
**gesetzeswidrig** ilegal 3:4/16
**Gesicht** *nt.* cara *f.* 2:9/8
**Gesichtspunkt** *m.* aspecto *m.* 2:7/I
**Gespräch** *nt.* diálogo *m.* 2:4/2, conversación *f.* 3:5/11
**gestern** ayer 2:3/Ib
**gestern Abend/Nacht** anoche 2:6/I
**Gesundheit** *f.* salud *f.* 1:8/18
**soeben etw. getan haben** acabar de hacer algo 2:6/I
**Getränk** *nt.* bebida *f.* 1:10/Ia
**Gewalt** *f.* violencia *f.* 3:6/I

**Gewalt in der Schule** *f.* acoso escolar *m.* 3:6/4
**gewinnen** ganar 1:9/I
**gewiss** cierto 3:7/7
**sich (an)gewöhnen** acostumbrarse 3:7/9
**(An)gewohnheit** *f.* costumbre *f.* 3:7/1
**etw. gewohnt sein** (estar #) acostumbrado/-a 3:1/15
**es gibt** hay (haber #) 1:2/I
**Gitarre** *f.* guitarra *f.* 2:2/Ia
**Glas** *nt.* vaso *m.* 2:8/Ia, copa *f.* 2:8/Ia
**glatt** liso/-a 1:4/7
**etw. glauben** creer algo 1:7/Ib
**gleich** ahora mismo 1:8/I
**Glück** *nt.* suerte *f.* 1:5/I
**zum Glück** por suerte 1:4/I
**glücklich** feliz 1:11/6
**glücklicherweise** por suerte 1:4/I, menos mal 2:3/Ib
**(Herzliche) Glückwünsche!** ¡(Muchas) felicidades! 1:11/10
**Gold** *nt.* oro *m.* 3:3/1
**(heidnischer) Gott/(heidnische) Göttin** *m./f.* dios/a *m./f.* 3:3/6
**Gott sei Dank** ¡gracias a Dios! 2:3/Ib
**Es sind … Grad.** Hace ... grados. 1:9/15
**jdm. gratulieren** felicitar a alguien 1:11/I
**grau** gris 1:7/Ia
**Grenze** *f.* frontera *f.* 3:3/10
**(an)grenzen an** limitar con 3:3/10
**Grillfest** *nt.* barbacoa *f.* 2:5/I
**Grippe** *f.* gripe *f.* 2:9/
**groß** grande 1:4/I, alto/-a 1:4/I
**(Konfektions)größe** *f.* talla *f.* 1:7/Ib
**Großeltern** *pl.* abuelos *m. pl.* 1:11/I
**Großmutter** *f.* abuela *f.* 1:5/7
**Großvater** *m.* abuelo *m.* 1:5/7
**grün** verde 1:7/Ia
**Grund** *m.* motivo *m.* 2:10/I
**Gruppe** *f.* grupo *m.* 1:6/I
**herzliche Grüße** *(Verabschiedung im Brief)* cordiales saludos 3:2/17
**jdn. grüßen** saludar a alguien 2:3/Ib
**Gurke** *f.* pepino *m.* 1:10/Ia
**Gürtel** *m.* cinturón *m.* 1:7/Ia
**gut** bien *(adverbio)* 1:1/I, bueno/-a *(adjetivo)* 1:2/I
**gut aussehend** guapo/-a 1:E/I
**gut laufen** salir bien (#) 3:2/2
**Gute Nacht!** ¡Buenas noches! 1:E/
**Guten Abend!** ¡Buenas noches! 1:E/, ¡Buenas tardes! 1:E/
**Guten Appetit!** ¡Que aproveche! 2:8/Ib
**Guten Morgen!** ¡Buenos días! 1:E/1
**Guten Tag!** ¡Buenos días! 1:E/1, ¡Buenas tardes! 1:E/
**Gymnasium** *nt.* instituto *m.* 1:3/Ia, insti *(col.) m.* 1:4/I
**Gymnastik** *f.* gimnasia *f.* 3:2/17

## H

**Haar** *nt.* pelo *m.* 1:4/I
**haben** haber (#) 1:10/Ib
**etw. haben** tener algo (#) 1:1/6
**Hafen** *m.* puerto *m.* 3:1/2
**Hähnchen** *nt.* pollo *m.* 2:8/Ia
**halb** medio/-a 1:10/Ib
**Halbzeit** *f.* mitad *f.* 2:9/I
**Hälfte** *f.* mitad *f.* 2:3/Ib
**hallo** hola 1:E/I
**Ja, hallo!** *(am Telefon)* ¡Diga! (decir #) 1:11/I
**Hals** *m.* cuello *m.* 2:9/8, garganta *f.* 2:9/8
**Hand** *f.* mano *f.* 2:9/8
**Handball** *m.* balonmano *m.* 2:5/I
**handeln** actuar (u→ú) 3:7/17
**Handlung** *f.* acción *f.* 3:2/7
**Handy** *nt.* móvil *m.* 1:8/I
**hart** duro/-a 2:9/16
**hassen** odiar 3:5/3
**ich hätte gern** me gustaría *(+ inf.)* 2:8/Ib
**ein Haufen …** un montón (de) ... 3:6/11
**Hauptgericht** *nt.* segundo plato *m.* 2:8/Ia
**Hauptsaison** *f.* temporada alta *f.* 3:7/4
**Hauptstadt** *f.* capital *f.* 2:4/I
**Haus** *nt.* casa *f.* 1:2/I
**nach Haus(e)** a casa 1:2/I
**zu Haus(e)** en casa 1:3/Ib
**zu Hause vorbeigehen** pasar por casa 2:9/I
**Hausaufgabe** *f.* tarea *f.* 3:2/17
**Hausaufgaben** *f. pl.* deberes *m. pl.* 1:3/Ib
**Hausfrau** *f.* ama de casa *("el" ante sust. fem. que empieza con "a") f.* 2:1/I
**Hausmann** *m.* amo de casa *m.* 2:1/I
**Heft** *nt.* cuaderno *m.* 1:3/Ia
**heiraten** casarse 2:4/5
**heiß** caliente 2:5/I
**Es ist heiß.** Hace calor. 1:9/15
**heißen** llamarse 1:E/I
**das heißt** es decir 3:5/5
**Held** *m.* héroe *m.* 3:3/6
**jdm. helfen** ayudar a alguien 1:2/7
**(Ober)hemd** *nt.* camisa *f.* 1:7/Ia
**Henne** *f.* gallina *f.* 1:8/I
**herausfinden** descubrir 2:4/I
**herausgehen** salir (#) 2:4/I
**herausnehmen** sacar (c→qu) 2:2/Ib
**Herd** cocina *f* 2:2/Ia
**Herkunft** *f.* origen *m.* 3:3/10
**Herkunftsland** *nt.* país de origen *m.* 2:7/I
**Herr** *m.* señor *m.* 2:1/I
**mein Herr!** *(Anrede)* ¡señor! 2:5/I
**Herrscher/in** *m./f.* jefe/-a *m./f.* 3:3/1
**herunterbringen** bajar 2:2/
**herunterladen** descargar (g→gu) 3:4/15
**Herzliche Glückwünsche!** ¡Muchas felicidades! 1:11/10
**heute** hoy 1:2/I
**hier(her)** (por) aquí 1:1/I
**hier (in der Nähe)** por aquí 1:5/
**hier entlang** por aquí 3:1/2
**jdn. um Hilfe bitten** pedir ayuda a alguien (e→i) 3:6/3
**Hilfe** *f.* ayuda *f.* 2:3/Ib
**Hilfe!** ¡Socorro! 1:8/I
**Himmel** *m.* cielo *m.* 3:5/
**hineingehen** entrar 1:3/Ib
**hineinlegen, hineinstecken** meter en 2:2/Ib
**hinfallen** caer (#) 2:6/I
**sich hinlegen** acostarse (o→ue) 1:9/10
**hinter** detrás de 1:5/2
**im Hintergrund** al fondo 3:1/2
**hinunterfahren** bajar 2:2/
**(die Ramblas) hinuntergehen** bajar por (las Ramblas) 3:1/2
**hinuntergehen** bajar 2:2/
**historisch** histórico/-a 3:1/9
**hochfahren, hochgehen, hochtragen** subir 2:2/Ib
**Höhe** *f.* altura *f.* 2:4/
**etw./jdm./jdn. (zu)hören** escuchar algo/a alguien 1:6/6
**Hose** *f.* pantalón *m.* 1:7/Ia
**Hotel** *nt.* hotel *m.* 1:E/6

**hübsch** bonito/-a 1:7/Ib
**Huhn** *nt.* gallina *f.* 1:8/I
**Hund** *m.* perro *m.* 1:8/I
**Hunger** *m.* hambre *f.* 1:2/I
**Husten** *m.* tos *f.* 2:9/
**Hustensaft** *m.* jarabe *m.* 2:9/10
**Hut** *m.* sombrero *m.* 2:7/4

## I

**ich** yo 1:E/I
**Icon** *nt.* icono *m.* 2:10/
**Idee** *f.* idea *f.* 1:4/8
**idiotisch** idiota 3:4/2
**ignorieren** ignorar 3:6/6
**ihm** le 1:7/11
**ihn** le 1:7/11, lo 2:1/I
**ihnen** les 1:7/11, las 2:1/I
**ihr** ella 1:1/12, la 1:11/3, le 1:7/11, vosotros/-as 1:2/I
**ihr** *(Personalpronomen im Akk.)* la *(pronombre de complemento directo)* 2:1/I
**ihr/e** su/sus 1:5/6
**ihre(r)** (el/la) suyo/-a 3:4/13
**illegal** ilegal 3:4/16
**im Allgemeinen** en general 2:1/I
**Imbiss(stand)** *m.* chiringuito *m.* 3:1/2
**immer** siempre 1: 2/I
**in** en 1:E/I, a 1:2/I
**in** *(zeitlich)* dentro de *(+ Zeitangabe)* 2:5/I
**in der Nähe von** cerca de 1:5/2
**in der Zwischenzeit** mientras tanto 1:11/I
**In Ordnung!** ¡Vale! 1:2/I
**individuell** individual 3:7/1
**Informatik** *f.* informática *f.* 3:2/16
**Information** *f.* información *f.* 2:3/Ib
**informieren** informar 2:9/I
**sich informieren** informarse 2:10/I
**Inka** *m.* inca *m.* 3:3/1
**Inka-** inca *(adjetivo)* 3:3/1
**inmitten ...** en medio de 3:1/2
**innerhalb** *(zeitlich)* dentro de *(+ Zeitangabe)* 2:5/I
**ins Bett gehen** acostarse (o→ue) 1:9/10
**insbesondere** en especial 2:6/I
**Insel** *f.* isla *f.* 2:4/I
**insgesamt** en total 2:5/I
**Instrument** *nt.* instrumento *m.* 2:6/I
**intelligent** inteligente 1:4/7
**interessant** interesante 1:8/12
**Interesse** *nt.* interés *m.* 3:7/12
**jdn. interessieren** interesar a alguien 2:4/I
**international** internacional 2:3/Ia
**Internet** *nt.* Internet *m./f.* 1:4/I
**Internetcafé** *nt.* cibercafé *m.* 1:5/I
**Interview** *nt.* entrevista *f.* 1:4/9
**inzwischen** mientras tanto 1:11/I
**irgendein(e)** *(Adjektiv)* alguno/-a *(adjetivo)* 1:11/I
**irgendein(e, er, s)** cualquier/a 3:5/16
**Italien** Italia *f.* 2:5/14
**Italiener/in** *m./f.* italiano/-a *m./f.* 2:7/4
**italienisch** italiano/-a 2:7/6

## J

**ja** sí 1:1/6
**Ja, hallo!** *(am Telefon)* ¡Diga! (decir #) 1:11/I
**Jacke** *f.* chaqueta *f.* 1:7/Ia
**Jagd** *f.* caza *f.* 3:3/6
**jagen** cazar (z→c) 3:3/6
**Jahr** *nt.* año *m.* 1:1/I
**... Jahre alt werden** cumplir ... años 1:11/I
**Jahrhundert** *nt.* siglo *m.* 3:1/13
**Jahrmarkt** *m.* feria *f.* 3:7/12
**Januar** *m.* enero *m.* 1:11/8
**Japan** Japón *m.* 2:7/6
**japanisch** japonés/japonesa 2:7/6
**Jeans** *f.* vaqueros *m. pl.* 1:7/Ia
**Jeansjacke** *f.* chaqueta vaquera *f.* 1:7/Ia
**jede(r, s)** todo/-a 1:11/I, cada 2:4/I, cada uno/-a 2:7/I
**jeden Tag** todos los días 1:11/I
**jedenfalls ...** de todas formas ... 3:4/2
**jedermann** todo el mundo 3:4/2
**jederzeit** en cualquier momento 3:4/11
**jedes Jahr** todos los años 1:11/3
**jemand** alguien 2:1/I, alguno/-a *(pronombre)* 2:6/I
**jene(r, s)** *(Adjektiv)* aquel/aquella/aquello *(adjetivo)* 1:7/6, aquél/aquélla/aquello *(pronombre)* 1:7/6
**jetzt** ahora 1:2/I
**Journalist/in** *m./f.* periodista *m./f.* 2:1/I
**Jugend** *f.* adolescencia *f.* 3:2/17
**Jugendliche/r** *f./m.* joven *m./f.* 2:10/7
**Juli** *m.* julio *m.* 1:11/8
**jung** joven 3:5/3
**Junge** *m.* chico *m.* 1:E/I, niño *m.* 1:2/I, chaval *m. (col.)* 3:6/4
**Jungfrau** *f.* Virgen *f.* 3:1/13

## K

**kalt** frío/-a 1:10/16
**kalt werden** enfriarse (i→í) 3:4/2
**Es ist kalt.** Hace frío. 1:9/I
**Kälte** *f.* frío *m.* 1:9/I
**kämpfen um** luchar por 2:9/I
**Kanarienvogel** *m.* canario *m.* 1:8/2
**Kaninchen** *nt.* conejo *m.* 1:8/I
**Kanu** *nt.* piragua *f.* 2:3/Ia
**mit dem Kanu fahren** ir en piragua (#) 2:3/Ia
**Kanute/in** *m./f.* piragüista *(Aussprache: ü = "u") m./f.* 2:3/Ia
**(Mannschafts)kapitän/in** *m./f.* capitán/capitana *m./f.* 2:9/I
**kaputt sein** *(ugs.)* estar hecho/-a polvo (#) *(col.)* 2:6/I
**Karneval** *m.* Carnaval *m.* 1:11/14
**Karotte** *f.* zanahoria *f.* 1:10/Ia
**Karriere** *f.* carrera *f.* 3:2/16
**(Land)karte** *f.* mapa *m.* 1:3/Ia
**Kartoffel** *f.* patata *f.* 1:10/Ia
**Kartoffelchips** *m. pl.* patatas fritas *f. pl.* 1:10/Ia
**Karton** *m.* caja *f.* 2:2/Ib
**Käse** *m.* queso *m.* 1:10/Ia
**(kastanien)braun** marrón 1:7/Ia
**Kasten** *m.* caja *f.* 2:2/Ib
**katalanisch** catalán/-ana 3:2/9
**das Katalanische** *nt.* catalán *m.* 3:1/15
**Katalonien** Cataluña *f.* 3:1/I
**Kater/Katze** *m./f.* gato/-a *m./f.* 1:5/2
**Kathedrale** *f.* catedral *f.* 2:4/I
**(römisch-)katholisch** católico/-a 3:3/1
**etw. kaufen** comprar algo 1:2/7
**Kaugummi** *m.* chicle *m.* 1:3/Ib
**Kehle** *f.* garganta *f.* 2:9/8
**kein** no 1:E/9
**Keine Ahnung.** Ni idea. 1:5/
**keine(r, s)** ningún, ninguno/-a 2:6/I
**Kellner/in** *m./f.* camarero/-a *m./f.* 2:1/13
**etw./jdn. kennen(lernen)** conocer algo/a alguien (conozco) 2:1/I

**Kilo** *nt.* kilo *m.* 1:10/Ib
**Kilometer** *m.* kilómetro *m.* 2:4/I
**Kind** *nt.* chico/-a *m./f.* 1:E/I, niño/-a *m./f.* 1:2/I
**als Kind** de pequeño/-a 3:1/2
**Kino** *nt.* cine *m.* 1:2/I
**Kiosk** *m.* quiosco *m.* 3:1/7
**Kirche** *f.* iglesia *f.* 2:4/I
**klar** claro 1:2/I
**Klasse** *f.* clase *f.* 1:3/Ia
**Klasse!** *(ugs.)* ¡Guay! *(col.)* 2:2/Ib
**Klassenzimmer** *nt.* clase *f.* 1:3/Ia, aula ("el" ante sust. fem. que empieza con "a") *f.* 3:6/15
**Klavier** *nt.* piano *m.* 1:6/6
**Kleidung** *f.* ropa *f.* 1:5/I
**klein** pequeño/-a 1:1/I, bajo/-a 1:4/I
**klettern** escalar 3:7/1
**Klima** *nt.* clima *m.* 2:4/I
**Klimawandel** *m.* cambio climático *m.* 3:7/17
**klingeln** sonar (o→ue) 1:11/I, llamar 2:5/7
**Kloster** *nt.* monasterio *m.* 3:1/13
**klug** (ser #) listo/-a 2:1/4
**knapp** limitado/-a 3:7/17
**Knie** *nt.* rodilla *f.* 2:9/I
**kochen** cocinar 2:6/12
**Kochrezept** *nt.* receta de cocina *f.* 3:4/2
**Koffer** *m.* maleta *f.* 1:2/I
**Kohlensäure** *f.* gas *m.* 2:8/Ib
**Kolumbianer/in** *m./f.* colombiano/-a *m./f.* 2:7/I
**kolumbianisch** colombiano/-a 2:7/I
**Kolumbien** Colombia *f.* 1:4/I
**komisch** raro/-a 2:1/I
**kommen** venir (#) 1:8/I
**kommentieren** comentar 3:6/2
**Kommunikation** *f.* comunicación *f.* 3:4/17
**Kommunikationsmittel** *f. pl.* medios de comunicación *pl.* 3:4/1
**kommunizieren** comunicarse (c→qu) 3:1/9
**komplett** completo/-a 1:1/I
**Konfektionsgröße** *f.* talla *f.* 1:7/Ib
**Konflikt** *m.* conflicto *m.* 3:3/7
**König/in** *m./f.* rey/reina *m./f.* 2:4/I
**etw. können** saber algo (#) 1:5/I
**konsumieren** consumir 3:7/1
**Kontakt** *m.* contacto *m.* 3:4/11
**kontrollieren** controlar 2:9/I
**Konzert** *nt.* concierto *m.* 1:11/I
**Kopf** *m.* cabeza *f.* 2:9/I
**Kopf hoch!** ¡Ánimo! 3:6/15
**Kopfkissen** *nt.* almohada *f.* 2:4/I
**kopieren** copiar 2:3/Ib
**Körper** *m.* cuerpo *m.* 2:9/8
**korrekt** correcto/-a 1:6/4
**Korridor** *m.* pasillo *m.* 2:2/Ia
**kosten** costar (o→ue) 1:7/Ib, valer (valgo) 3:6/19
**krank** enfermo/-a 2:6/I
**Krankenhaus** *nt.* hospital *m.* 2:1/I
**Krankenpfleger/-schwester** *m./f.* enfermero/-a *m./f.* 2:9/I
**Krankenwagen** *m.* ambulancia *f.* 2:9/I
**Kräutertee** *m.* infusión *f.* 2:9/10
**Kreide** *f.* tiza *f.* 1:3/Ia
**kreuzen** cruzar (z→c) 2:5/
**Krokodil** *nt.* cocodrilo *m.* 3:2/10
**Küche** *f.* cocina *f.* 1:11/I
**Kugelschreiber** *m.* bolígrafo *m.* 1:3/Ia
**Kuh** *f.* vaca *f.* 1:8/I
**Kühlschrank** *m.* nevera *f.* 2:2/Ia
**Kuli** *m.* *(ugs.)* boli *(col.)* *m.* 1:3/Ia
**Kultur** *f.* cultura *f.* 2:4/I
**Kultur-, kulturell** cultural 3:7/1
**Kunde/-in** *m./f.* cliente/-a *m./f.* 1:10/9
**Künste** *f. pl.* artes *f. pl.* 3:2/15
**Künstler/in** *m./f.* artista *m./f.* 3:1/13
**Kunstunterricht** *m.* educación plástica y visual *f.* 1:6/I
**kurz** corto/-a 1:4/I
**Kuss** *m.* beso *m.* 1:5/6
**jdn. küssen** besar a alguien 3:5/1
**Küste** *f.* costa *f.* 1:2/I

## L

**Lachen** risa *f.* 3:6/1
**Laden** *m.* tienda *f.* 1:5/I
**(be)laden** cargar (g→gu) 3:5/16
**Lage** *f.* situación *f.* 2:1/1
**Lampe** *f.* lámpara *f.* 2:2/Ia
**Land** *nt.* país *m.* 1:E/I, campo *m.* 1:8/I
**Landkarte** *f.* mapa *m.* 1:3/Ia
**Landschaft** *f.* paisaje *m.* 2:4/I
**Landwirt/in** *m./f.* granjero/-a *m./f.* 3:7/1
**lang** largo/-a 1:4/7
**... lang** durante *(+ Zeitangabe)* 2:6/I
**langsam** despacio 1:3/Ib
**sich zu Tode langweilen** *(ugs.)* aburrirse como una ostra *(col.)* 2:3/Ib
**langweilig** aburrido/-a 1:2/I
**Laptop** *m.* portátil *m.* 2:10/I
**Lärm** *m.* ruido *m.* 1:8/2
**lassen** dejar 2:2/Ib
**Lass ihn in Frieden!** ¡Déjalo en paz! 2:2/Ib
**Lass(t) mal sehen!** ¡A ver! 2:2/Ib
**lästig** latoso/-a 1:4/I, pesado/-a 1:4/I
**Lastwagen** *m.* camión *m.* 2:2/4
**Latein** *nt.* latín *m.* 3:1/15
**Lateinamerika** Latinoamérica *f.* 2:4/I
**lateinamerikanisch** latinoamericano/-a 2:6/11
**Laufbahn** *f.* carrera *f.* 3:2/16
**laufen** correr 1:9/I
**laut** alto 1:3/Ib
**läuten** sonar (o→ue) 1:11/I
**Leben** *nt.* vida *f.* 1:9/13
**leben** vivir 1:4/I
**lecker** rico/-a 1:1/I
**etw. legen** poner algo (#) 1:9/I
**Lehrer/in** *m./f.* profesor/a *m./f.* 1:3/Ia, profe *(col.)* *m./f.* 1:3/Ia
**leicht** fácil 1:3/Ib
**Es tut mir leid.** Lo siento. (sentir) (e→ie) 1:5/I
**(er)leiden** sufrir 3:5/16
**(aus)leihen** prestar 3:6/12
**Lektion** *f.* unidad *f.* 1:1/I
**lernen** estudiar 1:8/18
**etw. lernen** aprender algo 1:6/I
**etw. lesen** leer algo 1:3/8
**zu guter Letzt** por último 1:10/Ib
**Letzte** *m./f./nt.* último/-a *m./f.* 1:10/Ib
**letzte(r, s)** último/-a 2:1/I
**Leute** gente *f* 1:E/I
**Licht** *nt.* luz *f.* 3:2/8
**Liebe** *f.* amor *m.* 1:8/18
**lieben** amar 3:5/3
**jdn. lieben** querer a alguien (e→ie) 3:5/1
**liebenswürdig** amable 2:1/I
**Liebeskummer haben** tener mal de amores 3:5/1
**Liebling, Liebes** *(in der Anrede)* cariño *m.* 1:11/6
**Lied** *nt.* canción *f.* 1:7/10
**Limonade** *f.* limonada *f.* 1:E/7
**linke(r, s)** izquierdo/-a 2:9/

**links von** a la izquierda de 1:5/I
**Liste** *f.* lista *f.* 3:6/11
**Liter** *m.* litro *m.* 1:10/Ib
**Literatur** *f.* literatura *f.* 1:6/I
**live** en directo 2:6/I
**lockig** rizado/-a 1:4/7
**Löffel** *m.* cuchara *f.* 2:8/Ia
**Los!** ¡Anda! 3:6/4
**Was ist los?** ¿Qué pasa? 1:E/I
**löschen** borrar 3:5/16
**loslassen** dejar 2:2/Ib
**Lösung** *f.* solución *f.* 2:2/Ib
**Luft** *f.* aire *m.* 3:3/15
**lügen** mentir (e→ie) 3:6/19
**Lust auf etwas haben** tener ganas de hacer algo (#) 1:5/I
**lustig** divertido/-a 1:8/I
**sich über etw./jdn. lustig machen** burlarse de algo/alguien 3:6/15

## M

**etw. machen** hacer algo (#) 1:6/I
**(Das) macht nichts!** ¡No importa! 2:8/Ib
**Mädchen** *nt.* chica *f.* 1:E/I, niña *f.* 1:2/I, chavala *f.* *(col.)* 3:6/4
**Magen** *m.* estómago *m.* 2:9/8
**leichte Mahlzeit am Nachmittag** *f.* merienda *f.* 1:11/I
**Mai** *m.* mayo *m.* 1:11/I
**Mais** *m.* maíz *m.* 3:3/5
**Mal** *nt.* vez (*pl.*: veces) *f.* 1:5/I
**Maler/in** *m./f.* pintor/a *m./f.* 2:4/I
**Mama** *f (ugs.)* mamá *(col.) f.* 1:2/I
**manche** unos/-as 2:3/Ib
**manchmal** a veces 1:4/I
**Mann** *m.* hombre *m.* 2:4/I
**Mann!** ¡Hombre! 1:3/Ib
**junger Mann** *m.* joven *m./f.* 2:10/7
**Mannschaft** *f.* equipo *m.* 2:5/I
**(Schreib)mappe** *f.* carpeta *f.* 1:3/Ia
**Märchen** *nt.* cuento *m.* 3:6/19
**Markt** *m.* mercado *m.* 1:10/Ib
**marokkanisch** marroquí 2:7/I
**Marokko** Marruecos *m.* 2:7/I
**März** *m.* marzo *m.* 1:11/8
**Massenmedien** *f. pl.* medios de comunicación *pl.* 3:4/1
**Mathematik** *f.* matemáticas *f. pl.* 1:3/4
**Mauer** *f.* muro *m.* 3:3/1
**Maus** *f (tech. + zool.)* ratón *m.* 2:10/
**Mechaniker/in** *m./f.* mecánico/-a *m./f.* 3:2/16
**Meer** *nt.* mar *m.* 1:6/
**mehr (als)** más 1:3/Ib
**Mehrheit** *f.* mayoría *f.* 3:1/15
**mehrmals** varias veces 1:11/I
**mein/e** mi/mis 1:5/6
**meine(r, s), der/die/das meinige** (el/la) mío/-a 3:4/2
**Meinung** *f.* opinión *f.* 2:7/I
**meiner Meinung nach** en mi opinión 2:1/I
**am meisten** *(+ Verb)* el/la que más *(+ verbo)* 3:4/1
**Meisterschaft** *f.* campeonato *m.* 2:9/I
**ein guter Mensch sein** (ser #) buena gente 2:6/I
**Mensch** *m.* hombre *m.* 2:4/I
**Mensch!** ¡Hombre! 1:3/I
**Menschenrechte** *f.* derechos humanos *m.* 3:2/17
**Menü** *nt.* menú *m.* 2:8/Ia
**merken** notar 2:6/I
**merkwürdig** extraño/-a 1:9/I
**Messe** *f.* feria *f.* 3:7/12
**Messer** *nt.* cuchillo *m.* 2:8/Ia
**Meter** *m.* metro *m.* 2:4/
**mexikanisch** mexicano/-a 2:7/6
**mich** mí 1:E/I, me 1:6/I, a mí 1:6/8
**mies** *(ugs.)* fatal 2:9/
**mieten** alquilar 2:5/I
**Mikrowelle** *f.* microondas *m.* 2:2/Ia
**Milch** *f.* leche *f.* 1:10/Ia
**mindestens** un mínimo de ... 2:7/I
**Mineralwasser** *nt.* agua mineral *f.* 2:8/Ib
**ein Minimum an ...** un mínimo de ... 2:7/I
**Minute** *f.* minuto *m.* 2:3/Ib
**mir** mí 1:E/I, me 1:6/I, a mí 1:6/8
**Misstrauen** *nt.* celos *m. pl.* 3:5/3
**Missverständnis** *nt.* malentendido *m.* 3:5/14
**mit** con 1:2/I
**mit dir** contigo 2:10/I
**mit mir** conmigo 2:10/I
**miteinander** junto/-a 1:11/I
**miteinander gehen** *(ugs.)* salir juntos (#) 3:5/3
**jdn. mitnehmen** llevar a alguien 2:5/I
**Mitschüler/in** *m./f.* compañero/-a *m./f.* 1:4/I
**Mittag** *m.* mediodía *m.* 3:2/17
**Mitte** *f.* centro *m.* 2:9/I
**Mitteilung** *f.* mensaje *m.* 1:6/19
**Mittel-** central 3:3/5
**mittelmäßig** regular 1:2/
**Mittwoch** *m.* miércoles *m.* 1:6/I
**Möbelstück** *nt.* mueble *m.* 2:2/2
**Modell** *nt.* tipo *m.* 2:6/I
**modern** moderno/-a 2:5/13
**möglich** posible 3:6/15
**Möglichkeit** *f.* posibilidad *f.* 2:9/I
**Mohrrübe** *f.* zanahoria *f.* 1:10/Ia
**Moment** *m.* momento *m.* 1:1/I
**Monat** *m.* mes *m.* 1:10/12
**Mond** *m.* luna *("Luna" cuando se refiere al satélite) f.* 3:7/20
**Montag** *m.* lunes *m.* 1:6/I
**Monument** *nt.* monumento *m.* 2:5/I
**morgen** mañana 1:2/I
**Morgen** *m.* mañana *f.* 2:1/I
**Guten Morgen!** ¡Buenos días! 1:E/1
**morgens** por la mañana 1:6/I
**müde** cansado/-a 1:2/I
**mühsam** agobiante 2:1/I
**Mülleimer** *m.* cubo de basura *m.* 2:2/Ia
**Mund** *m.* boca *f.* 2:9/8
**Museum** *nt.* museo *m.* 1:2/13
**Musik** *f.* música *f.* 1:E/I
**Musikanlage** *f.* equipo de música *m.* 2:2/Ia
**Musikgruppe** *f.* grupo *m.* 1:6/I
**Musikinstrument** *nt.* instrumento *m.* 2:6/I
**man muss** hay que *(+ inf.)* 2:2/Ib
**etw. machen müssen** tener que hacer algo (#) 1:8/6
**Mut** *m.* ánimo *m.* 3:6/15
**mutig** valiente 1:9/I
**Mutter** *f.* madre *f.* 1:2/I
**Mutti** *f (ugs.)* mamá *(col.) f.* 1:2/I
**Mütze** *f.* gorra *f.* 1:7/Ia

## N

**nach** a 1:2/I, hacia 2:3/Ib
**nach** para *(Richtung)* 2:9/I, después de *(zeitlich)* 1:5/I
**nach Haus(e)** a casa 1:2/I
**zu jdm. nach Hause gehen** ir a casa de alguien (#) 1:6/17
**Nachbar/in** *m./f.* vecino/-a *m./f.* 1:8/8
**nachdem** después de *(+ inf.)* 2:5/I
**nachfolgend** siguiente 2:7/I

**nachher** después de 1:5/I, luego 2:3/Ib
**Nachlass** *m.* descuento *(beim Einkaufen) m.* 1:7/Ib
**Nachmittag** *m.* tarde *f.* 1:6/I
**am Nachmittag** por la tarde 1:6/I
**Nachmittagsunterricht** *m.* turno tarde *m.* 3:2/17
**nächste(r, s)** próximo/-a 1:5/I
**Nacht** *f.* noche *f.* 1:9/I
**gestern Nacht** anoche 2:6/I
**Gute Nacht!** ¡Buenas noches! 1:E/
**Nachteil** *m.* inconveniente *m.* 3:4/18
**Nachtisch** *m.* postre *m.* 1:8/I
**nachts** por la noche 1:9/15
**nahe bei, in der Nähe von** cerca de 1:5/2
**sich nähern** acercarse (c→qu) 3:6/4
**Nahrung(smittel)** *nt. pl.* alimentos *m. pl.* 1:10/Ia
**Name** *m.* nombre *m.* 1:E/4
**Nase** *f.* nariz *f.* 2:9/8
**Nationalität** *f.* nacionalidad *f.* 2:7/I
**Natur** *f.* naturaleza *f.* 3:3/15
**Natur-** natural 2:9/15
**natürlich** natural 2:9/15, claro *(Ausruf)* 1:2/I
**Naturwissenschaften** *f. pl.* ciencias *f. pl.* 1:6/I
**neben** al lado de 1:5/I
**Nebensaison** *f.* temporada baja *f.* 3:7/4
**negativ** negativo/-a 2:7/I
**(heraus)nehmen** sacar (c→qu) 2:2/Ib
**etw. nehmen** tomar algo 1:2/8, coger (cojo) 1:10/Ib
**Da bin ich aber neidisch!** ¡Qué envidia! 2:1/I
**nein** no 1:E/9
**nennen** llamar 2:4/I
**nervös** nervioso/-a 2:1/I
**nett** majo/-a *(col.)* 1:5/6
**Netz** *nt. (Internet)* red *f.* 3:4/2
**neu** nuevo/-a 1:2/I
**neugierig** curioso/-a 3:1/7
**nicht** no 1:E/9
**auch nicht** tampoco 1:6/8
**gar nicht** (no) ... nada 1:6/
**noch nicht** todavía no 1:6/I
**überhaupt nicht** (no) ... nada 1:6/
**nicht nur ..., sondern auch** no sólo ..., sino también 2:10/I
**Nicht wahr?** ¿Verdad? 1:2/I
**nichts** no ... nada 1:3/Ib
**Es ist nichts.** No pasa nada. 1:9/I
**nie** (no) ... nunca 1:11/I
**niedergeschlagen sein** estar (#) deprimido/-a 3:5/14, agobiarse 3:6/15
**niemand** (no) ... nadie 1:11/I
**noch** todavía 1:8/I, aún 3:7/17
**noch nicht** todavía no 1:6/I
**Norden** *m.* norte *m.* 2:4/I
**normal** normal 1:2/I
**Note** *f.* nota *f.* 2:3/Ib
**(sich) etw. notieren** apuntar algo 1:10/Ib
**Notiz** *f.* apunte *m.* 2:3/Ib
**notwendig** necesario/-a 2:7/I
**November** *m.* noviembre *m.* 1:11/8
**Nummer** *f.* número *m.* 1:1/4
**nun** ahora 1:2/I
**nur** sólo 1:4/I
**(aus)nutzen** aprovechar 3:6/19
**nützen** servir (e→i) 2:8/2

## O

**ob** si 2:1/I
**oben** arriba 3:1/15
**Oberhemd** *nt.* camisa *f.* 1:7/Ia
**obligatorisch** obligatorio/-a 3:2/15
**Obst** *nt.* fruta *f.* 1:10/Ia
**Obstsalat** *m.* macedonia *f.* 1:10/3
**obwohl** aunque 2:5/I
**oder** o 1:1/12
**offiziell** oficial 3:1/15
**etw. öffnen** abrir algo 1:3/7
**Öffnungszeiten** *f. pl.* horario *m.* 1:10/12
**ohne** sin 1:5/I
**Ohr** *nt.* oreja *f.* 2:9/8
**Oktober** *m.* octubre *m.* 1:11/8
**(Oliven)öl** *nt.* aceite (de oliva) *m.* 2:8/Ia
**die Olympischen Spiele** Juegos Olímpicos *m. pl.* 3:1/2
**Omelett** *nt.* tortilla *f.* 1:4/I
**Onkel** *m.* tío *m.* 1:5/7
**Opfer** *nt.* víctima *f.* 3:6/15
**Orange** *f.* naranja *f.* 1:10/Ia
**ordnen** ordenar 2:2/11
**Ordner** *m.* carpeta *f.* 2:10/I
**in Ordnung bringen** arreglar 3:2/17
**Organisation** *f.* organización *f.* 3:3/6
**etw. organisieren** organizar algo (z→c) 3:7/4
**organisiert** organizado/-a 3:7/1
**originell** original 3:1/13
**Ort** *m.* lugar *m.* 1:9/I
**Osten** *m.* este *m.* 2:4/I

## P

**das Paar** *nt.* pareja *f.* 3:6/1
**ein paar** *(Adjektiv)* algunos/-as *pl. (adjetivo)* 1:11/I
**paarweise** en parejas 3:6/1
**Paddelboot** *nt.* piragua *f.* 2:3/Ia
**paddeln** ir en piragua (#) 2:3/Ia
**Paella** *f.* paella *f.* 2:8/9
**Paket** *nt.* paquete *m.* 1:2/15
**Palast** *m.* palacio *m.* 3:1/2
**Papa** *m. (ugs.)* papá *(col.) m.* 1:E/I
**Papierkorb** *m.* papelera *f.* 1:3/Ia
**Paprika** *m.*, **Paprikaschote** *f.* pimiento *m.* 1:4/I
**Park** *m.* parque *m.* 1:2/13
**Partner/in** *m./f.* pareja *f.* 3:6/1
**passieren** pasar 1:9/I
**(Schul)pause** *f.* recreo *m.* 1:4/I, pausa *f.* 3:3/6
**Pausenhof** *m.* patio de recreo *m.* 1:6/I
**Pech** *nt.* mala suerte *f.* 2:3/8
**peinlich sein** dar vergüenza 3:6/4
**perfekt** perfecto/-a 1:10/7
**Person** *f.* persona *f.* 1:7/1
**Personalien** *f. pl.* datos personales *pl.* 3:4/15
**Peru** Perú *m.* 2:7/I
**Peruaner/in** *m./f.* peruano/-a *m./f.* 3:3/10
**peruanisch** peruano/-a 3:3/12
**Pfeffer** *m.* pimienta *f.* 2:8/Ia
**pfeifen** pitar 2:9/I
**Pferd** *nt.* caballo *m.* 1:6/I
**Pfirsich** *m.* melocotón *m.* 1:10/Ia
**Pflanze** *f.* planta *f.* 2:2/Ia
**Pflaume** *f.* ciruela *f.* 1:10/Ia
**Physik** *f.* física *f.* 2:3/Ib
**picken** picar 1:8/I
**pikant** picante 2:8/Ib
**Pizza** *f.* pizza *f.* 2:2/Ib
**Plan** *m.* plan *m.* 3:3/1, proyecto *m.* 3:7/14
**Platz** *m.* lugar *m.* 1:9/I, plaza *f.* 2:5/, sitio *m.* 3:7/7
**plaudern** charlar 1:6/I
**plötzlich** de repente 2:3/Ib, de pronto 3:2/2
**Plüschtier** *nt.* peluche *m.* 3:5/3

**Polizist/in** *m./f.* policía *m./f.* 2:1/13
**Pommes Frites** *pl.* patatas fritas *f. pl.* 1:10/Ia
**Postamt** *nt.* oficina de correos *f.* 1:10/12
**Poster** *nt.* póster *m. (pl.: pósteres)* 1:2/I
**Postkarte** *f.* postal *f.* 2:5/17
**praktisch** práctico/-a 3:2/17
**Präsentation** *f.* presentación *f.* 2:3/Ib
**Preis** *m.* precio *m.* 2:R1/5
**preisgünstig** barato/-a 2:5/13
**prima** estupendo 1:8/I
**Prinz** *m.* príncipe *m.* 2:4/5
**Prinzessin** *f.* princesa *f.* 2:4/5
**etw. probieren** probar algo (o→ue) 2:8/Ib
**Problem** *nt.* problema *m.* 1:5/I
**Produkt** *nt.* producto *m.* 2:7/7
**Programm** *nt.* programa *m.* 2:10/☺
**Projekt** *nt.* proyecto *m.* 3:7/14
**Provinz** *f.* provincia *f.* 2:4/I
**jdn. provozieren** meterse con alguien 2:2/Ib
**prüfen** examinar 2:9/I
**(über)prüfen** analizar (z→c) 3:6/3
**Prüfung** *f.* examen *m.* 1:6/7, prueba *f.* 2:3/☺
**(ver)prügeln** pegar (g→gu) 3:6/1
**Pullover** *m.* jersey *m.* 1:7/Ia
**pünktlich** puntual 3:5/5
**die Pyrenäen** Pirineos *m. pl.* 3:1/13

## R

**Rabatt** *m.* descuento *m.* 1:7/Ib
**Radio** *nt.* radio *f.* 1:11/I
**Rat(schlag)** *m.* consejo *m.* 3:4/15
**jdm. etw. raten** aconsejar algo a alguien 3:5/5
**Rathaus** *nt.* ayuntamiento *m.* 3:1/2
**rauben** robar 2:10/7
**Raum** *m.* sala *f.* 1:4/I
**Reaktion** *f.* reacción *f.* 3:2/5
**Rechnung** *f.* cuenta *f.* 2:8/Ib
**recht haben** tener razón (#) 2:1/I
**rechte(r, s)** derecho/-a 2:9/I
**rechts von** a la derecha de 1:5/I
**reden** hablar 1:2/7
**reduzieren** reducir (reduzco) 3:7/17
**Referat** *nt.* presentación *f.* 2:3/Ib
**Regal** *nt.* estantería *f.* 1:2/I
**(Spiel)regel** *f.* regla *f.* 2:10/I
**Regen** *m.* lluvia *f.* 1:9/15
**autonome Region** *f.* comunidad autónoma *f.* 2:4/I
**regnen** llover (o→ue) 1:9/15
**jdm. etw. reichen** pasar algo a alguien 2:8/Ib
**Reichtum** *m.* riqueza *f.* 3:3/1
**reinigen** limpiar 2:3/Ib
**Reis** *m.* arroz *m.* 2:8/Ia
**Reise** *f.* viaje *m.* 1:2/I
**reisen** viajar 2:10/11
**reiten** montar (a caballo) 1:6/I
**Religion** *f.* religión *f.* 1:6/I
**religiös** religioso/-a 3:3/6
**rennen** correr 1:9/I
**reservieren** reservar 2:8/Ib
**Reservierung** *f.* reserva *f.* 3:7/4
**Respekt** *m.* respeto *m.* 3:2/17
**respektieren** respetar 3:6/17
**Rest** *m.* resto *m.* 1:10/Ib
**Restaurant** *nt.* restaurante *m.* 1:E/I
**Rezept** *nt.* receta *f.* 1:10/16
**Rezeption** *f.* recepción *f.* 2:5/I
**richtig** correcto/-a 1:6/4, exacto/-a 2:4/I
**Richtlinie** *f.* norma *f.* 3:4/15
**Rock** *m.* falda *f.* 1:7/Ia
**Römer/in** *m./f.* romano/-a *m./f.* 3:1/13
**rosa(farben)** rosa 1:7/Ib
**Rose** *f.* rosa *f.* 3:1/13
**rot** rojo/-a 1:7/Ia
**rothaarig** pelirrojo/-a 1:1/I
**Rückkehr** *f.* vuelta *f.* 1:2/I
**Rucksack** *m.* mochila *f.* 1:3/Ia
**rufen** llamar 2:5/7
**ruhig** tranquilo/-a 1:1/I
**rühren** *(emotional)* emocionar 2:6/I
**rührend** emocionante 2:4/7

## S

**Saal** *m.* sala *f.* 1:4/I
**Sache** *f.* cosa *f.* 1:3/13
**Saft** *m.* zumo *m.* 1:10/Ia
**jdm. etw. sagen** decir algo a alguien (#) 1:5/I
**Saison** *f.* temporada *f.* 3:7/4
**Salat** *m. (Gericht bzw. angemacht)* ensalada *f.* 2:2/Ib
**Salsa** *f. (Tanz)* salsa *f.* 3:1/5
**Salz** *nt.* sal *f.* 2:8/Ia
**salzig** salado/-a 2:8/Ib
**Samstag** *m.* sábado *m.* 1:6/I
**Sänger/in** *m./f.* cantante *m./f.* 2:1/I
**Satz** *m.* frase *f.* 1:1/9
**sauber machen** limpiar 2:3/Ib
**Saxofon** *nt.* saxofón *m.* 2:6/I
**Schade!** ¡Qué pena! 2:4/8
**Schaf** *nt.* oveja *f.* 1: 3/10
**schälen** pelar 1:10/16
**sich schämen** dar vergüenza 3:6/4
**Schamgefühl** *nt.* vergüenza *f.* 3:6/4
**Schande** *f.* vergüenza *f.* 3:6/4
**scharf** picante 2:8/Ib
**Schatz** *(Anrede)* cielo *m.* 3:5/☺
**etw. (an)schauen** mirar algo 1:5/I
**Schauspielhaus** *nt.* teatro *m.* 3:1/2
**Schein** *m.* billete *m.* 2:3/13
**scheinen** parecer (parezco) 2:1/I
**Die Sonne scheint.** Hace sol. 1:9/15
**schenken** regalar 1:11/I
**schicken** mandar 3:4/2
**jdm. etw. schicken** enviar algo a alguien (i→í) 2:3/Ib
**Schiedsrichter/in** *m./f.* árbitro/-a *m./f.* 2:5/I
**schießen** tirar 2:9/I
**ein Tor schießen** meter un gol 2:5/I
**Schiff** *nt.* barco *m.* 1:5/11
**Schild** *nt.* letrero *m.* 3:1/15
**schildern** describir 2:3/1
**Schinken** *m.* jamón *m.* 1:10/Ia
**schlafen** dormir (o→ue) 1:9/I
**Schlafzimmer** *nt.* dormitorio *m.* 2:2/Ia
**schlagen** pegar (g→gu) 3:6/1
**Schlagzeug** *nt.* batería *f.* 1:6/I
**schlank** delgado/-a 1:4/I
**schlecht** *(Adverb)* mal *(adverbio)* 1:2/☺, *(Adjektiv)* malo/-a *(adjetivo)* 2:6/11
**schlecht erzogen** mal educado/-a 3:7/4
**schlecht laufen** llevar (algo) fatal 3:2/2
**schließen** cerrar (e→ie) 1:10/Ib
**schließlich** al final 1:7/Ib, por último 1:10/Ib, finalmente 2:6/I
**schlimm** *(Adjektiv)* malo/-a *(adjetivo)* 2:6/11
**Schluss** *m.* final *m.* 2:2/Ib
**mit jdm. Schluss machen** *(ugs.)* terminar con alguien 3:5/1, romper *(participio: roto/-a)* 3:5/3
**schmal** estrecho/-a 3:1/2
**Schmerz** *m.* dolor *m.* 2:9/☺
**schmerzen** doler (o→ue) 2:9/I
**schmücken** decorar 2:8/2
**Schnee** *m.* nieve *f.* 2:5/I

**(durch)schneiden** cortar 1:10/16
**schneien** nevar (e→ie) 1:9/15
**schnell** rápido/-a *(adjetivo)* 1:4/I
**Schokolade** *f.* chocolate *m.* 1:10/Ia
**schon** ya 1:1/13
**schön** bueno/-a 1:2/I, bonito/-a 1:7/Ib
**Schrank** *m.* armario *m.* 1:2/I
**Schreck(en)** *m.* susto *m.* 1:9/I
**schrecklich** horrible 1:2/I
**Wie schrecklich!** ¡Qué horror! 1:9/, ¡Qué barbaridad! 2:1/I
**etw. schreiben** escribir algo 1:3/9
**Schreibmappe** *f.* carpeta *f.* 1:3/Ia
**Schreibtisch** *m.* escritorio *m.* 1:2/I
**schreien** gritar 2:3/Ib
**Schriftsteller/in** *m./f.* escritor/a *m./f.* 2:4/I
**schubsen** empujar 2:9/I
**schüchtern** tímido/-a 3:1/8
**Schuh** *m.* zapato *m.* 1:7/Ia
**Schul-, schulisch** escolar 3:2/11
**Schule** *f.* colegio *m.* 2:4/5
**Schüler/in** *m./f.* alumno/-a *m./f.* 1:3/Ia
**Schülerzeitung** *f.* periódico escolar *m.* 2:7/I
**Schulhof** *m.* patio de recreo *m.* 1:6/I
**Schuljahr** *nt.* curso *m.* 1:6/I
**Schutz** *m.* protección *f.* 3:6/3
**(sich) schützen** proteger(se) (protejo) 3:4/15
**schwarz** negro/-a 1:3/10
**schweigen** callarse 3:6/19
**Schwein** *nt.* cerdo *m.* 1:8/I
**schwer** difícil 1:3/Ib, agobiante 2:1/I, duro/-a 2:9/16
**sich mit etw. schwer tun** llevar (algo) fatal 3:2/2
**Schwester** *f.* hermana *f.* 1:E/I
**schwierig** difícil 1:3/Ib
**Schwierigkeit** *f.* problema *m.* 1:5/I, dificultad *f.* 3:5/3
**Schwimmbad** *nt.* piscina *f.* 1:6/I
**schwimmen** nadar 1:6/I
**See** *m.* lago *m.* 3:3/10
**etw. (an)sehen** mirar algo 1:5/I
**etw./jdn. sehen** ver algo/a alguien (#) 1:6/I
**sehr** muy 1:2/I, mucho *(adverbio)* 1:6/I
**sein** ser (#) 1:E/1, haber (#) 1:10/Ib, estar (#) 1:2/I
**sein/e** su/sus 1:5/6
**seine(r)** (el/la) suyo/-a 3:4/13
**seit …** *(Zeitpunkt)* desde … 2:9/, *(Zeitraum)* desde hace … 2:7/I
**seit** *(+ Zeitraum)* **etw. tun** llevar *(+ Zeitraum) (+ gerundio)* 3:6/4
**Seite** *f.* página *f.* 1:3/Ib, lado *m.* 2:10/I
**Sekretär/in** *m./f.* secretario/-a *m./f.* 3:2/13
**selbstverständlich** por supuesto 2:4/I
**seltsam** raro/-a 2:1/I
**sensationell** de miedo 1:9/I
**September** *m.* septiembre *m.* 1:11/8
**Serie** *f.* serie *f.* 3:4/1
**servieren** servir (e→i) 2:8/2
**Serviette** *f.* servilleta *f.* 2:8/Ia
**Sessel** *m.* sillón *m.* 2:2/Ia
**sich setzen** sentarse (e→ie) 1:9/10
**Shorts** *f. pl.* short *m.* 3:2/17
**Show** *f.* espectáculo *m.* 2:6/I
**sicher** seguro/-a 3:3/6
**Sicherheit** *f.* seguridad *f.* 3:4/15
**sicherlich** seguro que … 2:3/Ib
**Sie** *(Höflichkeitsform)* usted/es 1:10/7
**sie** ella 1:1/12, ellos/ellas 1:8/3, la 1:11/3
**sie** *(Personalpronomen im Akk.)* los 2:1/I, la 2:1/I, las *(pronombres de complemento directo)* 2:1/I
**Silber** *nt.* plata *f.* 3:3/1
**singen** cantar 1:8/2
**sinken** bajar 3:7/17
**Sinn** *m.* sentido *m.* 2:8/6
**Sirup** *m.* jarabe *m.* 2:9/10
**Situation** *f.* situación *f.* 2:1/1
**Ski fahren** esquiar (i→í) 2:7/I
**SMS** *f.* mensaje corto *m.* 1:6/19
**so** así 1:8/1
**so** *(+ Adjektiv)* tan *(+ adjetivo)* 2:1/I
**(nicht) so (sehr)** (no) … tanto 2:6/I
**so … wie** tan … como 2:5/I
**so dass** así que 3:2/2
**so viel** tanto/-a 2:2/Ib
**soeben etw. getan haben** acabar de hacer algo 2:6/I
**Sofa** *nt.* sofá *m.* 2:2/Ia
**sofort** ahora mismo 1:8/I, en seguida 1:9/I
**sogar** incluso 2:6/I
**Sohn** *m.* hijo *m.* 1:5/7
**Soldat/in** *m./f.* soldado/-a *m./f.* 3:3/1
**Sommer** *m.* verano *m.* 1:2/I
**sonderbar** extraño/-a 1:9/I
**sondern** (no) … sino 2:7/I
**Sonnabend** *m.* sábado *m.* 1:6/I
**Sonne** *f.* sol *m.* 1:E/I
**sich sonnen** tomar el sol 2:4/I
**Sonntag** *m.* domingo *m.* 1:6/17
**sich Sorgen machen** preocupar 3:6/4
**Soße** *f.* salsa *f.* 2:8/Ia
**sozial** social 3:3/5
**Spanien** España *f.* 1:5/11
**Spanier/in** *m./f.* español/a *m./f.* 1:11/14
**Spanisch** *nt.* español *m.* 1:3/
**spanisch** *(Adjektiv)* español/a *(adjetivo)* 1:5/12
**spannend** emocionante 2:4/7
**sparen** ahorrar 3:7/17
**spät** tarde 1:9/I
**zu spät kommen** llegar tarde (g→gu) 2:6/16
**später** luego 2:3/Ib
**Bis später!** ¡Hasta luego! 1:E/1
**spazieren gehen/fahren** pasear 2:5/I
**Spaziergang** *m.* paseo *m.* 2:5/I
**einen Spaziergang machen** dar un paseo (#) 2:5/I
**(ab)speichern** guardar 2:10/I
**Speiseeis** *nt.* helado *m.* 1:E/I
**Speisekarte** *f.* menú *m.* 2:8/Ia, carta *f.* 2:8/Ib
**speziell** *(Adjektiv)* especial *(adjetivo)* 1:3/Ib
**Spiegel** *m.* espejo *m.* 2:2/Ia
**Spiel** *nt.* partido *m.* 2:5/I, juego *m.* 1:11/I
**etw. spielen** *(Spiel, Sport)* jugar a algo (u→ue) (g→gu) 1:6/I, *(Instrument)* tocar algo (c→qu) 1:6/I
**Spieler/in** *m./f.* jugador/a *m./f.* 2:8/Ib
**Spielfeld** *nt.* campo *m.* 2:9/I
**Spielführer/in** *m./f.* capitán/capitana *m./f.* 2:9/I
**Spielkarte** *f.* carta *f.* 1:9/I
**Spielregel** *f.* regla *f.* 2:10/I
**Spielzeug** *nt.* juguete *m.* 1:2/I
**Sport** *m.* deporte *m.* 1:E/I, gimnasia *f.* 3:2/17
**Sport-** deportivo/-a 3:7/1
**sportlich** deportista 2:4/I, deportivo/-a 3:7/1

**Sportunterricht** *m.* educación física *f.* 1:6/I
**Sprache** *f.* idioma *m.* 1:E/6, lengua *f.* 1:6/I
**sprechen** hablar 1:2/7
**laut/leise sprechen** hablar en voz alta/baja 3:7/7
**Sprichwort** *nt.* refrán *m.* 2:6/I
**Staat** *m.* estado *m.* 3:3/6
**Staatsangehörigkeit** *f.* nacionalidad *f.* 2:7/I
**Stadion** *nt.* estadio *m.* 2:6/I
**Stadt** *f.* ciudad *f.* 1:E/3
**Stadtplan** *m.* plano de la ciudad *m.* 3:2/9
**Stadtteil** *m.* barrio *m.* 1:5/I
**(Markt)stand** *m.* puesto *m.* 3:1/2
**stark** fuerte 1:8/12
**Station** *f.* estación *f.* 1:5/I
**stattdessen** en cambio 3:2/17
**stattfinden** tener lugar (#) 2:6/I, celebrarse 3:7/17
**Stehcafé** *nt.* bar *m.* 2:5/I
**jdm. stehen** *(bei Kleidung)* quedar a alguien 1:7/Ib
**Das steht dir super.** *(ugs.)* Te queda guay. *(col.)* 1:7/Ib
**stehen bleiben** parar 3:7/1
**stehlen** robar 2:10/7
**(an)steigen** subir 3:7/17
**Stein** *m.* piedra *f.* 3:3/6
**Stelle** *f.* sitio *m.* 3:7/7
**etw. stellen** poner algo (#) 1:9/I
**sterben** morir (o→ue) 3:3/9
**Stiefel** *m.* bota *f.* 1:7/Ia
**Stier** *m.* toro *m.* 1:8/2
**Stimme** *f.* voz *f.* 1:11/I
**stimmen** (ser #) verdad 2:7/I
**Stimmung** *f.* ambiente *m.* 2:3/Ib
**Stock(werk)** *nt.* piso *m.* 2:1/I
**Storch** *m.* cigüeña *f.* 2:4/I
**jdn. stören** molestar a alguien 2:5/I
**stoßen** empujar 2:9/I
**Strand** *m.* playa *f.* 1:E/I
**Straße** *f.* calle *f.* 1:5/I
**Streber/in** *m./f.* empollón/-ona *m./f.* 3:2/2
**streichen** borrar 3:5/16
**streiten** discutir 3:4/2
**streng** exigente 3:2/2, estricto/-a 3:4/2
**Stress** *m.* estrés *m.* 3:7/1
**Strom** *m.* electricidad *f.* 3:3/15
**Strümpfe** *m. pl.* medias *f. pl.* 3:2/17
**Studien** *f. pl.* estudios *m. pl.* 3:2/2
**Studienfahrt** *f.* viaje de estudios *m.* 3:2/2
**studieren** estudiar 2:4/5
**Stuhl** *m.* silla *f.* 1:3/Ia
**Stunde** *f.* hora *f.* 1:2/I
**Stundenplan** *m.* horario *m.* 1:6/I
**stürmen** atacar (c→qu) 2:9/I
**stürzen** caer (#) 2:6/I
**etw. suchen** buscar algo (c→qu) 1:2/8
**nach etw. süchtig sein** (ser) adicto/-a a algo 3:4/11
**südamerikanisch** suramericano/-a 3:3/5
**Süden** *m.* sur *m.* 2:4/I
**Supermarkt** *m.* supermercado *m.* 1:5/I
**Suppe** *f.* sopa *f.* 2:8/Ia
**surfen** *(Internet)* navegar (g→gu) 3:4/2
**süß** dulce 2:5/9
**Süßwasser** *nt.* agua dulce *f.* 3:7/17
**Sweatshirt** *nt.* sudadera *f.* 1:7/Ia
**Symbol** *nt.* símbolo *m.* 2:7/4, icono *m.* 2:10/☺
**sympathisch** simpático/-a 1:4/I, majo/-a *(col.)* 1:5/6
**sympathisch sein** caer bien (#) 2:6/I
**System** *nt.* sistema *m.* 3:2/15

## T

**Tablette** *f.* pastilla *f.* 2:9/10
**Tafel** *f.* pizarra *f.* 1:3/Ia
**Tag** *m.* día *m.* 1:6/2
**Tante** *f.* tía *f.* 1:5/7
**Tanz** *m.* baile *m.* 2:7/I
**Tarif** *m.* tarifa *f.* 1:8/14
**Tasche** *f.* bolso *m.* 2:8/Ib
**Taschengeld** *nt.* paga *f.* 3:1/7
**Taschenlampe** *f.* linterna *f.* 1:9/I
**Taschenrechner** *m.* calculadora *f.* 1:3/Ia
**Tasse** *f.* taza *f.* 2:8/Ia
**Tastatur** *f.* teclado *m.* 2:10/☺
**Tat** *f.* acción *f.* 3:2/7
**Tätigkeit** *f.* actividad *f.* 1:E/I
**Tatsache ist, dass …** La verdad es que ... 2:1/I
**tatsächlich** realmente 1:11/I, verdadero/-a 3:5/16
**etw. taugen** valer (valgo) 3:6/19
**Taxifahrer/in** *m./f.* taxista *m./f.* 2:1/13
**Team** *nt.* equipo *m.* 2:5/I
**Technik** *f.* tecnología *f.* 1:6/I
**Technologie** *f.* tecnología *f.* 1:6/I
**Tee** *m.* té *m.* 2:7/4
**Teelöffel** *m.* cucharilla *f.* 2:8/Ia
**Teil** *m.* parte *f.* 2:4/I
**teilen** dividir 3:3/10
**etw. mit jdm. teilen** compartir algo con alguien 2:1/I
**teilnehmen an** participar en 2:7/I
**Telefon** *nt.* teléfono *m.* 1:1/6
**telefonieren** hablar por teléfono 2:5/I
**Teller** *m.* plato *m.* 2:7/I
**Temperatur** *f.* temperatura *f.* 3:7/17
**Terrasse** *f.* terraza *f.* 1:10/Ib
**Test** *m.* examen *m.* 1:6/7, prueba *f.* 2:3/☺
**teuer** caro/-a 2:5/13
**Text** *m.* texto *m.* 1:3/Ib, letra *f.* *(Lied)* 2:6/I
**Theater** *nt.* teatro *m.* 3:1/2
**Thema** *nt.* tema *m.* 2:3/Ib
**Thunfisch** *m.* atún *m.* 2:2/Ib
**tief** bajo/-a *(adjetivo)* 1:4/I
**Tier** *nt.* animal *m.* 1:8/I
**Tisch** *m.* mesa *f.* 1:3/Ia
**den Tisch decken** poner la mesa 3:4/2
**Tischdecke** *f.* mantel *m.* 2:8/Ia
**Tochter** *f.* hija *f.* 1:5/7
**Toilette** *f.* aseo *m.* 2:2/Ia, váter *m.* 2:2/Ia
**toll** fantástico/-a 1:4/6, estupendo 1:8/I, de miedo 1:9/I, fenomenal 1:2/I, genial 1:2/I
**Tomate** *f.* tomate *m.* 1:10/Ia
**Tombola** *f.* tómbola *f.* 1:11/I
**Tor** *nt.* puerta *f.* 2:2/Ib, portería *f.* *(Gehäuse)* 2:9/I, gol *m.* *(Treffer)* 2:9/I
**Torfrau** *f.* portera *f.* 2:9/4
**Torte** *f.* tarta *f.* 1:10/Ia
**Tortilla** *f.* tortilla *f.* 1:4/I
**Torwart** *m.* portero *m.* 2:9/4
**total** total 3:1/15
**töten** matar 3:3/1
**Tourismus** *m.* turismo *m.* 3:7/I
**Tourist/in** *m./f.* turista *m./f.* 2:4/I
**Touristen-, touristisch** turístico/-a 3:1/12
**Tradition** *f.* tradición *f.* 3:3/10
**traditionell** tradicional 3:1/13
**etw. tragen** llevar algo 1:2/7
**trainieren** entrenar 2:8/Ib

**Transport** *m.* transporte *m.* 3:7/2
**Traube** *f.* uva *f.* 1:10/Ia
**traurig** triste 2:1/I
**sich mit jdm. treffen** encontrarse con alguien (o→ue) 2:1/I
**sich trennen** separarse 2:1/I, romper *(participio: roto/-a)* 3:5/3
**Trennung** *f.* separación *f.* 3:5/3
**Treppe** *f.* escalera *f.* 2:5/I
**etw. trinken** tomar algo 1:2/8, beber algo 1:9/5
**Trinkgeld** *nt.* propina *f.* 3:7/7
**trotz** a pesar de 2:1/I
**trotzdem** sin embargo 3:5/4
**Tschüss!** ¡Adiós! 1:E/1
**T-Shirt** *nt.* camiseta *f.* 1:7/Ia
**etw. tun** hacer algo (#) 1:6/I
**mit etw. zu tun haben** tener que ver con algo 3:7/17
**Tür** *f.* puerta *f.* 2:2/Ib
**Turm** *m.* torre *f.* 1:1/I
**Turnschuh** *m.* zapatilla *f.* 1:7/Ia
**Tüte** *f.* bolsa *f.* 1:10/Ib
**Tutor/in** *m./f.* tutor/a *m./f.* 3:6/3
**typisch** típico/-a 1:11/I

## U

**U-Bahn** *f.* metro *m.* 1:5/I
**übel** *(ugs.)* fatal 2:9/
**üben** practicar (c→qu) 3:4/2
**über** sobre 2:1/1
**überall** en todos lados 3:1/2
**überdenken** pensar (e→ie) 3:5/3
**Übereinkommen** *nt.* acuerdo *m.* 3:5/5
**überhaupt nicht** (no) ... nada 1:6/
**überheblich** arrogante 2:1/I
**überlasten** agobiar 2:1/I
**überleben** sobrevivir 2:10/7
**überlisten** engañar 3:3/1
**überqueren** cruzar (z→c) 2:5/
**überraschen** sorprender 3:3/4
**überrascht** sorprendido/-a 2:1/I
**Überraschung** *f.* sorpresa *f.* 1:11/I
**übersetzen** traducir (traduzco) 3:7/9
**übertreiben** exagerar 3:6/1
**übrig bleiben** quedar 3:7/8
**Übung** *f.* actividad *f.* 1:E/I, ejercicio *m.* 1:6/12
**Ufer** *nt.* orilla *f.* 2:3/Ia
**Uhr** *f.* reloj *m.* 1:11/I, hora *f.* 1:2/I
**um die ...** unos/-as 3:3/10
**um zu** para *(+ inf.)* 1:8/I
**Umarmung** *f.* abrazo *m.* 1:11/10
**umbringen** matar 3:3/1
**umdrehen** volver (o→ue) 1:9/I
**umfassen** incluir (i→y) 3:7/1
**Umfrage** *f.* encuesta *f.* 2:7/I
**mit jdm. umgehen** tratar a alguien 3:4/2
**umkippen, umstürzen** volcar(o→ue) (c→qu) 2:3/Ia
**umkommen** morir (o→ue) 3:3/9
**Umwelt** *f.* medio ambiente *m.* 3:7/I
**umziehen** mudarse 2:2/Ib
**Umzug** *m.* mudanza *f.* 2:2/Ia
**unangenehm** desagradable 3:4/15
**unbehaglich** incómodo/-a 3:4/15
**unbekannt** desconocido/-a 3:4/2
**und** y 1:E/I, e *(vor anlautendem "(h)i")* 1:6/I
**unerträglich** insoportable 3:6/1
**unerzogen** mal educado/-a 3:7/4
**Unfall** *m.* accidente *m.* 1:11/15
**Unfug** *m.* tontería *f.* 2:1/I
**unglaublich** increíble 2:4/I
**unglücklich** infeliz 3:5/1
**unheimlich viel(e) ...** un montón (de) ... 3:6/11
**Uniform** *f.* uniforme *m.* 3:2/11
**Universität** *f.* universidad *f.* 2:4/5
**unmöglich** imposible 2:1/I
**unordentlich** desordenado/-a 3:6/5
**unruhig** nervioso/-a 2:1/I
**uns** nos 1:7/11
**unser/e** nuestro/-a 1:5/6
**unten** abajo 3:1/15
**unter** debajo de 1:5/2, bajo *(preposición)* 1:9/15
**unter Umständen** a lo mejor *(col.)* 2:3/Ib
**sich unterhalten** charlar 1:6/I
**Unterricht** *m.* clase *f.* 1:3/Ia
**Unterschied** *m.* diferencia *f.* 2:2/Ib
**unterschiedlich** vario/-a 3:7/1, distinto/-a 3:7/15
**jdn. unterstützen** ayudar a alguien 1:2/7
**untersuchen** examinar 2:9/I
**unvergesslich** inolvidable 3:2/2
**Urlaub** *m.* vacaciones *f. pl.* 1:E/I
**Ursprung** *m.* origen *m.* 3:3/10
**USB-Stick** *m.* memoria USB *f.* 2:10/I

## V

**Vater** *m.* padre *m.* 1:2/I
**Venezuela** Venezuela *f.* 2:7/I
**sich verabreden** quedar 1:2/I
**Verabredung** *f.* cita *f.* 3:4/15
**sich verabschieden** despedirse (e→i) 2:8/Ib
**(sich) verändern** cambiar 2:6/I
**verbessern** mejorar 3:6/19
**verbieten** prohibir 3:5/3
**verblüffen** alucinar 2:6/I
**verbringen** pasar 1:6/I
**verdienen** ganar 2:10/7
**vereinbaren** arreglar 3:2/17
**Vereinbarung** *f.* acuerdo *m.* 3:5/5
**eine Vereinbarung treffen** llegar a un acuerdo 3:5/5
**Verfassung** *f.* constitución *f.* 3:1/2
**vergangen** pasado/-a 2:3/Ib
**Vergangenheit** *f.* pasado *m.* 3:3/I
**vergehen** pasar 1:4/I
**vergessen** olvidar 1:10/Ib
**vergleichen** comparar 2:4/12
**Vergnügen** *nt.* diversión *f.* 3:7/1
**vergnügt** alegre 2:7/I
**Verhalten** *nt.* comportamiento *m.* 3:6/3
**sich verhalten** comportarse 3:4/2
**verhängnisvoll** fatal 1:11/17
**verhungern** morirse de hambre (o→ue) 2:2/Ib
**Verkäufer/in** *m./f.* vendedor/a *m./f.* 1:10/Ib, dependiente/-a *m./f.* 2:1/I
**Verkehr** *m.* tráfico *m.* 3:3/15
**verlassen** dejar 2:2/Ib
**sich verletzen** lesionarse 2:9/I
**sich verlieben** enamorarse 2:4/I
**verlieren** perder (e→ie) 2:9/I
**vermeiden** evitar 3:4/15
**vermieten** alquilar 2:5/I
**vermissen** echar de menos 2:10/I
**etw. veröffentlichen** publicar algo (c→qu) 2:10/7
**verpflichtend** obligatorio/-a 3:2/15
**verringern** reducir (reduzco) 3:7/17
**verrückt** loco/-a 1:8/4
**sich versammeln** reunirse (u→ú) 3:2/17
**verschieden** diferente 2:4/I, vario/-a 3:7/1, distinto/-a 3:7/15
**Verschiedenheit** *f.* diferencia *f.* 2:2/Ib
**Versprechen** *nt.* promesa *f.* 3:3/1
**jdm. etw. versprechen** prometer algo a alguien 2:10/I
**sich verständigen** comunicarse (c→qu) 3:1/9
**sich verstecken** esconderse 3:3/1

**etw./jdn. verstehen** comprender algo/a alguien 1:3/14, entender algo/a alguien (e→ie) 2:1/I
**versuchen** intentar 2:3/Ib
**verteidigen** defender (e→ie) 2:9/I
**sich gut/schlecht mit jdm. vertragen** llevarse bien/mal con alguien 3:2/17
**jdm. vertrauen** confiar en alguien (i→í) 3:5/5
**verüben** cometer 2:9/I
**verwirklichen** realizar (z→c) 3:7/1
**verzehren** consumir 3:7/1
**Verzeihung!** ¡Perdón! 1:5/
**Videothek** *f.* videoteca *f.* 1:5/I
**viel** *(Adjektiv)* mucho/-a *(adjetivo)* 1:4/I, mucho *(adverbio)* 1:6/I
**Vielen Dank!** ¡Muchas gracias! 1:4/I
**vielleicht** a lo mejor *(col.)* 2:3/Ib
**(Stadt)viertel** *nt.* barrio *m.* 1:5/I
**Virus** *m. (Informatik)* virus *m.* 3:4/15
**Vogel** *m.* pájaro *m.* 2:4/I
**Volk** *nt.* pueblo *m.* 3:3/1
**voll mit … sein** (estar #) lleno/-a de … 2:2/Ib
**voller …** (estar #) lleno/-a de … 2:2/Ib
**vollkommen** perfecto/-a 1:10/7
**vollständig** completo/-a 1:1/I, entero/-a 3:1/7, total 3:1/15
**von** de 1:E/I
**von … bis** desde … hasta 2:6/I
**von hier aus** desde aquí 3:1/2
**von klein auf** desde niño/-a 3:1/2
**von mir aus** por mí 2:5/I
**vor** delante de *(örtlich)* 1:5/I, antes de *(zeitlich)* 1:9/13
**vor** *(zeitlich)* hace *(+ Zeitangabe)* 2:5/I
**vor allem** sobre todo 1:11/3
**vorbeigehen** pasar 1:4/I, pasar por delante 2:5/I
**etw. vorbereiten** preparar algo 1:2/7
**vorgestern** anteayer 2:3/4
**vorhanden sein** existir 3:1/2
**vorher** antes 3:1/2
**vorschlagen** proponer (#) 1:10/Ib
**Vorsicht** *f.* cuidado *m.* 1:8/I
**Vorspeise** *f.* primer plato *m.* 2:8/Ia
**als Vorspeise** de primero 2:8/Ib
**vorstellen** presentar 1:10/Ib
**sich vorstellen** imaginarse 2:10/I
**Vorteil** *m.* ventaja *f.* 3:4/18
**vortragen** exponer (#) 3:1/6
**vorziehen** *(lieber mögen)* preferir (e→ie) 2:2/Ib

## W

**wachsen** crecer (crezco) 3:7/17
**Wachstum** *nt.* desarrollo *m.* 3:7/17
**Waffe** *f.* arma *f.* 3:3/1
**wählen** elegir (e→i) 2:7/4
**wahnsinnig** loco/-a 1:8/4
**wahr** verdadero/-a 3:5/16
**wahr sein** (ser #) verdad 2:7/I
**Nicht wahr?** ¿Verdad? 1:2/I
**während** durante 1:9/1, mientras 2:2/Ib
**währenddessen** mientras 2:2/Ib
**wahrnehmen** notar 2:6/I
**wahrscheinlich** probable 3:6/15
**(dichter) Wald** *m.* selva *f.* 3:3/10
**Wand** *f.* pared *f.* 1:3/Ia
**Wanduhr** *f.* reloj de pared *m.* 2:2/Ia
**wann** cuándo 1:2/I
**warm** caliente 2:5/I
**Es ist warm.** Hace calor. 1:9/15
**Wärme** *f.* calor *m.* 1:9/15
**auf etw./jdn. warten** esperar algo/a alguien 1:5/I
**warum?** ¿por qué? 1:2/I
**was?** ¿qué? 1:E/9
**Was du nicht sagst!** ¡No me digas! 3:2/2
**Was hältst du davon?** ¿Qué te parece? 1:10/Ib
**Was ist los?** ¿Qué pasa? 1:E/I
**Was ist mit dir (denn) los?** ¿Qué te pasa? 2:6/I
**Waschbecken** *nt.* lavabo *m.* 2:2/Ia
**waschen** lavar 2:8/15
**Waschmaschine** *f.* lavadora *f.* 2:2/Ia
**Wasser** *nt.* agua *f.* 1:6/I
**fließend Wasser** *nt.* agua corriente *f.* 3:3/15
**WC** *nt.* váter *m.* 2:2/Ia
**Webseite** *f.* página web *f.* 2:4/13
**jdn. wecken** despertar a alguien (e→ie) 2:10/7
**Wecker** *m.* despertador *m.* 1:9/I
**weder … noch** (no) … ni … ni 2:6/I
**wegen** por 2:9/I
**weggehen** irse (#) 1:9/I, salir (#) 2:4/I, marcharse 3:6/4
**wegnehmen** quitar 2:2/Ib
**etw. (weg)werfen** tirar algo 1:3/Ib
**wehtun** doler (o→ue) 2:9/I
**Weihnachten** *nt.* Navidad *f.* 1:11/14
**weil** porque 1:7/Ib, que 3:4/2
**eine Weile** un rato 3:2/17
**Wein** *m.* vino *m.* 2:8/2
**weinen** llorar 3:6/4
**Weise** *f.* manera *f.* 3:4/2
**weiß** blanco/-a 1:7/Ia
**weit (entfernt) von, weit (weg) von** lejos de 1:5/I
**weitergehen** continuar (u→ú) 3:6/2
**weitermachen etw. zu tun** seguir (e→i) *(+ gerundio)* 3:6/4
**welche(r, s)** cuál 2:6/I
**welche(r, s)?** ¿qué? 1:E/9
**Welt** *f.* mundo *m.* 2:6/I
**Wem?** ¿A quién? 1:10/5
**Wen?** ¿a quién? 1:10/5
**wenig** poco/-a 1:4/I
**weniger** menos 1:6/I
**am wenigsten** *(+ Verb)* el/la que menos *(+ verbo)* 3:4/1
**wenn** si 1:5/I, cuando *(zeitlich)* 1:11/I
**wer?** ¿quién? 1:4/I
**Werbeanzeige** *f.* anuncio *m.* 3:7/11
**wert sein** valer (valgo) 3:6/19
**Westen** *m.* oeste *m.* 2:4/I
**Wettbewerb, Wettkampf** *m.* competición *f.* 2:3/Ib
**Wetter** *nt.* tiempo *m.* 1:9/15
**wichtig** importante 1:8/18
**wichtig sein** importar 3:5/3
**wie** como 1:2/I
**wie?** ¿cómo? 1:E/1
**Wie …!** ¡Qué …! 1:1/I
**wie auch immer …** de todas formas … 3:4/2
**Wie bitte?** ¿Cómo? 1:3/Ib
**Wie schade!** ¡Qué lástima! 2:10/I
**wie viel(e)** cuánto/-a 1:5/I
**wie viel?** ¿cuánto? 1:1/I
**wieder** *(+ Inf.)* volver a *(+ inf.)* (o→ue) 3:6/4
**wiederholen** repetir (e→i) 2:8/Ib
**Auf Wiedersehen!** ¡Adiós! 1:E/1
**Willkommen!** ¡Bienvenido/-a! 3:1/1
**Wind** *m.* viento *m.* 1:9/I
**Es ist windig.** Hace viento. 1:9/I
**Winter** *m.* invierno *m.* 2:4/I
**wir** nosotros/-as 1:3/8
**wirken** parecer (parezco) 2:1/I
**wirklich** realmente 1:11/I
**Wirklich?** ¿En serio? 2:4/I, ¿De verdad? 3:2/2

**etw. wissen** saber algo (#) 1:5/I
**witzig** gracioso/-a 2:1/I
**wo** donde 1:8/I
**wo?** ¿dónde? 1:1/I
**Woche** *f.* semana *f.* 1:6/I
**Wochenende** *nt.* fin de semana *m.* 1:7/17
**woher?** ¿de dónde? 1:E/1
**wohin?** ¿adónde? 1:5/10
**sich wohl fühlen** estar a gusto (#) 2:7/I
**wohnen** vivir 1:4/I
**Wohnung** *f.* piso *m.* 2:1/I
**Wohnzimmer** *nt.* salón *m.* 1:9/I
**Wolf** *m.* lobo *m.* 1:9/I
**Wolle** *f.* lana *f.* 3:3/6
**Wort** *nt.* palabra *f.* 2:2/10
**wozu?** ¿para qué? 2:8/2
**Wunde** *f.* herida *f.* 2:9/14
**wunderbar** maravilloso/-a 2:10/I
**Wunsch** *m.* deseo *m.* 1:11/10
**jdm. etw. wünschen** desear algo a alguien 1:11/6
**ich würde gern** me gustaría *(+ inf.)* 2:8/Ib
**Wüste** *f.* desierto *m.* 3:7/16
**jdn. wütend machen** dar rabia a alguien 3:4/2

## Z

**Zahl** *f.* número *m.* 1:1/4
**zählen** contar (o→ue) 2:1/I
**Zeichnung** *f.* dibujo *m.* 1:9/2
**zeigen** presentar 1:10/Ib, mostrar (o→ue) 3:6/3, enseñar algo 1:5/I
**Zeit** *f.* tiempo *m.* 1:5/I, temporada *f.* 3:7/4
**zu jener Zeit** en esa época 3:1/2, en aquellos tiempos 3:2/2
**Zeitraum** *m.* época *f.* 3:1/2
**Zeitschrift** *f.* revista *f.* 2:7/4
**Zeitung** *f.* periódico *m.* 2:7/I
**Zeitungsartikel** *m.* artículo *m.* 2:7/I
**Zelt** *nt.* tienda de campaña *f.* 3:7/1
**Zentral-** central *(adjetivo)* 3:3/5
**Zentrum** *nt.* centro *m.* 1:5/5
**Ziel, Ziellinie** *nt.* meta *f.* 2:3/Ia
**ziemlich** bastante 1:4/I
**Zimmer** *nt.* habitación *f.* 1:2/I, dormitorio *m.* 2:2/Ia
**Zitrone** *f.* limón *m.* 1:10/Ia
**Zone** *f.* zona *f.* 2:4/I
**Zoo** *m.* zoo *m.* 1:8/13
**zu** a 1:2/I, hacia 2:3/Ib
**(all)zu** demasiado 1:7/Ib
**zu Abend essen** cenar 1:9/I
**zu Fuß** a pie 1:5/I
**zu guter Letzt** por último 1:10/Ib
**zu Haus(e)** en casa 1:3/Ib
**zu viel** demasiado 1:7/Ib
**zu zweit** en parejas 3:6/1
**etw. zubereiten** preparar algo 1:2/7
**Zucker** *m.* azúcar *m.* 2:5/10
**zuerst** primero 1:3/Ib
**zufrieden** contento/-a 1:6/I
**Zug** *m.* tren *m.* 1:5/11
**zugestehen** reconocer (reconozco) 3:6/19
**zugunsten von** a favor de 2:1/9
**etw./jdm. zuhören** escuchar algo/a alguien 1:6/6
**Zukunft** *f.* futuro *m.* 2:10/7
**zum Beispiel** por ejemplo 1:4/I
**zum Glück** por suerte 1:4/I
**zumachen** cerrar (e→ie) 1:10/Ib
**zunächst** primero 1:3/Ib
**zunehmen** aumentar 3:7/12, crecer (crezco) 3:7/17
**zurückkehren** volver (o→ue) 1:9/I
**zurzeit** actualmente 2:6/I
**zusammen** junto/-a 1:11/I
**zusammen sein** salir juntos (#) 3:5/3
**Zusammenfassung** *f.* resumen *m.* 2:3/Ib
**in Zusammenhang stehen mit** (estar) relacionado/-a con 3:7/1
**zusammenhängen mit** (estar) relacionado/-a con 3:7/1
**zusätzlich** aparte 3:7/1
**zweifeln** dudar 3:5/3
**(Gemüse)zwiebel** *f.* cebolla *f.* 2:8/15
**zwischen** entre 1:5/2
**in der Zwischenzeit** mientras tanto 1:11/I

## Bildnachweis

**Umschlag**
**vorne**
alamy, London: 2. v. li. o. (travelstock 44)
creativ collection: Hintergrund (vorne und hinten)
Silvia Ferrádiz, Alicante: u.
fotolia, New York: 2. v. re. o. (rm)
Renate Gerling-Halbach, Wuppertal: o. re.
Kristina Kremer, Göttingen: o. Mi. (vorne und hinten)
**hinten**
alamy, London: li. (Roussel Bernard)
fotolia, New York: 2. v. li. (Steve Estvanik), 2. v. re. (Walter Schmied)

**Karten**
Zwick, Joachim, Gießen (Innenumschläge, S. 218–220)

alamy, London: S. 12 7 (Markus Bassler), S. 17 1 (JTB Photo), S. 18 C (Jon Mikel Duralde), S. 18 H (AM Corporation), S. 18 A (Alessio D'Amico), S. 18 B (Pere Gonzalez Sabate), S. 24 u. li. (Sue Cunningham), S. 38 o. (Con O'Donoghue), S. 43 A (Mireille Vautier), S. 43 P (Emiliano Rodriguez), S. 46 Mi. oben (Peter M. Wilson), S. 50 (JTB Photo), S. 90 D (Christian Handl), S. 90 E (Gary Cook), S. 92 E (Peter Titmuss), S. 93 D (Ken Welsh), S. 93 2 (Christine Osborne), S. 93 3 (Peter Widmann), S. 93 4 (Philip Wolmuth), S. 93 6 (Jürgen Hasenkopf), S. 97 li. (Interfoto/History), S. 97 re. (Mark Newman), S. 98 1 (nagelstock.com), S. 98 2 (Katja Kreder), S. 99 li. (Greg Balfour Evans), S. 99 re. (Kevon Foy)
Juan Álvarez Martínez, Oviedo: S. 31 li.
Antje Baumkamp, Frankfurt: S. 64, S. 154 u., S. 166
Federica Colombo, Berlin: S. 21 o. 2+4
Corbis, Düsseldorf: S. 43 E (Garcia), S. 46 o. re. (John und Lisa Merrill), S. 46 u. li. (Anders Ryman), S. 61 (Jose Luis Pelaez), S.90 B (Bruno Morandi), S. 93 C (Walter Geiersperger)
creativ collection: S. 35, S. 43, S. 54 Mi., S. 63, S. 66, S. 71, S. 85, S. 103
El Corte Inglés (Plano de Barcelona): S. 12
Editorial SM, Madrid: S. 34, S. 62
Falk Verlag, Ostfildern: S. 216/217
Ana Fernández Fernández, Buchenberg: S. 21 o. 3, S. 24 o. li. + u. re., S. 85
fotolia, New York: S. 43 A (Jgz), S. 43 J (chris 74), S. 46 u. Mi. (lilli 87), S. 46 o. li. (rm), S. 46 u. re. (Danny Warren), S. 48 o. li. (anselme), S. 54 u. Mi. (Kwest), o. Mi. (ambrits), Mi. li. (Ionel Hindorean), o. re. (Patrice Boucher), S. 98 4, S. 160 (Rebel), S. 168 (godfer)
Renate Gerling-Halbach, Wuppertal: S 12 4, S. 17 4+5, S. 18 D+G, S. 21 o. 5, S. 32, S. 162 u.
Ana Gónzalez Gómez, Oviedo: S. 31 re.
Kristina Hagen, Frankfurt: S. 12 5, S. 98 3
Ines Hauf de Quintero, Mörfelden: S. 73
Inca Cola, Lima: S. 51, S. 163
Kheyraht: S. 82
Katrina Kremer, Göttingen: S. 51 Hintergrund, S. 161
Lucentum Digital, Alicante (Vanessa Reyes): S. 21 u. 1-4, S. 54 u. li., S. 58, S. 60, S. 70
Pilar Martos, Rinteln: S. 24 Hintergrund
Xavi Masip: S. 20, S. 154 o.
mauritius, Mittenwald: S. 92 B (Klaus Siepmann), S. 93 1 (Workbookstock), S. 93 5 (Josu Altzelai)
Britta Meersmann, Münster: S. 17 4 Detail
J. L. Mora García: S. 24 Mi.
Torsten Nilsson, Hamburg: S. 59, S. 80
picture alliance, Frankfurt: S. 12 1 (Herbert Hoffmann), S. 12 2 (Thorsten Lang), S. 12 6 (Bildagentur Huber/Gräfenhain), S. 16 (Erich Schefer), S. 18 F (efe Jaume Sellart), S. 48 o. re. (epa anp), S. 90 A (Huber/Leimer), S. 90 C (efe Chico Sanchez)
Pikor Teatro, Álava: S. 84
PIXELIO, München: S. 159 (sprisi), S. 164 (Dirk Schüßler), S. 177 (Monika Albert)
Revista del Ministerio de Educación (Argentina): S. 24 o. re.
RSRDesign Reckels & Schneider-Reckels, Wiesbaden: S. 12 3, S. 17 2 + Detail, S. 17 3 + Detail, S. 21 o. 1, S. 43 P, S. 152
Rosa Sánchez Santos, Barcelona: S. 18 E, S. 38 u.
Sandra Scotti-Rosin, Frankfurt: S. 12 8, S. 92 A
Harald Thumser, Frankfurt: S. 54 2. v. u. re., S. 79
Transports Metropolitans de Barcelona (guiametrobcn): S. 23
ullstein-bild, Berlin: S. 43 O (Still Pictures)
Wikipedia (GNU): S. 153 (Creative Commons Attribution 2.5), S. 162 o. (Bcasterline), S. 172 (Creative Commons Attribution 2.5), S. 174 (Creative Commons Attribution ShareAlike 2.5), S. 175 (Estevoaei), S. 176 (CoolChris99)

## Textnachweis

Amparanoia: *Ven*, S. 89
Los Auténticos Decadentes: *Borracho y solo*, S. 71
Marco Avilés: *Las campeonas de los Andes*. www.elpais.com, 04.06.2006: S. 50
Bravo: *Decálogo de seguridad en internet*. Madrid: H. Bauer Ediciones, No 299: S. 60
Canteca de Macao: *Romance de un Sentir*, S. 89
El Canto del Loco: *Corazón*, S. 89
Chacalón: *Soy provinciano*, S. 47
Chambao: *Voces*, S. 89
Mariela Chenú Melchior: *El tren de medianoche*. Madrid: Anaya 2008, S. 72
Defensor del Menor en la Comunidad de Madrid: *El maltrato entre escolares – Guía para jóvenes*, Madrid 2005: S. 74/75
Expo Zaragoza 2008: Poemas (Selección Junior), S. 102
Francisco García Pavón: *Desde el balcón*. München: Primeras Lecturas 2006, S. 22
Jorge Gómez Soto: *Se vende*. Madrid: Editorial SM 2004, S. 34
Kheyraht: *Cuéntalo ya*, S. 82
Mägo de Oz: *La Ciudad de los Árboles*, S. 89
Ministerio de Educación y Ciencia: *Sistema Educativo Español (LOE)*, 2007: S. 31
Pikor Teatro: *QTMeto/Jokoaut*. Álava 2007: S. 84
Carlos Puerta: *Navegando por aguas turbulentas. Chats e internet*. Madrid: Editorial SM 2004, S. 62
Shotta: *Sangre*, S. 89

ESQUERRA DE
L'EIXAMPLE
EIXAMPLE
HOSTAFRANCS
SANT ANTONI
LA FRANÇA
EL RAVAL
CIUTAT
POBLE SEC
MONTJUÏC
Montjuïc
Parc de Joan Miró
Castell de Montjuïc
Port Vell
Moll de Sant Bertran
Moll de Barcelona
Dàrsena de Sant Bertran
World Trade Center
Estació Marítima
Estació del Port
Barcelona
0 100 200 m

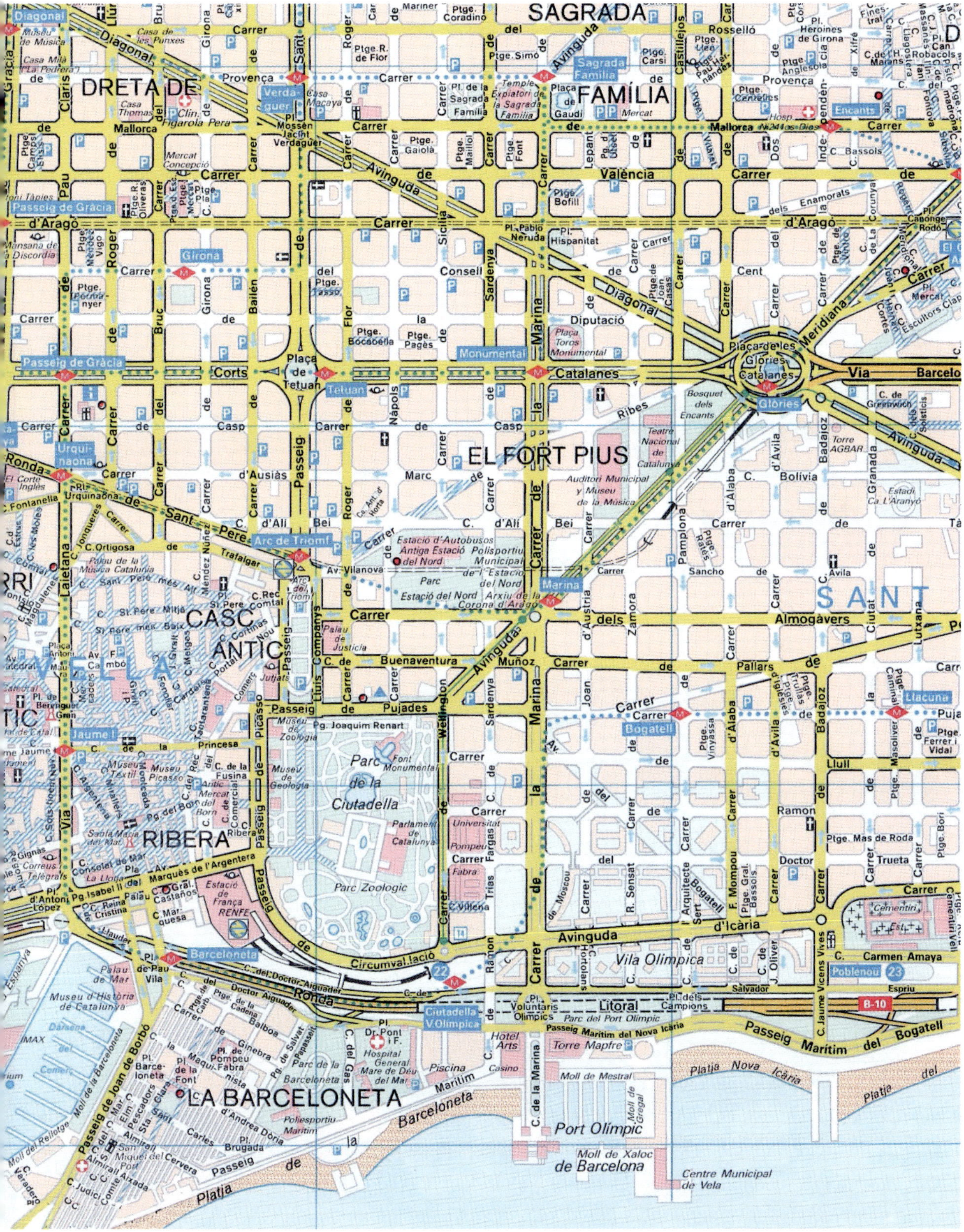
SAGRADA
FAMÍLIA
DRETA DE
EL FORT PIUS
CASC
ANTIC
RIBERA
LA BARCELONETA
SANT
Avinguda Diagonal
Passeig de Gràcia
Carrer de Mallorca
Carrer de València
Carrer d'Aragó
Carrer del Consell de Cent
Carrer de la Diputació
Gran Via de les Corts Catalanes
Carrer de Casp
Ronda de Sant Pere
Carrer d'Ausiàs Marc
Carrer d'Alí Bei
Carrer dels Almogàvers
Carrer de Pujades
Carrer de Pallars
Avinguda Meridiana
Plaça de les Glòries Catalanes
Plaça de Tetuan
Arc de Triomf
Estació del Nord
Parc de la Ciutadella
Parc Zoològic
Estació de França
Vila Olímpica
Port Olímpic
Passeig Marítim del Bogatell
Platja Nova Icària
Ronda del Litoral
Avinguda d'Icària
Passeig de Joan de Borbó
Moll de Xaloc de Barcelona
Centre Municipal de Vela
Torre Mapfre
Hotel Arts
Torre AGBAR
Teatre Nacional de Catalunya
Auditori Municipal y Museu de la Música
Plaça Toros Monumental
Palau de la Música Catalana
Palau de Justícia
Museu d'Història de Catalunya
Poblenou
Marina
Bogatell
Llacuna
Glòries
Monumental
Tetuan
Girona
Verdaguer
Urquinaona
Jaume I
Barceloneta
Ciutadella V.Olímpica
Encants
Sagrada Família
Mapas

# CATALUÑA

FRANCIA
ANDORRA
Aragón
Comunidad Valenciana
Pirineos
Parque Nacional de Aigüestortes
3143 Pica d'Estats
Viella
Sort
La Pobla de Segur
Tremp
Seo de Urgel
Ripoll
Berga
Solsona
Ponts
Cardona
Vic
Bañolas
Figueras
Llansá
Gerona
Palafrugell
Palamós
San Feliú de Guíxols
Blanes
San Celoní
Granollers
Mataró
Tarrasa
Sabadell
Barcelona
Manresa
Igualada
Cervera
Tárrega
Lérida
Villafranca del Panadés
Villanueva y Geltrú
Valls
Reus
Tarragona
Flix
Tortosa
San Carlos de la Rápita
Delta del Ebro
Golfo de San Jordi
Lérida
Cataluña
Barcelona
Gerona
Tarragona
Segre
Llobregat
Ter
Ebro
Costa Brava
Costa Dorada
Mar Mediterráneo
Altura
más de 2000 m
1500 - 2000 m
1000 - 1500 m
500 - 1000 m
200 - 500 m
0 - 200 m
frontera internacional
límite autonómico
límite provincial
Barcelona capital de Cataluña
capital de provincia
otras ciudades
0 10 20 30 km

# LA ESPAÑA DE LAS COMUNIDADES AUTÓNOMAS

COLOMBIA
ECUADOR
BRASIL
BOLIVIA
CHILE
Putumayo
Pebas
Iquitos
Amazonas
Marañón
Javarí
Ucayali
Talara
Paita
Sullana
Piura
Yurimaguas
Chiclayo
Cajamarca
Huallaga
Marañón
Trujillo
Pucallpa
Nevado Huascarán
6768
Chimbote
Huaraz
Huánuco
Pozuzo
Cordillera de los Andes
Cerro de Pasco
P E R Ú
Oroya
Océano Pacífico
Lima
Callao
Machu Picchu
Huancayo
Ayacucho
Cuzco
Ucayali
Pisco
Ica
Marcona
Nevado Coropuna
6425
Juliaca
San Juan
Lago Titicaca
Puno
El Misti
5822
Arequipa
Camaná
Mollendo
Tacna
PERÚ
Altura
más de 2500 m
1500 - 2500 m
1000 - 1500 m
500 - 1000 m
200 - 500 m
0 - 200 m
más de 1 000 000 habitantes
más de 100 000 habitantes
menos de 100 000 habitantes
Lima capital del Perú
frontera internacional
0
50
100
150
km

# EL ESPAÑOL EN LATINOAMÉRICA